Goldstein · Schnelleinstieg in die DATEV-Buchführung

Bibliografische Information der Deutschen Nationalbibliothek

Die Deutsche Nationalbibliothek verzeichnet diese Publikation in der Deutschen Nationalbibliografie; detaillierte bibliografische Daten sind im Internet über http://dnb.dnb.de abrufbar.

Print: ISBN 978-3-648-6756-7   Best.-Nr. 01135-0011
ePDF: ISBN 978-3-648-6757-4   Best.-Nr. 01135-0151

1. Auflage 1997 (ISBN 3-448-03642-0)
11., überarbeitete Auflage

© 2015, Haufe-Lexware GmbH & Co. KG, Munzinger Straße 9, 79111 Freiburg

Redaktionsanschrift: Fraunhoferstraße 5, 82152 Planegg/München
Telefon: (089) 895 17-0
Telefax: (089) 895 17-290
www.haufe.de
online@haufe.de
Produktmanagement: Dipl.-Kfm. Kathrin Menzel-Salpietro

Redaktion und DTP: Lektoratsbüro Peter Böke, 10825 Berlin
Umschlaggestaltung: RED GmbH, 82152 Krailling
Druck: Schätzl Druck, 86609 Donauwörth

Alle Rechte, auch die des auszugsweisen Nachdrucks, der fotomechanischen Wiedergabe (einschließlich Mikrokopie) sowie der Auswertung durch Datenbanken oder ähnliche Einrichtungen, vorbehalten.
Die Wiedergabe von Gebrauchsnamen, Warenbezeichnungen, Handelsnamen und dergleichen in diesem Werk enthaltenen Namen berechtigt nicht zu der Annahme, dass solche Namen und Marken im Sinne der Warenzeichen- und Markenschutz-Gesetzgebung als frei zu betrachten wären und daher von jedermann genutzt werden dürften. Vielmehr handelt es sich häufig um gesetzlich geschützte, eingetragene Warenzeichen, auch wenn sie nicht als solche gekennzeichnet sind. Alle zitierten Marken-, Produkt- und Firmennamen sind das Alleineigentum der jeweiligen Besitzer.

Schnelleinstieg in die DATEV-Buchführung

von
Elmar Goldstein

11., überarbeitete Auflage

Haufe Gruppe
Freiburg · München

Inhaltsverzeichnis

	Einstieg in die DATEV-Buchhaltung	8

A Buchungsliste Kasse 13
1 Kontenrahmen, Kontenplan und Konto 14
2 Kontierungen auf Sachkonten 16
    2.1 Wareneingang und Erlöse 19 % USt, Privatentnahmen und Geldtransit 16
    2.2 Aushilfslöhne und Porto 18
    2.3 Umsatzsteuerverbuchung bei der DATEV 21
    2.4 Repräsentationskosten, Erlöse Abfallverwertung und Zeitschriften, Bücher 24
    2.5 Warenverkäufe und weitere Umsatzerlöse 26
    2.6 Privatkonten zu Privatentnahmen und Einlagen 29

B Buchen von Bankauszügen 34
1 Kosten für betriebliche Grundstücke und Räume 35
2 Versicherungen, Beiträge und Abgaben 36
3 Fahrzeugkosten 37
4 Löhne und Gehälter 44
5 Nettolohnverbuchung 45
6 Weitere Personalkosten 47
7 Freie Mitarbeiter und Provisionen 47
8 Geschenke, Bewirtung 49
9 Spenden 51
10 Werbung und Vertriebskosten 52
11 Reisekosten 53
12 Porto, Telekommunikation, Bürobedarf, Fachliteratur 54
13 Rechts- und Steuerberatung 55
14 Bankspesen, Guthaben- und Sollzinsen 55
15 Betriebliche Steuern 58
16 Sonstige betriebliche Aufwendungen 60

Inhaltsverzeichnis

C Buchungen im Anlagevermögen — 61
1 Anschaffung von Anlagegütern — 61
  1.1 Immaterielle Anlagegüter und Sachanlagen — 64
  1.2 Reparaturen, Wartungsarbeiten, Renovierungen — 66
  1.3 Finanzanlagen — 68
2 Verkauf und Abgang von Anlagegütern — 68

D Buchungen von Forderungen — 72
1 Soll- und Istversteuerung — 72
2 Sollversteuerung ohne Debitorenkonten — 73
3 Erlösschmälerungen und Gutschriften — 75
4 Sonstige Forderungen und Vermögensgegenstände — 76
  4.1 Kautionen — 76
  4.2 Steuerforderungen — 77

E Buchen von Verbindlichkeiten — 78
1 Lieferantenverbindlichkeiten — 78
2 Wareneinkauf — 80
3 Verbrauch von Roh-, Hilfs- und Betriebsstoffen — 81
  3.1 Energiestoffe — 82
  3.2 Nebenkosten — 83
4 Skonto, Rabatte und Nachlässe von Lieferanten — 84
5 Verbindlichkeiten gegenüber Kreditinstituten — 85
6 Umsatzsteuer und Vorsteuerbeträge — 86
7 Sonstige Verbindlichkeiten — 87
8 Kreditkartenabrechnung — 88

F Auswertung der Buchhaltung — 90
1 Umsatzsteuer: Voranmeldungen und EU-Meldungen — 91
2 Umsatzsteuervoranmeldung übermitteln — 91
3 Summen und Salden — 93
4 Kontenblätter — 94
5 Betriebswirtschaftliche Auswertungen — 95
  5.1 BWAs für alle Zwecke und Branchen — 97
  5.2 BWA-Grundauswertungen — 98

	5.3	Erfolgsrechnung: So sieht das vorläufige Ergebnis aus	99
	5.4	Bewegungsbilanz: Wie wurde das Kapital verwendet?	105
	5.5	Statische Liquidität - Cashmanagement und Schuldendeckung	107
	5.6	Vergleichsrechnungen	110
	5.7	Die Zahlen im Plan- und im Ist-Zustand/ Controlling	113
	5.8	Weitere Betriebswirtschaftliche Auswertungen	115

G Rechnungswesen für Windows 119

1	Installation von Rechnungswesen compact	120
2	So legen Sie einen neuen Mandanten an	122
3	Buchen in Rechnungswesen für Windows	127
	3.1 Buchungserfassung	127
	3.2 Buchungszeile	128
	3.3 Übungsbeispiel Kasse	131
4	Jahresübernahme	136
5	Datensicherungen an den Steuerberater übergeben	139

H Glossar 140

1	Anteile an verbundenen Unternehmen	140
2	Anzahlungen an Lieferanten	141
3	Anzahlungen von Kunden	142
4	Aufbewahrungsfristen	144
5	Aufzeichnungspflichten	145
6	Belege	148
7	Berichtigungsschlüssel	153
8	Beteiligungen	155
9	Bruttolohnverbuchung	156
10	Buchführungspflicht	160
11	Buchhaltungstechnik	161
12	Debitorenkonten	163
13	Differenzbesteuerung	168
14	Entnahmen	170
15	Eröffnungsbilanzkonto	176
16	EU-Umsatzsteuer	178
17	EU-Umsatzsteuerschlüssel	187

Inhaltsverzeichnis

18	Geldtransit	187
19	Geleistete Anzahlungen und Anlagen im Bau	188
20	Geschäftsvorfälle	189
21	Gewinnermittlung	191
22	Grundsätze ordnungsmäßiger Buchführung	194
23	Gutschriften an Kunden	194
24	Inzahlungnahme eines Anlagegutes	196
25	Kassenbuch	198
26	Kontenrahmen SKR03 und SKR04	201
27	Kreditorenkonten	203
28	Lieferantenskonto	205
29	Materialeinsatz aus tatsächlicher Ermittlung	206
30	Materialeinsatz aus Umsatzzahlen	207
31	Materialeinsatz in der E-Bilanz	208
32	Offene-Posten-Buchführung	209
33	Provisionserlöse und Kommissionsgeschäfte	211
34	Sachbezüge	213
35	Skonto und Rabatt für Kunden	214
36	Steuerbefreite Umsätze	216
37	Steuerschuldnerschaft nach § 13b UStG	218
38	Umsatzsteuer	221
39	Umsatzsteuervoranmeldung	224
40	Vorsteuerabzug	234
41	Vorsteuer nach Durchschnittssätzen	235
42	Wareneinsatz, tatsächliche Ermittlung	236
43	Wareneinsatz durch Handelsspanne	238
44	Wechsel	238

DATEV-Kontenrahmen SKR 03	241
DATEV-Kontenrahmen SKR 04	305
Stichwortverzeichnis	369

Einstieg in die DATEV-Buchhaltung

Das DATEV-Buchhaltungssystem ist **der** Buchhaltungsstandard in Deutschland. Von den ca. 50.000 zugelassenen Steuerberatern in Deutschland sind 40.000 Mitglied der DATEV eG. Die **Finanzbuchführungen** von rund 2,4 Millionen der meist mittelständischen deutschen Unternehmen werden vom Steuerberater mit DATEV-Software erstellt. Außerdem bringt das DATEV-Druck- und Versandzentrum jeden Monat rund zwei Millionen Betriebswirtschaftliche Auswertungen auf den Weg. Nach ca. 40 Jahren ausgefeilter Perfektionierung ist die DATEV-Finanzbuchhaltung (Fibu) ein unübertroffen stabiles, logisches und bewährtes System.

Während die professionelle Führung der Finanzbuchhaltung eine solide Ausbildung und mehrere Jahre an Praxiserfahrung braucht, sind die Grundlagen des DATEV-Systems schnell und einfach zu lernen.

Einen schnellen Einstieg in die DATEV-Buchhaltung bietet dieses Buch folgenden Personen:
- Einsteigern und Steuerfachfremden,
- kostenbewussten Unternehmern, die ihre Buchhaltung selbst machen wollen,
- Praktikanten und angehenden Steuerfachgehilfen in den Steuerberatungsbüros,
- Wiedereinsteigern in den Beruf,
- DATEV-fremden Buchhaltern und Bürokaufleuten,
- ausgebildeten Buchhaltern zum Eintritt in die Selbstständigkeit und
- Betriebswirtschaftsstudenten.

Man muss von den buchungstechnischen Vorteilen einer EDV-Buchführung im Allgemeinen und des DATEV-Systems im Besonderen nicht unbedingt überzeugt sein, um die manuelle Buchhaltung umzustellen. So ist es schließlich auch eine Kostenfrage, ob Sie

- Ihrem Steuerberater weiterhin sämtliche unsortierten bzw. bereits zeitlich geordneten Belege vorlegen oder
- die Buchhaltung selbst auf Erfassungsbögen erstellen oder die Buchhaltung mit Rechnungswesen compact komplett selbst erstellen.

Grundlage Ihrer Buchhaltungsrechnung ist in jedem Fall der Jahresumsatz (§ 33 VI Steuerberater-Vergütungsverordnung). Die volle Monatsgebühr beispielsweise bei einem Jahresumsatz von 450.000 € beträgt 400 € nach der Tabelle C. Ob aber der Steuerberater die volle Gebühr Monat für Monat von Ihnen verlangen kann, hängt von seinem bzw. Ihrem Anteil an der Buchhaltungsarbeit ab:

1. Für die Kontierung und Buchhaltung kann er 2/10 bis 12/10 der vollen Gebühr verlangen. Die Arbeit hat ausschließlich der Steuerberater.
2. Für die Buchführung nach vorkontierten Belegen kann der Steuerberater 1/10 bis 6/10 der Gebühr verlangen, also nur noch die Hälfte. Ihre Arbeit besteht in der Auflistung der Buchungssätze auf den Erfassungsbögen.
3. Für die Buchführung nach vom Mandanten erstellten Datenträgern erhält der Steuerberater 1/20 bis 10/20 der vollen Gebühr. Ihre Buchhaltungsrechnung reduziert sich also ein weiteres Mal, wenn Sie selbst die Daten erfassen.

Dieselbe Buchhaltung mit 450.000 € Jahresumsatz kann demnach bei Berechnung der Mittelgebühr 280,00 € 140,00 € oder 110,00 € pro Monat kosten (die Einrichtung und Überwachung der Buchhaltung unberücksichtigt). Wenn Sie Rechnungswesen compact einsetzen, geht Ihr Steuerberater sogar in puncto Buchhaltung leer aus. Es mag überraschen, aber die meisten Steuerberater sind trotz dieser Einbußen recht aufgeschlossen und werden Sie bei der DATEV-Buchhaltung unterstützen. Das liegt daran, dass umsichtige Berater weiterhin die qualifizierteren Abschlussarbeiten und die steuerliche sowie betriebswirtschaftliche Beratung durchführen wollen.

In vielen Betrieben wird auch ohne PC nach dem DATEV-System gebucht. Anstatt direkt ins Gerät zu erfassen, sind hier die Buchungszeilen auf Buchungslisten oder ähnlich gestalteten Erfassungsbögen aufzulisten und dem Steuerberater zu übergeben.

Dieses Praxisbuch will sich nicht bei den Legionen von Lehrbüchern zur Buchführung einreihen. Die klassische Buchhaltung von der Pike auf wird nicht behandelt.

- Entweder sind Ihnen die Grundzüge der doppelten Buchführung bereits geläufig, dann sollen Sie sich nicht mit den Zwecken und gesetzlichen Grundlagen der Buchführung, der Entwicklung der Bestände aus Inventur und Bilanz usw. langweilen. Stattdessen finden Sie hier in Kürze die Grundlagen des DATEV-Systems anhand von Buchungsbeispielen aus der Praxis, eine Beschreibung der Buchführungsauswertungen und eines DATEV-Buchhaltungsprogramms. Für diejenigen, die es genauer wissen wollen, liefert das Glossar im Anhang weitergehende Erläuterungen und Hintergründe. Jahresabschlussbuchungen werden jedoch nicht behandelt.
- Oder Sie sind Einsteiger und wollen nichts weiter, als möglichst schnell und einfach die laufende DATEV-Buchhaltung erledigen. Dann haben Sie wenig mit den theoretischen Grundlagen zu tun, mit Eröffnungsbuchungen, seltenen Geschäftsvorfällen, den Abgrenzungs- und Abschlussbuchungen von Abschreibungen bis Rückstellungen. Was nicht unmittelbar verständlich sein mag, finden Sie in einem Glossar erklärt. Mit diesem Buch werden Sie fit für das DATEV-System als eigenes EDV-Buchhaltungssystem und können sofort die laufende Buchhaltung auflisten oder direkt in den PC eingeben. Der Autor stützt sich hierbei auf Praxiserfahrungen: In zweistündigen Crash-Kursen sind auch Buchführungsneulinge in der Lage, die monatliche Buchhaltung zu 95 % selbstständig zu erledigen.

Der erste Teil dieses Buches beginnt deshalb gleich mit der Erfassung von Kasseneinnahmen und -ausgaben auf Buchungslisten. Anschließend werden kurz und bündig die Zahlungen auf der Bank behandelt, Buchungen im Anlagevermögen und Buchungen von Forderungen und Verbindlichkeiten. Damit sind Sie in der Lage, sofort mit der DATEV-Buchhaltung zu beginnen und alle gängigen Fälle zu erfassen.

- Wem die notwendigen Erklärungen im knappen Text zu kurz vorkommen, der findet jeden im Text gekennzeichneten Begriff im alphabetisch sortierten Glossar im Anhang beschrieben. Meistens ergibt sich dessen Sinn ja bereits aus dem Zusammenhang und ist gar nicht so interessant, wie mancher Lehrer, Fachbuchautor oder Entwickler glaubt.
- Für andere sind weitergehende Informationen zu speziellen Buchungen wichtig. Auch hier haben wir versucht, alle nicht alltäglichen Fälle in das Glossar auszulagern.
- Stichwörter, die im Glossar behandelt sind, wurden durch Fettdruck hervorgehoben, d. h. immer dann, wenn Sie auf ein fett gedrucktes Wort stoßen, finden Sie weitere Informationen im Glossar.

Im Anschluss an Ihre erfolgreichen Buchungen können Sie sich mit den Auswertungen aus dem Rechenzentrum beschäftigen. In einem schier unüberschaubaren Berg von Papieren und Zahlenmaterial finden Sie schnell die wesentlichen Beträge und Kennziffern. Der zweite Teil beschäftigt sich mit einem Buchhaltungsprogramm, das nach diesem kurzen Überblick leicht zu bedienen ist.

- Mit Rechnungswesen compact für Windows können Sie die laufende Buchhaltung vor Ort abwickeln. Das Programm ermöglicht eine Offene-Posten-Buchführung. Daneben sind Standardauswertungen wie Umsatzsteuervoranmeldungen, BWAs und Kontenblätter auch ohne Rechenzentrum möglich.

Alles in allem ermöglicht Ihnen dieses Buch den Schnelleinstieg in die DATEV-Buchhaltung für Ihre praktische Arbeit und ist deshalb kein systematisches Lehrbuch. Empfehlenswert nach einer Vorbereitung durch diesen Schnelleinstieg in die DATEV-Buchführung ist die Teilnahme am Seminar „DATEV-Fibu-Basis-Kolleg". Ihr Steuerberater kann Sie zu diesen im ganzen Bundesgebiet stattfindenden Schulungen anmelden.

Bei der täglichen Buchhaltungsarbeit hat sich auch das Tabellenbuch „Richtig Kontieren von A bis Z" aus dem Haufe-Verlag gut bewährt. Hier werden nach der Gliederung der Bilanz und der Gewinn- und Verlustrechnung die Verwendung der gängigen Buchhaltungskonten erklärt und in einem Tabellenteil die richtigen Kontennummern für ca. 4.500 Geschäftsvorfälle aufgelistet.

Viel Erfolg mit Ihrem Schnelleinstieg in das DATEV-System!

Für sämtliche Anregungen, Hinweise und Kritik sind Verlag und Autor dankbar.

Heppenheim, im Frühjahr 2015

Dipl.-Kfm. Elmar Goldstein

Buchungsliste Kasse

Eine Kasse zu führen ist keine einfache Aufgabe. Sie sollten es sich nur aufbürden, wenn Sie
1. nach Steuerrecht gesetzlich dazu verpflichtet sind,
2. gegenüber Dritten Rechenschaft über die Bargeldflüsse schuldig sind oder
3. vom Umfang her jederzeit einen Überblick über die Barvorgänge brauchen.

Kassenführung bedeutet, dass über die Erfassung in der Buchführung hinaus ein Kassenbuch als Grundaufzeichnung geführt wird und regelmäßig der Bargeldbestand abgezählt und mit den aufgezeichneten Ein- und Auszahlungen abgeglichen werden muss.

Wie eine Kasse geführt wird, können Sie im Glossar unter **Kassenbuch** nachlesen.

Die in den Kassenberichten oder im Kassenbuch aufgezeichneten Einzahlungen und Auszahlungen sind in die DATEV-Buchhaltung auf Buchungslisten oder direkt in ein Erfassungsprogramm zu übernehmen. Hier sollen zunächst die Buchungslisten beschrieben werden.

So wie die unterschiedlich gestalteten Kassenberichte gibt es unterschiedliche Buchungslisten. Hier zunächst ein vereinfachtes und verkürztes Exemplar zum Üben:

Buchungsliste Kasse

FIRMA: Elektro Zapp, Mandant: 345, Buchhaltung: 7/15, Konto: Kasse, Blatt: 1				
Umsatz	GegenKto	Datum	Konto	Text
Summe				

Aus der bereits ausgefüllten Kopfzeile wird klar, dass es sich um die Juli-Buchhaltung des Elektrohandels Zapp handelt. Die Mandantennummer – in diesem Fall 345 – vergibt Ihr Steuerberater für die eindeutige Zuordnung der Buchführung. Was bedeutet nun „Konto: Kasse"?

1 Kontenrahmen, Kontenplan und Konto

Ein Konto ist eine Verrechnungsstelle in der Buchhaltung zur Erfassung von Ein- und Ausgängen. Konten gibt es nicht nur bei der Bank.

> **Tipp**
> Beim Bankkonto werden aus der Sicht der Bank Gutschriften als Haben und Lastschriften als Soll geführt. Auf den Kontoauszügen sind der Endsaldo des letzten Auszugs, sämtliche aktuelle Geldbewegungen (Buchungen) sowie der Endsaldo nach der letzten Buchung ausgedruckt. Ihr laufendes Konto ist damit die Verrechnungsstelle bei der Bank zu Ihrem Guthaben oder Überziehungskredit. Konto führend ist die Buchhaltungsabteilung Ihrer Bank.

Das Kassenkonto seinerseits ermöglicht der Buchhaltung Ihres Betriebes in gleicher Weise, Einzahlungen und Auszahlungen zu verrechnen.

Kontenrahmen, Kontenplan und Konto

Wenn die auf dieser Buchungsliste ein- und ausgehenden Beträge dem Kassenkonto richtig zugeordnet werden, dann überlassen Sie die anschließende Rechenarbeit der EDV:
- Kontoführung,
- Ausdruck der Kontenblätter,
- Saldierung des Kontos.

Die Hauptaufgabe bei der Übertragung der Kassenbuchaufzeichnungen in diese Buchungsliste besteht in der Kontierung, der Zuordnung zu den jeweils richtigen Konten. (Mehr zu Konten, Salden, Soll und Haben in der herkömmlichen Buchführung finden Sie im Glossar unter dem Stichwort **Buchhaltungstechnik**.)

In der Buchhaltung gibt es nicht nur die Geld- oder Finanzkonten wie Kasse, Bank, Darlehen, Festgeld usw. als Verrechnungsstellen für das Vermögen und die Schulden des Unternehmers. Im Rechnungswesen interessiert auch die Frage, wie viel im Monat umgesetzt wurde, wie hoch der Personalaufwand lag, auf welchen Betrag sich die ausstehenden Rechnungen gegenüber dem Lieferanten Schulze belaufen usw. Dafür werden weitere Verrechnungsstellen geschaffen, einerseits die Sachkonten für die Aufwendungen und Erlöse, Vermögenswerte und Schulden und andererseits die Personenkonten für Kunden und Lieferanten.

Da die EDV lieber mit eindeutigen kurzen Zahlen als mit langen, unklaren Bezeichnungen operiert, wurden die Konten nummeriert und sachlich geordnet. Ein solches Kontensystem heißt Kontenrahmen. Sie finden im Glossar zwei unterschiedliche DATEV-Kontenrahmen, den (Spezial-)**Kontenrahmen SKR04** und **SKR03** beschrieben.

Außerdem finden Sie im Anhang Auszüge der Kontenrahmen SKR03 und SKR04 der DATEV eG Nürnberg. Die Original-Kontenrahmen sind im Internet unter http://www.datev.de im Dokument als j11174.pdf bzw. j11175.pdf kostenfrei erhältlich.

Buchungsliste Kasse

2 Kontierungen auf Sachkonten

2.1 Wareneingang und Erlöse 19 % USt, Privatentnahmen und Geldtransit

Das war vielleicht ein bisschen viel Theorie auf einmal. Schauen Sie sich nun den praktischen Kassenbericht vom 01.07.15 an.

Kassenbericht	Datum	Nr.
	01.07.....	1
Kassenbestand bei Geschäftsschluss	924,45	Vermerke
Betriebsausgaben im Laufe des Tages	Betrag	
Wareneinkauf Fa. Müller, Hagen	575,00	
Privatentnahmen	300,00	
Sonstige Ausgaben		
Nachttresor	7.000,00	
Summe	7.875,00	
Abzüglich Kassenendbestand des Vortages	799,45	
Kasseneingang	8.000,00	
Abzüglich sonstiger Einnahmen		
Abhebung von Bank	2.000,00	
Bareinnahmen (Tageslosung)	6.000,00	
Unterschrift:		

Kontierungen auf Sachkonten

Dieser Kassenbericht wird in die Buchungsliste übertragen, wobei nur die Ein- und Auszahlungen erfasst werden. Zu einzelnen Kassenvorgängen ist das entsprechende Konto zu finden.

FIRMA: Elektro Zapp, Mandant: 345, Buchhaltung: 7/15, Konto: Kasse, Blatt: 1

Umsatz €	GegenKto	Datum	Konto	Text
575,00−	3400/5400	01.07.	1000/1600	Fa. Müller, Hagen
300,00−	1800/2100	01.07.	1000/1600	
7.000,00+	1360/1460	01.07.	1000/1600	
2.000,00+	1360/1460	01.07.	1000/1600	
6.000,00+	8400/4400	01.07.	1000/1600	

Der Aufbau der fünf Buchungszeilen ist immer der gleiche:
- „Datum" und „Konto" stehen fest: Es ist das Kassenkonto (die Kasse hat im Kontenrahmen SKR03 die Nummer 1000, im Kontenrahmen SKR04 die Nummer 1600) und das Datum des Kassenberichts.
- Handelt es sich bei dem Betrag um einen Kasseneingang oder Umsatz? Auf Geldkonten gilt in jedem Fall: Eingänge werden links – Ausgänge rechts eingetragen.

Um welchen Eingang oder Umsatz handelt es sich? Das jeweilige Sachkonto wird unter Gegenk(on)to eingetragen. Wie man die Kontonummer findet, wie es um betriebseigene Konten und Personenkonten bestellt und was zur Umsatzsteuer zu beachten ist, dazu gleich mehr. Schlagen Sie bitte dazu die obigen Kontonummern im SKR03 bzw. SKR04 nach. Unter den angegebenen Kontonummern finden Sie folgende Beschriftung der Konten:

Konto	Bezeichnung
3400/5400	Wareneingang 19 % Vorsteuer
1800/2100	Privatentnahmen allgemein
1360/1460	Geldtransit
1360/1460	Geldtransit
8400/4400	Erlöse 19 % USt

Zur Verwendung des ominösen Kontos „1360/1460 **Geldtransit**" für Einzahlungen und Abhebung bei der Bank finden Sie im Glossar zwei plausible Erklärungen.

A Buchungsliste Kasse

Für den Text gilt:
So wenig wie möglich und soviel wie nötig, dann erspart im ersten Fall der Buchhalter sich selbst und im zweiten Fall anderen beim Jahresabschluss die meiste Arbeit. So braucht z. B. die Buchung auf dem Konto „Privatentnahmen allgemein" keinen zusätzlichen Text „Privatentnahme". Im obigen Beispiel ist dagegen beim „Wareneinkauf" der Text „Fa. Müller, Hagen" aufschlussreich.

2.2 Aushilfslöhne und Porto

Ergänzen Sie zur Übung die fehlenden Eintragungen auf dem Kassenbericht vom 02.07.15 und in der Buchungsliste.

Kassenbericht	Datum	Nr.	
	02.07.....		2
Kassenbestand bei Geschäftsschluss	750,45	Vermerke	
Betriebsausgaben im Laufe des Tages	Betrag		
Briefmarken	24,00		
Hr. Schnell, Lagerhilfe	250,00		
Privatentnahmen	100,00		
Sonstige Ausgaben			
Nachttresor	5.000,00		
Summe			
Abzüglich Kassenendbestand Vortag	924,45		
Kasseneingang			
Abzüglich sonstiger Einnahmen			
Bareinnahmen (Tageslosung)			
Unterschrift:			

Kontierungen auf Sachkonten

Verwenden Sie dabei ausschließlich die hier angegebenen Kontonummern, entweder die Konten von SKR03 **oder** die Konten von SKR04 – niemals gemischt.

- 1360/1460   Geldtransit
- 1800/2100   Privatentnahmen allgemein
- 8400/4400   Erlöse 19 % USt
- 4190/6030   Aushilfslöhne
- 4910/6800   Porto

FIRMA: Elektro Zapp, Mandant: 345, Buchhaltung: 7/15, Konto: Kasse, Blatt: 1

Umsatz €	GegenKto	Datum	Konto	Text
575,00–	3400/5400	01.07.	1000/1600	Fa. Müller, Hagen
300,00–	1800/2100	01.07.	1000/1600	
7.000,00–	1360/1460	01.07.	1000/1600	
2.000,00+	1360/1460	01.07.	1000/1600	
6.000,00+	8400/4400	01.07.	1000/1600	
24,00–		02.07.	1000/1600	
	1800/2100			
		02.07.		H. Schnell, Lagerhilfe
5.000,00–			1000/1600	
	8400/4400			
	Summe			

Lösung:

Kassenbericht Datum 02.07.15 Nr. 2	€	Kontierung SKR04
Kassenbestand bei Geschäftsschluss	750,45	
Ausgaben im Laufe des Tages		
Briefmarken	24,00	# 6800
Privatentnahme	100,00	# 2100
Hr. Schnell, Lagerhilfe	250,00	# 6030
Nachttresor	5.000,00	# 1460
abzüglich Kassenendbestand des Vortages	924,45	
= Kasseneingang	5.200,00	
abzüglich sonstiger Einnahmen		
= Bareinnahmen (Tageslosung)	5.200,00	# 4400

19

Buchungsliste Kasse

FIRMA: Elektro Zapp, Mandant: 345, Buchhaltung: 7/15, Konto: Kasse, Blatt: 1

Umsatz €	GegenKto	Datum	Konto	Text
575,00–	3400/5400	01.07.	1000/1600	Fa. Müller, Hagen
300,00–	1800/2100	01.07.	1000/1600	
7.000,00–	1360/1460	01.07.	1000/1600	
2.000,00+	1360/1460	01.07.	1000/1600	
6.000,00+	8400/4400	01.07.	1000/1600	
24,00–	4910/6800	02.07.	1000/1600	
100,00–	1800/2100	02.07.	1000/1600	
250,00–	4190/6030	02.07.	1000/1600	Hr. Schnell, Lagerhilfe
5.000,00–	1360/1460	02.07.	1000/1600	
	8400/4400	02.07.	1000/1600	
	Summe			

Prima, damit sind Ihnen die ersten Buchungen im DATEV-System gelungen!

Nach und nach werden Sie alle möglichen (und viele scheinbar unmöglichen!) **Geschäftsvorfälle** kennen lernen, wie man sie kontiert und verbucht. Das ist die ganze Kunst bei der laufenden Buchführung.

Wie die Buchungen an das DATEV-Rechenzentrum gehen oder am PC verarbeitet und die Zahlen ausgewertet werden – das sind technische Probleme, die im Kapitel zum Buchhaltungsprogramm angesprochen werden.

Schwierig bleibt nach wie vor die richtige Kontierung des Geschäftsvorfalls.

Einerseits sind die über 1.200 Konten eines DATEV-Kontenrahmens bereits unübersichtlich genug.

> **Tipp**
>
> Bei der Suche hilft ein wenig die systematische Ordnung jedes Kontenrahmens nach den Kontenklassen 0 bis 9 für die erste Ziffer und eine weitere Untergliederung nach Kontengruppen. Die Gliederung der DATEV-Kontenrahmen SKR03 und SKR04 finden Sie im Anhang beschrieben.

Andererseits würde man sich die Finger wund blättern nach dem Personenkonto „Fa. Schulze" oder einer „Kreissparkasse Ahlendorf". Selbst 1000 Konten des Kontenrahmens können deshalb nicht ausreichen, einige betriebsindividuelle Konten zu berücksichtigen. Die Lösung aus diesem Dilemma liegt in der Aufstellung eines betriebseigenen Kontenplans. Üblicherweise wird der Steuerberater, der Ihnen die DATEV-Buchführung nahe gelegt hat, Sie mit dem passenden Kontenplan versorgen. Ein kleiner Sachkontenplan besteht aus ca. 50 Konten, die zum einen aus einem DATEV-Kontenrahmen ausgewählt sind, zum anderen individuell angelegt wurden.

Individuelle Sachkonten werden eigens angelegt für:
- spezielle Anlagegüter und Darlehen,
- Konten zu Miet- und Leasingobjekten,
- Bank, Sparkasse,
- Warengruppen beim Einkauf und Verkauf und
- eventuell weitere Aufwendungen und Erträge.

Bevor Sie mit den Buchungen fortfahren, eine Frage zu Ihrem Kenntnisstand in puncto Umsatzsteuer.
- Wenn Sie nur wenig von dieser Steuer wissen, dann kann sich ein Ausflug in das Glossar zu Umsatzsteuer und Vorsteuerabzug lohnen.
- Wenn Sie auf diesem Gebiet fit sind, so lesen Sie gleich weiter, wie die DATEV die automatische Verbuchung der Umsatzsteuer geregelt hat.

2.3 Umsatzsteuerverbuchung bei der DATEV

Die Umsatzsteuer aus Bruttobeträgen herauszurechnen oder auf das Netto aufzuschlagen, wie viel Vorsteuer aus einer Ausgabenrechnung abzuziehen ist, welche Beträge in die **Umsatzsteuervoranmeldung** gehören – diese Rechenarbeit überlässt man dem Computer. Allerdings ist vom Buchhalter diese Berechnung zumindest anzustoßen, indem er **Automatikkonten** bebucht oder **Umsatzsteuerschlüssel** setzt.

A Buchungsliste Kasse

Zwei **Automatikkonten** haben Sie bereits kennen gelernt:
* AV 3400/5400   Wareneingang 19 % Vorsteuer
* AM 8400/4400   Erlöse 19 % USt

Deshalb bedeutet im DATEV-System die Buchung auf den Automatikkonten:
* AV Automatischer Vorsteuerabzug aus dem auf dieses Konto gebuchten Bruttobetrag
* AM Automatische Umsatzsteuerberechnung aus dem auf dieses Konto gebuchten Bruttobetrag

Der Computer trennt also selbstständig den Bruttobetrag auf in Nettowareneingang und Vorsteuer bzw. Nettoerlös und Umsatzsteuer.

Als USt-Zusatzfunktionen seien noch erwähnt:
* KU = Keine Umsatzsteuer
* V = Nur Vorsteuerabzug/Korrektur möglich
* M = Nur Mehrwertsteuer/Korrektur möglich

Es gibt eine weitere Möglichkeit, Umsatzsteuer und Vorsteuer vom System berechnen zu lassen. Die Sachkonten in den DATEV-Kontenrahmen haben vier Stellen (0001–9999), Personenkonten fünf Stellen (Kundenkonten 10000–69999, Lieferanten 70000–99999).

Wird im Feld „Gegenkonto" eine sechsstellige Zahl eingetragen, so interpretiert das DATEV-System die erste Ziffer als **Umsatzsteuerschlüssel**.

Beispiel:
Elektro Zapp kauft 5 Päckchen Kopierpapier (19 % Vorsteuer) und für die Neueröffnung des Nachbargeschäfts Bäckerei Schröder ein Blumengebinde (7 % Vorsteuer).

Kontierungen auf Sachkonten   A

Umsatz €	GegenKto	Datum	Konto	Text
59,50–	904930/906815	03.07.	1000/1600	Kopierpapier
53,50–	804640/806630	03.07.	1000/1600	Blumenschmuck Schröder

Schlüssel:
- 2 Umsatzsteuer 7 %
- 3 Umsatzsteuer 19 %
- 5 Umsatzsteuer 16 %
- 7 Vorsteuer 16 %
- 8 Vorsteuer 7 %
- 9 Vorsteuer 19 %

In diesem Beispiel errechnet die EDV folgende Beträge:
- Barzahlungen: 113,00 €
- Bürobedarf: 50,00 €
- Repräsentationskosten: 50,00 €
- Vorsteuerbeträge: (9,50 € und 3,50 €) 13,00 €

Die meisten Erlöskonten sind bereits als Automatikkonten ausgestattet (AM). Das erspart Ihnen die Mühe, bei jeder Buchung einen USt-Schlüssel setzen zu müssen.

Die Warenverkäufe von Elektro Zapp zum 01.07. und 02.07. könnten z. B. sowohl auf dem Automatikkonto (AM) 8400/4400 als auch auf dem Konto 8000/4000 verbucht werden:

Umsatz €	GegenKto	Datum	Konto	Text
6.000,00+	8400/4400	01.07.	1000/1600	
5.200,00+	8400/4400	02.07.	1000/1600	

oder

Umsatz €	GegenKto	Datum	Konto	Text
6.000,00+	308000/304000	01.07.	1000/1600	
5.200,00+	308000/304000	02.07.	1000/1600	

Buchungsliste Kasse

Beide Alternativen führen zu den gleichen Berechnungen:
Bareinnahmen: 11.200,00 €
Nettoerlöse (5.042,02 € + 4.369,75 €) 9.411,77 €
Umsatzsteuer (957,98 € + 830,25 €) 1.788,23 €

Achtung
Aus Sicherheitsgründen lässt die DATEV die USt-Schlüsselung bei der Verwendung von USt-Automatikkonten nicht zu (z. B. 304400 ist nicht möglich).

Buchungssätze, nach denen also gemäß Ihren Anweisungen Umsatzsteuerberechnungen doppelt durchzuführen sind, werden vom Rechenzentrum bzw. dem Rechnungswesen-Programm nicht verarbeitet.
Einen Sonderfall der USt-Schlüsselung stellt die Verbuchung von EU-Umsatzsteuerfällen dar. Hier greift die DATEV auch auf die erste Stelle eines auf sieben Stellen angewachsenen Gegenkontos zurück. Bei Interesse sehen Sie bitte unter dem Stichwort **EU-Umsatzsteuerschlüssel** im Glossar nach.

2.4 Repräsentationskosten, Erlöse Abfallverwertung und Zeitschriften, Bücher

Übung:
Verbuchen Sie die nachfolgenden Kassenausgaben und -einnahmen und achten Sie auf eventuelle Umsatzsteuerschlüssel.
Zum 03.07.:
1. Barverkäufe in Höhe von 4.200,00 €. Das Gegenkonto lautet 8400/4400
2. Aushilfslohn von 200,00 € an Herrn Schnell, Gegenkonto 4190/6030 (Gibt es einen Vorsteuerabzug? Wenn Sie sich nicht sicher sind, lesen Sie nochmals nach, wessen Leistungen umsatzsteuerpflichtig sind oder schauen Sie beim Aushilfslohn zum 02.07. nach).

Kontierungen auf Sachkonten   A

Zum 04.07.:
3. Die Abo-Gebühr in Höhe von 21,40 € für „Der Elektrohandel" wird bar gegen Quittung gezahlt. Verwenden Sie das Konto 6820.
4. Der Altwarenhändler Meier holt alte Kupferkabel ab und zahlt an Elektro Zapp 200,00 € in bar. Verwenden Sie das Konto 8520/4510.

FIRMA: Elektro Zapp, Mandant: 345, Buchhaltung: 7/15, Konto: Kasse, Blatt: 1

Umsatz €	GegenKto	Datum	Konto	Text
580,00-	3400/5400	01.07.	1000/1600	Fa. Müller, Hagen
300,00-	1800/2100	01.07.	1000/1600	
~~	~~~~	~~~~	~~~~	
58,00-	904930/906815	03.07.	1000/1600	Kopierpapier
53,50-	804640/806630	03.07.	1000/1600	Blumenschmuck Schröder
4.000,00-	1360/1460	03.07.	1000/1600	
				1)
				2)
				3)
				4)
	Summe			

Lösung:

FIRMA: Elektro Zapp, Mandant: 345, Buchhaltung: 7/15, Konto: Kasse, Blatt: 1

Umsatz €	GegenKto	Datum	Konto	Text
580,00-	3400/5400	01.07.	1000/1600	Fa. Müller, Hagen
300,00-	1800/2100	01.07.	1000/1600	
~~	~~~~	~~~~	~~~~	
58,00-	904930/906815	03.07.	1000/1600	Kopierpapier
53,50-	804640/806630	03.07.	1000/1600	Blumenschmuck Schröder
4.000,00-	1360/1460	03.07.	1000/1600	
4.200,00+	8400/4400	03.07.	1000/1600	1)
200,00-	4190/6030	03.07	1000/1600	2) Hr. Schnell
21,40-	804940/806820	04.07	1000/1600	3)
200,00+	308520/304510	04.07.	1000/1600	4)
	Summe			

A Buchungsliste Kasse

1. Die Barverkäufe sind mit 19 % umsatzsteuerpflichtig. Das Konto 8400/4400 ist ein automatisches Mehrwertsteuerkonto. Es wird deshalb kein Umsatzsteuerschlüssel gesetzt.
2. Der Aushilfslohn an Herrn Schnell enthält keine Vorsteuer, da Arbeitnehmer keine Unternehmer sind und Ihre Arbeitsleistungen somit keine umsatzsteuerpflichtigen Leistungen darstellen.
3. Die Abo-Gebühr enthält 7 % Vorsteuer, da Zeitschriften mit dem ermäßigten Steuersatz besteuert werden. Das Konto 4940/6820 ist kein Automatikkonto. Zum Vorsteuerabzug ist deshalb der Schlüssel 8 zu setzen.
4. Der Verkauf an Altwarenhändler Meier ist mit 19 % umsatzsteuerpflichtig. Elektro Zapp verkauft zwar keine Ware, aber andere Gegenstände im Rahmen seines Unternehmens. Das Konto 8520/4510 ist kein Automatikkonto. Damit die Umsatzsteuer herausgerechnet werden kann, ist der Schlüssel 3 zu setzen.

War diese Aufgabe schwierig? Nun, Sie haben gerade die größte Hürde bei den Kontierungen genommen.

2.5 Warenverkäufe und weitere Umsatzerlöse

Neben dem Automatikkonto 8400/4400 „Erlöse 19 %" haben Sie bereits das Konto 8000/4000 „Umsatzerlöse" zur Verbuchung von Warenverkäufen kennen gelernt. Für unterschiedliche Warengruppen oder Dienstleistungen stehen Ihnen außerdem zur Verfügung:

Kontenrahmen	SKR 04	SKR 03
Mit Automatikfunktion 19 %	4400 bis 4409	8400 bis 8409
Mit Automatikfunktion 7 %	4300 bis 4309	8300 bis 8309
Ohne Automatikfunktion	4000 bis 4099	8000 bis 8099
Ohne Automatikfunktion	4200 bis 4299	8200 bis 8299

Tipp

Sofern Sie selbst neue Konten im Kontenplan unterbringen können, seien Sie vor dem Rausch gewarnt, immer noch ein Erlöskonto mehr anlegen zu wollen!

Abgesehen davon dass sich eine Kontonummer wie 4400 „Erlöse 19 %" leichter merken lässt als 4038 „Sonstige Flügelschrauben", bringt Ihnen eine zu detaillierte Gliederung der Umsatzerlöse keine betriebswichtigen Informationen. Die grobe Aufgliederung in Sparten hingegen

Kontierungen auf Sachkonten

zeigt auf einem Blick, wo es boomt oder floppt und wie sich die Umsätze in jeder Sparte entwickeln.

Im Regelfall sind Umsätze entweder als Ganzes umsatzsteuerpflichtig oder nicht.

Die **Differenzbesteuerung** bildet eine Ausnahme für Gebrauchtwagenhändler, Antiquitätenhändler und Antiquare u. Ä. Wiederverkäufer, die von Privatleuten Ware ankaufen und diese ohne Mehrwertsteuerausweis weiterverkaufen.

Es werden zwei Konten verwendet, für den steuerfreien und den steuerpflichtigen Teil („Differenz") der Erlöse. Näheres dazu finden Sie im Glossar.

Umsatzerlöse zu unterschiedlichen Steuersätzen müssen Sie sogar auf verschiedenen Konten erfassen.

Beispiel:

Bäckerei Schröder, das Nachbargeschäft von Elektro Zapp, verkauft neben Backwaren noch weitere Lebensmittel und Artikel für Frühstück und Nachmittagskaffee. Während die meisten Waren 7 % Umsatzsteuer unterliegen, lassen sich die Verkäufe der Artikel zu 19 % aus dem Wareneinkauf und dem Rohaufschlag gut abschätzen.

Wareneinkauf netto im Juli, Artikel zu 19 % USt	2.000,00 €
Rohaufschlag 75 %	1.500,00 €
geschätzte Verkäufe im Juli, netto zu 19 % USt	3.500,00 €

Bäckerei Schröder bucht nur einmal im Monat. Die Kassenberichte werden nicht eins zu eins in die DATEV-Buchhaltung übertragen, sondern soweit wie möglich zusammengefasst. Deshalb sind alle Kasseneinnahmen, Bankeinzahlungen und Privatentnahmen auf Tippstreifen aufaddiert und jeweils in einer Summe eingebucht.

Summe Kasseneinnahmen brutto	24.060,00 €	
geschätzte Verkäufe brutto zu 19 % USt	4.060,00 €	
	4.060,00 €	
geschätzte Verkäufe brutto zu 7 % USt	20.000,00 €	20.000,00 €
Summe aller Einzahlungen auf die Bank		21.000,00 €
Summe aller Privatentnahmen		2.500,00 €

Buchungsliste Kasse

Umsatz €	GegenKto	Datum	Konto	Text
				FIRMA: Bäckerei Schröder, Mandant: 212, Buchhaltung: 7/15, Konto: Kasse, Blatt: 1
34,00-	904985/906845	02.07.	1000/1600	Zange, Schraubenzieher
19,80-	904930/906815	11.07.		Schreibpapier
108,00-	904710/906710			Nachlieferung Tüten
10,00-	1840/2250	12.07.		Haussammlung Feuerwehr
45,73-	904230/906320	22.07.		Schornsteinfeger
4.060,00+	8400/4400	31.07.		Verkäufe Juli 19 %
20.000,00+	8300/4300			Verkäufe Juli 7 %
21.000,00-	1360/1460			Geldtransit Juli
2.500,00-	1800/2100			Privatentnahmen Juli
342,47+	Summen			
177,53+	BAR 01.07.			
520,00-	BAR 31.07.			
0,00	Kontrolle			

Im Vergleich zu den bisherigen Beispielen hat sich bei dieser Buchungsliste einiges geändert:

1. Die Zusammenfassung von gleichen Geschäftsvorfällen reduziert die Anzahl der Buchungen und damit Ihren Arbeitsaufwand ganz erheblich. Die tägliche Erfassung als Teil der gesetzlichen Aufzeichnungspflichten ist ja bereits in den Kassenberichten gewährleistet.
2. Daneben wurden die Angaben zu „Datum" und „Konto" ebenfalls auf ein Minimum beschränkt: Tatsächlich sind nur die jeweiligen Änderungen zu vorangegangenen Buchungszeilen einzutragen.
3. Schließlich erlauben die Seiten- und Kontrollsummen einen Abgleich des Kassenkontos mit dem Barbestand selbst: Der rechnerische Monatsendbestand muss mit dem im letzten Kassenbericht und dem tatsächlichen Bargeld in der Kasse übereinstimmen.

2.6 Privatkonten zu Privatentnahmen und Einlagen

An dieser Stelle soll ein weit verbreitetes Missverständnis aufgeklärt werden:

> **Achtung**
> Bare Privatentnahmen und -einlagen erhöhen weder den Gewinn noch führen sie zu Verlusten.

Sie können also beliebig oft und beliebig hohe Beträge aus der Kasse entnehmen oder einlegen, ohne dass darauf Umsatzsteuer, Einkommensteuer oder andere Steuer anfällt. Dass zu hohe Privatentnahmen ein Unternehmen zahlungsunfähig machen und damit in den Ruin treiben, steht auf einem anderen Blatt.

Bei den Privateinlagen seien Sie allerdings in der Lage, auf Nachfrage des Finanzamtes die Herkunft des Geldes lückenlos aufzuklären!

Wenn Sie neben den betrieblichen Einkünften keine weiteren Einnahmen vorweisen können, müssen Sie sich auch bei zu niedrigen Privatentnahmen unangenehme Fragen gefallen lassen. Neben den zweckgebundenen Privatentnahmen wie Miete, Versicherungen, Darlehensraten usw. sollten die „ungebundenen" Privatentnahmen für den täglichen Bedarf ausreichen.

Folgende Privatkonten stehen Ihnen als Einzelunternehmer bzw. Vollhafter (in BGB-Gesellschaft, OHG, Partnerschaft, als Komplementär) zur Verfügung:

SKR03	SKR04	Kontenbezeichnung
1800–1809	2100–2129	Privatentnahmen allgemein
1810–1819	2150–2179	Privatsteuern
1890–1899	2180–2199	Privateinlagen
1820–1829	2200–2229	Sonderausgaben, beschränkt abzugsfähig (z. B. Lebens-, Kranken-, Unfall- und Haftpflichtversicherung)
1830–1839	2230–2249	Sonderausgaben unbeschränkt abzugsfähig (z. B. dauernde Lasten, Kirchensteuer, private Steuerberatungskosten, Teile des Schulgeldes und der Fortbildungskosten)
1840–1849	2250–2279	Privatspenden
1850–1859	2280–2299	Außergewöhnliche Belastungen
1860–1869	2300–2349	Grundstücksaufwand (privates Eigentum)
1870–1879	2350–2399	Grundstücksertrag (privates Eigentum)

Buchungsliste Kasse

Die Verwendung von mehreren Privatkonten ist besonders dann sinnvoll, wenn Sie Ihre Einkommensteuererklärung selbst ausfüllen. Um den Kontenplan nicht unnötig zu erweitern, genügen jedoch meistens die Konten „Privatentnahmen allgemein" und „Privateinlage".

Übung:

Tragen Sie das jeweils richtige (spezielle) Gegenkonto gemäß dem SKR03/SKR04 nach:

Umsatz €	GegenKto	
5.000,00+		Ein Lottogewinn wird bar in die Kasse eingelegt
120,00-		Die Jahresprämie für die Hundehalterhaftpflichtversicherung wird bar aus der Kasse gezahlt
231,20+		Die Nachzahlung der Nebenkostenabrechnung für die vermietete Wohnung wird bar kassiert und in die Kasse eingelegt
5.275,00-		Die Einkommensteuervorauszahlung mit Solidaritätszuschlag wird bar aus der Kasse beim Finanzamt eingezahlt
450,00-		Die Kirchensteuervorauszahlung wird ebenfalls aus der Kasse entnommen

Lösung:

Umsatz €	GegenKto	
5.000,00+	1890/2180	Die Einzahlung des Lottogewinns ist eine Privateinlage
120,00-	1820/2200	Die Prämie für die Haftpflichtversicherung ist eine beschränkt abzugsfähige Sonderausgabe
231,20+	1870/2350	Die Einnahme aus der Nebenkostenabrechnung ist privater Grundstücksertrag
5.275,00-	1810/2150	Einkommensteuer und Solidaritätszuschlag sind private Steuern
450,00-	1830/2230	Die Kirchensteuer ist eine unbeschränkt abzugsfähige Sonderausgabe

Die Besonderheiten der zumeist steuerpflichtigen **Entnahmen** von Gegenständen oder Inanspruchnahme von Leistungen aus dem Unternehmen finden Sie im Glossar behandelt.

Neben den Konten verschiedener Umsatzerlöse und Privatentnahmen sowie dem Geldtransit wurden in diesem Kapitel folgende Ausgabenkonten angesprochen:

SKR03	SKR04	Kontenbezeichnung
3400	5400	Wareneingang 19 % USt (Konto mit automatischer Vorsteuer)
4030	6030	Aushilfslöhne
4230	6320	Heizung
4640	6630	Repräsentationskosten
4710	6710	Verpackungsmaterial
4910	6800	Porto
4930	6815	Bürobedarf
4940	6820	Zeitschriften, Bücher
4985	6845	Werkzeuge und Kleingeräte

Daneben gibt es eine Fülle weiterer, bar bezahlter **Betriebsausgaben** mit zugehörigen Kontierungen. Da die meisten Zahlungen jedoch über Rechnungen unbar abgewickelt werden, finden sie sich erst bei den Buchungen auf dem Bankkonto behandelt.

Für die abschließende Übung zum Buchungskreis Kasse verwenden Sie die Ihnen bis jetzt bekannten Konten und errechnen Sie den Kassenbestand zum 30.08.

Buchungsliste Kasse

FIRMA: Bäckerei Schröder, **Mandant:** 212, **Buchhaltung:** 8/15, **Konto:** Kasse, **Blatt:** 1

Umsatz €	GegenKto	Datum
	Summen	
520,00+	BAR 01.08.	
	BAR 30.08.	
	Kontrolle	

1) Ausgabe: Briefmarken zu 20,00 € (auf dem Postbeleg keine Vorsteuer)
2) Ausgabe: Heizöl zu 2.400,00 € (inkl. 19 % Vorsteuer)
3) Wareneinkauf: Getränkedosen zu 680,00 € (inkl. 19 % Vorsteuer)
4) Mieteinnahme private Wohnung von 1.500,00 € (USt-freie Einnahme)
5) Ausgabe: Abo: „Bäckerei" zu 48,00 € (inkl. 7 % Vorsteuer)
6) Verkäufe August 19 % 4.000,00 €
7) Verkäufe August 7 % 26.000,00 €
8) Geldtransit August 23.000,00 €
9) Privatentnahmen August 3.000,00 €

Kontierungen auf Sachkonten

FIRMA: Bäckerei Schröder, Mandant: 212, Buchhaltung: 8/15, Konto: Kasse, Blatt: 1

Umsatz €	GegenKto	Datum		
20,00–	4910/6800	02.08.	1)	Ausgabe: Briefmarken zu 20,00 € (auf dem Postbeleg keine Vorsteuer)
2.400,00–	904230/906320	06.08.	2)	Ausgabe: Heizöl zu 2.400,00 € (inkl. 19 % Vorsteuer)
680,00–	3400/5400	08.08.	3)	Wareneinkauf: Getränkedosen zu 680,00 € (inkl. 19 % Vorsteuer)
1.500,00+	1870/2350	11.08.	4)	Mieteinnahme private Wohnung von 1.500,00 € (USt-freie Einnahme)
48,00–	804940/806820	28.08.	5)	Ausgabe: Abo: „Bäckerei" zu 48,00 € (inkl. 7 % Vorsteuer)
4.000,00+	8400/4400	30.08.	6)	Verkäufe August 19 % 4.000,00 €
26.000,00+	8300/4300		7)	Verkäufe August 7 % 26.000,00 €
25.500,00–	1360/1460		8)	Geldtransit August 25.500,00 €
3.000,00–	1800/2100		9)	Privatentnahmen August 3.000,00 €
	Summen			
520,00+	BAR 01.08.			
372,00–	BAR 30.08.			
0,00	Kontrolle			

33

B Buchen von Bankauszügen

Die Auszüge Ihres Girokontos enthalten bereits vorgefertigte Grundaufzeichnungen. Die Bank stellt aus ihrer eigenen Buchhaltung einen Auszug des dort geführten Kundenkontos zur Verfügung. Auch wenn die Aufzeichnungen für Ihre Buchhaltung spiegelbildlich zu lesen sind, weil die Bank nur ihre eigene Sichtweise darstellt, können Sie sich im Gegensatz zur Kasse die Mühe eigener Aufzeichnungen sparen.

- Auf Bankauszügen als Soll bezeichnete oder auf der linken Seite gemachte Buchungen sind Ausgänge (Belastungen, Auszahlungen) und werden auf dem Bankkonto in Ihrer Buchhaltung (Auflistung) rechts erfasst.
- Auf Bankauszügen als Haben bezeichnete oder auf der rechten Seite gemachte Buchungen sind Eingänge (Gutschriften, Einzahlungen) und werden auf dem Bankkonto in Ihrer Buchhaltung links aufgezeichnet.

Generationen von Buchhaltern sind an diese spiegelbildliche Darstellung gewöhnt, weshalb eine späte kundenorientierte Umstellung durch die Banken nur für noch mehr Verwirrung sorgen dürfte.

Um die Ein- und Ausgänge auf dem Bankkonto zu verbuchen, wird ein neuer Buchungskreis angelegt mit dem Konto „Bank 1210/1810". Auf den nächsten Seiten finden Sie zu alltäglichen Geschäftsvorfällen passende Konten und Buchungsbeispiele.

1 Kosten für betriebliche Grundstücke und Räume

Mietaufwand und Pacht werden auf folgenden Konten erfasst:

SKR03	SKR04	Kontenbezeichnung
4210	6310	Miete
4220	6315	Pacht

Als Konten für Raumnebenkosten können Sie folgende Konten verwenden:

SKR03	SKR04	Kontenbezeichnung
4230	6320	Heizung
4240	6325	Gas, Strom, Wasser
4250	6330	Reinigung
4270	6340	Abgaben betrieblich genutzter Grundbesitz

Aufwand für Strom, Gas und Wasser entstehen entweder wie hier in Handel, Verwaltung, Büro und Vertrieb oder als Materialeinsatz (Roh-, Hilfs- und Betriebsstoff) in der Fertigung, in Werkstätten u. Ä. Dort wird er auf anderen Konten erfasst.

Beispiel:
Zum Monatsbeginn wird die Miete von brutto 2.500,00 € und Nebenkosten von 450,00 € inkl. USt überwiesen.

FIRMA: Bäckerei Schröder, Mandant: 212, Buchhaltung: 7/15, Konto: Bank, Blatt: 1

Umsatz €	GegenKto	Datum	Konto	Text
2.500,00-	904210/906310	01.07.	1210/1810	Miete Juli
450,00-	904240/906325			Nebenkosten Juli

Die Vermietung von Immobilien ist wohl grundsätzlich umsatzsteuerfrei. Bei gewerblichen Objekten kann aber die reguläre Umsatzversteuerung gewählt werden. Dahinter steckt die damit verbundene Möglichkeit, Vorsteuerbeträge abzuziehen. Insbesondere beim Neubau eines Gebäudes fallen erhebliche Vorsteuerbeträge an, die das Finanzamt bei Verzicht auf die Umsatzsteuerbefreiung künftiger Mieteinnahmen erstattet.

- Die Nebenkosten als Nebenleistung bei der Vermietung teilen, was die Umsatzsteuer angeht, ist das Schicksal der Hauptleistung Miete.
- Das Konto „Raumkosten" nimmt alle Kosten auf, die Sie nicht weiter unterscheiden wollen, so z. B. Miete, Nebenkosten, Reinigung etc.
- Das Konto „Sonstige Raumkosten" bezeichnet dagegen Aufwand, den Sie anderweitig nicht zuordnen können, z. B. Topfpflanzen, Einbruchsversicherungen.
- Aufwendungen außerhalb der geschlossenen Räume schließlich bucht man auf „Sonstige Grundstücksaufwendungen".

SKR03	SKR04	Kontenbezeichnung
4200	6305	Raumkosten
4280	6345	Sonstige Raumkosten
4290	6350	Sonstige Grundstücksaufwendungen

2 Versicherungen, Beiträge und Abgaben

Versicherungsprämien unterliegen nicht der Umsatzsteuer. Trotz der Belastung mit einer Versicherungssteuer von 19 % können Sie deshalb keine Vorsteuer abziehen. Für Kfz-Versicherungen ist ein eigenes Konto unter den Fahrzeugkosten vorgesehen. Versicherungen, die betriebliche Häuser und Grundstücke betreffen, sind unter „Sonstige Grundstücksaufwendungen" zu kontieren.

SKR03	SKR04	Kontenbezeichnung
4360	6400	Versicherungen
4380	6420	Beiträge

Beiträge an Berufsverbände sind abziehbare Betriebsausgaben, wenn die Mitgliedschaft in dem Verband beruflich veranlasst ist (z. B. IHK). Sie sind auch dann abziehbar, wenn der Verband allgemeinpolitische Rahmenziele verfolgt. Beiträge zu Berufsgenossenschaften zählen hingegen zu den sozialen Abgaben.

SKR03	SKR04	Kontenbezeichnung
4138	6120	Beiträge zur Berufsgenossenschaft
4390	6430	Sonstige Abgaben

3 Fahrzeugkosten

Das Konto „Fahrzeugkosten" nimmt alle Kosten auf, die nicht weiter unterschieden werden sollen, so z. B. Benzin, Kfz-Steuer und -Versicherungen, Reparaturen, Leasing etc. Dagegen bezeichnet „Sonstige Kfz-Kosten" Aufwand, den Sie anderweitig nicht zuordnen können, z. B. Gebühren für Autoradio, Reinigung, Parkgebühren. Unter „Laufenden Betriebskosten" sind u. a. Benzin, Diesel, Öl zu erfassen.

SKR03	SKR04	Kontenbezeichnung
4500	6500	Fahrzeugkosten
4580	6570	Sonstige Kfz-Kosten
4530	6530	Laufende Kfz-Betriebskosten

Als weitere Einzelkonten kommen in Frage:

SKR03	SKR04	Kontenbezeichnung
4540	6540	Kfz-Reparaturen
4550	6550	Garagenmieten
4570	6560	Fremdfahrzeuge
4520	6520	Kfz-Versicherungen
4510	7685	Kfz-Steuern

Übung:

Bevor Sie noch weiter mit immer neuen Konten zugeschüttet werden, hier einige Kontierungsfälle zur Übung. Füllen Sie die Lücken auf der Buchungsliste und verwenden Sie ausschließlich die bereits vorgestellten Konten des SKR03 bzw. SKR04.

B Buchen von Bankauszügen

A-Bank Frankfurt
Kontonummer: 10 057 890

		Auszug vom 04.07....		Auszug-Nr. 312	Blatt/von 1 / 1
Datum	Wert	Buchungstext		Soll	Haben
01.07.	01.07.	DA Miete		2.380,00	
01.07.	01.07.	SB-Tank		1.277,43	
01.07.	01.07.	Berufsgen.		1.354,00	
02.07.	02.07.	HUK Erst.			238,20
03.07.	04.07.	Bar		300,00	
03.07.	04.07.	Scheck EV			1.335,20

		Alter Kontostand	5.394,70
Firma			
Elektro Zapp		Neuer Kontostand	1.656,67
60234 Frankfurt			

Abb. 1: Bankauszug 4. Juli

Fahrzeugkosten B

SB-Tankcenter Peter Schmitt

```
Firma
Elektro Zapp
60234   Frankfurt
```

Monatsabrechnung : Juni   30.06.20

Kartennummer:	2361	Kennzeichen:	F - YZ 888	
Datum	Kraftstoff	Abgabe / Liter	€ / Liter	Gesamt €
02.06.	Super bleifrei	56,82	1,075	61,08 €
05.06.	Super bleifrei	51,14	1,075	54,98 €
09.06.	Super bleifrei	50,93	1,075	54,75 €
14.06.	Super bleifrei	57,70	1,089	62,84 €
20.06.	Super bleifrei	55,01	1,089	59,91 €
23.06.	Super bleifrei	54,68	1,089	59,55 €
29.06.	Super bleifrei	55,54	1,089	60,48 €
	Zwischensumme	381,82		413,58 €

Kartennummer:	2374	Kennzeichen:	F - XZ 888	
Datum	Kraftstoff	Abgabe / Liter	€ / Liter	Gesamt €
01.06.	Diesel	58,36	1,039	60,64 €
03.06.	Diesel	64,41	1,039	66,92 €
08.06.	Diesel	59,82	1,039	62,15 €
12.06.	Diesel	62,87	1,039	65,32 €
16.06.	Diesel	69,08	1,048	72,40 €
19.06.	Diesel	59,51	1,048	62,37 €
21.06.	Diesel	64,70	1,048	67,81 €
25.06.	Diesel	63,12	1,048	66,15 €
28.06.	Diesel	68,58	1,048	71,87 €
30.06.	Diesel	61,33	1,048	64,27 €
	Zwischensumme	631,78		659,90 €

		Summe Abrechnung	netto	1.073,47 €
		19 % Mehrwertsteuer		203,96 €
			brutto	1.277,43 €

Bankeinzug:
A-Bank Frankfurt, Bankleitzahl 540 360 00, Konto-Nummer 10 057 890

SB-Tankcenter Peter Schmitt 60234 Frankfurt

Abb. 2: Tankrechnung

B Buchen von Bankauszügen

BGEL
Berufsgenossenschaft
Elektro

BG Elektro - 53 102 Bonn

Bezirksverwaltung Bonn
Mitglieder- und Beitragsabteilung

Firma
Elektro Zapp
60234 Frankfurt

Telefon:	(0228) ....
Telefax:	(0228) ....
E-Mail:	....bonn@.....de
Datum:	12.06.....

Beitragsbescheid für 20··

gem § 168 Abs. 1 Sozialgesetzbuch - Gesetzliche Unfallversicherung - (SGB VII)

Sehr geehrte Unternehmerin, sehr geehrter Unternehmer,
wir haben den Beitrag für Ihr Unternehmen gemäß den umseitig genannten Vorschriften wie folgt berechnet:

I. Beitrag zur Berufsgenossenschaft						
Unternehmer Versicherungssumme	Ehegatte	Arbeitnehmer Arbeitsentgelt	Gefahrklasse	Beitragseinheiten	Beitragsfuß	Beitrag EUR
a	b	c	d	e=(a+b+c)xd	f	g=(e x f):1000
Pflicht-Versicherung 22.080	6.850	61.526	3,9	352.778	3,43	1.210,03
Zusatz-Versicherung						143,97
Freiwillige Versicherung						

II. Fremdbeiträge	Diese Beiträge sind von der Berufsgenossenschaft aufgrund gesetzlicher Vorschriften mit einzufordern und an Dritte abzuführen		
Ausgleichslast	Arbeitsentgelt wie l.c. abzüglich Freibetrag von 110.000 EUR		
Insolvenz für die Bundesanstalt für Arbeit	Arbeitsentgelt wie l.c.	61.526	2,34

Die Beitragsforderung für 20·· wird festgesetzt auf

1.354,00

Bitte zahlen Sie (möglichst keine Schecks verwenden)

1.354,00

Der festgesetzte Betrag wird am **15. des nächstens Monats** fällig. Überweisen Sie den Beitrag bitte so frühzeitig, dass er bis zum Fälligkeitstag unserem Bankkonto gutgeschrieben wird. Dies gilt auch, wenn Sie Rückfragen haben oder Widerspruch einlegen.
Bitte benutzen Sie den beigefügten Überweisungsträger. Sie erleichtern uns die Arbeit und helfen uns, Kosten zu sparen. Sie können das Formular bei allen Banken, Sparkassen und der Post, auch für Bareinzahlungen, verwenden.
Sollte die Zahlung nicht bis zum **Fälligkeitstag unserem Bankkonto gutgeschrieben sein**, ist nach § 24 Sozialgesetzbuch - Gemeinsame Vorschriften - (SGB IV) in Verbindung mit § 31 unserer Satzung ein Säumniszuschlag zu zahlen. Er beträgt für jeden angefangenen Monat des Säumnis (SGB IV) 1 v.H. des Rückstandes.
Außerdem haben Sie die Möglichkeit, am **Lastschriftverfahren** teilzunehmen. Falls Sie hiervon Gebrauch machen wollen, füllen Sie bitte, falls noch nicht geschehen, die beigefügte Einzugsermächtigung aus und senden diese so rechtzeitig zurück, dass sie **spätestens 10 Tage vor Fälligkeit bei der Berufsgenossenschaft vorliegt.**

Mit freundlichen Grüßen
Berufsgenossenschaft für den Einzelhandel

Abb. 3: Berufsgenossenschaftsbescheid

Fahrzeugkosten **B**

Futura Versicherung

Futura Versicherung AG, 61407 Oberursel

Firma
Elektro Zapp
60234 Frankfurt

Futura Versicherung AG
Hauptstelle
61407 Oberursel

Telefon: 06171 / ....
Telefax: 06171 / ....

Oberursel, 22.06.....

Kraftfahrtversicherung Nr. A0111000222   F- YZ 888   Pkw-Kombi

Hersteller	Ty-Nr.	KW	Fahrzeug-Ident-Nr.	Vers.Beginn	jährl. km-Leistung	Zahlungsweise
Opel	531	100	16001600	01.03.00	30.000	jährlich

Beitragserstattung wegen Fahrzeugabmeldung

Haftpflichtversicherung					
Personenschäden	Sachschäden	Vermögensschäden	Regio.-/Typklasse	Beitragsklasse	Beitrag
6,5 Mio. €/Person	unbegrenzt	unbegrenzt	N5/16	35%	95,40 €
Vollkaskoversicherung			Regio.-/Typklasse	Beitragsklasse	Beitrag
650 € Selbstbeteiligung und 300 € Teilkasko-Selbstbeteiligung			N3/29	40%	142,80 €
Beitragserstattung :		für den Zeitraum 01.03.20	bis 16.06.20	gesamt	238,20 €

Den Erstattungsbetrag werden wir auf Ihr Kto A-Bank Frankfurt, BLZ 54036000, Nr. 10057890 überweisen.

Abb. 4: Autoversicherung

B Buchen von Bankauszügen

A -Bank Frankfurt BLZ 540 360 00

Auszahlung / Quittung

Konto-Nr.	Kontoinhaber	
10057890	Elektro Zapp	
Bemerkungsfeld		Betrag €
Privatentnahme		300,00
Datum	Unterschrift	
03.07.....	Zapp	

Abb. 5: Eigenbeleg Privatentnahme

A-Bank Frankfurt BLZ 540 360 00

Gutschrift   Scheck-Einlieferung
zum Einzug und zur Gutschrift E.v. für

Konto-Nr.	Kontoinhaber		
10057890	Elektro Zapp		
Schecknummer	Konto-Nummer oder Name des Scheck-Ausstellers	Bankleitzahl bezogenes Kreditinstitut	Betrag €
3117	4022189	52030040	1.335,20
	Müller / Rechnung Nr. 1034		
Datum	Unterschrift d. Einreichers		
03.07.....	Zapp	1	1.335,20

Abb. 6: Scheckeinreichung

Fahrzeugkosten **B**

FIRMA: Elektro Zapp, Mandant: 345, Buchhaltung: 7/15, Konto: Bank, Blatt: 1

Umsatz €	GegKto	Beleg	Datum	Konto		
2.380,00−		312	01.07.	1210/1810	1)	Die Mietzahlung enthält 19 % USt
					2)	Die SB-Tankstelle zieht die Monatsrechnung für Treibstoff ein (inkl. 19 % Vorsteuer)
					3)	Der Beitrag für die Berufsgenossenschaft enthält keine USt
	4520/6520				4)	Erstattung von Kfz-Versicherung wegen Abmeldung eines Pkws
300,00−					5)	Privatentnahme 300,00 €
		1034			6)	Ein Privatkunde bezahlt die mit 19 % USt-pflichtigen Installationsarbeiten (Rechnung 1034) mit einem Scheck. Verwenden Sie das Konto 8400/4400
		Summen				
5.394,70+		Stand 01.07.				
		Stand 31.07.				
		Kontrolle				

43

B Buchen von Bankauszügen

Lösung:

FIRMA: Elektro Zapp, Mandant: 345, Buchhaltung: 7/15, Konto: Bank, Blatt: 1

Umsatz €	GegenKto	Beleg	Datum	Konto
2.380,00–	904210/906310	312	01.07.	1210/1810
1.277,43–	9304530/906530			
1.354,00–	4138/6120			
238,20+	4520/6520			
300,00–	1800/2100			
1.335,20+	8400/4400	1034		
	Summen			
5.394,70+	Stand 01.07.			
	Stand 31.07.			
	Kontrolle			

Die in die Buchungsliste neu hinzugekommene Beleg-Spalte hilft, im Nachhinein den Kontoauszug bzw. die Belege schneller zu finden. Bei der Installationsarbeit zu 1.335,20 € handelt es sich übrigens um eine so genannte **Bauleistung**. Ist der Leistungsempfänger ebenfalls in der Baubranche tätig, schuldet er die anfallende Umsatzsteuer direkt dem Finanzamt (Steuerschuldnerschaft nach § 13b).

4 Löhne und Gehälter

Löhne werden an Arbeiter, Gehälter dagegen an Angestellte gezahlt. Der Arbeitgeber muss von den Bruttobezügen sowohl Lohnsteuer und Arbeitnehmeranteil einbehalten und abführen wie auch als Arbeitgeberanteil zusätzliche Sozialversicherungsbeiträge aufbringen.
Gehälter von Einzelunternehmern und Personengesellschaften sind in der Regel keine Betriebsausgaben, sondern lohnsteuer- sowie sozialversicherungsfreie Privatentnahmen.
Zur unterschiedlichen Erfassung von Löhnen und Gehältern können Sie die beiden letzten Konten verwenden:[1]

---

[1] In der E-Bilanz sind separate Konten für Gehälter von Gesellschaftergeschäftsführer und Mitunternehmer nach § 15 EStG vorgesehen.

Nettolohnverbuchung **B**

SKR03	SKR04	Kontenbezeichnung
4100	6000	Löhne und Gehälter
4110	6010	Löhne
4120	6020	Gehälter

Löhne für Minijobs und die pauschale Lohn- und Kirchensteuer für Aushilfslöhne und evtl. Solidaritätszuschlag werden auf folgenden Konten erfasst:

SKR03	SKR04	Kontenbezeichnung
4195	6035	Löhne für Minijobs
4199	6040	Lohnsteuer für Aushilfen

Dieses Konto ist für die Arbeitgeberanteile zur gesetzlichen Sozialversicherung vorgesehen – Krankenversicherung, Arbeitslosenversicherung, Rentenversicherung, Pflegeversicherung sowie Umlagen.

SKR03	SKR04	Kontenbezeichnung (SKR)
4130	6110	Gesetzliche Sozialaufwendungen

5 Nettolohnverbuchung

In der Finanzbuchhaltung sind zwei Methoden der Verbuchung von Löhnen und Gehältern zulässig:
Nach der **Nettomethode** werden die Lohn- oder Gehaltsbestandteile bei ihrer jeweiligen Zahlung einzeln eingebucht.

Beispiel:

Es werden überwiesen:
Am 27. Juli die vorläufigen Sozialversicherungsbeiträge von 3.307,51 € an die Krankenkassen, zum 1. August Löhne und Gehälter von 2.940,13 € auf die Bankkonten der Arbeitnehmer, Minijoblöhne von 5.666,76 € bar am 2. August und am 13. des Monats Lohn- und Kirchensteuer von 121,68 € an das Finanzamt.

B Buchen von Bankauszügen

Nettomethode:

FIRMA: Elektro Zapp, Mandant: 345, Buchhaltung: 8/15, Konto: Bank, Blatt: 1

Umsatz €	GegenKto	Datum	Konto	
3.307,51–	1755/3790	27.07.	1210/1810	Überweisung Vorläufige Sozialbeiträge
~~	~~~~	~~~~		
2.940,13–	1755/3790	01.08.	1210/1810	Sammelüberweisung Nettolöhne und -gehälter
~~	~~~~	~~~~		
121,68–	1755/3790	13.08.		LSt/KiSt an Finanzamt
~~	~~~~	~~~~		

In der Kasse sind am 2. August 5.666,76 € gezahlte Minijoblöhne aufzuzeichnen:

FIRMA: Elektro Zapp, Mandant: 345, Buchhaltung: 8/15, Konto: Bank, Blatt: 1

Umsatz €	GegenKto	Datum	Konto	
~~	~~~~	~~~~	1000/1900	
5.666,76–	1755/3790	02.08.		Minijoblöhne
~~	~~~~	~~~~		

Bei den Sozialbeiträgen herrscht durch die jeweilige Schätzung und Vorauszahlung für den laufenden Monat ein Abrechnungschaos: Gemeldet und gezahlt werden jeweils spätestens zum 3. letzten Bankwerktag die aktuellen vorläufigen Beiträge, die Differenz zu den Schätzung des Vormonats sowie eventuelle Korrekturen vergangener Abrechnungszeiträume in einer Summe. In der Buchhaltung sind deshalb auch nur die Gesamtmeldungen zu erfassen.

Bei der **Bruttoverbuchung** sind sämtliche Personalkosten als Gesamtverbindlichkeit auf dem Lohnverrechnungskonto zu erfassen. Dieses wird durch die Zahlungen nach und nach aufgelöst. Zur Verbuchung nach der Bruttomethode sehen Sie bitte im Glossar unter **Bruttolohnverbuchung** nach.

6 Weitere Personalkosten

Die Konten für die Personalkosten finden Sie im SKR04 in der Gruppe 6000 und 6100, im SKR03 unter 4100. Folgende Konten sind in vielen Kontenplänen gebräuchlich:

SKR03	SKR04	Kontenbezeichnung
4124	6024	Geschäftsführergehälter der GmbH-Gesellschafter
4127	6027	Geschäftsführergehälter
4125	6050	Ehegattengehalt
4155	6075	Zuschüsse Arbeitsamt
4170	6080	Vermögenswirksame Leistungen
4175	6090	Fahrtkostenerstattung Wohnung/Arbeitsstätte
4138	6120	Beiträge zur Berufsgenossenschaft
4140	6130	Freiwillige soziale Aufwendung, lohnsteuerfrei

Die **Sachbezüge** als zusätzlicher Naturallohn oder Lohnersatz werden im Glossar behandelt.

Neben den Konten in der Finanzbuchhaltung sind auch Lohnkonten für jeden einzelnen Mitarbeiter in der Lohnbuchhaltung zu führen (siehe dazu auch: **Aufzeichnungspflichten** im Glossar).

7 Freie Mitarbeiter und Provisionen

Im Gegensatz zu den beschäftigten Arbeitnehmern sind freie Mitarbeiter selbstständige Unternehmer, die z. B. projektbezogen auf Zeit für Ihr Unternehmen tätig werden. Deren Vergütungen sind lohnsteuer- sowie sozialversicherungsfrei. Im Zeichen leerer Sozialversicherungskassen lassen sich zum Einsparen von Beiträgen Arbeitnehmer jedoch nicht so einfach umbenennen. Die Krankenkassenprüfer nehmen die Vertragsverhältnisse zunehmend kritisch auf Scheinselbstständigkeit unter die Lupe. Aber auch im Kündigungs- oder Krankheitsfall klagen viele bislang einvernehmlich freie Mitarbeiter im Nachhinein ihren Arbeitnehmerstatus ein. Dies kann für die Unternehmen hohe Nachzahlungen für mehrere Jahre bedeuten. Die Dienst- oder Werkverträge sollten sorgfältig aufgesetzt sein und tatsächlich genauso wie vereinbart eingehalten werden.

Freie Mitarbeiter als Kleinunternehmer (mit einem Jahresumsatz unter 17.500 €) dürfen bzw. brauchen keine Umsatzsteuer in Rechnung zu stellen. Um Ihren Vorsteuerabzug nicht zu gefährden, vergewissern Sie sich ggf. durch einen Umsatzsteuerbescheid Ihres „Freien".

Man unterscheidet zwischen einerseits den Fremdarbeiten und Fremdleistungen von freien Mitarbeitern, die für betriebsinterne Zwecke statt eigenem Personal herangezogen werden als „sonstige betriebliche Aufwendungen" und andererseits Fremdleistungen als „Aufwand für bezogene Leistungen", nämlich Erzeugnisse und Leistungserstellung anderer (z. B. Subunternehmer).

SKR03	SKR04	Kontenbezeichnung (SKR)
4909	6303	Fremdleistungen
4780	6780	Fremdarbeiten
3100	5900	Fremdleistungen
4806	6495	Wartungskosten für Hard- und Software

Beispiel:
Für Wartungsarbeiten an der EDV-Anlage ist ein freier Mitarbeiter zuständig, der je nach Bedarf gerufen wird. Es werden jeweils 50 geleistete Arbeitsstunden abgerechnet:

Umsatz €	GegenKto	Datum	Konto
~~	~~~	~~~	1210/1810
8.050,00-	904780/ 906780	11.07.	
~~	~~~	~~~	

Bei gezahlten **Provisionen** an freie Außendienstmitarbeiter ist ebenfalls die Umsatzsteuerpflicht nachzufragen. Provisionen mit Schmiergeldcharakter sind nicht mehr als Betriebsausgabe abzugsfähig.

SKR03	SKR04	Kontenbezeichnung
4760	6770	Verkaufsprovisionen

8 Geschenke, Bewirtung

Nun, da Sie jetzt im Kontieren ziemlich fit sind, kommen wir zu kritischen Bereichen. In vielen Geschäftsvorfällen gab es bislang die Möglichkeit, allgemeine oder ganz spezielle Konten zu verwenden.
Bewirtungen dürfen jedoch nicht auf anderen als auf den vorgesehenen Konten verbucht werden. Die Aufzeichnungen haben zeitnah zu erfolgen – in der Regel innerhalb eines Monats. Außerdem dürfen auf dem Konto „Bewirtungen" keine andere Aufwendungen – insbesondere keine Werbekosten, Zugaben u. Ä. erfasst werden.
Wegen der besonderen Aufzeichnungspflichten für Bewirtungen vermeiden Sie unbedingt Fehlbuchungen. Korrigierende Umbuchungen zum Jahresende finden bei strengen Betriebsprüfern keine Gnade: Die Betriebsausgabe ist dann nicht abziehbar!
Nicht nur zur richtigen Verbuchung, sondern auch zur Ordnungsmäßigkeit der **Belege** gibt es zusätzliche Vorschriften, damit bei einer Überprüfung das Finanzamt noch etwas herausholen kann.
Geschenke sind unentgeltliche Zuwendungen an einen Dritten. Unentgeltlichkeit liegt nicht vor, wenn die Zuwendung als Entgelt für eine bestimmte Gegenleistung des Empfängers anzusehen ist (Schmiergeld ist nicht mehr abzugsfähig und Provision ist ggf. umsatzsteuerpflichtig).
Grundsätzlich konnten Geschenke bis 35 € bei einem oder mehreren Geschenken je Empfänger und je Wirtschaftsjahr als Betriebsausgabe abgezogen werden. Wird diese Grenze überschritten, entfällt der Abzug in vollem Umfang. Um die Einhaltung der Grenze nachzuvollziehen, verlangt das Finanzamt zu den Geschenken eine Liste der jeweiligen Empfänger. Seit dem 1. Januar 2007 gibt es die Alternative, einheitlich sämtliche Geschenke – auch die unter 35 € – mit einem Pauschalsteuersatz von 30 % (+ Solidaritätszuschlag + Kirchensteuer) zu versteuern (§ 37b EStG). Anstelle der Grenze von 35 € je Empfänger und Wirtschaftsjahr tritt der Betrag von 10.000 €.

SKR03	SKR04	Kontenbezeichnung
4630	6610	Geschenke abzugsfähig
4631	6611	Geschenke abzugsfähig § 37b UStG

Geld- und Sachgeschenke des Arbeitgebers an seine Arbeitnehmer sind in voller Höhe als Betriebsausgaben abziehbar. Sie werden beim Arbeitnehmer ggf. als steuerpflichtiger Arbeitslohn auf einem Konto für Löhne oder Gehälter erfasst, wenn ihr Wert 44 € im Monat übersteigt.

Neuerer Rechtsprechung verdankt man folgende Unterscheidung: **Streuartikel** − Gegenstände von geringem Wert − werden zu Hunderten oder Tausenden verschenkt, ohne dass die Empfänger bekannt sind. Für diese Geschenke besteht **kein unmittelbarer Zusammenhang mit dem Verkauf** von Ware. Im Gegensatz dazu werden Zugaben bei der Warenabgabe kostenlos beigegeben. Sie sind deshalb als Kosten der Warenabgabe zu behandeln.

Als **Aufmerksamkeit** gilt die Darreichung von Kaffee, Gebäck und Snacks bei einer Geschäftsbesprechung, Bonbons für Kinder u. Ä. Die abzugrenzende Bewirtung mit Speisen kann aber schon bei einer Bockwurst anfangen. Es handelt sich aufgrund des geringen Werts nicht um Geschenke (von daher keine Empfängerliste zu führen), aber auch nicht um Zugaben beim Warenverkauf, die getrennt zu erfassen sind.

SKR03	SKR04	Kontenbezeichnung
4605	6605	Streuartikel
4705	6705	Neu anzulegen: Zugaben
4653	6643	Aufmerksamkeiten

Die für die geschäftliche **Bewirtung** entstehenden angemessenen Aufwendungen, insbesondere für Essen, Trinken, Rauchen einschließlich des üblichen Trinkgeldes sowie die Nebenkosten für Garderobe und Toilette können in Höhe von 70 % als Betriebsausgaben abgezogen werden.

Zum Nachweis hat der Unternehmer schriftlich aufzuzeichnen:
- Ort
- Tag
- Anlass der Bewirtung
- die Teilnehmer
- die Höhe der Aufwendungen

Spenden   B

Die verzehrten Speisen und Getränke müssen aus der Rechnung einzeln aufgeschlüsselt hervorgehen. Die Finanzverwaltung erkennt nur noch solche Rechnungen an, die maschinell erstellt und registriert werden. Angaben wie „Arbeitsgespräch", „Infogespräch" oder „Hintergrundgespräch" oder schlicht: „Hunger und Durst" als Anlass der Bewirtung sind nicht ausreichend. Sie müssen ab einem Betrag von 150 € (Grenze für Kleinbetragsrechnungen) den Namen des bewirtenden Steuerpflichtigen enthalten.[2] Die Namensangabe darf vom Gastwirt nachgeholt werden.

SKR03	SKR04	Kontenbezeichnung
4650	6640	Bewirtungskosten

Demgegenüber dürfen Aufwendungen für die ausschließliche Bewirtung von Arbeitnehmern, z. B. bei Betriebsfesten, voll abgezogen werden, da eine solche Bewirtung nicht geschäftlich, sondern allgemein betrieblich veranlasst ist.

SKR03	SKR04	Kontenbezeichnung
4145	6130	Freiwillige soziale Aufwendung, lohnsteuerfrei

Hier gilt allerdings eine lohnsteuerfreie Grenze von 110 € pro teilnehmenden Arbeitnehmer. Dieser Betrag erhöht sich auch dann nicht, wenn Ehegatte und Kinder des Arbeitnehmers am Fest teilnehmen. Anderenfalls entfällt auch der Vorsteuerabzug.

9 Spenden

Spenden sind nicht als Betriebsausgaben abziehbar.
Einzelunternehmer und (Personen-)Gesellschafter können sie gleichwohl wie Privatspenden als Sonderausgaben ansetzen. Betriebliche Spenden mindern aber zumindest den Gewerbeertrag und damit die zu zahlende Gewerbesteuer.

---

[2] Mit Urteil vom 18.4.2012 hat der Bundesfinanzhof (BFH) entschieden (Az.: X R 57/09, BFH/NV 2012, 1688), dass der Name der bewirtenden Person nur durch den Gaststätteninhaber selbst oder von einem seiner Mitarbeiter auf der Rechnung vermerkt werden darf.

Buchen von Bankauszügen

SKR03	SKR04	Kontenbezeichnung
2250-2279	1840-1849	Privatspenden
2380	6390	Spenden (betrieblich)
2384	6394	Beiträge/Spenden an politische Parteien (betrieblich)

Spenden und Beiträge an politische Parteien werden zu 50 % direkt von der Steuerschuld abgezogen bis zum Höchstbetrag von 825 € (Splitting 1.650 € Abzug). Darüber hinaus können sie nochmals zu gleichen Höchstbeträgen als Sonderausgaben angesetzt werden.

10 Werbung und Vertriebskosten

„Werbekosten" bezeichnet den Aufwand, um Produkte und Dienstleistungen einer Öffentlichkeit bekannt zu machen, somit zur allgemeinen Vermarktung und nicht zur Pflege einer speziellen Geschäftsbeziehung.

SKR03	SKR04	Kontenbezeichnung
4610	6600	Werbekosten

Einzelnen Produkten oder Aufträgen direkt zurechenbare Vertriebskosten sind stattdessen auf dem Konto

SKR03	SKR04	Kontenbezeichnung
4730	6700	Kosten Warenabgabe

zu erfassen. Dieses Konto ist für allgemeine Vertriebskosten vorgesehen, für Waren und ebenso für Dienstleistungen. Dazu gehören auch Kosten im Vorfeld wie Ausschreibungskosten, Marktstudien etc.

Weitere Vertriebskosten sind auf folgenden Konten zu buchen:

SKR03	SKR04	Kontenbezeichnung
4710	6710	Verpackungsmaterial
4730	6740	Umsatzfrachten
4750	6760	Transportversicherungen

11 Reisekosten

Bei den Reisekosten von Unternehmern und Arbeitnehmern liegen zwar grundsätzlich Betriebsausgaben vor. Nicht korrekte Buchungen und **Belege** bieten dem Finanzamt jedoch den Vorwand, den Abzug zu verweigern oder den Vorsteuerabzug nicht zuzulassen. Ob die Reisekostenabrechnung eines Arbeitnehmers formell in Ordnung ist oder nicht, entscheidet außerdem darüber, ihm die Spesen lohnsteuerfrei oder pauschalversteuert ersetzen zu können.

Arbeitnehmern und Unternehmern können folgende Reisekosten entstehen:

1. Allgemeine Reisekosten. Hierzu gehören neben dem Aufwand für Fahrtkosten wie Taxi und Bahn (bis 50 km nur 7 % Vorsteuer) auch Übernachtungskosten und Nebenkosten wie Telefongespräche, Parkgebühren etc.
2. Tatsächliche Verpflegungsmehraufwendungen für Inlandreisen werden steuerlich nicht anerkannt. Stattdessen gelten ab 8 Stunden Abwesenheit Pauschalbeträge, die allerdings nicht annähernd den Mehraufwand für unterwegs abdecken.
3. Benutzt der Arbeitnehmer oder Unternehmer bei einer Dienstreise bzw. Geschäftsreise den Privatwagen, so kann er dafür pauschal 0,30 € pro gefahrenen km ansetzen und sich steuerfrei aus der Firmenkasse erstatten lassen.

Bei den Verpflegungskosten und Übernachtungskosten kann keine pauschale Vorsteuer geltend gemacht werden. Lauten die Rechnungen auf den Unternehmer, so dürfen Sie aus tatsächlichen Verpflegungs- und Übernachtungskosten Vorsteuer abziehen.

SKR03	SKR04	Kontenbezeichnung
4660	6650	Reisekosten Arbeitnehmer
4663	6663	Reisekosten AN, Fahrtkosten Vorsteuerabzug
4664	6664	Reisekosten AN Verpflegungsmehraufwand
4666	6660	Reisekosten AN Übernachtung
4668	6668	Kilometergelderstattung Arbeitnehmer
4670	6670	Reisekosten Unternehmer
4673	6673	Reisekosten UN Fahrtkosten
4674	6674	Reisekosten UN Verpflegungsmehraufwand

SKR03	SKR04	Kontenbezeichnung
4676	6680	Reisekosten UN Übernachtung
4678	6688	Fahrten UN Wohnung-Arbeitsstätte, abziehbar
4679	6689	Fahrten UN Wohnung-Arbeitsstätte, nicht abziehbar

12 Porto, Telekommunikation, Bürobedarf, Fachliteratur

Das Konto für Portokosten haben Sie bereits kennen gelernt. Beachten Sie eventuelle Vorsteuerbeträge bei privaten Paketdiensten – der Verkauf von Briefmarken durch die Post ist bislang umsatzsteuerfrei.

Telefonkosten sind als Betriebsausgaben absetzbar, soweit das Telefon betrieblich genutzt wird. Eine private Mitnutzung ist abzuschätzen. Entweder erfasst man sie zusätzlich zu den gesamten Aufwendungen als **Entnahmen** oder teilt die Aufwendungen bereits bei Zahlung auf dieses betriebliche Aufwandskonto und ein Privatentnahmekonto auf.

SKR03	SKR04	Kontenbezeichnung
4910	6800	Porto
4920	6805	Telefon
4925	6810	Telefax und Internetkosten

Der Ausweis als „Fachliteratur" auf dem Beleg, anstatt einer Titelangabe reicht für das Finanzamt in der Regel nicht aus, den betrieblichen Zweck nachzuvollziehen. Mit Ausnahme des „Handelsblatt" werden Aufwendungen für eine (überregionale) Tageszeitung und Wochenzeitschriften nur selten als Betriebsausgabe anerkannt.

SKR03	SKR04	Kontenbezeichnung
4940	6820	Zeitschriften, Bücher
4945	6821	Fortbildungskosten
4930	6815	Bürobedarf

13 Rechts- und Steuerberatung

Anwaltskosten sind oftmals Folgekosten. Aufwendungen für einen Mahnbescheid können z. B. sachgerechter auf dem Konto „Kosten der Warenabgabe" o. Ä. erfasst werden. Entstehen Prozesskosten im Zusammenhang mit der Anschaffung oder Herstellung von Wirtschaftsgütern, so sind sie ggf. zusammen mit diesen zu aktivieren.
Prozesskosten sind als Betriebsausgaben absetzbar, soweit der Rechtsstreit betrieblich veranlasst ist. Hierzu gehören Beratungs- und Vertretungskosten sowohl wegen der Verfolgung betrieblicher Ansprüche als auch wegen der Abwehr solcher Ansprüche. Steuerprozesskosten sind als Betriebsausgaben absetzbar, wenn sie mit betrieblichen Steuern im wirtschaftlichen Zusammenhang stehen.

SKR03	SKR04	Kontenbezeichnung
4950	6825	Rechts- und Beratungskosten
4957	6827	Abschluss- und Prüfungskosten
4955	6830	Buchführungskosten

Nur unternehmerisch zu zuordnende Steuerberatungskosten wie für die Umsatzsteuer- und Gewerbesteuererklärung, die Gewinnermittlung u. Ä. werden als Betriebsausgabe anerkannt.

14 Bankspesen, Guthaben- und Sollzinsen

Zu den Bankspesen als so genannten Nebenkosten des Geldverkehrs gehören:
- Abschlussprovision bei betrieblichen Darlehen,
- Akkreditivspesen,
- Auszahlungsgebühr,
- Provisionsaufwand,
- Umsatzprovision,
- Buchungsgebühren,
- Beitreibungskosten,
- Wechselspesen ohne Diskont,
- Darlehensvermittlungsprovision,
- Dauerauftragseinrichtungs- und -löschungsgebühr,
- Depotgebühren,
- Eintragungs-,

B Buchen von Bankauszügen

- Emissions-,
- Finanzierungs-,
- Geldverkehrs-,
- Geldbeschaffungs-,
- Geldeinzugs-,
- Nachnahme- und Hypothekenbeschaffungskosten,
- Maklerprovisionen, Inkasso- und Mahnkosten,
- Kreditvermittlungsprovision,
- Scheckgebühren,
- Schließfachgebühr und
- viele sonstige Sprachschöpfungen der Banken.

Die meisten dieser Bankleistungen sind grundsätzlich umsatzsteuerfrei.

SKR03	SKR04	Kontenbezeichnung
4970	6855	Nebenkosten des Geldverkehrs

Guthaben- und Sollzinsen werden getrennt berechnet und sollten auch getrennt von Ihnen gebucht und nicht aufgerechnet werden. Auch Zinsen sind grundsätzlich umsatzsteuerfrei, es sei denn, sie hängen mit steuerpflichtigen Umsätzen zusammen. Bei ihren gewerblichen Kunden gehen die Banken dazu über, Gebühren und Zinsen steuerpflichtig abzurechnen, um zumindest einen Teil selbst gezahlter Vorsteuer abziehen zu können.

Guthabenzinsen können Sie auf folgenden Konten erfassen:

SKR03	SKR04	Kontenbezeichnung
2650	7100	Sonstige Zinsen und ähnliche Erträge
8650	7110	Sonstiger Zinsertrag
2650	7120	Zinsähnliche Erträge

Das erste Konto ist für allgemeine Zins- und ähnliche Aufwendungen vorgesehen, sofern nicht weiter unterschieden werden soll:

SKR03	SKR04	Kontenbezeichnung
2100	7300	Zinsen und ähnliche Aufwendungen
2110	7310	Zinsaufwendungen für kurzfristige Verbindlichkeiten
2118	7318	Zinsen auf Kontokorrentkonten
2120	7320	Zinsaufwendungen für langfristige Verbindlichkeiten

Bankspesen, Guthaben- und Sollzinsen **B**

Kontokorrentzinsen sind nur für betrieblich veranlasste Kredite abziehbar. Gelangt das Konto durch Privatentnahmen (ggf. weiter) in die Überziehung, so sind die auf sie anteilig entfallenden Schuldzinsen nicht abziehbar. Mit jeder Gutschrift wird allerdings unterstellt, dass vorrangig die durch private Sollbuchungen entstandenen Privatschulden getilgt werden.

Als langfristige Verbindlichkeiten gelten gewerbesteuerlich bereits solche mit über einem Jahr Restlaufzeit. In der Regel aber erfassen Sie auf diesem letzten Konto die Zinsen für Darlehen.

Zur Verbuchung von Darlehensgutschrift und Tilgung greifen wir vor auf ein Konto ohne Auswirkungen auf den Gewinn, also weder betrieblicher Aufwand noch Ertrag.

SKR03	SKR04	Kontenbezeichnung
0630	3560	Darlehen

Beispiel:

A-Bank Frankfurt

Kontonummer: 10 057 890

			Auszug vom 30.06.....	Auszug-Nr. 311	Blatt/von 1 / 1
Datum	Wert	Buchungstext		Soll	Haben
30.06.	01.07.	Zinsabschluss		312,40	
30.06.	01.07.	Zinsabschluss			24,80
30.06.	01.07.	23 Posten		24,00	
30.06.	01.07.	Darlehen Zins 411,50 Tilgung 600,50		1.012,00	

Firma
Elektro Zapp
60234 Frankfurt

	Alter Kontostand	4.071,10
	Neuer Kontostand	5.394,70

B Buchen von Bankauszügen

FIRMA: Elektro Zapp, Mandant: 345, Buchhaltung: 6/15, Konto: Bank, Blatt: 1

Umsatz	GegenKto	Beleg	Datum	Konto	Text
~~	~~~	~~~	~~~	1210/1810	
~~	~~~	~~~	~~~		
312,40–	2110/7310	311	30.06.		Sollzinsen II/15
24,80+	2650/7100				Habenzinsen II/15
24,00–	4970/6855				Kontoführung II/15
411,50–	2120/7320				Darlehen Zins
600,50–	0630/3560				Darlehen Tilgung

15 Betriebliche Steuern

Folgende Konten sind ausschließlich Kapitalgesellschaften vorbehalten, da der Einkommensteuerbereich (samt Solidaritätszuschlag, Zinsabschlag u. Ä.) bei den Privatkonten des Unternehmers bzw. Personengesellschafters erfasst wird.

SKR03	SKR04	Kontenbezeichnung
2200	7600	Körperschaftsteuer
2203	7603	Körperschaftsteuer für Vorjahre
2215	7635	Zinsabschlagsteuer
2208	7608	Solidaritätszuschlag
2209	7609	Solidaritätszuschlag für Vorjahre
2210	7630	Kapitalertragsteuer

Andere betriebliche Steuern betreffen jedes Unternehmen.

SKR03	SKR04	Kontenbezeichnung
4340	7650	Sonstige betriebliche Steuern
4350	7675	Verbrauchsteuer
2375	7680	Grundsteuer
4510	7685	Kfz-Steuern

Die Gewerbesteuer ist ab 2008 nicht mehr als Betriebsausgabe abzugsfähig (§ 4 Abs. 5b EStG).

SKR03	SKR04	Kontenbezeichnung
4320	7610	Gewerbesteuer

Für die Gewinn- und Verlustrechnung, und damit die Finanzbuchhaltung, macht es jedoch keinen Unterschied. Hier wird die Gewer-

Betriebliche Steuern B

besteuer nach wie vor als „Steuern vom Einkommen und Ertrag" ausgewiesen. Erstattungen und Nachzahlungen für Vorjahre sind nach wie vor erfolgswirksam:

SKR03	SKR04	Kontenbezeichnung
2282	7642	Gewerbesteuererstattungen Vorjahre
2280	7640	Gewerbesteuernachzahlungen Vorjahre

oder andernfalls – sofern sie die Gewerbesteuerschuld 2008 und später betrifft – steuerfrei:

SKR03	SKR04	Kontenbezeichnung
2281	7641	Gewerbesteuernachzahlungen und -erstattungen für Vorjahre, § 4 Abs. 5b EStG

Zinserträge auf Steuererstattungen betrieblicher Steuern (§ 233a AO) gehören auf folgende Konten. Zinserträge aus Gewerbesteuererstattung sind steuerfrei (§ 4 Abs. 5b EStG) sofern die Gewerbesteuerzahlung nicht als Betriebsausgabe abgezogen wurde.

SKR03	SKR04	Kontenbezeichnung
2653	7107	Zinserträge § 233a AO, § 4 Abs. 5b EStG

Für weitere Steuernachzahlungen und -erstattungen stehen folgende Konten zur Verfügung:

SKR03	SKR04	Kontenbezeichnung
2285	7690	Steuernachzahlung Vorjahre für sonstige Steuern
2287	7692	Erstattung Vorjahre für sonstige Steuern

Da die Umsatzsteuer eine Verbindlichkeit gegenüber dem Finanzamt darstellt und keinen Betriebsaufwand, wird sie erst später behandelt. Die so genannten steuerlichen Nebenleistungen können grundsätzlich als Betriebsausgaben abgezogen werden, sofern sie betriebliche Steuern betreffen (GewSt, USt, Grundsteuer auf Betriebsgrundstücke, Kfz-Steuer usw.):
- **Verspätungszuschlag** wegen verspäteten Abgabe der Steuererklärung, max. 10 % der Steuer.
- **Säumniszuschlag** wegen verspäteten Zahlung in Höhe von 1 % der fälligen Steuer pro Monat.

B Buchen von Bankauszügen

- **Zwangsgelder** wegen Nichtabgabe von Steuererklärungen bis 25.000 €.
- **Zinsen** nach Ablauf von 15 Monaten nach Entstehung der Steuer zu ½ % pro Monat.

Ausnahme: Zinsen auf hinterzogene Steuern (§ 4 Abs. 5 Nr. 8a EStG).

SKR03	SKR04	Kontenbezeichnung
4396	6436	Verspätungszuschläge, Zwangsgelder
2103	7303	Steuerliche Nebenleistungen

16 Sonstige betriebliche Aufwendungen

Das Konto „Sonstige betriebliche Aufwendungen" verwenden Sie für die Verbuchung von Aufwand, den Sie sonst nicht zuordnen können, z. B. Safe-Miete, Radiogebühren u. Ä. Hingegen bezeichnet „Sonstiger Betriebsbedarf" den Verbrauch von Gegenständen wie Dekomaterial, Schrauben etc., die Sie nicht anderen speziellen Konten zuordnen wollen. Einmalige Aufwendungen wie z. B. die Gründungskosten können auf „Sonstige Aufwendungen, unregelmäßig" kontiert werden.

SKR03	SKR04	Kontenbezeichnung
4900	6300	Sonstige betriebliche Aufwendungen
2309	6969	Sonstige Aufwendungen unregelmäßig
4985	6850	Sonstiger Betriebsbedarf

Als „Sonstiger Betriebsbedarf" gilt die typische Berufskleidung, wie z. B. schwarzer Anzug oder Frack des Kellners bzw. Leichenbestatters, Büromantel des Architekten, Dienstkleidung des Försters. Werkzeuge und Kleingeräte werden bis zum Wert von 150 € als Sofortaufwand erfasst. Darüber hinaus handelt es sich um Geringwertige Wirtschaftsgüter (näheres unter „Anlagevermögen") mit Anschaffungskosten von wahlweise bis 410 oder 1.000 €.

SKR03	SKR04	Kontenbezeichnung
4985	6845	Werkzeuge und Kleingeräte
0480	0670	Geringwertige Wirtschaftsgüter
0485	0675	Geringwertige Wirtschaftsgüter (Sammelposten)

C Buchungen im Anlagevermögen

Zum Anlagevermögen gehören sämtliche Wirtschaftsgüter, die dazu bestimmt sind, dem Betrieb auf Dauer zu dienen. Im Gegensatz zu anderen Gütern
* werden sie weder sofort verbraucht (Roh-, Hilfs- und Betriebsstoffe)
* noch ist von vornherein beabsichtigt, sie wieder zu verkaufen (Waren).

Da diese Güter in der Regel länger als ein Jahr im Betrieb verbleiben, werden die Anschaffungskosten nicht über ein Aufwandskonto gebucht, sondern auf Vermögenskonten erfasst.
Die Anschaffung von Anlagegütern macht damit das Unternehmen auch in der Buchhaltung zunächst weder reicher noch ärmer. Erst der über die Nutzungsdauer verteilte Wertverlust – die Abschreibungen oder Absetzungen für Abnutzung (AfA) – beeinflusst den Jahresgewinn.

> **Tipp**
> Ohne Anlagenbuchhaltung werden Abschreibungen in den meisten Fällen erst zum Jahresabschluss oder während des Jahres als kalkulatorische Abschreibungen gebucht. Bei der Berechnung gibt es neben einer Vielzahl von Wahlrechten auch bindende Vorschriften, die in dieser Einführung in die laufende DATEV-Buchführung nicht behandelt werden können.

1 Anschaffung von Anlagegütern

Um den Bilanzstichtag herum – das ist in der Regel der 31.12. jeden Jahres – stellt sich für die Buchhaltung regelmäßig die Frage, wann ein Gegenstand als angeschafft gilt.

> **Tipp**
>
> Normalerweise ist das Rechnungsdatum auf dem Buchungsbeleg ausschlaggebend. Abgerechnet wird in der Regel erst, wenn die Leistung erbracht ist bzw. der Gegenstand ausgeliefert wurde. Aus Gefälligkeit rückdatierte Rechnungen sind im Zweifelsfall nicht verwertbar. Entscheidend für die Anschaffung ist der Zeitpunkt, ab dem Sie das Wirtschaftsgut bestimmungsgemäß nutzen können. Bei den Eilkäufen von Firmenwagen zum Jahreswechsel z. B. sind ein Abschreibungsbeginn und der Ansatz von Sonderabschreibungen noch im alten Jahr nur dann sichergestellt, wenn das Fahrzeug frisch angemeldet und fahrbereit bereits am 31.12. auf Ihrem Hof steht.

Zu den Anschaffungskosten zählen der Netto-Kaufpreis des Anlagegutes und darüber hinaus sämtliche Aufwendungen, um es betriebsüblich nutzen zu können. Nebenkosten wie Fracht, Montagekosten gehören ebenso dazu wie nachträgliche Kosten, sofern sie dem Anlagegut einzeln zugerechnet werden können.

Beispiel:

Das Autoradio des Firmenwagens ebenso wie die Transport- und Montagekosten einer Maschine oder die Systemschulung zu einem neuen Computernetzwerk.

Vergessen Sie umgekehrt nicht, nachträgliche Rabatte, Skonti und Zuschüsse von den Anschaffungskosten abzuziehen.

Beispiel:

Mit einem Scheck wurde am 01.06. der neue Kombi (Konto für PKW: SKR03: 0320; SKR04: 0520) zum Preis von brutto 30.000 € gekauft und gleich in der Zulassungsstelle angemeldet. Bar gezahlt wurden die Zulassungsgebühren mit 50 € (ohne Vorsteuer), Nummernschilder zu 48 € inkl. 19 % USt, die Tankfüllung zu 50 € inkl. 19 % USt und die Anschaffung mit Einbau eines Autoradios eine Woche später zum Preis von 650 € inkl. 19 % USt.

Umsatz	GegenKto	Beleg	Datum	Konto	Text
30.000,00-	900320/900520		01.06.	1210/1810	Kombi

Anschaffung von Anlagegütern C

Beim Buchen von Anlagekonten vergisst es sich leicht, eine führende 0 einzugeben. Das führt allerdings zu Fehlern in der Auswertung, denn anstelle eines Vorsteuerabzugs macht „90320/90520" ein neues Konto auf.

Umsatz	GegenKto	Beleg	Datum	Konto	Text
50,00–	0320/0520		01.06.	1000/1600	Zulassung Kombi
48,00–	900320/900520				Schilder Kombi
50,00–	904530/906530				Tankfüllung
650,00–	900320/900520		08.06.		Radio Kombi

In der Kontierung der Tankfüllung auf ein Aufwandskonto anstelle des Anlagenkontos „Pkw" sehen Sie einen Grenzfall:

Tatsächlich sind all diejenigen Aufwendungen Anschaffungskosten, die nötig sind, den Gegenstand in einen betriebsbereiten Zustand zu versetzen.

Einen Pkw ohne Treibstoff können Sie nicht in Gebrauch nehmen. Die Erstausstattung von technischen Geräten wie z. B. die Farbkartusche und Anschlusskabel eines Druckers gehören zu dessen Anschaffungskosten.

Wozu der Streit in solchen Fällen – allerdings um höhere Beträge – mit dem Finanzamt?

- Aufwand als Anschaffungskosten wird über die Jahre der Nutzung verteilt.
- Handelt es sich jedoch um sofort abzugsfähige Betriebsausgaben, dann wird der entsprechende Jahresgewinn um den vollen Aufwand gedrückt.

C Buchungen im Anlagevermögen

Das Anlagevermögen wird aus rechtlichen Gründen unterteilt in folgende Gruppen:

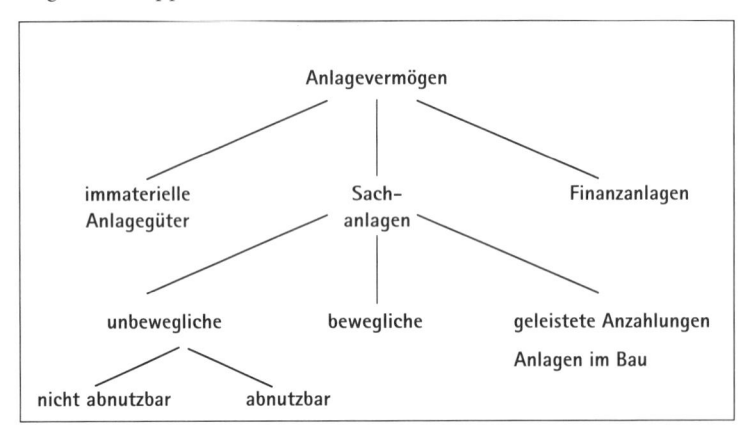

```
                          Anlagevermögen
              ┌────────────────┼────────────────┐
         immaterielle        Sach-          Finanzanlagen
         Anlagegüter        anlagen
              │        ┌───────┴───────┐           │
         unbewegliche  bewegliche   geleistete Anzahlungen
          ┌─────┴─────┐                Anlagen im Bau
   nicht abnutzbar  abnutzbar
```

1.1 Immaterielle Anlagegüter und Sachanlagen

Zu den immateriellen Vermögensgegenständen zählen:
Patente und andere Urheberrechte, Verlagsrechte, Belieferungsrechte mit nachweislich zeitlicher Begrenzung, Software, erworbene Markenrechte, Gebrauchsmuster, Konzessionen, gewerbliche Schutzrechte u. Ä. sowie der entgeltlich erworbene Firmen- oder Praxiswert.

SKR03	SKR04	Kontenbezeichnung
0010	0100	Konzessionen und gewerbliche Schutzrechte
0027	0135	EDV-Software
0035	0150	Geschäfts- oder Firmenwert

Computerprogramme unter 150 € (bzw. 410 € ab 2010) Anschaffungskosten können Sie als sog. Trivialprogramme verbuchen.
Als unbewegliche Sachanlagen gibt es nicht abnutzbare Grundstücke, grundstücksgleiche Rechte (Erbbaurechte, Dauerwohnrechte etc.) und abnutzbare Bauten auf eigenen Grundstücken:

Anschaffung von Anlagegütern C

SKR03	SKR04	Kontenbezeichnung
0050	0200	Grundstücke, grundstücksgleiche Rechte und Bauten
0090	0240	Geschäftsbauten
0100	0250	Fabrikbauten
0115	0260	Andere Bauten
0110	0270	Garagen, eigene Grundstücke
0111	0280	Außenanlagen Fabrik und Geschäftsgebäude
0112	0285	Hof- und Wegebefestigungen

Die Anschaffung von technischen Anlagen, Maschinen, Fahrzeugen, Einrichtungen und Geschäftsausstattungen kann auf folgenden Konten erfasst werden:

SKR03	SKR04	Kontenbezeichnung
0200	0400	Technische Anlagen und Maschinen
0300	0500	Betriebs- und Geschäftsausstattung
0320	0520	PKW
0350	0540	LKW
0380	0560	Sonstige Transportmittel
0430	0640	Ladeneinrichtung
0420	0650	Büroeinrichtung
0490	0690	Sonstige Betriebs- und Geschäftsausstattung

Bis Ende 2007 und ab 2010 wieder können bewegliche abnutzbare Vermögensgegenstände des Anlagevermögens bis zu Nettoanschaffungskosten von 410 € (GWG) sofort im Jahr der Anschaffung unabhängig von ihrer tatsächlichen Nutzungsdauer abgeschrieben werden.

Ab 2008 wurden GWG neu bestimmt:
1. GWG mit Anschaffungskosten bis 150 € sind zwingend in voller Höhe als Betriebsausgaben abzusetzen
2. GWG zwischen 150 € und 1.000 € sind in einen Sammelposten einzustellen, der über fünf Jahre mit jeweils einem Fünftel gewinnmindernd aufzulösen ist.

Ab 2010 können Sie demnach wählen, wie Sie sämtliche GWG innerhalb eines Kalenderjahres einheitlich behandeln wollen:
1. Entweder bis 410 € sofort, darüber hinaus über die Nutzungsdauer abschreiben,

2. oder zwischen 150 und 1000 € Anschaffungskosten in einem Sammelpool auf 5 Jahre verteilen.

SKR03	SKR04	Kontenbezeichnung
0485	0675	GWG Sammelposten

Der Gegenstand muss selbstständig nutzbar sein und darf in keinem technischen Nutzungszusammenhang mit anderen stehen. So sind Drucker nur zusammen mit einer Computeranlage, aber nicht selbstständig nutzbar. Die einzelnen Regalelemente können zwar alleine stehen und genutzt werden, sie stehen aber zusammengeschraubt in einem tatsächlichen Nutzungszusammenhang. Aufwendungen eines Mieters für die gemieteten Räume sind üblicherweise als Betriebsausgaben abziehbar. Sie sind nur dann als Mietereinbauten und -umbauten auf diesem Konto zu erfassen, wenn Scheinbestandteile des Gebäudes, Betriebsvorrichtungen oder Gebäudebestandteile hergestellt werden (z. B. Zwischenwände, Türen, Toilettenanlagen, Aufzüge etc.).

SKR03	SKR04	Kontenbezeichnung
0300	0680	Einbauten in fremde Grundstücke

Nicht zu den Anschaffungskosten gehören abziehbare Vorsteuerbeträge, Vertriebskosten und Erhaltungsaufwand.

1.2 Reparaturen, Wartungsarbeiten, Renovierungen

Folgende fünf Konten verwenden Sie für Reparaturen und Instandhaltungen:

SKR03	SKR04	Kontenbezeichnung
4805	6460	Reparatur/Instandhaltung Anlagen u. Maschinen
4805	6470	Reparatur/Instandhaltung Betriebs- u. Geschäftsausstattung
4805	6485	Reparatur/Instandhaltung andere Anlagen
4806	6495	Wartungskosten für Hard- und Software

Fällt erheblicher Erhaltungsaufwand in einen zeitlichen Zusammenhang (bei Gebäuden innerhalb von drei Jahren) mit der Anschaffung oder Herstellung, unterstellt das Finanzamt nachträgliche Anschaffungskosten.

Beispiel:
Bereits im Jahr der Anschaffung eines Gebäudes werden über 20 % des Kaufpreises für die Renovierung aufgewendet. Die bereits erfassten Renovierungskosten (60.000,00 €) sind nachträglich der Anschaffung des Gebäudes zuzurechnen. Da die Vorsteuer bereits für einzelne Rechnungen geltend gemacht wurde, erfolgt die Umbuchung der Gesamtkosten zum Nettobetrag.

Umsatz	GegenKto	Beleg	Datum	Konto	Text
60.000,00-	0100/0250			4809/6450	

SKR03	SKR04	Kontenbezeichnung
4809	6450	Reparatur und Instandhaltung von Bauten
0100	0250	Fabrikbauten

In diesem Beispiel wurde der Buchungskreis „Bank" verlassen und stattdessen von einem Aufwandskonto auf ein Anlagenkonto umgebucht. Hier wird der Umsatz auf dem Konto 6450 von der EDV zusätzlich als Eingang auf Konto 0250 erfasst. Man legt dazu eine gesonderte Buchungsliste mit „Sonstiges", „Umbuchungen" oder ähnlicher Bezeichnung an.

Außerhalb des sicheren Terrains von Finanzkonten, wo Ausgänge immer rechts (Haben) stehen und Eingänge immer links (Soll), kommt es immer mal wieder vor, dass man die Seiten verwechselt. Das passiert selbst Profis mit langjähriger Erfahrung.

Auch für Anlagekonten und Aufwandskonten gilt:
Erhöhungen werden links (Soll), Verminderungen rechts (Haben) eingetragen.

Zu den **geleisteten Anzahlungen** und **Anlagen im Bau** schlagen Sie bitte im Glossar nach.

1.3 Finanzanlagen

Wertpapiere als dauerhafte Finanzanlage, nicht nur für kurzfristige Liquiditätsüberschüsse, erfassen Sie auf folgenden Konten.

SKR03	SKR04	Kontenbezeichnung
0525	0900	Wertpapiere des Anlagevermögens
0525	0910	Wertpapiere m. Gewinnbeteiligungsansprüchen
0535	0920	Festverzinsliche Wertpapiere

Gewinnbeteiligungen bieten in der Hauptsache die Aktien, während es sich bei den festverzinslichen Papieren gewöhnlich um Schuldverschreibungen, Anleihen oder Obligationen handelt.

Als sonstige Ausleihungen gelten:

SKR03	SKR04	Kontenbezeichnung
0540	0930	Sonstige Ausleihungen
0550	0940	Gegebene Darlehen
0580	0960	Ausleihungen an Gesellschafter
0590	0970	Ausleihungen an nahe stehende Personen
0570	0980	Genossenschaftsanteile (z. B. Volksbankanteile)

Anteile an verbundenen Unternehmen und **Beteiligungen** werden im Glossar erläutert.

2 Verkauf und Abgang von Anlagegütern

Verkäufe von Anlagegegenständen sind in zwei Buchungen zu berücksichtigen:
1. Der Verkaufserlös wird auf einem Ertragskonto gebucht.
2. Der Wert des Gegenstandes auf dem Anlagekonto (Buchwert) ist als Aufwand auszubuchen.

Die DATEV unterscheidet zwischen Anlageverkäufen mit Buchgewinn und solchen mit Buchverlust. Der Buchwert ist der Restwert in der Buchhaltung, den das Anlagegut nach Abschreibungen für die vergangene Nutzung und eventuell nach einem außerordentlichen Wertverlust noch hat. Der „Wert in den Büchern" muss nicht dem Wert entsprechen, der bei einem Verkauf zu erzielen ist. Bei einem

Verkauf und Abgang von Anlagegütern

Buchgewinn liegt der Verkaufserlös höher als der Restwert des Anlagegutes, bei einem Buchverlust erzielt der Verkauf weniger als dessen Wert.

Beispiel:

Verkauf eines Pkw mit Buchgewinn
Buchwert	10.000,00 €
Verkaufserlös (netto)	15.000,00 €
Buchgewinn	5.000,00 €

SKR03	SKR04	Kontenbezeichnung
8809	4845	Erlöse Anlagenverkäufe 19 % USt, Buchgewinn
2315	4855	Anlagenabgang Restbuchwert, Buchgewinn
0320	0520	PKW

Umsatz	GegenKto	Beleg	Datum	Konto	Text
17.850,00+	8809/4845			1210/1810	Verkauf Pkw
10.000,00–	2315/4855			0320/0520	Abgang Pkw

Die erste Buchung ist leicht zu verstehen: Der Verkaufserlös von brutto 17.850,00 € wurde dem Bankkonto gutgeschrieben. Wegen der Buchung auf ein Umsatzsteuerautomatikkonto teilt die EDV den Betrag in einen Nettoerlös von 15.000,00 € und 2.850,00 € USt auf.

Für sich alleine reicht die Buchung nicht aus, den **Geschäftsvorfall** richtig darzustellen. Das Unternehmen ist keineswegs um 17.850,00 € reicher (die USt wird dem Finanzamt geschuldet). In einer zweiten Buchung muss die tatsächliche Vermögenslage deshalb richtig gestellt werden.

- Auf dem Konto 0520 steht immer noch der Betrag von 10.000,00 € als Restwert eines Pkws, der sich jedoch nicht mehr im Betriebsvermögen befindet.
  Der Kontostand ist damit um 10.000,00 € zu hoch.

- Außerdem bedeutete die Anschaffung des Pkw zunächst keinen Aufwand sondern ein gewinnneutrales Ereignis. Mit den Abschreibungen werden die Anschaffungskosten über die Nutzungsdauer verteilt, bis der Gegenstand auf einen Erinnerungswert von 1,00 aufgezehrt ist. Scheidet das Anlagegut schon vorzeitig aus, muss der nicht abgeschriebene Restwert als Aufwand berücksichtigt werden.

Dem Verkaufserlös von 15.000,00 € stehen also 10.000,00 € Restbuchwert als Aufwand gegenüber.

Die zweite Buchung klärt den wertmäßigen Bestand auf dem Konto Pkw und führt zu dem zutreffenden Buchgewinn von 5.000,00.

Der Verkauf eines voll abgeschriebenen Anlagegutes, also mit einem Restbuchwert von 1,00, führt in jedem Fall zu einem Buchgewinn. Beim Buchverlust erzielt das verkaufte Anlagegut weniger als seinen Buchwert.

Beispiel:

Verkauf eines Computers, der technisch überholt ist, mit Buchverlust.

Buchwert	1.400,00 €
Verkaufserlös (netto)	600,00 €
Buchverlust	800,00 €

SKR03	SKR04	Kontenbezeichnung
8801	6885	Erlöse Anlagenverkäufe 19 % USt, Buchverlust
2315	6895	Anlagenabgang Restbuchwert
0490	0690	Sonstige Betriebs- u. Geschäftsausstattung

Umsatz	GegenKto	Beleg	Datum	Konto	Text
714,00+	302720/304900			1210/1810	Verkauf Computer

Umsatz	GegenKto	Beleg	Datum	Konto	Text
1.400,00-	2310/6895			0490/0690	Abgang Computer

Die **Inzahlungnahme eines Anlagegutes** durch den Käufer und die unentgeltliche **Entnahme** finden Sie im Glossar behandelt.

Es bleibt noch eine wesentliche Frage zu klären:
- Woher nimmt man den Buchwert des Anlagegutes im Zeitpunkt des Verkaufs?

Tatsächlich ist die Ermittlung des Buchwertes keine leichte Aufgabe. Ausgehend vom Wert in der letzten Inventur zum Jahresabschluss

Verkauf und Abgang von Anlagegütern

müssen die zeitanteiligen monatlichen Abschreibungen bis zum Verkauf berücksichtigt werden.
1. Sind Sie mit der Anlagenbuchhaltung vertraut, dann erhalten Sie den Buchwert durch Fortführung von monatlich 1/12 der Jahresabschreibungen.
2. Überlassen Sie Inventarverzeichnis und Abschreibungen einem Bilanzbuchhalter oder Steuerberater, so soll der Sie mit den entsprechenden Buchwerten bzw. Buchungszeilen versorgen.
3. Alternativ bietet der letzte Buchwert aus der Bilanz einen passablen Ersatz für die laufende Buchhaltung. Die fehlenden Abschreibungen können zum Jahresende umgebucht werden, ohne dass sich der Gesamtaufwand verändert.

Helfen Ihnen die drei angeführten Lösungen nicht weiter, dann buchen Sie lediglich die Verkaufserlöse mit USt-Schlüssel über das folgende Konto:

SKR03	SKR04	Kontenbezeichnung
2720	4900	Erträge aus Abgang Gegenstände des Anlagevermögens

Beispiel:

Umsatz	GegenKto	Beleg	Datum	Konto	Text
714,00+	302720/304900			1210/1810	Verkauf Computer

Der vorläufige Gewinn Ihres Unternehmens wird nun aber in den folgenden Betriebswirtschaftlichen Auswertungen (BWA) der DATEV überhöht sein – um den Betrag des unbekannten Buchwerts.

D Buchungen von Forderungen

1 Soll- und Istversteuerung

Für die monatliche Buchhaltung ist es entscheidend wichtig, ob die Umsatzsteuer bereits mit Rechnungsstellung auf die vereinbarten Entgelte (Kundenforderungen) oder erst bei Zahlung durch den Kunden auf die vereinnahmten Entgelte an das Finanzamt fällig wird.

Im ersten Fall müssen grundsätzlich sämtliche Umsätze zweimal erfasst werden. Während bei den Barumsätzen der Kasse Verkauf und Zahlung üblicherweise zusammenfallen, vergeht zwischen Rechnungsstellung und Gutschrift auf dem Bankkonto einige Zeit.

Zu beiden Zeitpunkten sind gesonderte Buchungen zu machen:
1. Bei Rechnungsstellung der Verkauf im Buchungskreis „Ausgangsrechnungen": Forderungsbestand und Verkaufserlöse nehmen zu.
2. Bei Zahlung der Geldeingang im Buchungskreis „Bank": Forderungsbestand nimmt ab, der Bestand des Bankkontos erhöht sich.

Kundenforderungen entstehen zum Zeitpunkt, da eine Leistung an einen Kunden erfolgt ist und diese Leistung nicht sofort bezahlt wird. Die Sollumsätze einerseits und die tatsächlichen Zahlungseingänge andererseits müssen abgestimmt und Ausfälle, Preisnachlässe, Stornierungen usw. ausgebucht werden. Das bedeutet eine Menge Arbeit für diese so genannten Sollversteuerer. Neben der Finanzbuchführung mit den Sachkonten, die Sie bis jetzt kennen gelernt haben, sind in der Kontokorrentbuchführung Personenkonten zu führen. Ein Verfahren, wie Sie es sich mit Hilfe der **Offene-Posten-Buchführung** einfacher machen können, finden Sie im Glossar.

Unternehmer mit geringen Umsätzen und Freiberufler schulden die Umsatzsteuer erst ab dem Zeitpunkt, wenn der Kunde zahlt, auf ihre

tatsächlich vereinnahmten Entgelte:
- Unternehmer, die entweder aus verschiedenen Gründen keine Bücher führen müssen oder deren Jahresumsatz voraussichtlich nicht mehr als 500.000 € beträgt bzw. im vorangegangenen Jahr nicht überstiegen hat, sowie
- sämtliche Freiberufler (siehe Glossar-Stichwort **Buchführungspflicht**).

Diese Unternehmer brauchen ihre Kundenforderungen nicht aufzuzeichnen und keine Personenkonten zu führen, wenn sie nicht freiwillig eine Zahlungsüberwachung und ihr Mahnwesen an die Buchhaltung gekoppelt haben.

2 Sollversteuerung ohne Debitorenkonten

Es ist nicht immer sinnvoll, Personenkonten zu führen, nur um ausstehende Rechnungen über die Buchhaltung überwachen zu können. Oftmals lassen sich die Anzahl der Kunden, Aufträge oder Forderungen leicht überschauen. Bei Sollversteuerung ist deshalb auch folgendes vereinfachtes Verfahren ohne Kundenkonten möglich und in der Praxis üblich:

1. Während des Monats sind sämtliche Zahlungseingänge aus Kundenrechnungen als Umsatzerlöse steuerpflichtig zu erfassen. Hier verhält man sich so, als ob nur die vereinnahmten Erlöse zu versteuern sind.
2. Am Ende eines Monats sind sämtliche ausstehenden Forderungen zu addieren und in einer Summe als vereinbarter Erlös steuerpflichtig einzubuchen. Die Vormonatsforderungen sind in einer Summe auszubuchen, damit Altforderungen nicht mehrfach versteuert sind.

Wenn Sie keine Kundenkonten bebuchen, verwenden Sie folgende Konten:

SKR03	SKR04	Kontenbezeichnung
1410-1449	1210-1219	Forderungen aus Lieferungen und Leistungen

D Buchungen von Forderungen

Beispiel:
Die ausstehenden Forderungen belaufen sich Ende August auf brutto 35.700,00 €. Am Vormonatsende betrugen sie 23.800,00 €.

Umsatz	GegenKto	Beleg	Datum	Konto	Text
35.700,00+	8400/4400		31.08.	1410/1210	Forderungen Aug.

Umsatz	GegenKto	Beleg	Datum	Konto	Text
23.800,00−	8400/4400		31.08.	1410/1210	Forderungen Juli

Unabhängig davon sind sämtliche eingehenden bezahlten Rechnungen im August als steuerpflichtige Erlöse einzubuchen:

Umsatz	GegenKto	Beleg	Datum	Konto	Text
~~	~~~~	~~~~	~~~~	1410/1210	~~~~
1.240,00+	8400/4400		06.08.		
~~	~~~~	~~~~	~~~~		~~~~

Mit diesem Rechentrick sparen Sie sich die Mühe, Ihre Umsätze doppelt als Umsatzrechnungen und Zahlungseingänge zu erfassen und beides miteinander abzustimmen zu müssen.

Dennoch ist sichergestellt, dass in der **Umsatzsteuervoranmeldung** sämtliche Umsätze erscheinen, auch die noch nicht vereinnahmten.

Wie Sie **Debitorenkonten** führen, finden Sie im Glossar kurz beschrieben. Tatsächlich sollte diese weitergehende Buchführung nur ausgebildeten Buchhaltern oder langjährigen Praktikern anvertraut werden. Einsteiger dürften bei der Abstimmung der Konten, bei der Verbuchung von Rechnungsausgleich, Anzahlungen, Gutschriften, Retouren, Rabatten und sonstigen Erlösschmälerungen überfordert sein.

Wenn Sie in dieses kalte Wasser springen müssen, dann lesen Sie unter folgenden Stichworten die Besonderheiten bei Debitorenkonten nach: **Erhaltene Anzahlungen, Gutschriften an Kunden, Skonto und Rabatte für Kunden.**

3 Erlösschmälerungen und Gutschriften

Skonti und andere Abzüge von der Umsatzrechnung an Ihren Kunden mindern Umsatzerlöse und Umsatzsteuer. Sie können entweder auf separaten Konten bzw. im Buchungsfeld „Skonto" erfasst oder vom Ist-Versteuerer gleich vom Rechnungsbetrag abgezogen werden (siehe Stichwort: **Skonto und Rabatt für Kunden**). Auch bei sofort abgezogenen Gutschriften gegenüber Ihrem Kunden, sei es Rücksendung von Ware oder nachträglicher Preisnachlass für Leistungen, können Sie Erlöse und Umsatzsteuer bei Zahlung entsprechend mindern. Überweisen Sie die Gutschrift jedoch erst im Nachhinein, so wird über diesen Betrag der Umsatz storniert.

Beispiel:
Die Firma Godot ist mit der geleisteten Arbeit von Elektro Zapp unzufrieden und verlangt nachträglich einen Nachlass von 10 % auf die bezahlte Rechnung Nr. 1043 von 24.531,48 €.

a) Herr Zapp überweist den Gutschriftsbetrag an seinen Kunden. Der Nettoumsatz wird um 2.061,46 € storniert, die Umsatzsteuer um 391,58 €.

Umsatz	GegenKto	Beleg	Datum	Konto	Text
2.453,14–	8400/4400	1043		1210/1810	Abzug 10 %

b) Steht eine Gutschrift zur Verrechnung an, können Sie diesen negativen Umsatz zusammen mit den monatlichen Rechnungen vortragen.

Umsatz	GegenKto	Beleg	Datum	Konto	Text
2.453,14+	1410/1210	1043		8400/4400	Abzug 10 %

Warum wurde, statt die Umsatzsteuer zu korrigieren, nicht einfach die Vorsteuer um 391,58 € erhöht?
1. Vorsteuer ist die an andere Unternehmer gezahlte Umsatzsteuer für deren Leistungen. Im Regelfall hat der Kunde jedoch keine Leistung erbracht.
2. Die gesamte Umsatzsteuer zu 19 % entspricht immer 0,19 von sämtlichen Nettoumsätzen auf den entsprechenden Erlöskonten. Werden die Erlöse gekürzt, dann muss die Steuer herabgesetzt werden. Dadurch ist jederzeit eine Kontrolle über steuerpflichtige Umsätze gewährleistet.

Buchungen von Forderungen

4 Sonstige Forderungen und Vermögensgegenstände

Sonstige Forderungen und Vermögensgegenstände des Umlaufvermögens werden auf folgenden Konten erfasst:

SKR03	SKR04	Kontenbezeichnung
1500	1300	Sonstige Vermögensgegenstände
1501	1301	Sonstige Vermögensgegenstände (b. 1 J.)
1502	1305	Sonstige Vermögensgegenstände (g. 1 J.)

Forderungen gegen Geschäftsführer, Aufsichtsrats- und Beiratsmitglieder sowie gegen Gesellschafter sind bei Kapitalgesellschaften mit Ausweis der jeweiligen Restlaufzeit gesondert zu erfassen:

SKR03	SKR04	Kontenbezeichnung
1503	1310	Forderungen gegen Geschäftsführer
1503	1311	Forderungen gegen Geschäftsführer (b. 1 J.)
1504	1315	Forderungen gegen Geschäftsführer (g. 1 J.)
1507	1330	Forderungen gegen Gesellschafter
1507	1331	Forderungen gegen Gesellschafter (b. 1 J.)
1508	1335	Forderungen gegen Gesellschafter (g. 1 J.)

Forderungen gegen Personal können durch Lohn- und Gehaltsvorschüsse entstehen:

SKR03	SKR04	Kontenbezeichnung
1530	1340	Forderungen gegen Personal
1531	1341	Forderungen gegen Personal (b. 1 J.)
1537	1345	Forderungen gegen Personal (g. 1 J.)

4.1 Kautionen

Geleistete Kautionen werden als kurzfristige Forderungen erfasst:

SKR03	SKR04	Kontenbezeichnung
1525	1350	Kautionen
1526	1351	Kautionen (b. 1 J.)
1527	1355	Kautionen (g. 1 J)
1705	3550	Erhaltene Kautionen
1733	3551	Erhaltene Kautionen (b. 1 J.)
1734	3554	Erhaltene Kautionen (1–5 J.)

Sonstige Forderungen und Vermögensgegenstände

SKR03	SKR04	Kontenbezeichnung
1735	3557	Erhaltene Kautionen (g. 5 J.)

Erhaltene Kautionen sind Verbindlichkeiten gegenüber dem Kautionsleistenden.

Durchlaufende Posten sind Betriebsausgaben und -einnahmen, die im Namen und auf Rechnung eines anderen gemacht worden sind. Für Ihr Unternehmen sind deshalb Durchlaufende Posten gewinnneutral und je nachdem, ob durch Sie vereinnahmt oder verauslagt, Verbindlichkeiten oder Forderungen.

SKR03	SKR04	Kontenbezeichnung
1590	1370	Durchlaufende Posten

„Unklare Posten" sind in den DATEV-Kontenrahmen nicht vorgesehen. Nun kommt es jedoch immer mal vor, dass ein Scheck nicht zugeordnet werden kann, ein Bankauszug am Buchhaltungssamstag unauffindbar ist. Damit die weitere Arbeit nicht stockt, buchen Sie diesen ungeklärten Posten auf ein Hilfskonto. Sobald der Geschäftsvorfall geklärt wird, lösen Sie den Posten wieder auf. Spätestens zum Jahresabschluss gibt es keine unklaren Posten mehr, insbesondere bei Einführung der E-Bilanz.

SKR03	SKR04	Kontenbezeichnung
1399	1499	Unklare Posten

4.2 Steuerforderungen

Steuerforderungen sind auf folgenden Konten zu erfassen:

SKR03	SKR04	Kontenbezeichnung
1545	1420	USt-Forderungen
1545	1421	USt-Forderungen laufendes Jahr
1545	1422	USt-Forderungen Vorjahr
1545	1425	USt-Forderungen frühere Jahre
1547	1427	Forderungen aus Verbrauchsteuern
1588	1433	Bezahlte Einfuhrumsatzsteuer

Bezahlte Einfuhrumsatzsteuer aus Importen von Drittländern (außerhalb der EU) ist wie Vorsteuer abziehbar.

E Buchen von Verbindlichkeiten

Wie Sie **Kreditorenkonten** führen, finden Sie im Glossar kurz beschrieben. Wie bei den Debitoren sollte diese weitergehende Buchführung nur ausgebildeten Buchhaltern oder langjährigen Praktikern anvertraut werden. Da die Unternehmer während des Jahres gesetzlich nicht verpflichtet sind, ihre Lieferantenschulden aufzuzeichnen, entfällt ein wichtiger Grund für das Führen von Lieferantenkonten.

Unter folgenden Stichworten können Sie die Besonderheiten bei **Kreditorenkonten** nachlesen: **Anzahlungen an Lieferanten und Lieferantenskonto.**

1 Lieferantenverbindlichkeiten

Den Vorsteuerabzug dürfen Sie schon bei Rechnungseingang geltend machen, nicht erst bei Zahlung. Bei größeren Vorsteuerbeträgen in der Schwebe und andererseits Vorkasse auf die zu erwartende Umsatzsteuer lohnt sich der Liquidität zuliebe die Erfassung auf einem einzigen Lieferantensammelkonto:

SKR03	SKR04	Kontenbezeichnung
1610	3310	Verbindlichkeiten aus Lieferungen und Leistungen

Hier lassen sich zum Zwecke des Vorsteuerabzugs einzelne große Lieferantenrechnungen zum Monatsende einbuchen. Vermerken Sie auf dem Original die besondere Erfassung und legen Sie, wenn möglich, bei Zahlung eine Kopie ab. Die Kopien ausstehender Rechnungen sind auf einem Heftrücken in jeder neuen Monatsbuchhaltung von den übrigen Belegen zu trennen. Dadurch lassen sich doppelte Vorsteuerabzüge und scheinbar offene Rechnungen leichter nachvollziehen.

Beispiel:

Ende Juli lassen sich die zehn größten offenen Lieferantenrechnungen mit insgesamt 100.000,00 € aufaddieren. Es handelt sich ausschließlich um Wareneingänge zu 19 % USt (siehe dazu nächsten Abschnitt).

Umsatz	GegenKto	Beleg	Datum	Konto	Text
100.000,00+	1610/3310		31.07.	3400/5400	Offene Rechnungen Juli

Im August werden bis auf eine Rechnung über 20.000,00 € sämtliche Rechnungen bezahlt. Bei einer Rechnung über 35.000,00 € wird eine Gutschrift über 5.000,00 € verrechnet.

Das Verbindlichkeitenkonto wird bei Zahlung der einzelnen Rechnungen nach und nach ausgeglichen. Achten Sie darauf, keinen Wareneingang mit Vorsteuer doppelt zu erfassen.

Umsatz	GegenKto	Beleg	Datum	Konto	Text
30.000,00–	1610/3310		14.08.	1210/1810	Lieferant XY, Abzug 5.000,00 Gutschrift
~~	~~~~	~~~~	~~~~		~~~~
25.000,00–	1610/3310		20.08.	1210/1810	Lieferant YZ
~~	~~~~	~~~~	~~~~		~~~~
20.000,00–	1610/3310		28.08.	1210/1810	Lieferant UV

Bei der Gutschrift machen Sie einen Teil des Wareneinkaufs mit Vorsteuerabzug rückgängig.

Umsatz	GegenKto	Beleg	Datum	Konto	Text
5.000,00–	1610/3310		14.08.	3400/5400	Lieferant XY, Abzug 5.000,00 Gutschrift

Am nächsten Monatsende nicht ausgeglichene Rechnungen bleiben auf dem Heftrücken zum Vortrag. Es werden nur die Eingangsrechnungen des laufenden Monats neu erfasst.

Auf dem Lieferantensammelkonto 1610/3310 steht Ende August noch ein Betrag von 20.000,00 €. Offene Lieferantenrechnungen aus August können nun zusätzlich eingebucht werden.

2 Wareneinkauf

Der bei Handelsunternehmen gewöhnlich mit Abstand größte Kostenfaktor besteht im Wareneinsatz. In einer den steuerlichen und handelsrechtlichen Vorschriften genügenden Finanzbuchhaltung reicht es aus, wenn während des Jahres nur die Wareneingänge erfasst werden. Üblicherweise werden die Warenbestände erst in der Inventur festgestellt, ein Problem, womit sich die laufende Buchhaltung zum Glück nicht auch noch herumschlagen muss.

Festzuhalten gilt: Ein solcher einmal jährlich im Nachhinein ermittelter Wareneinsatz kann nur annähernd vorausgeschätzt und den einzelnen Monaten anteilig zugerechnet werden.

Die DATEV bietet drei Verfahren für den überschlägigen Wareneinsatz an:
1. Wareneinsatz = Wareneinkauf
2. Ermittlung des tatsächlichen Wareneinsatzes
3. Wareneinsatz durch Handelsspanne

Nach der einfachsten und gängigen Methode behandelt man den tatsächlichen, effektiven Wareneingang des betreffenden Monats als fiktiven Wareneinsatz dieses Monats. Hier wird der Wareneinkauf direkt als Aufwand erfasst und nicht mehr abgegrenzt:

Für den Wareneingang stehen folgende Konten zur Verfügung:

SKR03	SKR04	Kontenbezeichnung
3200-3299	5200-5299	Wareneingang
3300-3309	5300-5309	Wareneingang 7 % VSt
3400-3409	5400-5409	Wareneingang 19 % VSt

Damit wird unterstellt, dass der Warenbestand keinen größeren Schwankungen (z. B. saisonal) unterliegt und innerhalb des betrachteten Monats die gleiche Menge an Waren gekauft wie verkauft wird. Je mehr die Realität von dieser Fiktion abweicht, um so ungenauer wird der vorläufig ausgewiesene Gewinn in den Betriebswirtschaftlichen Auswertungen (siehe dazu das nächste Kapitel Auswertung der Buchhaltung).

Verbrauch von Roh-, Hilfs- und Betriebsstoffen E

Beispiel:
Spielzeugwarenhändler S. aus Stuttgart lässt seine Finanzbuchhaltung von der DATEV auswerten, die seinen Wareneingang als Wareneinsatz behandelt. Für das Weihnachtsgeschäft hat S bereits im Oktober größere Mengen Waren eingekauft. Die betriebswirtschaftliche Auswertung des Rechenzentrums weist deshalb für Oktober einen voraussichtlichen Jahresverlust von 50.000,00 € aus. S. hat seine Kreditlinie gegenüber seiner Hausbank bereits überzogen. Als er um die Finanzierung weiterer Einkäufe noch im November nachfragt, stößt er trotz Verständnis dafür, dass dieses Ergebnis saisonal bereinigt werden müsste, auf taube Ohren.

Wählt man dieses einfache Verfahren, kann durch eine glaubwürdige Zusatzrechnung, z. B. von einem Steuerberater, der tatsächliche Wareneinsatz des relevanten Monats ermittelt werden. Sollte aus diesem Ausnahmefall allerdings eine monatliche Übung werden bzw. zur Krise ausarten, empfiehlt es sich schon aus Kostengründen, von der unrealistischen Fiktion Wareneinkauf = Wareneinsatz wieder abzurücken.

Die zwei weiteren Methoden Wareneinsatz, tatsächliche Ermittlung und Wareneinsatz durch Handelsspanne lesen Sie bitte im Glossar (Stichwort Materialeinsatz) nach.

3 Verbrauch von Roh-, Hilfs- und Betriebsstoffen

Wie der Wareneinsatz im Handel lässt sich auch der Verbrauch von Roh-, Hilfs- und Betriebsstoffen im Handwerk und der Industrie nach drei gängigen Methoden bestimmen.

Materialeinkauf = Materialeinsatz

Sollten die entsprechenden Bestände weder im monatlichen Eingang noch im Umsatz größeren Schwankungen unterliegen, tun Sie gut und einfach daran, nach dieser ersten Methode die Beschaffung sogleich als Aufwand zu behandeln.

Buchen von Verbindlichkeiten

Beispiel:
Gängige kleine Bauteile werden von der Technik GmbH auf Lager gelegt und der Grundbestand von 30.000,00 € ca. jeden Monat neu aufgefüllt. In diesem Idealfall beträgt der monatliche Einsatz an Roh- bzw. Hilfsstoffen ebenfalls 30.000,00 €.

Umsatz	GegenKto	Beleg	Datum	Konto	Text
35.700,00–	903000/905100		01.07.	1210/1810	Materialeinkauf Lieferant XY

SKR03	SKR04	Kontenbezeichnung
3000	5100	Einkauf Roh-, Hilfs- und Betriebsstoffe

Die Methoden Materialeinsatz aus tatsächlicher Ermittlung und Materialeinsatz aus Umsatzzahlen sowie neue Konten der E-Bilanz finden Sie im Glossar behandelt.

3.1 Energiestoffe

Energiekosten entstehen entweder als Materialeinsatz (Roh-, Hilfs- und Betriebsstoff) in der Fertigung, in Werkstätten u. Ä. oder in Handel, Verwaltung, Büro und Vertrieb.

SKR03	SKR04	Kontenbezeichnung
3090	5190	Energiestoffe
3091	5191	Energiestoffe (Fertigung) 7 % Vorsteuer
3092	5192	Energiestoffe (Fertigung) 19 % Vorsteuer
4240	6325	Gas, Strom, Wasser

Fremdleistungen

- Man unterscheidet zwischen Fremdleistungen als „Aufwand für bezogene Leistungen" für Erzeugnisse und andere Leistungserstellung (z. B. von Subunternehmern oder externen Dienstleistern) einerseits und
- Fremdarbeiten von freien Mitarbeitern in der Verwaltung oder im Vertrieb andererseits, die für betriebsinterne Zwecke statt eigenem Personal herangezogen werden.

Verbrauch von Roh-, Hilfs- und Betriebsstoffen **E**

Tipp
Achten Sie hier auf den aktuellen Stand zum Thema Scheinselbstständigkeit/arbeitnehmerähnliche Beschäftigungen, damit für nicht etwa über drei Jahre Nachzahlungen an Sozialversicherungsbeiträgen für den vermeintlich „freien" Mitarbeiter auf Sie zukommen.

Beispiel:
Der externe Sekretariatsservice Plusbüro übernimmt anfallende Büroarbeiten gegen eine monatliche Grundgebühr und Einzelabrechnungen der erbrachten Leistungen.

Umsatz	GegenKto	Beleg	Datum	Konto	Text
407,89-	904909/906303		01.07.	1210/1810	Sekretariatsservice

SKR03	SKR04	Kontenbezeichnung
4909	6303	Fremdarbeiten (freier Mitarbeiter)
4780	6780	Fremdarbeiten (Vertrieb)
3100	5900	Fremdleistungen

3.2 Nebenkosten

Anschaffungsnebenkosten beim Wareneinkauf und Einkauf von Roh-, Hilfs- und Betriebsstoffen verteuern den Waren- und Materialeinsatz und können auf dem entsprechenden Wareneinkaufs-/Materialkonto gebucht werden. Fallen sie erheblich ins Gewicht, so kann der separate Ausweis auf folgenden Konten recht aufschlussreich sein.

SKR03	SKR04	Kontenbezeichnung
3800	5800	Anschaffungsnebenkosten
3830	5820	Leergut
3850	5840	Zölle und Einfuhrabgaben

4 Skonto, Rabatte und Nachlässe von Lieferanten

Skonti und andere Abzüge von der Lieferantenrechnung bei Zahlung mindern Kosten und Vorsteuer. Sie können bei Zahlung entweder auf separaten Konten bzw. im Buchungsfeld „Skonto" erfasst oder gleich vom Rechnungsbetrag abgezogen werden. Dieser wird nur als verminderter Betrag eingebucht (siehe Stichwort **Lieferantenkonto**).

- Preisnachlässe entstehen durch kostenlose Nachlieferungen und Gutschriften – eventuell nach Ihrer Mängelrüge gegenüber dem Lieferanten.
- Treueboni und Jahresboni erhalten Sie üblicherweise vom Lieferanten, wenn Sie beim ihm Großkunde sind.
- Vom Lieferanten erhaltene Rabatte sind Preisnachlässe aus besonderem Anlass oder gewöhnliche Händler-Wiederverkäufer-Rabatte.
- Erhaltene Skonti sind Preisnachlässe Ihrer Lieferanten für prompte Zahlungen.

SKR03	SKR04	Kontenbezeichnung
3700	5700	Nachlässe
3710	5710	Nachlässe 7 % VSt
3720	5720	Nachlässe 19 % VSt
3740	5740	Erhaltene Boni
3750	5750	Erhaltene Boni 7 % VSt
3740	5760	Erhaltene Boni 19 % VSt
3770	5770	Erhaltene Rabatte
3780	5780	Erhaltene Rabatte 7 % VSt
3790	5790	Erhaltene Rabatte 19 % VSt
3730	5730	Erhaltene Skonti
3731	5731	Erhaltene Skonti 7 % VSt
3736	5736	Erhaltene Skonti 19 % VSt

5 Verbindlichkeiten gegenüber Kreditinstituten

Ratenkredite und Darlehen von Banken, Sparkassen und anderen Kreditinstituten werden auf den nachfolgenden Konten verbucht. Ein Restlaufzeitvermerk in der GmbH-Bilanz erspart eine entsprechende Erläuterung im Anhang, bei anderen Unternehmen ist eine solche Aufteilung der Darlehen nicht notwendig.

SKR03	SKR04	Kontenbezeichnung
0630	3150	Verbindlichkeiten gegen Kreditinstituten
0631	3151	Verbindlichkeiten Kreditinstitut (b. 1 J.)
0640	3160	Verbindlichkeiten Kreditinstitut (1–5 J.)
0650	3170	Verbindlichkeiten Kreditinstitut (g. 5 J.)
0986	1940	Damnum/Disagio

Das Damnum (Disagio) ist der Unterschiedsbetrag zwischen dem aufgenommenen und dem tatsächlich ausgezahlten Darlehen. Dieser Aufwand als einmalige Bearbeitungsgebühr oder Vorabzins ist auf die Laufzeit des Darlehens zu verteilen. Wird ein Darlehen vorzeitig zurückgezahlt, so ist der Restbuchwert des Disagios zu Lasten des laufenden Gewinns auszubuchen, sofern die Bank keinen Ersatz leistet.

Beispiel:

Ein Hypothekendarlehen über 360.000,00 € wird unter Abzug von 2 % Bearbeitungsgebühr bereitgestellt. Dieses Disagio ist auf die Laufzeit des Darlehens 12 Jahre/144 Monate zu verteilen (50,00 € pro Monat).

Bereitstellung des Darlehens auf dem Girokonto:

Umsatz	GegenKto	Beleg	Datum	Konto	Text
352.800,00+	0650/3170		01.07.	1200/1800	Auszahl. Darlehen
7.200,00+	0650/3170		01.07.	0986/1940	Disagio

Monatliche Buchung (alternativ 1.200,00 zum Jahresende):

Umsatz	GegenKto	Beleg	Datum	Konto	Text
50,00+	1940		01.08.	2120/7320	

E Buchen von Verbindlichkeiten

6 Umsatzsteuer und Vorsteuerbeträge

Nicht immer reichen die Automatikkonten und Umsatzsteuerschlüssel hin, manchmal müssen die Beträge per Hand auf den entsprechenden Konten verbucht werden. Die Vorsteuer und Umsatzsteuer kann manuell erfasst werden auf:

SKR03	SKR04	Kontenbezeichnung
1570	1400	Abziehbare Vorsteuer
1571	1401	Abziehbare Vorsteuer 7 %
1576	1406	Abziehbare Vorsteuer 19 %
1776	3806	Umsatzsteuer 19 %
1771	3801	Umsatzsteuer 7 %
1770	3800	Umsatzsteuer

Beispiel:
Nachdem drei Monatsmieten (à 2.000,00 €) für Büroräume überwiesen wurden, stellt sich heraus, dass der Eigentümer zur Umsatzsteuer optiert hat und nunmehr die Zahlung der USt schriftlich nachfordert. Zusammen mit der vierten Miete wird die Umsatzsteuer nachgezahlt und als Vorsteuerbetrag eingebucht.

Umsatz	GegenKto	Beleg	Datum	Konto	Text
1,071,00-	1576/1406		01.08.	1210/1810	Vorst. Miete 5-7
2.380,00-	904210/906310				Miete August

Umsatzsteuervorauszahlungen und -erstattungen (siehe **Umsatzsteuervoranmeldung**) sind auf diesen Konten zu erfassen:

SKR03	SKR04	Kontenbezeichnung
1780	3820	Umsatzsteuervorauszahlungen
1781	3830	Umsatzsteuervorauszahlungen 1/11

Beim sog. 1/11 handelt es sich jeweils zu Jahresbeginn um Sondervorauszahlungen zur monatlichen Abgabe der Voranmeldung als eine Art Kaution (= 1/11 der Umsatzsteuervorauszahlung des gesamten Vorjahrs). Monatliche Voranmeldungen dürfen dann jeweils einen Monat später abgegeben werden (Dauerfristverlängerung). In der Umsatzsteuervoranmeldung für den Dezember – in der Regel

Anfang Februar des Folgejahres erklärt – darf das 1/11 von der Umsatzsteuerschuld abgezogen werden. Will man die Dauerfristverlängerung im neuen Jahr weiterhin in Anspruch nehmen, ist dann auch wieder eine neue Sondervorauszahlung auf Basis des aktuell abgelaufenen Jahres fällig.

Damit die Vorauszahlungen eines Jahres mit den Umsatzsteuernachzahlungen oder -erstattungen von Vorjahren nicht durcheinander geraten, werden für letztere Fälle folgende Konten empfohlen:

KR03	SKR04	Kontenbezeichnung
1790	3841	Umsatzsteuer Vorjahr
1791	3845	Umsatzsteuer frühere Jahre

Beispiel:
Zum 10. Februar wird die USt-Vorauszahlung für Dezember in Höhe von 9.000,00 € abgebucht. Da es sich um Umsatzsteuer aus dem Vorjahr handelt, ist das Konto für Vorauszahlungen im laufenden Jahr nicht zu verwenden.

Umsatz	GegenKto	Beleg	Datum	Konto	Text
9.000,00–	1790/3841		10.02.	1210/1810	UStVA Dez. Vorj.

7 Sonstige Verbindlichkeiten

Für Rückstellungen und sonstige Verbindlichkeiten im Rahmen des Jahresabschlusses gäbe es sicherlich noch viele weitere Konten zu nennen. In der laufenden Buchhaltung verwendet man gelegentlich die nachfolgenden, wobei bei Beachtung der Restlaufzeiten die genaue Bezeichnung dem Kontenrahmen zu entnehmen ist:

SKR03	SKR04	Kontenbezeichnung
1700	3500	Sonstige Verbindlichkeiten
0730	3510	Verbindlichkeiten gegenüber Gesellschaftern
0760	3520	Darlehen typisch stiller Gesellschafter
0770	3530	Darlehen atypisch stiller Gesellschafter
0630	3560	Darlehen

Buchen von Verbindlichkeiten

Eine stille Gesellschaft tritt nach außen nicht in Erscheinung. Ein typisch stiller Gesellschafter hat Rechte nach § 230 ff. HGB, als wichtigstes die Gewinnbeteiligung, der atypische nimmt auch am Risiko teil, darf aber als Mitunternehmer Einfluss auf die Geschäfte nehmen.

Für Verbindlichkeiten und Erlöskonten gilt:
- Erhöhungen werden auf der rechten Kontenseite,
- Verminderungen werden links eingetragen.

8 Kreditkartenabrechnung

Die DATEV bietet ein Verrechnungskonto für Kreditkartenumsätze an. Damit ist es möglich, die Abbuchung vom Bankkonto in einer Summe zu erfassen und das Verrechnungskonto anschließend über die Einzelabrechnungen aufzulösen.

Beispiel:
Folgende Juni-Abrechnung liegt in der Buchhaltung vor:

CCM-Club Car — Kartennummer 11732

Rechnung Nr.	Rechnungsdatum	Kreditrahmen	Karteninhaber
4418	06.07.....	EUR 4.000	Fa. Elektro Zapp

Datum	Unternehmen	Ort	Währungsbetrag	Kurs	Kaufdatum	Betrag €
01.06.	Saldovortrag					478,71
12.06.	Petrobras S.A.	Rivera	96,00 CHF	1,5223	01.05.	
		Schweiz	63,06 EUR	1,9558		123,34
12.06.	1,00% Auslandsentgelt				04.07.	1,23
15.06.	Zahlung-Lastschrift					478,71
18.06.	Hotel Kaiser	München			18.06.	248,00
24.06.	Our Toys	Frankfurt			24.06.	148,50
					Neuer Saldo	521,07

Abb. 7: Kreditkartenabrechnung

Kreditkartenabrechnung

Umsatz	GegenKto	Beleg	Datum	Konto	Text
123,34-	1790/3841		12.06.	1730/3610	Benzin, Schweiz
1,23-	4970/6855		12.06.		Gebühr
478,71+	1360/1460		15.06.		Abbuchung
248,00-	904676/906680		18.06.		Hotel
148,50-	1800/2100		24.06.		Spielzeug

SKR03	SKR04	Kontenbezeichnung
1730	3610	Kreditkartenabrechnung

F Auswertung der Buchhaltung

Die Rechnungswesenprogramme können die Erfassungsdaten vollständig aufbereiten.
Wichtigste Auswertungen der Buchhaltung sind die
- Umsatzsteuervoranmeldungen als Formulardruck und Datenübermittlung über das ELSTER-Modul.

Daneben werden bei Bedarf die
- Zusammenfassende Meldung für die EU-Umsatzsteuer und die
- Dauerfristverlängerung/Sondervorauszahlung 1/11

ausgegeben.
- Mit Summen- und Saldenliste,
- Kontoblatt,
- Primanota,
- OPOS-Konten und -Listen sowie Fälligkeitslisten sind die Buchungssätze dokumentiert und zusammengefasst.

Rechnungswesen druckt Betriebswirtschaftliche Auswertungen (BWA), nämlich:
- Kurzfristige Erfolgsrechnung
- Bewegungsbilanz
- Statische Liquidität
- Vergleichs-BWA
- betriebswirtschaftlicher Kurzbericht
- BWA-Grafiken

Mit der ABC-Analyse können Sie Ihre Debitoren und Kreditoren in drei Umsatzklassen unterteilen und sie nach deren prozentualen Anteil am Gesamtumsatz auswerten.
Diese Auswertungen können Sie sich in der rechten Fensterhälfte anzeigen lassen. Klicken Sie in die Übersicht der linken Fensterhälfte oder wählen Sie unter *Auswertungen* in der Menüleiste aus.

Umsatzsteuer: Voranmeldungen und EU-Meldungen   F

1 Umsatzsteuer: Voranmeldungen und EU-Meldungen

Die automatische Erstellung der **Umsatzsteuervoranmeldung** und der Zusammenfassenden Meldung stellt eine große Erleichterung für Buchhalter dar. Ohne weiteres Zutun bereitet das DATEV-System die Monatswerte entsprechend den Angaben zur Steuerpflicht auf und druckt die ermittelten Beträge auf ein entsprechendes Formular: Adressen, Umsätze, MwSt, Vorsteuerbeträge und Umsatzsteuervorauszahlung.

In der Zusammenfassenden Meldung übernimmt das System die Zuordnung der EG-Lieferungen nach Land und USt-IdNr.

Zusammen mit der Dezember-Buchhaltung wird regelmäßig der Antrag auf Dauerfristverlängerung (1/11) gestellt, wodurch Sie die USt-Vorauszahlungen um einen Monat aufschieben können. Die Abgabeverlängerung wird in der Regel nur nach einer Sondervorauszahlung gewährt, die 1/11 der Summe aller Vorauszahlungen des Jahres entspricht. Die DATEV kann deshalb bei den Dezember-Auswertungen bereits die Höhe dieses 1/11 bestimmen und einen solchen Antrag ausdrucken.

> **Tipp**
> Wenn Sie die Umsatzsteuervoranmeldung pro Quartal abgeben, brauchen Sie weder die Dauerfristverlängerung jährlich zu wiederholen noch eine Sondervorauszahlung zu entrichten.

Zur Verprobung der Mehrwertsteuer, Vorsteuer und Vorauszahlungen stellen Sie die Umsatzsteuer-Jahreswerte zusammen.

2 Umsatzsteuervoranmeldung übermitteln

Ab 2005 dürfen nur noch elektronische Umsatzsteuervoranmeldungen eingereicht werden. Ohne Anbindung an das Rechenzentrum der DATEV bleibt die Übertragungsmöglichkeit über das Internet, entweder durch Ausfüllen der Formulare von ElsterFormular.de oder aber durch die Benutzung des Telemoduls. Rechnungswesen compact 2015 wird deshalb mit dem Telemodul ausgeliefert, das gesondert zu installieren ist.

F Auswertung der Buchhaltung

Wählen Sie unter Auswertungen > Finanzbuchführung > Umsatzsteuer-Voranmeldung das UStVA-Formular.

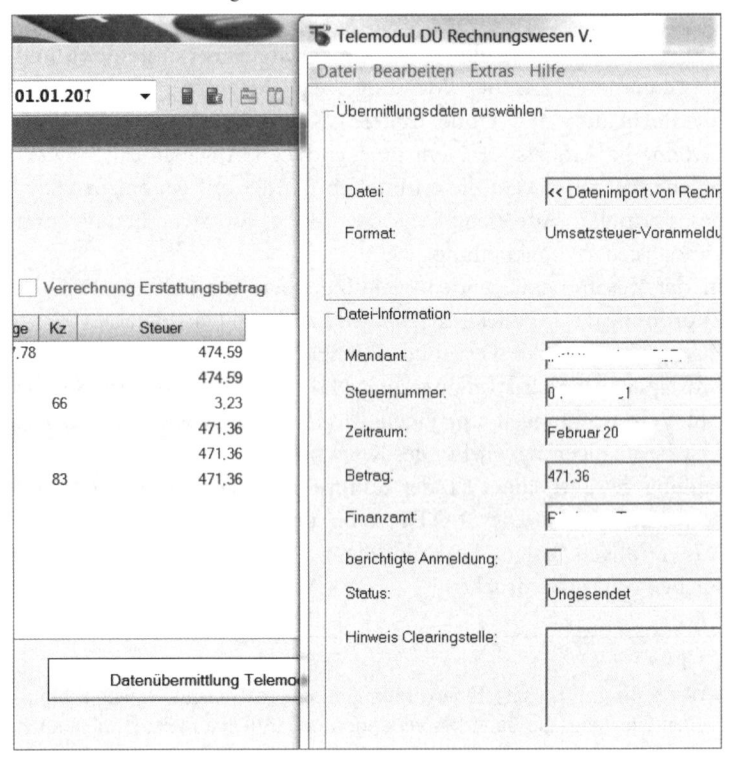

Abb. 8: Telemodul

Mit Klick auf „*Übergabe an Telemodul*" öffnen Sie das Übertragungsfenster. Seit 2013 ist nur noch eine authentifzierte ELSTER-Übertragung möglich.

Für die anschließende Übertragung der ELSTER-Datei benötigen Sie eine Anschaltung an das Internet. Sobald die Übertragung geglückt ist, erhalten Sie ein Übertragungsprotokoll der übermittelten Daten. Die einfachste und noch dazu kostenlose Authentifizierungsmethode ist das Softwarezertifikat. Dabei handelt es sich um eine Datei mit Softwareschlüssel. Um an diese PFX-Datei zu kommen, ist allerdings eine mehrstufige Registrierung nötig. Die beginnt mit Angaben auf den Seiten von www.ELSTERONLINE.de.

Summen und Salden F

Abb. 9: ELSTER-Online Registrierung

Nach der erfolgreichen Registrierung erhalten Sie ca. eine Woche später Post von Ihrem Finanzamt mit einem weiteren Code für eine erneute Einwahl bei ELSTER-Online. Dort schließen Sie die Registrierung mit einem selbstgewählten Passwort und dem Download Ihrer persönlichen PFX-Datei ab.

3 Summen und Salden

Die Summen- und Saldenlisten der bebuchten Konten der Monatswerte und der im Wirtschaftsjahr aufgelaufenen Werte stellen weitere Auswertungen dar. Hier können Sie z. B. die Salden der Geldkonten (Kasse, Banken, Geldtransit) schnell abstimmen.

Abb. 10 Summen- und Saldenliste Blatt 1

93

F Auswertung der Buchhaltung

Die Saldenlisten der Debitoren und Kreditoren weisen neben den aktuellen Kontenständen auch Prozentzahlen aus. Diese entsprechen dem Anteil des Kontos an den gesamten Forderungen bzw. Verbindlichkeiten aus Lieferungen und Leistungen.

4 Kontenblätter

Kontenblätter dienen zum Abstimmen der Buchhaltung. Dazu werden sämtliche Konten der Reihe nach auf die Richtigkeit geprüft:
- Ungewöhnliche Buchungen (Habenbuchungen auf Aufwandskonten, Anlagekonten; Sollbuchungen auf Ertragskonten, hohe Beträge im Verhältnis zu Vorjahreswerten), Belegprüfung in Hinblick auf Umsatzsteuervorschriften und bei kritischen Betriebsausgaben.
- Prüfung auf Vollständigkeit und Einheitlichkeit (z. B. Telefonkosten aller 12 Monate auf demselben Konto).
- Prüfung des richtigen Vorsteuerabzugs.

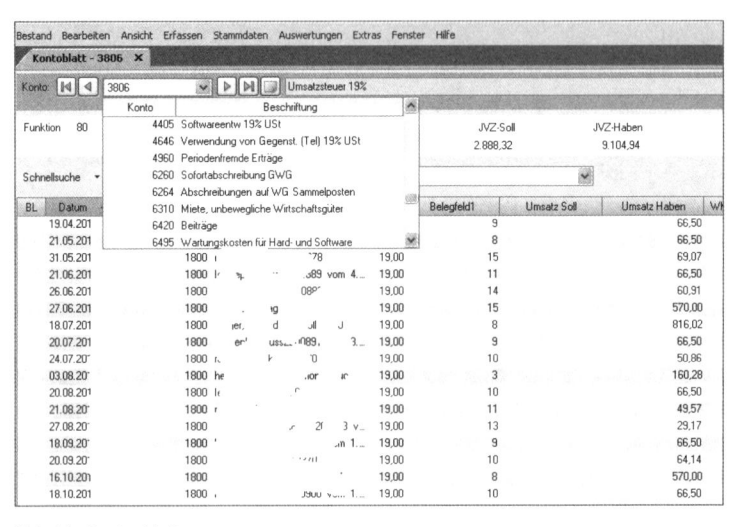

Abb. 11: Kontenblatt

5　Betriebswirtschaftliche Auswertungen

Die Planung und Steuerung eines Unternehmens basieren auf den Zahlen der Finanzbuchhaltung. Auch wenn diese Buchhaltung den Anforderungen des Steuerrechts und des Handelsrechts folgt, ist sie doch in den meisten Unternehmen ohne Kosten- und Leistungsrechnung die **einzige Informationsquelle für eine betriebswirtschaftliche Analyse**. Die steuerlichen Beträge werden demnach zu betriebswirtschaftlichen Zwecken aufbereitet und ausgewertet.
So entsteht ein neues Zahlenwerk mit komprimierten Kennziffern des Betriebs zu
- Erlösen,
- Kosten,
- Kapital- und Finanzstruktur.

Saldenlisten mit nur wenigen Angaben

Manche Buchhaltungsauswertungen bestehen nur aus einer gestaffelten Saldenliste der Erfolgskonten. Solche Saldenlisten enthalten Zwischensummen, die Ihnen z. B. diese Angaben zeigen:
- den Rohertrag,
- das Betriebsergebnis als monatlichen Erfolg,
- das neutrale Ergebnis,
- das vorläufige handelsrechtliche Ergebnis,
- Vormonats- und Vorjahreswerte zum Vergleich,
- vorgegebenen Planzahlen zum Vergleich.

Vom EDV-System errechnete **prozentuale Kennziffern und Vergleichszahlen geben Einblicke in die Kosten- und Leistungsstruktur** und machen absolute Monatswerte damit direkt vergleichbar. Änderungen der Bilanzpositionen sind in einer **Bewegungsbilanz** dargestellt, die Rückschlüsse auf die Kapitalverwendung und Kapitalherkunft zulässt. Diesen Auswertungen können Sie beispielsweise entnehmen, ob der erzielte Gewinn zum größeren Teil in das Anlagevermögen investiert wurde oder ob er in die private Tasche geflossen ist.

F
Auswertung der Buchhaltung

Weitere Auswertungen informieren über die **Liquidität** des Unternehmens. Dabei werden verschiedene Liquiditätsgrade ermittelt und Barmittel, Forderungen und Vorräte in Beziehung zu den Verbindlichkeiten gesetzt.

> **Tipp: Korrigieren Sie die Finanzbuchhaltungsdaten**
> Tatsächlich brauchbar sind die monatlichen Buchhaltungsauswertungen erst, wenn Sie die zugrunde liegenden **Daten aus der Finanzbuchhaltung korrigieren**. Das Rechenzentrum soll für Sie ein handelsrechtlich möglichst realistisches Ergebnis auswerten. Das wäre dann der Fall, wenn Sie wie bei einem Monatsabschluss die gesamten Aufwendungen und Erträge berücksichtigen. Dazu überprüfen Sie die bereits in der laufenden Finanzbuchhaltung erfassten Buchungen.

Ersparen Sie sich, die Daten anzupassen – etwa, weil die anfallenden Kosten nicht ins Gewicht fallen oder schlichtweg aus Zeitmangel –, denken Sie daran, dass Sie die entsprechenden Auswertungen mit Vorsicht betrachten.

Die DATEV, die Genossenschaft der Steuerberater, erstellt jeden Monat nach eigenen Angaben über 1,5 Millionen betriebswirtschaftliche Auswertungen. Bedauerlicherweise wandern die meisten dieser BWAs ungelesen in die Buchhaltungsordner. Denn diese sind oft unbrauchbar und unverständlich. Dabei könnten Sie den Auswertungen wichtige Informationen entnehmen über:
- die Wirtschaftlichkeit und
- die Entwicklung Ihres Betriebs.

Betriebswirtschaftliche Auswertungen   F

5.1 BWAs für alle Zwecke und Branchen

Die Vielzahl der BWA-Formen verwirrt vermutlich auch die Mehrzahl der Steuerberater, denn die **Standard-DATEV-BWA** ist die am häufigsten verwendete Auswertung. Dabei gibt es weitere Standardformen, die branchenübergreifend auf den jeweiligen Spezialkontenrahmen abgestellt sind:

BWA-Form	Beschreibung
01 DATEV-BWA	Branchenübergreifende Auswertungen
02 Kurzfristige Erfolgsrechnung	Am Aktienrecht orientiertes GuV-Schema in Staffelform Zum Spezialkontenrahmen SKR 80/81 für Ärzte
04 Controllingreport-BWA	Datenbasis für das Programm Controllingreport. Auch für Einnahmen-Ausgaben-Rechnung
05 Gesamtkosten-BWA	Handelsrechtliches GuV-Schema in Staffelform nach § 275 Abs. 2 HGB
06	Umsatzkostenverfahren-BWA am G.u.V.-Schema nach § 275 Abs. 3 HGB orientierte BWA-Form
07	Controllingreport-BWA E/A BWA-Form für Einnahmen-Ausgaben-Rechner, die im Wesentlichen als Basis für den Controllingreport dient und sich in erster Linie an dessen Nutzer wendet
10 Steuerberater-BWA	Spezielle Auswertungen für eine Kanzlei
20 Handwerks-BWA	Ausgelegt für Handwerksbetriebe
43 Einnahmen-Ausgaben-BWA	Für Freiberufler und Kleinunternehmer, die den Gewinn durch Einnahmen-Überschuss-Rechnung nach § 4 Abs. 3 EStG ermitteln
44 Rechtsanwalts-BWA	Abgestimmt auf die Belange einer Anwaltskanzlei
51 Kapitalflussrechnung	BWA mit Aussagen über die liquiden Mittel und deren Verwendung

Tab. 1: Welche BWA-Formen es gibt

F Auswertung der Buchhaltung

Branchenspezifische BWAs gibt es außerdem für die nachfolgenden Betriebe und Kfz-Firmen

ANWR GROUP	Autobahn-Servicebetriebe	Ärzte
BMW Group	Burger King	Citroën
Daimler (Mercedes-Benz, Chrysler, Smart)	Fiat/Lancia/Alfa Romeo	Fressnapf
Gartenbau	General Motors (Opel, Saab, Chevrolet)	Hotels und Gaststätten
Kfz-Branche	Kfz-Betriebe (Rover, Volvo, etc.)	Kommunale Unternehmen
Krankenhäuser	Land- und forstwirtschaftliche Betriebe	McDonald's
Peugeot	Schulen in freier Trägerschaft	Soz. Einrichtungen nach PBV
Tankstellen	Vereine/Stiftungen/ gemeinnützige GmbH	Zahnärzte

Tab. 2: Welche branchenspezifischen BWA-Formen es gibt

Tipp

Als Einnahmen-Überschuss-Rechner sollten Sie Zusatzauswertungen nutzen. Wenn Sie Ihren Gewinn als Einnahmen-Überschuss feststellen oder eine der obigen Standards und Branchenlösungen auf Sie passt, geben Sie sich nicht mit der für Sie unbrauchbaren Standard-BWA 01 zufrieden.

5.2 BWA-Grundauswertungen

Zu den Grundauswertungen der DATEV-BWA gehören:
- die Kurzfristige Erfolgsrechnung,
- die Bewegungsbilanz und
- die Statische Liquidität.

Als Beispiel ist je eine Auswertung abgebildet.

Betriebswirtschaftliche Auswertungen   F

5.3 Erfolgsrechnung: So sieht das vorläufige Ergebnis aus

Bitte nehmen Sie das Blatt 1 „Kurzfristige Erfolgsrechnung" zur Hand (s. Abb. 12). Es handelt sich um den Abrechnungszeitraum Oktober 2015. In der zweiten Überschriftenzeile sind sowohl der Kontenrahmen (SKR04) als auch die Verbuchungsmethode des Wareneinsatzes angegeben.
K51 bedeutet Wareneinsatz = Wareneinkauf.
Der Wareneinsatz bedeutet für Handelsunternehmen den größten Kostenfaktor. Daher ist die richtige Erfassung des Wareneinsatzes für die Aussagekraft der BWA äußerst wichtig. Nach Steuer- und Handelsrecht müssen während des Jahres nur die Wareneinkäufe erfasst werden.
Die „Kurzfristige Erfolgsrechnung" zeigt in der ersten Zahlenspalte eine gestaffelte Saldenliste der Erfolgskonten des betrachteten Monats. Als Zwischensummen können Sie in der Beispiel-BWA ablesen:
- den Rohertrag/betrieblichen Rohertrag, der sich aus den betrieblichen Erlösen minus dem Waren- und Materialeinsatz ergibt: 87.494,22 €

Bezeichnung		1. Spalte/Monatswert
Umsatzerlöse		93.304,83 €
Best.Verdg. FE/UE	+	0,00 €
Gesamtleistung	=	93.304,83 €
Mat./Wareneinkauf	./.	7.215,61 €
Rohertrag	=	86.089,22 €
So. betr. Erlöse	+	1.405,00 €
Betriebl. Rohertrag	=	87.494,22 €

Tab. 3: Betrieblicher Rohertrag

- unterhalb der Zusammenstellung aller Kosten das Betriebsergebnis des Unternehmens: 52 364,35 €

Bezeichnung		1. Spalte/Monatswert
Betriebl. Rohertrag		87.494,22 €
Gesamtkosten	./.	35.129,87 €
Betriebsergebnis	=	52.364,35 €

Tab. 4: Ausschnitt aus der BWA-Berechnung Betriebsergebnis

Auswertung der Buchhaltung

- den neutralen Aufwand und den neutralen Ertrag

Bezeichnung	1. Spalte/Monatswert
Neutr. Aufwand ges.	102,95 €
Neutr. Ertrag ges.	0,00 €

Tab. 5: Ausschnitt aus der BWA – Neutraler Aufwand und Ertrag

- und schließlich das vorläufige monatliche Ergebnis: 52 261,40 €

Bezeichnung		1. Spalte/Monatswert
Betriebl. Rohertrag		87.494,22 €
Gesamtkosten	./.	35.129,87 €
Neutr. Aufwand ges.	./.	102,95 €
Neutr. Ertrag ges.	+	0,00 €
Vorläufiges Ergebnis	=	52.261,40 €

Tab. 6: Ausschnitt aus der BWA – Berechnung vorläufiges Ergebnis

Im neutralen Ergebnis sind Aufwendungen untergebracht, die keine Kosten darstellen, sowie Verrechnungskonten zur Saldierung der kalkulatorischen Konten, also Werte, die eher buchungstechnisch als informativ zur Erfolgsermittlung beitragen.

12437/1010/201
Haag Gamos GmbH

Rechnungswesen compact 201 Buchführung
Kurzfristige Erfolgsrechnung Oktober 201
SKR 4   BWA-Nr. 1   BWA-Form DATEV-BWA   Warenensatz K51

14.02.201 Blatt 1

Bezeichnung	Okt 201	% Ges.-Leistg.	% Ges.-Kosten	% Pers.-Kosten	Auf.-schlag	Jan 201 - Okt 201	% Ges.-Leistg.	% Ges.-Kosten	% Pers.-Kosten	Auf.-schlag
Umsatzerlöse	93.304,83	100,00				939.424,85	100,00			
Best.Verdg FE/UE	0,00	0,00				0,00				
Akt.Eigenleistungen	0,00	0,00				0,00				
Gesamtleistung	93.304,83	100,00	265,60			939.424,85	100,00	295,60		
Mat./Wareneinkauf	7.215,61	7,73	20,54	64,14	100,00	97.132,95	10,34	30,56	86,08	100,00
Rohertrag	86.089,22	92,27	245,06	765,30	(829,44)	842.291,90	89,66	265,03	746,47	(832,56)
So.betr.Erlöse	1.405,00	1,51	4,00	12,49		12.645,00	1,35	3,98	11,21	
Betrieb. Rohertrag	(87.494,22)	(93,77)	249,06	777,79	1.212,57	854.936,90	91,01	269,01	757,68	880,17
Kostenarten:										
Personalkosten	11.249,09	(12,06)	(32,02)	100,00		112.836,36	12,01	35,50	100,00	
Raumkosten	18.529,96	18,96	52,75	164,72		159.987,36	17,03	50,34	141,79	
Betrieb. Steuern	0,00	0,00	0,00	0,00		0,00	0,00	0,00	0,00	
Versich./Beiträge	1.343,86	1,44	3,83	11,95		14.653,79	1,56	4,61	12,99	
Besondere Kosten	87,90	0,09	0,25	0,78		1.059,57	0,11	0,33	0,94	
Kfz-Kosten (o. St)	383,89	0,41	1,09	3,41		4.682,84	0,50	1,47	4,15	
Werbe-/Reisekosten	1.337,59	1,43	3,81	11,89		9.698,39	1,03	3,05	8,59	
Kosten Warenabgabe	0,00	0,00	0,00	0,00		163,76	0,02	0,06	0,15	
Abschreibungen	0,00	0,00	0,00	0,00		0,00	0,00	0,00	0,00	
Reparatur/Instandh	921,94	0,99	2,62	8,20		2.362,22	0,25	0,74	2,09	
Sonstige Kosten	1.275,74	1,37	3,63	11,34		12.373,57	1,32	3,89	10,97	
Gesamtkosten	35.129,87	37,65	100,00	312,29		317.807,86	33,83	100,00	281,65	
Betriebsergebnis	52.364,35	56,12				537.129,04	57,18			
Zinsaufwand	20,18	0,02				94,12	0,01			
Sonst. neutr. Aufw	82,77	0,09				1.167,89	0,12			
Neutraler Aufwand	102,95	0,11				1.262,01	0,13			
Zinserträge	0,00	0,00				0,00	0,00			
Sonst. neutr. Ertr	0,00	0,00				0,00	0,00			
Verr. kalk. Kosten	0,00	0,00				0,00	0,00			
Neutraler Ertrag	0,00	0,00				0,00	0,00			
Kontenkl. unbesetzt	0,00	0,00				0,00	0,00			
Ergebnis vor Steuern	52.261,40	56,01				535.867,03	57,04			
Steuern Eink u.Ertr	0,00	0,00				0,00	0,00			
Vorläufiges Ergebnis	(52.261,40)	(56,01)				535.867,03	(57,04)			

Das vorläufige Ergebnis entspricht dem derzeitigen Stand der Buchführung. Abschluss-/Abgrenzungsbuchungen können es noch verändern.

Währung Euro Fibu 0/ 2013 - AN

Abb. 12: Kurzfristige Erfolgsrechnung

Auswertung der Buchhaltung

Die absoluten Eurobeträge in der ersten Spalte der Abb. 12 werden in den rechts anschließenden drei Spalten in Beziehung gesetzt
- zur Gesamtleistung,
- zu den Gesamtkosten und
- zu den Personalkosten.

Das Verhältnis zur Gesamtleistung in Prozent (Zahlenspalte 2) gibt Ihnen Aufschluss über
- die Handelsspanne (Verhältnis Rohertrag zur Gesamtleistung) = 93,77 %

Verhältnis Rohertrag zur Gesamtleistung = Handelsspanne

Bezeichnung	1. Spalte/ Monatswert		2. Spalte/ % Gesamtleistung
Betriebl. Rohertrag	87.494,22 €	=	93,77 %
dividiert durch Gesamtleistung	93.304,83 €	=	100,00 %

Tab. 7: Ausschnitt aus der BWA - Berechnung der Handelsspanne

- die Personalaufwandsquote (Personalkosten pro 100,00 € Umsatz) = 12,06 %

Personalkosten pro 100 €0 Umsatz = Personalaufwandsquote

Bezeichnung	1. Spalte/ Monatswert		2. Spalte/ % Gesamtleistung
Personalkosten	11.249,09 €	=	12,06 %
dividiert durch Gesamtleistung	93.304,83 €	=	100,00 %

Tab. 8: Ausschnitt aus der BWA – Berechnung der Personalaufwandsquote

- die Umsatzrendite (letzte Zahl in dieser Spalte, Gewinn pro Umsatz) = 56,01 %

Gewinn pro Umsatz = Umsatzrendite

Bezeichnung	1. Spalte/ Monatswert		2. Spalte/ % Gesamtleistung
Vorläufiges Ergebnis	52.261,40 €	=	56,01 %
dividiert durch Gesamtleistung	93.304,83 €	=	100,00 %

Tab. 9: Ausschnitt aus der BWA - Berechnung der Umsatzrendite

Betriebswirtschaftliche Auswertungen   F

- die Verhältniszahl zu den Gesamtkosten (3. Zahlenspalte)

Die Verhältniszahl zu den Gesamtkosten verschafft Ihnen einen Überblick über die Kostenstruktur Ihres Unternehmens. Bei Vergleichszahlen aus der Branche haben Sie hier **den Ansatz für eine gezielte Verbesserung einzelner Kostenbereiche** und erkennen frühzeitig die Auswirkungen von Preis- und Lohnerhöhungen auf Ihre Gesamtkosten. So beträgt in unserem Beispiel der Anteil der Personalkosten an den Gesamtkosten 32,02 % (sog. Personalkostenintensität).

Verhältnis Personalkosten zu Gesamtkosten = Personalintensität

Bezeichnung	1. Spalte/ Monatswert		3. Spalte/ % Gesamtkosten
Personalkosten	11.249,09 €	=	32,02 %
dividiert durch Gesamtkosten	35.129,87 €	=	100,00 %

Tab. 10: Ausschnitt aus der BWA – Berechnung der Personalkostenintensität

- die Kennziffer zu den Personalkosten (4. Spalte)

Die Kennziffer zu den Personalkosten kann z. B. für **die Beurteilung der Wirtschaftlichkeit des Personaleinsatzes** recht aufschlussreich sein. Im Beispiel entfallen 829,44 € Umsätze auf je 100,00 € Personalkosten.

Verhältnis Umsatz zu Personalkosten = Personalwirtschaftlichkeit

Bezeichnung	1. Spalte/ Monatswert		4. Spalte/ % Personalkosten
Gesamtleistung	93.304,83 €	=	829,44 %
dividiert durch Personalkosten	11.249,09 €	=	100,00 %

Tab. 11: Ausschnitt aus der BWA – Berechnung der Personalwirtschaftlichkeit

- den Kalkulationsaufschlag

In der fünften Spalte hinter den Monatswerten, mit „Aufschlag" überschrieben, stehen folgende Zahlen:

(Material-)Warenverbrauch: 100,00
Rohertrag   1.193,10

F
Auswertung der Buchhaltung

- Bei der unteren Kennziffer handelt es sich um den durchschnittlichen Kalkulationsaufschlag.

Verhältnis Wareneinkauf zu Rohertrag = Kalkulationsaufschlag

Bezeichnung	1. Spalte/ Monatswert		5. Spalte/ Aufschlag
Betrieblicher Rohertrag	87.494,22 €	=	1.193,10 %
dividiert durch Mat./Wareneinkauf	7.215,61 €	=	100,00 %

Tab. 12: Ausschnitt aus der BWA – Berechnung des Kalkulationsaufschlags

Auf der rechten Seite finden Sie die kumulierten Werte

Diese insgesamt fünf Spalten finden Sie bei der Kurzfristigen Erfolgsrechnung rechts im Anschluss nochmals. Diesmal jedoch mit den **kumulierten Werten für die aufgelaufenen Monate des Jahres**. Mit den endgültigen Zahlen eines Jahresabschlusses (kumulierte Werte von 12 Monaten nach Abschlussbuchungen) liegt Ihnen hier die Kosten- und Erlösstruktur offen.

Sie können somit auf **der rechten Seite der BWA die Ergebnisse des jeweiligen Rumpfwirtschaftsjahres ablesen** und dessen Kennziffern mit denen der Monatswerte abgleichen.

In unserer Beispiel-BWA liegt für die zehn Monate bis Oktober
- die Umsatzrendite bei 57,04 %,
- der Umsatz pro 100,00 € Personalkosten bei 832,56 €.

Gegenüber diesen durchschnittlichen Werten haben sich die betrieblichen Kennziffern im März nur wenig verschlechtert.

> **Achtung: Vorsicht mit vorgegebenen Vergleichszahlen!**
> Verbände, Kammern und u. a. auch die DATEV (im sog. Betriebsvergleich VG) bieten **Vergleichszahlen zu anderen Betrieben in Ihrer Branche und** Umsatzklasse. Hier ist Vorsicht geboten bei der Einschätzung der Vergleichszahlen, die im groben Raster erhoben sind. Nur erhebliche Abweichungen sollten Sie alarmieren, z. B. wenn der Anteil der Personalkosten an Ihren Gesamtkosten 50 % beträgt, während er branchenüblich bei 30 % liegt.

5.4 Bewegungsbilanz: Wie wurde das Kapital verwendet?

Auf dem Blatt 1 der Beispiel-BWA (s. Abb. 13) sind die Kapitalflüsse des (Rumpf-)Jahres in einer Bewegungsbilanz dargestellt, die Rückschlüsse auf die Kapitalverwendung und Kapitalherkunft zulassen.
Dieser Aufstellung können Sie beispielsweise entnehmen, ob der erzielte Gewinn zum größeren Teil in das Anlagevermögen investiert wurde oder ob er privat entnommen wurde.

12437/1010/ 201		Rechnungswesen compact 201 · Buchführung				14.02.201
Haag Games GmbH		Bewegungsbilanz Oktober 201				Blatt 1
	SKR 4 BWA-Nr. 1	BWA-Form DATEV-BWA	Warenumsatz K51			
Bezeichnung	Mittelverwendung Erh. Aktiva/Mind. Passiva	Prozent	Mittelherkunft Erh. Passiva/Mind. Aktiva	Prozent		
Anlagevermögen Imm. Vermögensgst. Sachanlagen Finanzanlagen	442.385,37	79,16				
Umlaufvermögen Unf./Fert. Erzeugn. RHB-Stoffe/Waren						
Kasse/Bank/Postbank Wertpapiere	28.922,59	5,18				
Forderungen L.u.L. Sonst. Vermög.Ggst.	5.436,57	0,97	14.370,76	2,57		
Verbindl. L.u.L.	81.886,81	14,65				
Wechselverbindl.						
Sonst. Verbindl.	195,72	0,04				
Anleihen/Kredite						
Vor-/Umsatzsteuer			8.545,65	1,53		
Rückstellungen/RAP SoPo mit RL-Anteil						
Einlagen still. Ges.						
Kapital Privat Rücklagen			43,62	0,01		
Vorl. Gewinn/Verlust			535.867,03	95,89		
Summe Mittelverwendg Summe Mittelherkunft	558.827,06	100,00	558.827,06	100,00		

Das vorläufige Ergebnis entspricht dem derzeitigen Stand der Buchführung Abschluss-/ Abgrenzungsbuchungen können es noch verändern.

Währung: Euro Fibu 0/ 2012 -AN

Abb. 13: Bewegungsbilanz

Betriebswirtschaftliche Auswertungen

Linke Seite: Mittelverwendung – rechte Seite: Mittelherkunft

Auf der linken Seite der Bewegungsbilanz steht die **Mittelverwendung** als Zugang von Vermögenswerten (z. B. Kauf eines Lkws) und die Verminderung von Passivposten (z. B. Tilgung eines Darlehens). Auf der rechten Seite finden Sie die **Mittelherkunft.** Diese kann aus dem Abgang von Aktivposten herrühren (z. B. Abnahme des Warenbestandes durch Verkäufe) und aus der Erhöhung der Passiva (Privateinlagen). So kann auch festgestellt werden, wie auf der linken Seite ein „vorläufiger Verlust" finanziell auf der rechten Seite aufgefangen wird – durch Verkauf des „Tafelsilbers", neue Darlehen oder Einlagen der Anteilseigner.

Sie sehen auf der rechten Seite von Abb. 13 (Bewegungsbilanz), dass in der Hauptsache der vorläufig erwirtschaftete Gewinn, allerdings ohne Abschreibungen (535.867,03 €), zur Finanzierung dient und diese Mittel auf der linken Seite der Bewegungsbilanz zum Großteil in eine Anlageninvestition (442.385,37 €) und in die Tilgung von Lieferantenschulden (81.886,81 €) einfließen.

Bezeichnung	Mittel-verwendung	Mittelherkunft	Prozent
Anl./Kredite/restl. VB		535.867,03 €	95,89 %
Sachanlagen	442.385,37 €		79,16 %
Verbindl. L.u.L	81.886,81 €		14,65 %

Tab. 13: Ausschnitt aus der BWA – Mittelherkunft und -verwendung

5.5 Statische Liquidität – Cashmanagement und Schuldendeckung

Diese Auswertung (s. Abb. 14) bietet Informationen über die statische Liquidität des Unternehmens zum Monatsende mit Gegenüberstellung zum Vormonat. „Statisch" nennt sich die Momentaufnahme zum Monats- bzw. Jahresende, weil weder Laufzeit der Kredite noch Zahlungsziele berücksichtigt sind.

12437/1010/ 201		Rechnungswesen compact 201 - Buchführung						14.02.201
Haag Games GmbH		Statische Liquidität Oktober 201						Blatt 1
	SKR 4	BWA-Nr. 1	BWA-Form DATEV-BWA	Wareneinsatz K51				

	Zum Oktober 201				Zum September 201			
Bezeichnung	Mittel	Verbindlichkeiten	Über-/Unterdeckung	D. Grad	Mittel	Verbindlichkeiten	Über-/Unterdeckung	D. Grad
Kasse	7.486,43	0,00			8.943,97	0,00		
Postbank	0,00	0,00			0,00	0,00		
Bank	48.509,47	0,00			58.041,92	0,00		
Barliquidität	55.995,90	0,00	55.995,90	0,00	66.985,89	0,00	66.985,89	0,00
Wertpapiere	0,00	0,00			0,00	0,00		
Forderungen L.u.L.	12.794,27	0,00			12.794,27	0,00		
Sonst. Vermög.Ggst.	34.734,78	0,00			33.761,49	0,00		
Vor-/USt-Saldo	0,00	8.545,65			0,00	11.494,42		
Verbindl. L.u.L.	0,00	0,00			0,00	0,00		
Wechselverbindl.	0,00	0,00			0,00	0,00		
Sonst. Verbindl.	195,72	0,00			794,13	3,63		
Liquidität 2. Grades	103.720,67	8.545,65	95.175,02	12,14	114.335,78	11.498,05	102.837,73	9,94

Das vorläufige Ergebnis entspricht dem derzeitigen Stand der Buchführung. Abschluss-/ Abgrenzungsbuchungen können es noch verändern.

Währung: Euro Fibu 0/ 2012 FAN

Abb. 14: Statische Liquidität

Betriebswirtschaftliche Auswertungen

Statische Liquidität: Es werden drei verschiedene Liquiditätsgrade ermittelt:
- Barliquidität

Die Barmittel Kasse, Bankguthaben und Postgiro sind ggf. dem Dispokredit und anderen kurzfristigen Verbindlichkeiten gegenübergestellt, es zeigt sich eine Überdeckung in Höhe von 55.995,90 €.

Bezeichnung	1. Spalte/ Mittel	2. Spalte/ Verbindlichkeiten	3. Spalte/ Über-/Unterdeckung
Kasse	7.486,43 €	0,00 €	
Bank	48.509,47 €	0,00 €	
Barliquidität	55.995,90 €	0,00 €	55.995,90 €

Tab. 14: Ausschnitt aus der BWA – Berechnung der Barliquidität

- Liquidität 2. Grades

Hier stehen Barmittel und kurzfristige Forderungen im Verhältnis zu den kurzfristigen Verbindlichkeiten. In unserem Beispiel übersteigen die Vermögenswerte die Schulden um das 12,14-fache oder um absolut 95.175,02 €

Bezeichnung	1. Spalte Mittel	2. Spalte Verbindlichkeiten	3. Spalte Über-/Unterdeckung
Barliquidität	55.995,90 €		
Forderungen L.u.L.	12.794,27 €		
Sonst. Vermög. Ggst.	34.734,78 €		
Vor-/USt-Saldo		8.545,65 €	
Verbindlichkeiten L.u.L.			
Sonst. Verbindl.	195,72 €		
Liquidität 2. Grades	103.720,67 €	8.545,65 €	95.175,02 € = 12,14

Tab. 15: Ausschnitt aus der BWA – Berechnung der Liquidität 2. Grades

- Liquidität 3. Grades

Die obigen, schnell zu liquidierenden Vermögenswerte werden hier um das Vorratsvermögen ergänzt. Diese erweiterte Liquidität wird

unterjährig nur ermittelt, wenn der monatliche Wareneinsatz genau festgestellt und eingebucht wurde (DATEV-Kennzifferwert KG4 im SKR03 oder K50 im SKR04).
Ein Deckungsgrad unter 1 bedeutet eine Unterdeckung der Schulden durch die liquid(ierbar)en Mittel. **Ein Deckungsgrad über 1** bedeutet hingegen Überdeckung. Ihre Barmittel, Forderungen und ggf. Vorräte reichen hin, um die kurzfristigen Schulden abzudecken. Dies heißt nicht etwa, dass zu jeder Zeit ein Deckungsgrad von 1 angestrebt werden sollte. Beim Engagement in expandierenden Märkten ist ein **Deckungsgrad unter 1 der Ausdruck unternehmerischen Handelns**, die sich bietenden Chancen zu ergreifen, während Sie bei schlechter Zahlungsmoral Ihrer Kunden mit erhöhter Liquidität Vorsorge treffen sollten. Deshalb gibt nicht die Kennziffer als solche, sondern deren Entwicklung Aufschluss über Ihre tatsächliche, dynamische Form von Liquidität.

Vergleichen Sie anhand der Zahlen aus dem Vormonat und den Vorjahren:
- ob sich eventuell die Liquidität verschlechtert hat und nach Abhilfe gesucht werden soll oder
- ob umgekehrt zu viel bare Mittel im wahrsten Wortsinn „überflüssig" sind und sinnvollerweise angelegt oder investiert werden sollten.

5.6 Vergleichsrechnungen

So stand das Unternehmen vor einem Jahr da

Auf dem Blatt 1 der Beispiel-BWA (s. Abb. 15 Vorjahresvergleich) finden Sie auf der linken Seite die **zusammengefassten Erfolgskonten und Salden des Abrechnungsmonats** mit den dazugehörigen Beträgen wie bei der Kostenstatistik I wieder. In der Kostenstatistik II dienen die ausgewerteten Monatszahlen nunmehr als Vergleichwerte.

Hier werden die Beträge mit den Vorjahreswerten im gleichen Monat verglichen:

Betriebswirtschaftliche Auswertungen

Vorjahresvergleich			
Absolute Beträge im aktuellen Monat	Absolute Beträge im Vorjahresmonat	Um wie viel Euro hat sich der jeweilige Posten geändert?	Wie hoch ist die prozentuale Änderung zum Vorjahresmonat?

Tab. 16: Diese Zahlen der BWA werden verglichen

Im rechten Teil der Beispiel-BWA sind in den sich anschließenden vier verbleibenden Spalten diese **Vergleiche für die kumulierten Werte** wiederholt, d. h. für die bis zum Abrechnungsmonat aufgelaufenen Werte im Vergleich zum Vorjahresstand.

Im Vorjahresvergleich erkennen Sie **längerfristige Tendenzen ohne Verzerrung durch saisonale Einflüsse**. Erhebliche prozentuale Änderungen fallen sofort ins Auge. Klären Sie ab, ob gestiegene Kosten mit Ihren Erlösen Schritt halten, außergewöhnliche und einmalige Ereignisse die Statistik verzerren oder gar ein Kostenbereich aus dem Ruder läuft.

In unserem Beispiel zeichnet sich im Abrechnungsmonat ein um 22,97 % schlechteres vorläufiges Ergebnis als im Oktober des Vorjahres ab.

12437/1010/201 Haag Games GmbH		Rechnungswesen compact 201 - Buchführung Vorjahresvergleich Oktober 201					15.02.201 Blatt 1	
	SKR 4	BWA-Nr. 1 BWA-Form DATEV-BWA Warenelnsatz KS1						
Bezeichnung	Okt/ 2015	Okt/ 2014	Veränderung absolut	in %	Jan/ 2015 Okt/ 2015	Jan/ 2014 Okt/ 2014	Veränderung absolut	in %
Umsatzerlöse	93.304,83	113.616,52	-20.311,69	-17,88	939.424,85	811.417,83	128.007,02	15,78
Best.Verdg. FE/UE	0,00	0,00	0,00		0,00	0,00	0,00	
Akt.Eigenleistungen	0,00	0,00	0,00		0,00	0,00	0,00	
Gesamtleistung	93.304,83	113.616,52	-20.311,69	-17,88	939.424,85	811.417,83	128.007,02	15,78
Mat./Wareneinkauf	7.215,61	12.039,03	-4.823,42	-40,06	97.132,95	46.360,62	50.772,33	109,52
Rohertrag	86.089,22	101.577,49	-15.488,27	-15,25	842.291,90	765.057,21	77.234,69	10,10
So.betr.Erlöse	1.405,00	0,00	1.405,00		12.645,00	0,00	12.645,00	
Betriebl. Rohertrag	87.494,22	101.577,49	-14.083,27	-13,86	854.936,90	765.057,21	89.879,69	11,75
Kostenarten:								
Personalkosten	11.249,09	13.013,86	-1.764,77	-13,56	112.836,36	119.744,90	-6.908,54	-5,77
Raumkosten	18.529,86	14.660,23	3.869,63	26,40	159.987,36	118.861,48	41.125,88	34,60
Betriebl. Steuern	0,00	0,00	0,00		0,00	46,00	-46,00	-100,00
Versich./Beiträge	1.343,86	1.048,38	295,48	28,18	14.653,79	9.682,95	4.970,84	51,34
Besondere Kosten	87,90	593,18	-505,28	-85,18	1.059,57	813,79	245,78	30,20
Kfz-Kosten (o. St.)	383,89	384,29	-0,40	-0,10	4.682,84	4.291,53	391,31	9,12
Werbe-/Reisekosten	1.337,59	1.524,22	-186,63	-12,24	9.688,39	5.871,93	3.816,46	64,99
Kosten Warenabgabe	0,00	311,35	-311,35	-100,00	163,76	538,63	-374,87	-69,60
Abschreibungen	0,00	0,00	0,00		0,00	471.278,00	-471.278,00	-100,00
Reparatur/Instandh	921,94	60,00	861,94	1.436,57	2.362,22	1.084,85	1.277,37	117,75
Sonstige Kosten	1.275,74	2.055,83	-780,09	-37,95	12.373,57	15.435,33	-3.061,76	-19,84
Gesamtkosten	35.129,87	33.651,34	1.478,53	4,39	317.807,86	747.649,39	-429.841,53	-57,49
Betriebsergebnis	52.364,35	67.926,15	-15.561,80	-22,91	537.129,04	17.407,82	519.721,22	2.985,56
Zinsaufwand	20,18	0,00	20,18		94,12	29,46	64,66	219,48
Sonst. neutr. Aufw.	82,77	76,50	6,27	8,20	1.167,89	1.084,79	83,10	7,66
Neutraler Aufwand	102,95	76,50	26,45	34,58	1.262,01	1.114,25	147,76	13,26
Zinserträge	0,00	0,00	0,00		0,00	0,00	0,00	
Sonst. neutr. Ertr	0,00	0,00	0,00		0,00	1.759,00	-1.759,00	-100,00
Verr. kalk. Kosten	0,00	0,00	0,00		0,00	468.477,00	-468.477,00	-100,00
Neutraler Ertrag	0,00	0,00	0,00		0,00	470.236,00	-470.236,00	-100,00
Kontenkl. unbesetzt	0,00	0,00	0,00		0,00	0,00	0,00	
Ergebnis vor Steuern	52.261,40	67.849,65	-15.588,25	-22,97	535.867,03	486.529,57	49.337,46	10,14
Steuern Eink.u.Ertr	0,00	0,00	0,00		0,00	0,00	0,00	
Vorläufiges Ergebnis	52.261,40	67.849,65	-15.588,25	-22,97	535.867,03	486.529,57	49.337,46	10,14

Das vorläufige Ergebnis entspricht dem derzeitigen Stand der Buchführung. Abschluss-/ Abgrenzungsbuchungen können es noch verändern.

Währung: Euro Fibu 0/201 FAN

Abb. 15: Vorjahresvergleich

Betriebswirtschaftliche Auswertungen   F

Bezeichnung	Monatswerte		Veränderung	
	1. Spalte/ aktuelles Jahr	2. Spalte/ Vorjahr	3. Spalte/ absolut	4. Spalte/ in %
Vorläufiges Ergebnis	52.261,40 €	67.849,65 €	-15.588,25 €	-22,97

Tab. 17: Vorläufiges Ergebnis im Vergleich

5.7 Die Zahlen im Plan- und im Ist-Zustand/ Controlling

In der Kostenstatistik II bietet die DATEV neben dem Vorjahresvergleich einen **Vergleich mit Planwerten** an, die Sie einmal jährlich oder im Rahmen einer Planungsrechnung jeden Monat neu eingeben können.

Auch hier stehen links die tatsächlichen Werte aus der Monatsbuchhaltung. Daneben stehen die Planzahlen und die dazu absoluten sowie prozentualen Abweichungen.

Um den Planvergleich als Controllinginstrument nutzen zu können, ist die **richtige Abgrenzung der Kosten und Erlöse** unbedingt erforderlich. Dies betrifft sowohl die Planzahlen als auch die tatsächlichen Zahlungen.

Beispiel:

Anhand der Vorjahreszahlen und der Schätzung der Neuinvestitionen wurden monatliche Abschreibungen von 1.500 € vorgegeben. Bei den gebuchten Abschreibungen von 1.359 € dagegen handelt es sich um 1/12 der Jahres-AfA des Altinventars.

So werden Anlagenabgänge und -zugänge berücksichtigt

- Abgänge im Anlagevermögen sind innerhalb der sonstigen Aufwendungen (Buchwertabgang) und ggf. sonstigen Erlöse (Verkaufserlöse) zu berücksichtigen. Die anteilige AfA wird nach dem Abgangsmonat nicht weitergeführt.
- Für Neuzugänge sind die Jahresabschreibungen zu ermitteln und auf die verbleibenden Monate zu verteilen.

F Auswertung der Buchhaltung

Kanzlei-Rechnungswesen

Betriebswirtschaftlicher Kurzbericht
zum März 201

für   GmbH

Berichtspositionen	Jan/ 201 - Mrz/ 201 in Euro	Jan/ 201 - Mrz/ 201 in Euro	Veränderung in Euro	Abw. in %
Leistung				
Umsatzerlöse	957.369,09	953.467,85	3.901,24	0,41
Bestandsveränderungen	0,00	0,00	0,00	0,00
aktivierte Eigenleistung	0,00	0,00	0,00	0,00
Gesamtleistung	957.369,09	953.467,85	3.901,24	0,41
Mat./Wareneinkauf	409.958,97	395.956,90	14.002,07	3,54
Rohertrag	547.410,12	557.510,95	-10.100,83	-1,81
Sonstige betriebl. Erlöse	0,00	0,00	0,00	0,00
Kosten				
Personal	259.110,24	260.919,62	-1.809,38	-0,69
Abschreibungen	37.119,18	44.338,10	-7.218,92	-16,28
sonstige	113.509,71	113.966,18	-456,47	-0,40
Gesamtkosten	409.739,13	419.223,90	-9.484,77	-2,26
Ergebnis				
Betriebsergebnis	137.670,99	138.287,05	-616,06	-0,45
Neutrales Ergebnis	-92.925,30	-53.939,87	-38.985,43	-72,28
Vorläufiges Ergebnis	44.745,69	84.347,18	-39.601,49	-46,95

Umsatzrentabilität	- das vorläufige Ergebnis beträgt der Gesamtleistung	kum. bis März 20 kum. bis März 20	4,67 % 8,85 %
Handelsspanne	- der Rohertrag entspricht der Gesamtleistung	kum. bis März 20 kum. bis März 20	57,18 % 58,47 %

Das vorläufige Ergebnis entspricht dem derzeitigen Stand der Buchführung.
Abschluss-/Abgrenzungsbuchungen können es noch verändern.
SKR 3, BWA-Nr. 1, BWA-Form DATEV-BWA, aktueller Warensatz entspricht Wareneinkauf

Währung: Euro   Status 0/ 201   A9

Abb. 16: Betriebswirtschaftlicher Kurzbericht BKB

Betriebswirtschaftliche Auswertungen   F

5.8 Weitere Betriebswirtschaftliche Auswertungen

Betriebswirtschaftlicher Kurzbericht

Diese Auswertung (vgl. Abb. 16) Ihrer Monatsbuchhaltung entspricht in komprimierter Form der bereits vorgestellten Erfolgsrechnung. Diese Kurzfassung erspart Ihnen die Mühe, lange Zahlenkolonnen zu lesen.
Übersichtlich sind im betriebswirtschaftlichen Kurzbericht für den aktuellen Monat und das zusammengefasste Rumpfjahr ausgewiesen:
- Leistungen,
- Kosten,
- das Betriebsergebnis,
- das neutrale und
- das vorläufige Ergebnis.

In der alternativen Variante des Kurzberichts werden die Beträge des aktuellen Rumpfjahres mit denen des Vorjahres verglichen. Die Durchschnittszahlen glätten monatliche Ausreißer und **machen Tendenzen eher deutlich.**
Die Umsatzrentabilität und die Handelsspanne sind die einzigen Kennziffern im Kurzbericht.

Chefübersichten

Als Chefübersichten werden von der DATEV fünf Auswertungen angeboten. Zugrunde liegt jeweils der Zeilenaufbau der Kostenstatistik I mit den aktuellen Monatswerten. Unterschiedlich sind die jeweiligen Vergleichszahlen. Hier kurz deren Merkmale:

1. Jahresübersicht

Hier sehen Sie auf einem Blick die Werte jedes einzelnen Monats des aktuellen Jahres. Pro Blatt sind jeweils bis zu sechs Monate sowie die kumulierten Werte ausgegeben.

2. Entwicklungsübersicht

Auf einem Blatt überblicken Sie die Werte der vergangenen zwölf

Monate, im Gegensatz zur Jahresübersicht auch zurückgreifend auf das alte Jahr.

3. Vergleichsanalyse Vorjahr

Diese BWA entspricht der Kostenstatistik II mit dem Unterschied, dass hier jeweils zwei aktuelle Monate mit den entsprechenden Vorjahresmonaten zu vergleichen sind und die absoluten sowie prozentualen Veränderungen für den höchsten Monat ausgegeben wurden. Auf der rechten Seite finden Sie darüber hinaus die durchschnittlichen Monatswerte der beiden betrachteten Rumpfwirtschaftsjahre.

4. Vergleichsanalyse Vorgabe

Wie in den vorherigen Auswertungen stehen jeweils zwei Monate zum Vergleich. Allerdings treten an die Stelle der Vorjahreswerte die vorzugebenden Planzahlen.

5. 3-Jahresvergleich

Nebeneinander stehen hier die Werte des aktuellen Monats, des Vorjahresmonats und des betreffenden Monats vor zwei Jahren. Außerdem sind die aufgelaufenen Werte der drei Rumpfwirtschaftsjahre zu überblicken.

BWA-Report

Im „Betriebswirtschaftlichen Report" werden Ihnen die langen Zahlenkolonnen und Kennziffern mit Text erläutert. Zu Anfang des Reports wird auf das Betriebsergebnis anhand der bis zum Auswertungsmonat aufgelaufenen Jahreswerte eingegangen und ein Vergleich zum Vorjahr angestellt.
In einer Tabelle sind die wesentlichen Größen vorangestellt:

    Gesamtleistung
-   Wareneinsatz
+   sonstige betriebliche Erlöse
=   betrieblicher Rohertrag
-   Gesamtkosten
=   Betriebsergebnis

Anschließend werden Veränderungen zu den Vorjahreswerten kommentiert, inwieweit die Erhöhung oder Verminderung der einzelnen Position Auswirkungen auf Rohertrag und Betriebsergebnis hatte.

Als Nächstes sind jeweils die Positionen Gesamtleistung und Gesamtkosten aufgegliedert. Bei letzterer Analyse finden zum einen die bedeutendsten Kosten Beachtung und zum anderen jene Kostenarten, die sich gegenläufig zu den Gesamtkosten entwickeln.

Zum vorläufigen Ergebnis steht schließlich die Erläuterung an, inwieweit hierzu der neutrale oder betriebliche Bereich beiträgt und welche Änderungen sich zum Vorjahr ergeben haben.

Grafiken

Gelegentlich kann man sich vor lauter Zahlen keinen Überblick mehr über Wesentliches verschaffen. Man sieht zwar die Beträge und Kennziffern in langen Zahlenreihen realisiert, aber ihre Bedeutung nicht mehr. Da kann eine Fieberkurve (sog. Liniengrafik) ggf. den Einbruch im Ertrag oder schleichend steigende Kosten drastisch vor Augen führen. Als Zusatzauswertung gibt es deshalb die grafischen Darstellungen zu den wesentlichen Größen der Kostenstatistik.

Gesamtleistung, Wareneinsatz, Rohertrag, Personalkosten, Gesamtkosten und vorläufiges Ergebnis werden im Vergleich mit den Vorjahreszahlen in Balkendiagrammen dargestellt.

Umsatz, Betriebsergebnis und vorläufiges Ergebnis jedes Monats der letzten drei Jahre zeigt ein anderes Liniendiagramm. Dadurch erkennen Sie auf einen Blick langfristige Entwicklungen in Ihrem Unternehmen.

F Auswertung der Buchhaltung

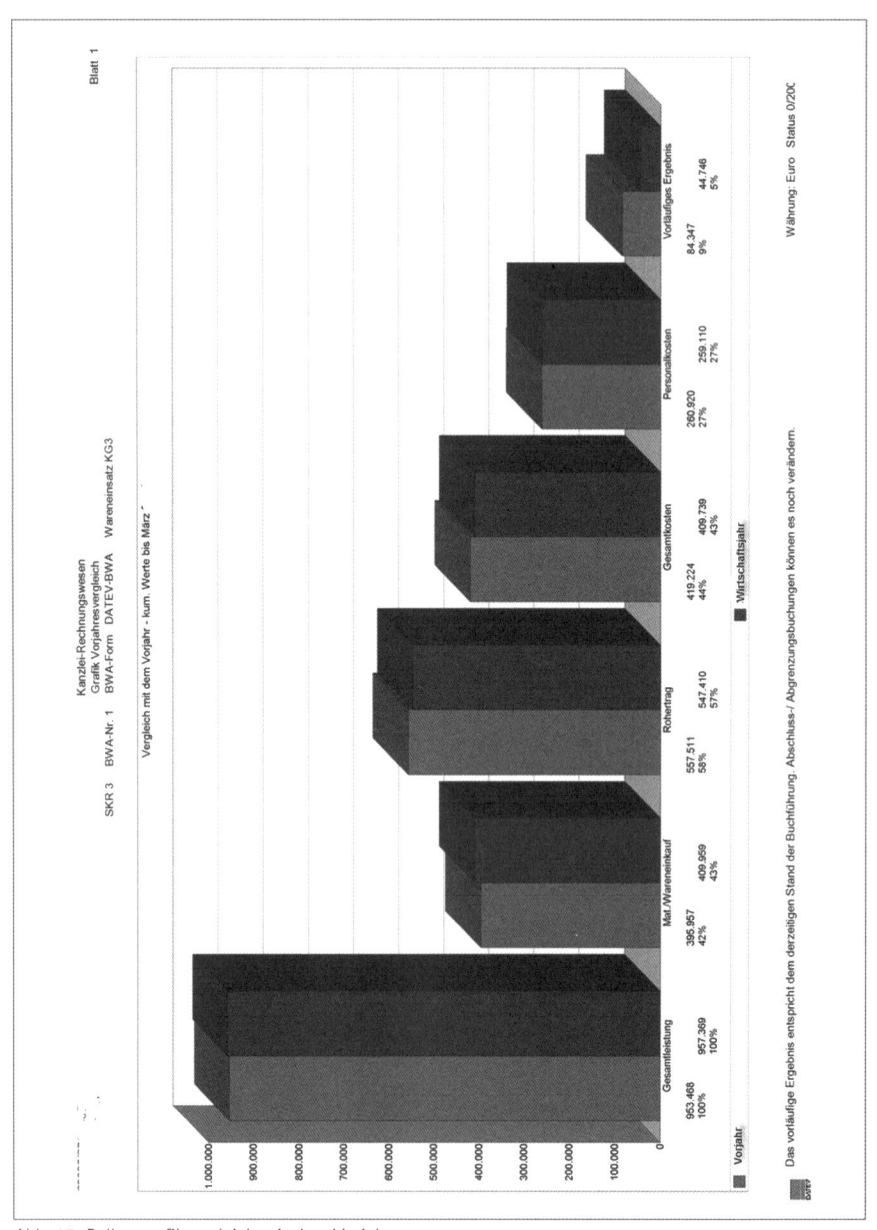

Abb. 17: Balkengrafikvergleich mit dem Vorjahr

Rechnungswesen für Windows

Mit dem Programmpaket Rechnungswesen für Windows hat die DATEV drei unterschiedliche Inhouse-Lösungen für die Finanzbuchhaltung geschaffen:
1. Mit dem **Programm Rechnungswesen** für Windows können Sie in Ihrem Unternehmen die komplette laufende Finanzbuchführung und Offene-Posten-Buchführung einschließlich Mahn- und Zahlungswesen abwickeln. Im Gegensatz zu NESY sind Sie bei der Auswertung der Buchhaltung unabhängig vom Rechenzentrum der DATEV. Die Übergabe der Daten erfolgt zur Datensicherung, elektronischen Übermittlung von USt-Voranmeldung an das Finanzamt oder lediglich zur Erstellung des Jahresabschlusses durch den Steuerberater. Rechnungswesen verfügt über Schnittstellen für den Import – wie den Kontoauszugsassistenten, der bei der Kontierung von elektronischen Bankauszügen mitwirkt – und für den Export z. B. zu dem Programm Kostenrechnung für Windows, um dort Ihre Kostenrechnung zu erstellen.

2. **Kanzlei-Rechnungswesen** ist die erweiterte Programmversion von „Rechnungswesen für Windows" für Steuerkanzleien. Hier wurde das frühere Programm „BILANZ für Windows" als separates Jahresabschlusspaket integriert. Mit Kanzlei-Rechnungswesen kann die laufende Buchführung von der Erfassung bis zur Auswertungserstellung durchgehend am PC bearbeitet, sofort geprüft und abgeschlossen werden. Über eine Verbindung zum Programm Zahlungsverkehr kann der gesamte Zahlungsverkehr beleglos am PC abgewickelt werden. Nutzen Sie das Modul Kontoauszugs-Manager, können Sie die Informationen aus Ihren Bankkontoauszügen direkt von der Bank oder aus dem DATEV-Rechenzentrum als Buchungssätze nach Kanzlei-Rechnungswesen übernehmen. Im Bilanzteil

G Rechnungswesen für Windows

von Kanzlei-Rechnungswesen können Sie jederzeit auf Basis der am PC vorhandenen FIBU-Daten Zwischenabschlüsse oder Jahresabschlüsse erstellen. Sie werden durch Programmverbindungen zu ANLAG, den Steuer- und Wirtschaftsberatungs-Programmen sowie zu Eigenorganisation und zu Bilanzbericht unterstützt. Daneben ist Kanzlei-Rechnungswesen ein Basisprogramm zur Nutzung der Programme für die Abschlussprüfung. Rechnungswesen und Kanzlei-Rechnungswesen benötigen eine DATEV-Systemumgebung mit Lizenzverwaltung.

3. **Rechnungswesen compact** ist das Einstiegsprogramm in die DATEV-Buchhaltung. Es besteht aus einer selbst lauffähigen Jahresversion im Rahmen des Programmpakets „DATEV Mittelstand classic".

Der Finanzbuchhaltungsteil mit der Offenen-Posten-Buchführung ist in allen Rechnungswesen-Programmen so gut wie identisch. Die folgende Programmbeschreibung gilt deshalb für sämtliche drei Programme gleichermaßen, wenn nichts anderes erwähnt ist.

Für die Programme Rechnungswesen und Kanzlei-Rechnungswesen benötigen Sie eine zusätzliche DATEV-Plattform, mit der sowohl Lizenzierung als auch Lauffähigkeit der Software gewährleistet sind. Die Installation erfolgt durch lizenzierte DATEV-Systempartner oder den IT-Administratoren aus der Steuerkanzlei, also mit professioneller Unterstützung, weshalb an dieser Stelle nicht weiter darauf eingegangen wird.

1 Installation von Rechnungswesen compact

Für den Programmeinsatz von Rechnungswesen für Windows ist eines der folgenden Windows-Betriebssysteme erforderlich:

Win 7 oder 8

Zur Installation sind umfassende Administratorrechte, mindestens zwei Stunden Zeit und unter Umständen gute Nerven erforderlich. Außerdem sollten Sie zur Installation die Windows Firewall und etwaige Virenprüfer abschalten. Gegebenenfalls sind auch nicht

Installation von Rechnungswesen compact

G

benötigte Dienste vorübergehend zu deaktivieren. Zuvor sollten Sie alles mit einer Systemwiederherstellung gesichert haben und die notwendigen Windowsdienste ausblenden.

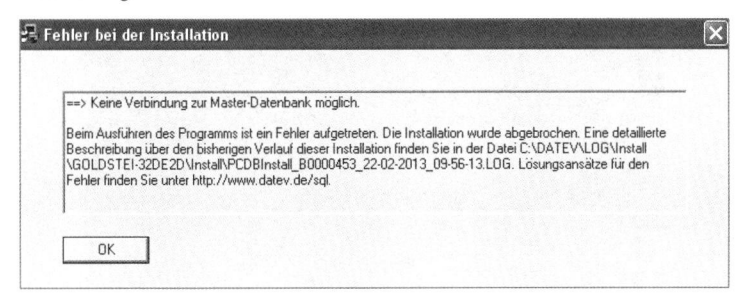

Abb. 18: SQL Fehler bei der Installation

Wenden Sie sich bei größeren Installationsproblemen an den externen Dienstleister 24help unter de Nummer: 0911-319 88 88.
Auch die compact-Version benötigt eine DATEV-Systemumgebung. Starten Sie von der DVD die Plattforminstallation DATEV Mittelstand classic.

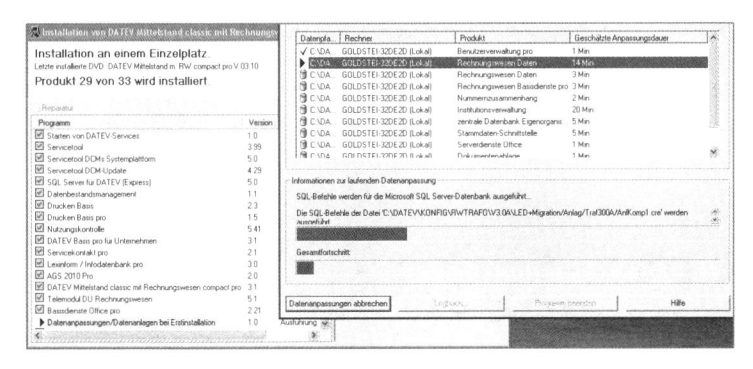

Abb. 19: Installation am Einzelplatz

Mit dem Servicetool lässt sich das Computersystem detailliert durchchecken.

Nach erfolgreicher Installation können Sie maximal 30 Tage mit Rechnungswesen compact arbeiten – dann sollten Sie sich von Ihrem Steuerberater einen Freischaltungscode besorgen lassen.

121

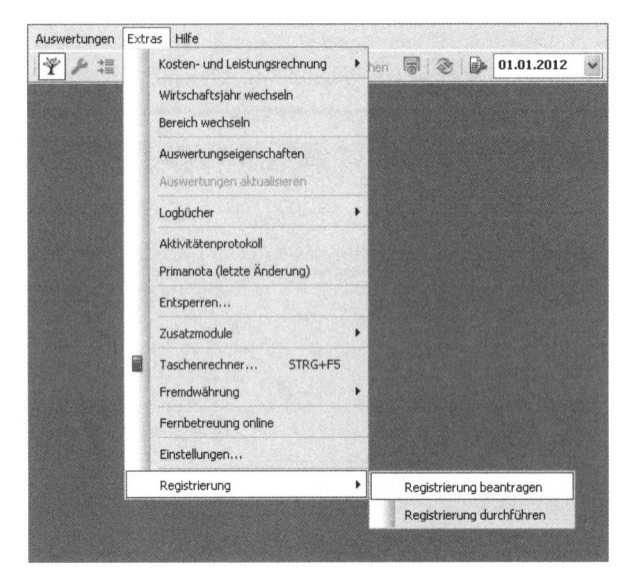

Abb. 20: Testphase

2 So legen Sie einen neuen Mandanten an

Mandanten, die bisher noch nicht bei DATEV gespeichert sind, können Sie mit Rechnungswesen für Windows komfortabel und ohne Zeitverlust vor Ort anlegen und buchen.

Wählen Sie in Rechnungswesen für Windows *Datei > Neu*

Abb. 21: Neues Unternehmen anlegen

So legen Sie einen neuen Mandanten an G

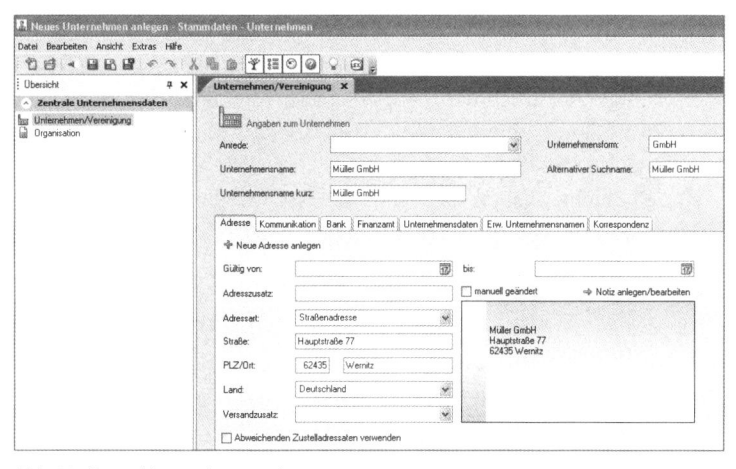

Abb. 22: Neues Unternehmen anlegen

Nach Eingabe der Adressdaten öffnet sich die im Programmpaket *DATEV Mittelstand classic* vorhandene Programmauswahl.

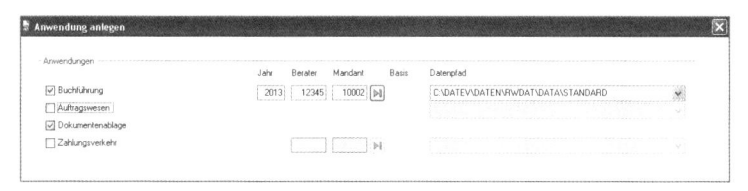

Abb. 23: Anwendung anlegen

Das Anwendungsmodul *Buchhaltung* kann ohne Zusatzmodule Zahlungsverkehr und Auftragswesen angelegt werden.

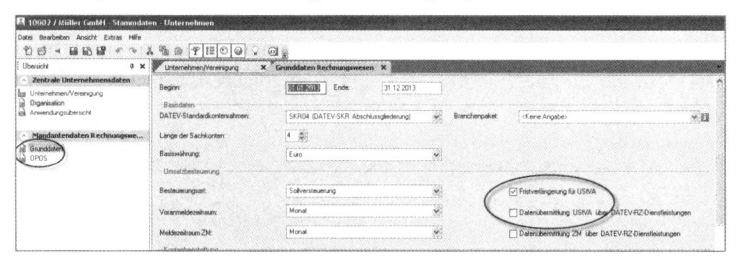

Abb. 24: Grunddaten Rechnungswesen

Hier bestimmen Sie das Wirtschaftsjahr, den Kontenrahmen und die Methode der Umsatzbesteuerung. Die Einstellungen können teilweise nach Start der Buchhaltung nicht mehr geändert werden. Neben den Grunddaten aktivieren Sie nach Bedarf die Offene-Posten-Buchführung *OPOS*.

Weitere Pflichtangaben betreffen die Auswahl der betreffenden Branche aus tief untergliederten Listen.

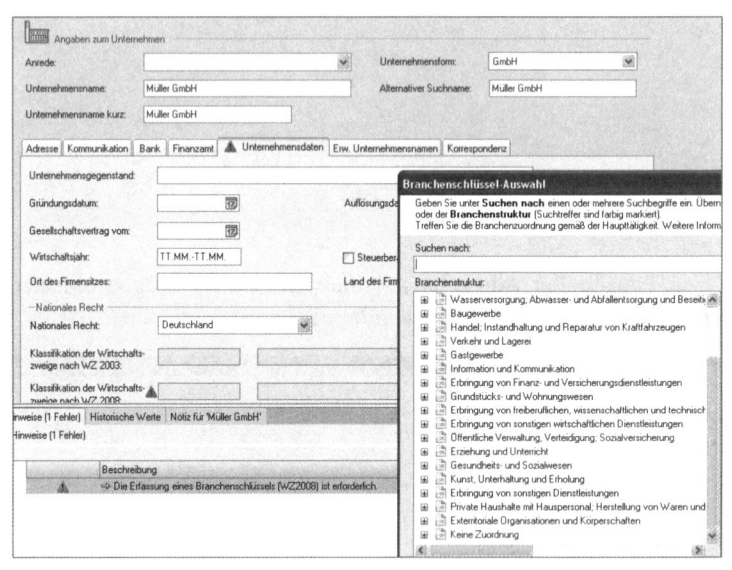

Abb. 25: Branchenschlüssel erfassen

Sobald die Mindestangaben für die Neuanlage erfasst sind, speichern Sie die Stammdaten ab. Fehlende Stammdaten lassen sich zu einem späteren Zeitpunkt ergänzen.

Auf dem Arbeitsplatz steht nun das neu angelegte Unternehmen zur Verfügung.

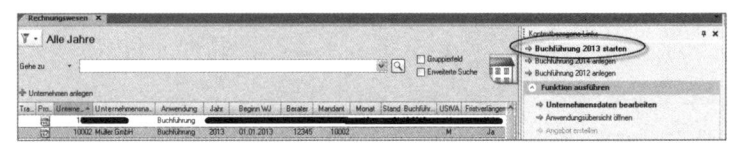

Abb. 26: Buchführung starten

So legen Sie einen neuen Mandanten an G

Buchführungsdaten

Öffnen Sie das markierte Unternehmen in Rechnungswesen compact, indem Sie auf *Buchführung 20..* klicken.
Unter *Stammdaten* lassen sich weitere Angaben und Einstellungen vornehmen.

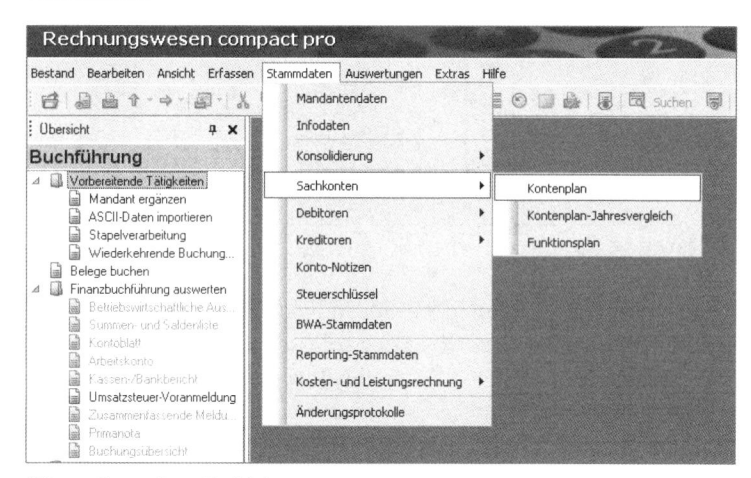

Abb. 27: Stammdaten Buchführung

- Adressdaten,
- Programmdaten für Ihre Finanzbuchführung,
- Programmdaten für die Betriebswirtschaftliche Auswertung,
- Programmdaten für Ihre Offene-Posten-Buchführung, das Mahnwesen und den Zahlungsvorschlag,
- *Sachkonten/Debitoren/Kreditoren Kontenplan.*

Hier werden Ihnen die Konten des Unternehmens mit den zugehörigen Kontenbeschriftungen, die zugeordneten Kontenfunktionen und bei den Personenkonten die Umsatzsteuer-Identifikationsnummern angezeigt.

G

Rechnungswesen für Windows

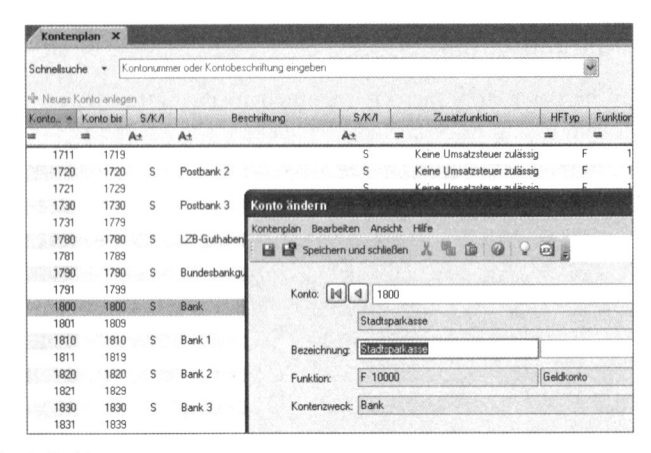

Abb. 28: Sachkonten

Bei den Sachkonten können Sie eine individuelle Beschriftung erfassen, ändern oder löschen. Ob es sich bei der Kontenbeschriftung um eine Standard-, Kanzlei- oder individuelle Beschriftung handelt, erkennen Sie in der Spalte „SKI". Unter *Details* werden ggf. Kontenfunktionen festgelegt, so z. B. zur Umsatzsteuerautomatik.

Insofern Sie bei der Neuanlage oder später in den *Mandantendaten* OPOS aktiviert haben, können Sie bei den Personenkonten neben der Beschriftung auch Daten zu den jeweiligen Debitoren und Kreditoren erfassen.

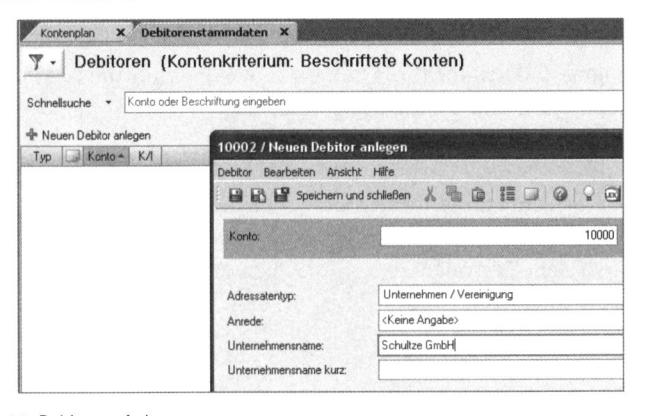

Abb. 29: Debitoren Anlage

3 Buchen in Rechnungswesen für Windows

3.1 Buchungserfassung

Um im Rechnungswesen compact einen neuen Vorlauf zur Erfassung Ihrer Buchführung anzulegen oder einen bereits vorhandenen Vorlauf zur weiteren Bearbeitung auszuwählen, wechseln Sie in *Erfassen > Belege buchen.*
Hier wählen Sie zwischen der Bearbeitung eines bestehenden Buchungsstapels und der Neuanlage.
- Zur **Fortsetzung** eines bereits angelegten Buchungsstapels wählen Sie diesen in der Auflistung aus.
- Zur **Neuanlage** eines Vorlaufs klicken Sie auf *Neuen Buchungsstapel anlegen.*

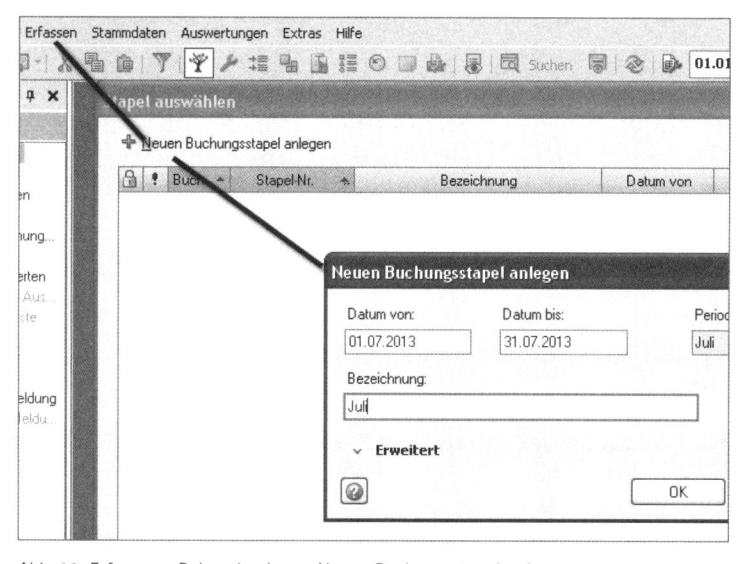

Abb. 30: Erfassen – Belege buchen – Neuen Buchungsstapel anlegen

Bei der Neuanlage des Buchungsstapels ist die Buchungsperiode festzulegen.
- Im Feld „Datum von" steht der Beginn des Zeitraums, wobei bei den nachfolgenden Buchungen ein früheres Buchungsdatum innerhalb des gleichen Wirtschaftsjahres ebenfalls zulässig ist.
- Unter „Datum bis" steht das Ende des Buchungszeitraums. Nachfolgende Buchungen mit einem späteren Datum werden vom Programm nicht verarbeitet.
- Sobald Sie Ihre Vorlaufdaten angelegt haben, klicken Sie OK.

Nachdem Sie Ihren aktuellen Buchungsstapel angelegt oder ausgewählt haben, befinden Sie sich in der Buchungserfassung.

3.2 Buchungszeile

In der Buchungserfassung wird Ihnen je nach Programmversion standardmäßig die Buchungszeile mit folgenden Eingabefeldern angezeigt: In der Buchungserfassung wird Ihnen je nach Programmversion standardmäßig die Buchungszeile mit folgenden Eingabefeldern angezeigt:

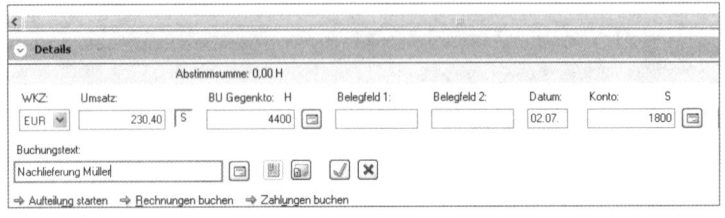

Abb. 31: Buchungszeile

WKZ

Hier können Sie die Belegwährung also in der Regel EURO bestimmen. Die Einstellung im Feld WKZ bleibt so lange bestehen, bis Sie diese ändern. Die Verarbeitung der Buchungen erfolgt in der gewählten Basiswährung der Buchhaltung.

Umsatz

Der Betrag im Umsatzfeld ist ohne Komma einzugeben. Das DATEV-System kennt keine Sollkonten und Habenkonten, sondern arbeitet mit der Logik von Konto/Gegenkonto. Die Angabe im Konto bestimmt den Buchungskreis, z. B. Bank, Kasse, Erlöse, Wareneinkauf etc. Die eingegebenen Buchungsbeträge beziehen sich – wechselweise im Soll oder Haben – auf dieses jeweilige Konto. Im Buchungsbeispiel sind 230,40 € im Soll des Kontos 1800 Bank gebucht. Die Buchung im Haben auf dem Gegenkonto 4400 Erlöse 19 % USt ergibt sich zwangsläufig.
Betätigen Sie für SOLL die [Eingabe]-Taste, für HABEN die [+]-Taste (am Nummernblock rechts).

Gegenkonto

Sobald Sie in diesem Feld eine Kontonummer erfasst haben, wird in der grauen Statusleiste die zugehörige Kontenbeschriftung sowie der Kontensaldo angezeigt.
Die angezeigte Kontobeschriftung können Sie unter *Bearbeiten > Beschriftung Gegenkonto ändern* oder mit der rechten Maustaste anpassen.
Die Einstellungen in **Datum** 01.07. und **Konto** 1800 bleiben so lange erhalten, bis Sie dort eine Änderung vornehmen. Sie können von daher bereits nach Eingabe von Betrag und Gegenkonto einen Buchungssatz mit *Übernehmen* abschließen.

Buchungszeile anpassen

Die vom System maximal vorgegebene Buchungszeile ist für die meisten Buchhaltungen zu lang.
Eingabefelder wie Belegfeld 2, Kost1 und Kost2 werden Sie nicht benötigen und es ist unsinnig, bei jeder Buchung diese überflüssigen Felder immer wieder überspringen zu müssen. Um die Buchungszeile zu verkürzen, wählen Sie *Ansicht > Eigenschaften > Buchungssatz*.

G

Rechnungswesen für Windows

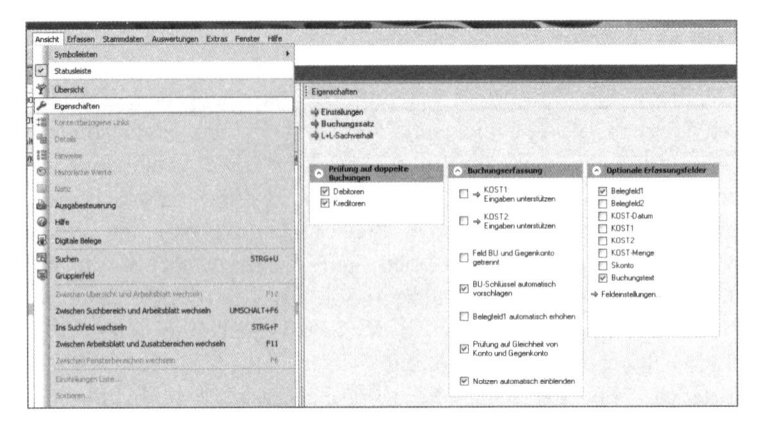

Abb. 32: Eigenschaften „Belege buchen"

Unter Feldeinstellungen lassen sich die Eigenschaften der verbleibenden Eingabefeldern definieren.

Hier bestimmen Sie, ob Eingaben in den nächsten Buchungssatz „geschleppt", also z. B. das Datum oder Konto vorausgefüllt werden.

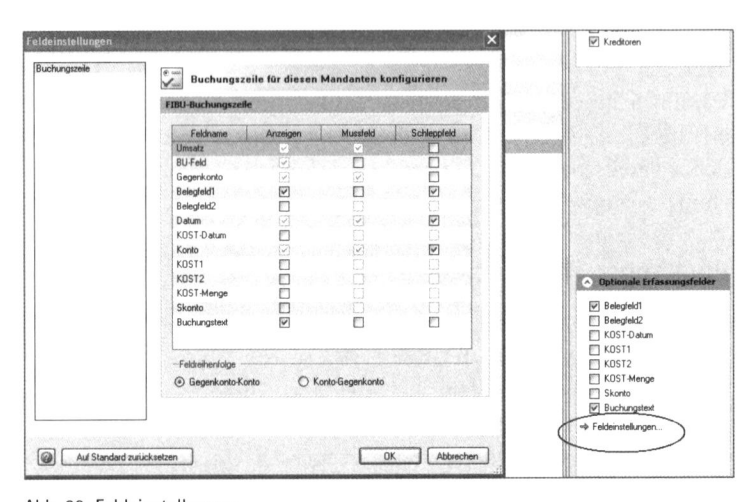

Abb. 33: Feldeinstellungen

3.3 Übungsbeispiel Kasse

Die Kassenbelege aus den ersten drei Juli-Tagen der Bäckerei Schröder sind zu erfassen.
Um auch in der Stapelerfassung den Kassenbestand mit den gebuchten Eingängen und Ausgängen abstimmen zu können, ist der Anfangsbestand von 212,53 € einzugeben.
In Rechnungswesen für Windows rufen Sie das Kontextmenü auf, indem Sie die rechte Maustaste im weißen Feld über der Eingabe drücken. Unter *Abstimmsumme neu* können Sie den Anfangsbestand eingeben.

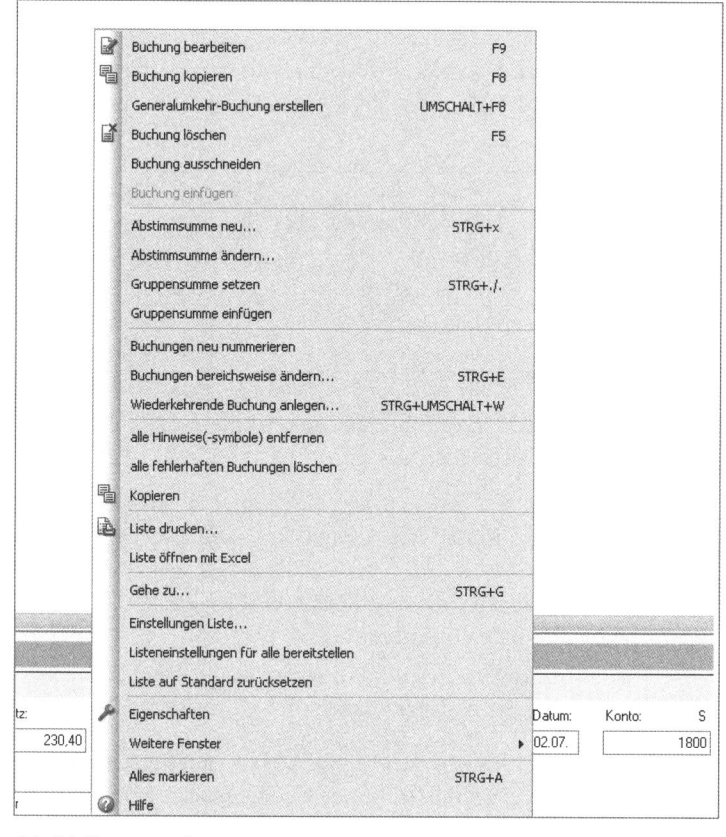

Abb. 34: Kontextmenü

Rechnungswesen für Windows

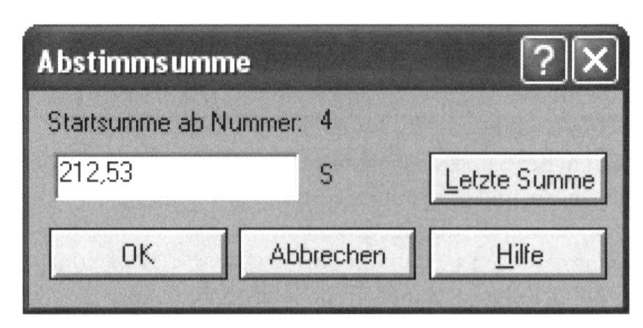

Abb. 35: Abstimmsumme

Beim Dialogbuchen kontrollieren Sie Kasse oder Bank auch am jeweiligen Kontostand, da hier die Buchung direkt verarbeitet wird. Im Kassenordner wurden die nachfolgenden Belege aufsteigend vorsortiert:

Datum	Belegart	Angaben	Betrag	USt
01.07.	Quittung	Zange, Schraubenzieher	34,00	19 % Vorsteuer
01.07.	Kassenstreifen	Verkäufe	2.000,00	7 % USt
02.07.	Rechnung	Tüten, Nachlieferung	19,80	19 % Vorsteuer
02.07.	Einzahlungsschein	Einzahlung auf der Bank	1.800,00	keine
02.07.	Kassenstreifen	Verkäufe	2.100,00	7 % USt
03.07.	Tankquittung	Benzin 45,- Zigaretten 6,-	51,00	teils 19 % Vorsteuer
03.07.	Kassenstreifen	Verkäufe	2.200,00	7 % USt

Erfassen Sie im Umsatz den auf dem Beleg angegebenen Bruttobetrag ohne Punkt und Komma; z. B. 34,00 € werden als 3400 eingegeben.

- Bei Kasseneingängen (SOLL) drücken Sie die [Eingabe]-Taste am rechten Rand der Tastatur.
- Bei Kassenausgängen (HABEN) drücken Sie die darüber liegende [+]-Taste am rechten Tastaturrand.

SOLL bzw. HABEN bezieht sich immer auf das angegebene Konto, nicht etwa auf das Gegenkonto in der Nachbarspalte zum Umsatz. Dies sorgt zu Beginn der DATEV-Buchhalterkarriere immer wieder für Verwechslungen. Eine solche verquere Anordnung hat jedoch

Buchen in Rechnungswesen für Windows

programmtechnische Gründe, welche Ihnen gleich erschlossen werden sollen.
- Das Belegfeld erhält automatisch den Wert „0", wenn nichts anderes eingegeben wird.
- Auch das Datum ist auf zwei Stellen für den Tag oder vier für Tag und Monat ohne Punkt einzugeben.
- Ein Buchungstext ist nicht unbedingt erforderlich. Er dient zur Erläuterung schwer nachvollziehbarer Buchungen. So lassen sich mit Text z. B. auf den Anlagekonten die Zu- und Abgänge sofort nachvollziehen, ohne zeitraubendes Blättern in den Belegen.

Schließen Sie jedes Feld mit der Eingabetaste ab. Sobald der Text ggf. leer bestätigt ist, springt das Programm in eine neue Zeile mit nächster Ordnungsnummer. Die bereits abgeschlossene Buchung rutscht in das Fenster oberhalb der aktuellen Buchungszeile.

Am unteren Bildschirmrand können Sie ablesen, welche Funktionstasten für die Eingabe der Buchungssätze vorgesehen sind. Die wichtigsten Tasten sind nachfolgend beschrieben.

Bei den eben gemachten Buchungen ändern sich die Beträge und deren Vorzeichen sowie das jeweilige Gegenkonto und ggf. Buchungstext. Die Werte für Belegnummer, Datum und Konto bleiben hingegen unverändert.

Gleich bleibende Werte brauchen, einmal eingegeben, in folgenden Buchungszeilen nicht wiederholt werden. Wenn Sie die Felder nicht erneut überschreiben, werden die Werte automatisch in die nächsten Buchungssätze übernommen („geschleppt").

Status	Nr.	WKZ	Umsatz	BU	Gegenkonto	Datum	KOST2	Skonto	Buchun
	1		212,53						Abstimmsumme
	2		34,00 H	9	6845	01.07	0		
	3		2.000,00		4300	01.07	0		
	4		19,80 H	9	6710	02.07	0		
	5		1.800,00 H		1460	02.07	0		
	6		2.100,00		4300	02.07	0		
	7		45,00 H	9	6530	03.07	0		
	8		6,00 H		2100	03.07	0		
	9		2.200,00		4300	03.07	0		

Abstimmsumme: 4.607,73 S

WKZ:	Umsatz:	BU	Gegenkto:	Belegfeld 1:	Datum:	Konto:
EUR				0	03.07.	1600

Abb. 36: Kasse buchen

133

- Im obigen Beispiel konnten Sie in der 2. Buchungszeile nach Eingabe des Gegenkontos 4300 statt mit der Eingabetaste Ihre Buchung mit der [+]-Taste abschließen. Das Programm hat die weiteren Angaben zu Beleg, Datum und Konto aus der vorangegangenen Zeile übernommen.

Bei solchen Kurzbuchungen muss deshalb lediglich der Betrag und das Gegenkonto immer von neuem eingegeben werden. Dies erklärt die Anordnung der beiden Felder nebeneinander und das Bebuchen von Buchungskreisen mit gleich bleibendem Konto. Ändern sich hier z. B. durch den nächsten Bankauszug Belegnummer und Datum, so können Sie zumindest das Konto übernehmen.

- Ab dem Feld Gegenkonto gelangen Sie mit der <Ende>-Taste direkt zum Text und schleppen sämtliche dazwischen liegende Felder.

Wie geht es zurück in die vorangegangenen Eingabefelder, wenn Sie gegen Ende einer Zeile einen Fehler entdecken?

- Mit der [-]-Taste (Minus-Taste) kommen Sie in das vorherige Feld.

Im nachfolgenden Bild sind bereits sämtliche Kassenbuchungen vom August eingegeben. Die Eingabemaske stellt immer weitere Buchungszeilen mit automatisch hoch gezählter Buchungsnummer zur Verfügung und schiebt die bereits erfassten Buchungen nach oben.

Abstimmsumme

Während der Eingabe sehen Sie als Zwischensumme die Salden sämtlicher eingegebenen Buchungsbeträge.

Besonders sinnvoll ist ein Anfangsbestand auch im Buchungskreis Bank. Die Zwischensumme kann dort direkt mit dem Saldo auf jedem Bankauszug abgeglichen werden. Dies erspart Ihnen eine spätere Suche nach Cent-Differenzen zum Monatsende.

Der Kassenbestand zu Beginn des Monats Juli betrug im obigen Beispiel 212,53 €. Nach Eingabe der letzten Buchung zum 3. Juli lässt sich ein Kassenbestand von 4.607,73 € ablesen.

Fehlbuchungen

Mit dem **Berichtigungsschlüssel** (Generalumkehr) werden nur Buchungen korrigiert, die bereits verarbeitet wurden.
Fehlbuchungen, die Sie am Bildschirm oder im Primanota-Ausdruck feststellen, berichtigen Sie gleich am Gerät durch Überschreiben des Fehlers. Klicken Sie dazu den Buchungssatz doppelt an.

Beenden der Eingabe

Um die Eingabemaske zu schließen, klicken Sie auf das X am rechten oberen Rand. Das Programm fragt an, ob die Buchungssätze festgeschrieben werden sollen.

- Klicken Sie auf „Buchungsdaten festschreiben", wenn Sie die Buchhaltung abschließen wollen. Vorsicht: Die Buchungen können zu einem späteren Zeitpunkt nicht mehr bearbeitet oder korrigiert werden.
- Klicken Sie auf „Buchungsdaten noch nicht festschreiben", um zu einem späteren Zeitpunkt die Buchhaltung weiter zu führen. Der Buchungsstapel steht Ihnen dann unter Erfassen > *Stapel auswählen* zur Verfügung.

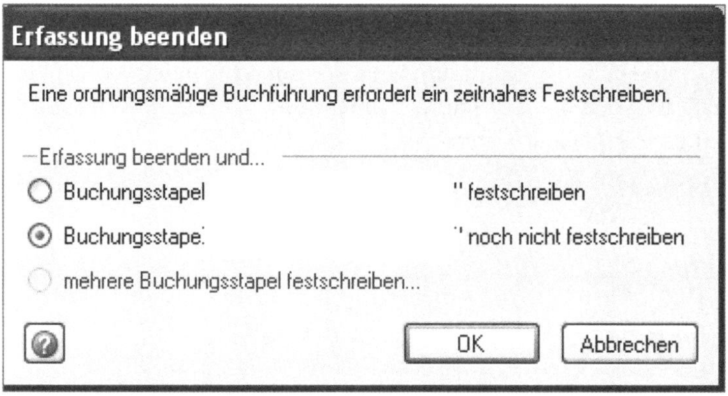

Abb. 37: Erfassung beenden

4 Jahresübernahme

Zu Beginn eines neuen Wirtschaftsjahres sind die Stammdaten aus dem Vorjahr zu übernehmen. Auf dem DATEV-Arbeitsplatz legen Sie die Buchführung des neuen Jahres an.

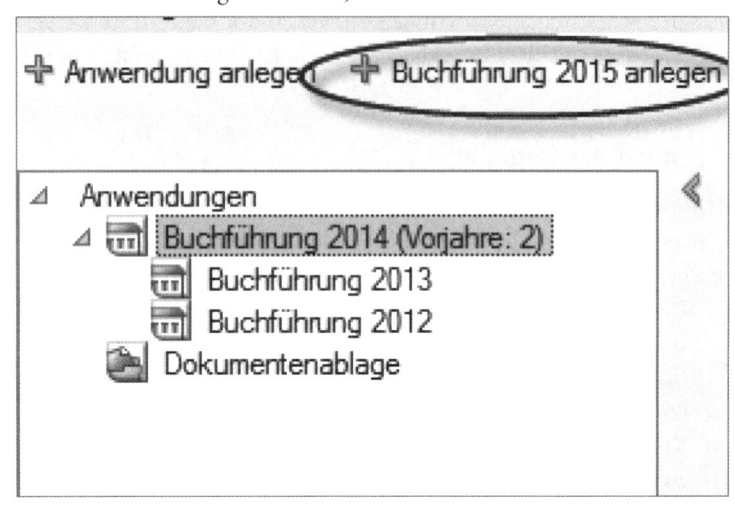

Abb. 38: Buchführung 2015 anlegen

Achten Sie darauf, dass Ihnen für das neue Jahr der aktuelle Kontenrahmen zur Verfügung steht. Gegebenenfalls ist der verwendete Kontenrahmen neu einzuspielen (siehe dazu: Einrichten der Stammdaten) Bei Rechnungswesen compact handelt es sich um Jahresversionen, die Kontenrahmen und Umsatzsteuerformulare automatisch aktualisieren.

Jahresübernahme **G**

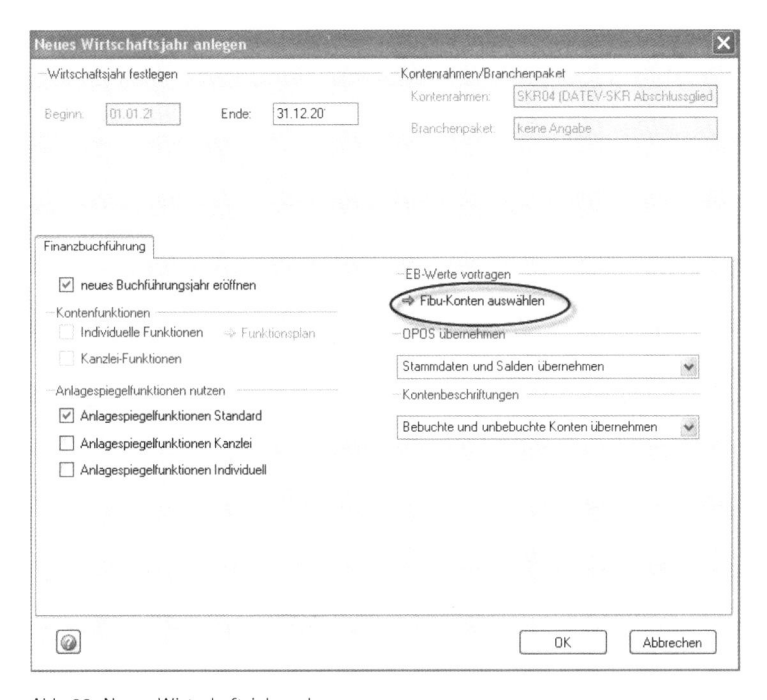

Abb. 39: Neues Wirtschaftsjahr anlegen

Saldenübernahme

Während der Jahresübernahme lassen sich die Schlusssalden aus dem Vorjahr als Eröffnungswerte im neuen Jahr vortragen. Aber Sie können dies auch zu einem späteren Zeitpunkt nachholen, etwa nachdem die Bilanz im Jahresabschluss festgestellt ist.

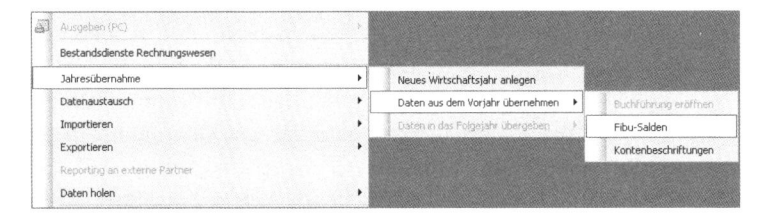

Abb. 40: Fibu Salden aus Vorjahr übernehmen

137

- Wählen Sie unter *Bestand > Jahresübernahme > Daten aus dem Vorjahr übernehmen Fibu-Salden* die zu übernehmenden Konten aus.

Achten Sie darauf, tatsächlich nur die Schlussbilanzwerte zu übernehmen, in der Regel nur die Finanzkonten. Da sämtliche Ertrags- und Aufwandskonten zum Jahresende über das GuV-Konto und Kapital abgeschlossen werden, gibt es hier keine Vorträge. Die Bestände auf Anlage- und Vorratskonten ändern sich im Rahmen des Jahresabschlusses durch Abschreibungen und Bestandsveränderungen.

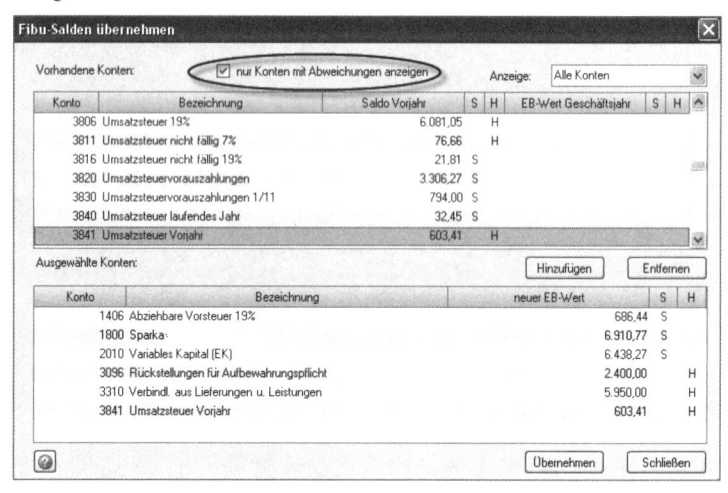

Abb. 41: Fibu-Salden aus Vorjahr auswählen

Auch bei einer Übernahme von abgestimmten, endgültigen Bestandskonten ist zu beachten, dass Umsatzkonten und Privatkonten ohne Kontenabschluss übernommen werden. So kann z. B. anstatt der Umgliederung der Vorsteuer, Umsatzsteuer und Vorauszahlungen in „Umsatzsteuer Vorjahr" eine automatische Übernahme in die laufende Buchhaltung ein ziemliches Chaos verursachen.

Unter *Erfassen > Stapel auswählen* lassen sich die Eröffnungsbuchungen im automatisch erstellten Stapel „EB-Werte" noch nachträglich korrigieren und ergänzen.

5 Datensicherungen an den Steuerberater übergeben

Auch wenn Sie mit Rechnungswesen für Windows die laufende Buchhaltung eigenständig abwickeln können, gibt es gute Gründe, Daten an den Steuerberater und die DATEV zurückzugeben:
- Vom DATEV-Rechenzentrum werden USt-Voranmeldungen elektronisch übermittelt. Das verhindert Säumniszuschläge wegen Fristüberschreitung und bringt Liquiditätsvorteile durch späte Abbuchung.
- Sicherung der Daten über 10 Jahre im DATEV-Archiv. Es lassen sich in Nürnberg CDs erstellen mit eigener Lesesoftware für eine steuerliche Betriebsprüfung.
- Teilnahme am Betriebsvergleich mit anderen Unternehmen der gleichen Branche.
- Übergabe der Buchhaltungsdaten für den Jahresabschluss durch den Steuerberater.

Unter *Bestand > Bestandsdienste Rechnungswesen* stellt die DATEV ein umfangreiches Programm zum Datenmanagement zur Verfügung. Aus der Auswahl der gespeicherten Mandanten lassen sich die Buchhaltungsdaten sichern.

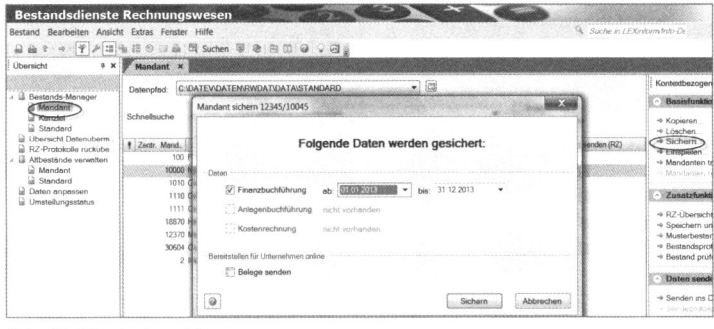

Abb. 42: Mandanten sichern

Anschließend lässt sich die Sicherungsdatei im E-Mail-Anhang oder auf Datenstick übergeben.

H Glossar

1 Anteile an verbundenen Unternehmen

Als verbunden gelten Unternehmen im Mutter-Tochterverhältnis und im Verhältnis zwischen den Töchtern: Mehrheitsbeteiligungen sichern die einheitliche Leitung dieser Firmen.

SKR03	SKR04	Kontenbezeichnung
0500	0800	Anteile an verbund. Unternehmen
0505	0810	Ausleihungen an verbund. Unternehmen

Auch Forderungen gegen verbundene Unternehmen sind von Kapitalgesellschaften im Anhang zu erläutern oder auf den folgenden Konten gesondert auszuweisen.

SKR03	SKR04	Kontenbezeichnung
1594	1260	Forderungen gg. verbund. Unternehmen
1595	1261	Forderungen gg. verbund. Untern. (b. 1 J.)
1596	1265	Forderungen gg. verbund. Untern. (g. 1 J.)
1310	1266	Besitzwechsel gg. verbund. Unternehmen
1311	1267	Besitzwechsel gg. verbund. Untern. (b. 1 J.)
1312	1268	Besitzwechsel gg. verbund. Untern. (g. 1 J.)
1315	1269	Besitzwechsel gg. verbund. Untern., bundesbankfähig
1470	1270	Forderungen aus LuL gg. verbund. Untern.
1471	1271	Forderungen aus LuL gg. verbund. Untern. (b. 1 J.)
1475	1275	Forderungen aus LuL gg. verbund. Untern. (g. 1 J.)

Einen gesonderten Bilanzausweis erfordern nicht nur Mehrheitsbeteiligungen, sondern auch **Beteiligungen** ab 20 % (§ 271 HGB).
Verbindlichkeiten gegenüber verbundenen Unternehmen sind im Anhang von Kapitalgesellschaften zu erläutern oder in einem „Davon-Vermerk" in der Bilanz auszuweisen. Diesen Vermerk druckt die DATEV wenn nachfolgende Konten verwendet werden:

Anzahlungen an Lieferanten **H**

SKR03	SKR04	Kontenbezeichnung
0700	3400	Verbindlichkeit. ggü. verbund. Untern.
0701	3401	Verbindlichkeit. ggü. verbund. Untern. (b. 1 J.)
0705	3405	Verbindlichkeit. ggü. verbund. Untern. (1-5 J.)
0710	3410	Verbindlichkeit. ggü. verbund. Untern. (g. 5 J.)
1630	3420	Verbindl. aus Lieferungen/Leistungen ggü. verbund. Untern.
1631	3421	Verbindl.aus Lieferungen/Leistungen ggü. verbund. Untern. (b. 1 J.)
1635	3425	Verbindl.aus Lieferungen/Leistungen ggü. verbund. Untern. (1-5 J.)
1638	3430	Verbindl.aus Lieferungen/Leistungen ggü. verbund. Untern. (g. 5 J.)

2 Anzahlungen an Lieferanten

Geleistete Anzahlungen stellen – bis zur versprochenen Auftragsdurchführung – Forderungen gegenüber dem Lieferanten dar.

SKR03	SKR04	Kontenbezeichnung
1510	1180	Geleistete Anzahlungen auf Vorräte
1511	1181	Geleistete Anzahlungen 7 % VSt
1518	1186	Geleistete Anzahlungen 19 % VSt

Ist die Leistung erbracht oder die Bestellung ausgeliefert und abgerechnet, bucht man die Anzahlung wieder aus.

Beispiel:

Bäcker Schröder lässt sein Lager renovieren (keine Einbauten). Ladenbau Tertz (Kreditor 75300) fordert eine Anzahlung über 10.000 € brutto an und führt die Arbeiten zügig durch. Den Restbetrag zur Endabrechnung von 24.000 € inkl. USt überweist Schröder eine Woche nach Rechnungseingang.

Umsatz	GegenKto	Beleg	Datum	Konto	Text
10.000,00-	1517/1184		04.07.	1200/1800	Anzahlung
~~	~~~	~~~	~~~	~~~	~~~
14.000,00-	75300		12.08.		Restzahlung

Umsatz	GegenKto	Beleg	Datum	Konto	Text
14.000,00+	904260/906335		05.08.	75300	
10.000,00+	1517/1184	1056	05.08.		Anzahlung

Achten Sie bei Anzahlungsrechnungen auf einen korrekten Vorsteuerausweis und lassen Sie sich nicht auf die spätere Rechnung vertrösten. Im Streitfall sind Sie nämlich nicht nur die Anzahlung los, sondern müssen den Vorsteuerabzug rückgängig machen.

3 Anzahlungen von Kunden

Erhaltene Anzahlungen stellen für sich gesehen noch keine Umsatzerlöse dar. Daher werden sie auf der Passivseite der Bilanz erfolgsneutral als Verbindlichkeit ausgewiesen (denn darum handelt es sich, da die Lieferung oder Leistung noch nicht erbracht ist). Allerdings schulden Sie auf jede erhaltene Anzahlung die Umsatzsteuer. Erhaltene Anzahlungen sind deshalb umsatzsteuerpflichtig zu erfassen und zwar nicht bereits bei Anforderung, sondern erst bei Zahlungseingang.

Bank
an Erhaltene Anzahlungen
    Umsatzsteuer

Wollen Sie die Anzahlung über ein Debitorkonto buchen, weil Sie z. B. sicherstellen wollen, dass die Anzahlung auch angemahnt werden kann, müssen Sie zusätzlich die Anzahlung über ein Verrechnungskonto erfassen.

Beispiel:
Sie wurden beauftragt, eine Spezialmaschine für den Kunden F zu fertigen (Debitorenkonto 11200), Auftragsvolumen 119.000 € (inkl. 19 % USt). Sie stellen eine Abschlagsrechnung aus und fordern damit F auf, Ihnen 59.500 € (inkl. 19 % USt) zu überweisen. F überweist.

Ein halbes Jahr später ist die Maschine fertig, sie wird ausgeliefert und Sie erstellen die Schlussrechnung, wobei Sie die Abschlagszahlung und die Umsatzsteuer korrekt vom Endbetrag absetzen. F zahlt die Restsumme über 59.500 € (inkl. USt).

Anzahlungen von Kunden H

Folgende Buchungen sind vorzunehmen:

1. Abschlagsrechung
Debitoren-Sollstellung über Verrechnungskonto

Umsatz	GegenKto	Beleg	Datum	Konto	Text
59.500,00+	1593/1495	1056	08.06.	11200	Anzahlung Kunde F

2. Zahlungseingang des F

Umsatz	GegenKto	Beleg	Datum	Konto	Text
59.500,00+	1717/3270	1056	18.06.	1200/1800	Anzahlung

Da das Konto „Erhaltene Anzahlungen" ein Automatikkonto ist, wird die Umsatzsteuer automatisch errechnet. Sie brauchen diese nicht separat zu buchen.
Die Anforderung einer Anzahlung ist durch Zahlung erledigt.

Umsatz	GegenKto	Beleg	Datum	Konto	Text
59.500,00+	11200	1056	08.07.	1593/1495	Anzahlung

3. Buchung der Endabrechnung

Umsatz	GegenKto	Beleg	Datum	Konto	Text
119.000,00+	8400/4400	1056	08.12.	11200	Endabrechnung

Umsatz	GegenKto	Beleg	Datum	Konto	Text
59.500,00+	11200	1056	08.12.	1717/3270	Umbuchung Anzahlung

Durch die zweite Buchung wird sowohl das Debitorenkonto auf den tatsächlich ausstehenden Betrag gebracht, als auch die Umsatzsteuer der Gesamtforderung um den Teil der bereits erhaltenen Anzahlung reduziert.

4. Zahlung der Schlussrechnung durch F

Umsatz	GegenKto	Beleg	Datum	Konto	Text
59.500,00+	11200	1056	08.12.	1200/1800	Restzahlung

SKR03	SKR04	Kontenbezeichnung
1722	1190	Erhaltene Anzahlungen auf Bestellungen
1711	3260	Erhaltene Anzahlungen 7 % USt
1718	3272	Erhaltene Anzahlungen 19 % USt
1593	1495	Verrechnungskonto erhaltene Anzahlungen

4 Aufbewahrungsfristen

Geschäftspapiere und Belege, empfangene und Kopien versendeter Handelsbriefe sind sechs Jahre aufzubewahren, die Grundbücher wie auch die Buchungslisten, Kontenblätter, Jahresabschlüsse und Inventare sogar über zehn Jahre hinweg. Jahresabschlüsse werden häufig erst zwei Jahre später aufgestellt. Sollte z. B. die Bilanz und Gewinn- und Verlustrechnung für 1998 im Jahr 2000 erstellt worden sein, so dürfen diese Papiere erst in 2011 vernichtet werden. Eine Verkürzung der Aufbewahrungsfrist von 10 Jahre auf zunächst 8 Jahre und in 2014 auf 7 Jahre – wie es das Jahressteuergesetz 2013 vorsah – wurde nicht realisiert.

Die elektronische Speicherung könnte konventionelle Unterlagen ersetzen, wenn die Speichermedien wie Disketten, Festplatten u. Ä. innerhalb dieser Frist lesbar wären. Man behilft sich immer noch mit Ausdrucken auf Papier.

Die Aufbewahrung von Daten in **Papierform** ist zwar weiterhin zulässig, aber diese Form der Aufbewahrung ist ab 01.01.2002 **nicht mehr ausreichend**. Zukünftig müssen zudem die gespeicherten Daten selbst bereitgehalten werden, wenn eine Verarbeitung von Daten mittels EDV stattgefunden hat. Innerhalb der Aufbewahrungsfrist muss gewährleistet sein, dass die Daten auch nach einem Systemwechsel lesbar sind, mit der Auswertungsmöglichkeit von Sortieren und Filtern.

Beispiel:
Folgende Unterlagen können ab 01.01.2015 vernichtet werden:

Unterlagen aus 2008 und früher	Unterlagen aus 2004 und früher
Angebote, Geschäftsbriefe, Darlehensunterlagen, Grundbuchauszüge, Preislisten, Lohnlisten, Überstundenlisten	Belege aus der Offene-Posten-Buchführung; Bilanzen, Gewinn- und Verlustrechnung; Sachkontenblätter, Handelsbücher, Wareneingangs- und Warenumsatzbücher, Inventar, Vermögensverzeichnis; Kassenbücher, Beitragsrechnungen,

Unterlagen aus 2008 und früher	Unterlagen aus 2004 und früher
	Lohnkonten, Lohnbelege, Betriebskosten-, Reisekostenabrechnungen, Betriebsprüfungsberichte, Investitionszulagen, Buchungsbelege, Kontoauszüge, Bewirtungs- und Geschenknachweise

5 Aufzeichnungspflichten

Ob buchführungspflichtig oder nicht – jeder Unternehmer unterliegt gesetzlichen Aufzeichnungspflichten nach Steuerrecht:
- Nicht buchführungspflichtige Händler müssen ein **Wareneingangsbuch** führen. Aufzuzeichnen sind alle erworbenen Waren, Rohstoffe, unfertige Erzeugnisse und Hilfsstoffe zur Weiterveräußerung oder zum innerbetrieblichen Verbrauch.
- Im Großhandel ist ein **Warenausgangsbuch** erforderlich. Bei buchführungspflichtigen Unternehmen kann auch diese Aufzeichnungspflicht im Rahmen der Buchhaltung erfüllt werden, wenn Verkaufsbelege geordnet abgelegt sind. Bei Beträgen über 150 € muss ein solcher Verkaufsbeleg erstellt werden mit Verkaufsdatum, Namen und Anschrift des Käufers, der handelsüblichen Bezeichnung der Ware und Umsatzsteuerausweis.

Aufzeichnungen zur Umsatzsteuer

Als Unternehmer haben Sie Ihre steuerpflichtigen Umsätze, erhaltenen Anzahlungen, Bemessungsgrundlagen für Eigenverbrauch, Sachbezüge u. Ä., Auslands- und innergemeinschaftlichen Lieferungen/Erwerbe festzuhalten. Das geschieht hauptsächlich im Rahmen der Buchhaltung. Achten Sie aber ggf. auf besondere Anforderungen an die Belege.

Ausnahmen: Aus umsatzsteuerlichen Gründen müssen ihre Umsätze nicht aufzeichnen: Versicherungsvertreter, Ärzte ohne technisches Labor, Immobilienmakler bei Vermietung von Wohnraum oder sonstige, umsatzsteuerfreie Vermietung.

> **Wichtig**
> Einige Berufszweige haben neben der eigentlichen Buchführung gesonderte gewerberechtliche Aufzeichnungen zu machen, z. B. Abfallbeseitiger, Altmetallhändler, Apotheker, Auskunfteien und Detekteien, Bauträger und Baubetreuer, Buchmacher, Darlehensvermittler, Fahrschulen, Gebrauchtwaren- und Edelmetallhändler, Hebammen, Makler, Reisebüros, Schornsteinfeger, See- und Binnenschifffahrt, Speditionen im Güterfernverkehr, Trödelhändler, Versteigerer, Vieh- und Fleischverkäufer, Wildbrethändler, Weinhändler und Wohnungsbauverwaltungen.
> Wenn Sie zu den vorstehenden Berufsgruppen gehören, informiert Sie das Ordnungsamt, ob und welche Angaben in den jeweiligen Büchern zu machen sind.

Grundaufzeichnungen

In der doppelten Buchhaltung sind Geschäftsvorfälle zunächst vollständig und chronologisch aufzuzeichnen. Diese Aufzeichnungen im so genannten Grundbuch, Geschäftstagebuch oder Journal sind auch bei einer EDV-Buchhaltung vorgeschrieben. Je nach Anfall und Umfang sind ggf. zusätzliche Nebenbücher zu führen oder gar eigene Nebenbuchhaltungen.

Regelmäßige Bareinnahmen und -ausgaben sind in einem **Kassenbuch** aufzuzeichnen, wobei der Begriff „Buch" nicht unbedingt wörtlich zu nehmen ist. Zulässig sind auch einzelne Formulare mit täglichen Kassenberichten oder eine Tabelle mit Ein- und Ausgängen eines Monats. Spezielle Kassenbuch-Programme drucken die entsprechenden Listen aus, warnen vor drohenden Kassenfehlbeträgen und geben die Daten weiter an das Buchhaltungsprogramm. Wie auch immer Sie das handhaben wollen: Es muss täglich aufgezeichnet werden, und der rechnerische Bestand mit dem tatsächlichen, abgezählten Kassenbestand übereinstimmen. Wer zulässigerweise seinen Gewinn durch Einnahmenüberschussrechnung ermittelt, braucht keine Bestandskonten zu führen, folglich auch keine Kasse. Als „Aufzeichnung" genügt eine Belegsammlung (z. B. lückenlos nummerierte Z-Bons der Registrierkassen), die ebenso wie Kassenaufzeichnungen nachgeprüft werden können (BFH-Beschluss vom 16.02.2006 – X B 57/05).

In **Kontokorrentbüchern** sind Zugang und Abgang von Lieferantenverbindlichkeiten und Kundenforderungen chronologisch aufzuzeichnen. Sie sind neben der Zuordnung auf einzelne Debitoren- und Kreditorenkonten zu führen. Möglich ist anstelle eines Buches auch eine geordnete Belegablage, die **Offene-Posten-Buchführung**.
Inventarbücher können in Form einer eigenen Lager- und Anlagenbuchhaltung geführt sein. Anlagengegenstände werden aber auch auf Karteikarten, Inventarbögen oder in einer Tabelle bzw. Datenbank verzeichnet. Insofern zum Jahresabschluss bilanziert wird, sind in einem Anlagespiegel Anschaffungswerte, Buchwerte, kumulierte und Jahres-Abschreibungen des gesamten Anlagevermögens aufzulisten.
Schuld- und Besitzwechsel sind ebenfalls in einem eigenen Buch aufzuzeichnen mit Angaben über Laufzeit, Aussteller und Bezogener. Obwohl die Finanzierung über Wechsel rückläufig ist, ist im gegebenen Einzelfall unbedingt ein Wechselbuch anzulegen und zu führen. Sie riskieren ansonsten eine Menge Ärger.
In der separaten **Lohnbuchhaltung** werden nach sozialversicherungs- und lohnsteuerrechtlichen Bestimmungen Angaben über jeden einzelnen Arbeitnehmer übermittelt. Neben den persönlichen Daten und wesentlichen Arbeitsvereinbarungen sind sämtliche Bezüge und Abzüge aufzuzeichnen. Lohnbuchhaltungsprogramme suggerieren zwar das Gegenteil, aber tatsächlich ist das Führen von Lohnkonten keine leichte Aufgabe. Während in der Finanzbuchhaltung das System der doppelten Buchführung zahlenmäßige Kontrollen und das jährliche Abstimmen mit tatsächlichen Inventurbeständen ermöglicht, können Sie in der Lohnbuchhaltung über Jahre hinweg unbemerkt falsch abrechnen. Sie laufen damit Gefahr, nach amtlicher Prüfung Unsummen an Sozialbeiträgen und Lohnsteuer nachzahlen zu müssen. Insbesondere Betriebe im Baugewerbe sollten deshalb die Lohnbuchhaltung von ausgebildeten Lohnbuchhaltern oder außer Haus erledigen lassen.
Ansonsten lassen Sie Ihre Im-Haus-Lösung regelmäßig zum Jahresabschluss durch Ihren Steuerberater überprüfen, damit der Schaden begrenzt bleibt und die Verantwortung auf mehreren Schultern ruht.

Hauptbuch

Außer im Grundbuch werden die Geschäftsvorfälle auch im Hauptbuch aufgezeichnet (u. a. deshalb: „doppelte" Buchführung). Hier werden sie nicht zeitlich, sondern systematisch einzelnen Konten zugeordnet. Insofern die Buchungen bereits in Nebenbüchern aufgezeichnet sind, können sie auf den entsprechenden Sachkonten (einzelne Anlagekonten, Kasse, Bank, Forderungen oder Verbindlichkeiten aus Lieferungen und Leistungen) in einer Summe zusammengefasst werden.

Ein amerikanisches Journal vereinigt Grundbuch und Hauptbuchfunktionen, indem sich an eine chronologische Eintragung in der Betragsspalte Einträge in den entsprechenden Sachkontenspalten anschließen. Bei einer Durchschreibebuchführung ist sogar nur eine Eintragung nötig.

Auch in der EDV-Buchhaltung ist nur die einmalige Eingabe des Buchungssatzes im Grundbuch erforderlich und die Zuordnung zu den angesprochenen Sach- und Personenkonten übernimmt der Computer von alleine. Damit ist allerdings das Thema Hauptbuch leider nicht erledigt. Die Einrichtung und Pflege des Hauptbuches durch die Wahl eines geeigneten Kontenrahmens, die Aufstellung eines Kontenplans und das Erweitern und Löschen von individuellen Konten bleibt auch dem EDV-Anwender nicht erspart.

6 Belege

Ob nun manuell oder computergestützt – jede doppelte Buchführung gründet sich auf Belege. Auch in der EDV-Buchhaltung gilt der Grundsatz: Keine Buchung ohne Beleg!

Man unterscheidet:
- Fremdbelege wie eingegangene Rechnungen, Quittungen, Überweisungsscheine usw.,
- Eigenbelege wie im eigenen Betrieb erstellte Abrechnungen, Rechnungskopien, Quittungen usw. sowie
- interne Belege als Anweisungen über Umbuchungen oder Verrechnungen.

Belege H

Als Eigenbelege zählen auch so genannte Notbelege. Diese sind Ersatzausfertigungen für verloren gegangene Fremdbelege und in Fällen, in denen üblicherweise keine anfallen, z. B. bei der Parkuhr oder bei Trinkgeldern.
Die umgekehrte Vorstellung: „Ohne Beleg keine Buchung" ist somit ein Trugschluss. Da die Erfassung der Geschäftsvorfälle zeitnah erfolgen soll, sind zur Dokumentation bei Verzögerungen provisorische Belege auszustellen.

Beispiel:
Die bestellte Ware trifft ohne Rechnung ein. Auf telefonische Nachfrage offenbart sich nur ein Abrechnungschaos auf der Gegenseite, aber keine Aussicht auf Abhilfe. Wenn der Kaufpreis bekannt ist, wird ein Eigenbeleg erstellt und verbucht.

Belege werden für die Buchhaltung
1. bearbeitet,
2. kontiert,
3. gebucht und schließlich
4. abgelegt.

1. Belege bearbeiten

Die Bearbeitung der Belege besteht aus
Eingang: Datumsstempel auf Fremdbelegen oder Einscannen
Sortierung: chronologisch in Buchungskreisen wie Kasse, Bank, Eingangs- und Ausgangsrechnungen.
Prüfung: Ordnungsmäßigkeit der Belege

Folgende Anforderungen werden an die Ordnungsmäßigkeit der Belege gestellt:
Belegdatum: Sowohl Ausstellungs- als auch Lieferdatum sind auf dem Rechnungsbeleg zu vermerken. Ggf. reicht der Vermerk: „Rechnungsdatum entspricht dem Liefer-/Leistungsdatum".
Belegnummer: eine fortlaufende einmalig vergebene **Rechnungsnummer** mit einer oder mehreren Zahlenreihen zur Identifizierung der Rechnung.

H Glossar

Belegtext:	Der Geschäftsvorfall wird hinreichend beschrieben, z. B. „Kauf von Schreibpapier". Allgemeine Bezeichnungen – wie „Bürobedarf" – notfalls nachträglich konkretisieren.
Belegbeträge:	Zahlungsbetrag, MwSt-Satz. Bei Beträgen über 150 € zusätzlich: Ausweis des MwSt-Betrages und des Nettoerlöses für jeden Steuersatz.
Sonstige Angaben	Name und Anschrift des Unternehmers und Leistungsempfängers. Außerdem sind die Steuernummer oder Umsatzsteuer-Identifikationsnummer des Unternehmers anzugeben.
Belegzeichnung:	Der Aussteller hat den Beleg abzuzeichnen.
Belegverweis:	Kontierungsvermerk, der vom Beleg zum Konto verweist.

Damit die Betriebsausgaben steuerlich oder auf Grund gesetzlicher Vorschriften anerkannt werden, müssen sie auf gesonderten Konten zeitnah aufgezeichnet werden. Als zeitnah gilt eine Frist bis höchstens 1 Monat nach dem Geschäftsvorfall.

Bewirtungskosten: Angaben auf dem Beleg oder einem beigefügten Vordruck über bewirtete Personen einschließlich des Bewirtenden, daneben den Anlass der Bewirtung. Vom Wirt muss eine detaillierte Aufstellung der Speisen und Getränke auf maschinellem Beleg erfolgen; sie muss Namen und Anschrift der Gaststätte, bei Beträgen über 150 € auch die des Unternehmers, den Nettobetrag, MwSt-Ausweis und Unterschrift enthalten.

Geschenke unter 35 € an Geschäftsfreunde werden in einer Liste z. B. auf der Rückseite des Einkaufsbelegs dem jeweiligen Empfänger (Einzelperson, keine Firma) zugeordnet. Auch sie müssen auf einem separaten Konto erfasst werden.

Geringwertige Wirtschaftsgüter (seit 2008: Anschaffungskosten zwischen 150 € und 1.000 €) sind in einem Sammelposten zu erfassen oder ab 2010 wieder alternativ bis 410 € sofort abzuschreiben.

Löhne und Gehälter, auch von Aushilfen, sind auf einzelnen Lohnkonten und ggf. Aushilfsbelegen aufzuzeichnen. Die Abrechnung können Sie auch von einem Lohnprogramm vornehmen lassen.

Belege   H

Reisekosten: Eine Reisekostenabrechnung muss enthalten:
- Name des Reisenden,
- Zeit, Dauer, Ziel und Zweck der Reise, ggf. gefahrene Kilometer,
- Bemessungsgrundlage für den Vorsteuerabzug,

dazu
- ggf. Tankquittungen, Fahrscheine, Telefonkosten, Übernachtungs- und pauschale Verpflegungskosten, Bewirtungsbelege (separates Konto), Eigenbelege über Trinkgelder.

2. Belege kontieren

Die geordneten und geprüften Belege sollen kontiert und gebucht werden. Ob Sie nun die Belege kontieren und sofort buchen oder sämtliche Belege zunächst komplett vorkontieren, bleibt Ihnen überlassen.

Übliche Praxis ist es, bei einer Vielzahl gleichartiger Belege – soweit sinnvoll und gestattet – diese zusammenzufassen und die Einzelbeträge als Summe per Monatsletzten einzubuchen.

> **Achtung**
> Kassenbelege sind fortlaufend, erst unmittelbar vor dem Buchen zu nummerieren. Wenn Sie ein Kassenbuch führen (chronologische und einzelne Aufzeichnung), können auch hier gleiche Vorgänge eines Monats zusammengefasst eingebucht werden, z. B. per 30. April Briefmarken April 235 €, Tankquittungen April 370 € etc. Addieren Sie sämtliche Einzelbeträge auf und heften den Tippstreifen an die Einzelbelege.

Bei den Buchungskreisen der Eingangs- und Umsatzrechnungen verwenden Sie als fortlaufende Nummerierung den Eingangsstempel bzw. die von Ihnen vergebene Rechnungsnummer. Möglichst in dieser Reihenfolge sind auch die Buchungen zu erfassen.

Zur Kontierung war es früher üblich, in einem Stempel auf dem Beleg die Sollkonten und Habenkonten mit den jeweiligen Beträgen sowie das Buchungsdatum einzutragen. Heute wird in der EDV-Buchhaltung aus Zeitgründen auf „überflüssige" Angaben verzichtet.

> **Achtung**
> Bei Kontierung auf einem Bankkontoauszug z. B. fehlt die Angabe des Kontos, Betrags und Datums, da dies ohnehin ersichtlich ist. Man vermerkt zu jeder Buchung lediglich das Gegenkonto und ggf. den Schlüssel zur Umsatzsteuer. Ob die Bank im Soll oder im Haben bebucht wird, ergibt sich ebenfalls aus Eingang oder Ausgang.

Erfassen Sie jede Buchung direkt vom Bankbeleg in den Computer, dient z. B. als Belegnummer die Nummer des Kontoauszugs (um Rechnungen besser abstimmen zu können, wird in diesen Fällen sinnvoller die Rechnungsnummer erfasst). Geben Sie zu Beginn des Buchungskreises den Banksaldo des Monatsanfangs vor, so haben Sie nach jedem Auszug die Kontrolle, dass selbst die Cent-Beträge richtig eingegeben sind.

3. Buchen der Belege

Die kontierten Belege werden nach dem jeweiligen Buchungskreis (Kasse, Bank, Ausgangsrechnungen usw.) dem Datum nach auf Buchungslisten oder direkt in den Computer erfasst. Im zweiten Fall hilft ein Buchungsprotokoll (Primanota), jede einzelne Buchung wiederzufinden.

4. Belegablage

Bei der berüchtigten Schuhkartonablage verlieren Sie und – schlimmer noch – der Betriebsprüfer vom Finanzamt jeglichen Überblick und Kontrolle über die Buchhaltung.
Die einfachste Ablage erfolgt chronologisch nach Buchungskreisen. Sie buchen für jeweils einen Monat nacheinander die Kasse, Bank, Sparkasse, Postbank usw. und heften die nummerierten Belege hinter den Kontoauszug/Kassenbericht. Bei größeren Buchhaltungen empfehlen sich für jeden Buchungskreis eigene Aktenordner. In die Bankordner können Listen über Daueraufträge, Einzugsermächtigungen und sonstige Verträge eingeheftet werden.
Kunden- und Lieferantenrechnungen können Sie zusätzlich in Kopie, alphabetisch geordnet in separaten Ordnern ablegen. Auch ohne das Datum genau zu kennen, ist eine Rechnung dann schnell auffindbar.

7 Berichtigungsschlüssel

Das Feld „Gegenkonto" kann bis zu 7 Stellen aufnehmen:
vier Stellen: Sachkonto
fünf Stellen: Personenkonto
sechs Stellen: Sachkonto oder Personenkonto, erste Ziffer ist der Umsatzsteuerschlüssel
sieben Stellen: Sachkonto oder Personenkonto, erste Ziffer ist der Berichtigungsschlüssel.

Der Berichtigungsschlüssel mit den Ziffern 2 bis 9 ist für Korrekturen und die Aufhebung von Kontenfunktionen vorgesehen.

Der Schlüssel „2" kennzeichnet eine Stornobuchung (DATEV-Bezeichnung: Generalumkehr). Eine so geschlüsselte Buchung auf der rechten Seite erscheint mit negativen Vorzeichen auf der linken Seite, eine Buchung auf der linken Seite erscheint mit Minus auf der rechten.

Beispiel:

Der Warenverkauf zum 15.07. an den Kunden Hermann Hirsch (Personenkonto 12500) wurde versehentlich dem Modehaus Hans Hirsch (Personenkonto 12400) zugeschrieben und in der Juli-Buchhaltung verbucht.

Fehlbuchung in der Juli-Buchhaltung:

Umsatz	GegenKto	Datum	Konto	Text
23.491,20+	308000/304000	15.07.	12400	Restposten

Das Storno dieser Buchung erfolgt in der August-Buchhaltung unter dem gleichen Buchungsdatum auf der anderen Seite:

Umsatz	GegenKto	Datum	Konto	Text
23.491,20−	2308000/2304000	15.07.	12400	Restposten

Der Umsatz muss ein zweites Mal, diesmal unter Angabe des richtigen Debitorenkontos 12500 eingebucht werden. Dies kann man ebenfalls unter dem Datum 15.07. in der August-Buchhaltung (01.08.-31.08.) erledigen.

Zu erwähnen ist noch, dass auch bei verdichteten Konten – also der Zusammenfassung aller Buchungen eines Tages bzw. Monats zur Sammelbuchung – die Generalumkehr gesondert ausgewiesen ist.
Warum macht man sich die Mühe, eigens einen Korrekturschlüssel zu setzen, wenn eine Fehlbuchung auch durch Buchung auf der Gegenseite korrigiert werden könnte?
Die Stornobuchung löscht die Fehlbuchung auf der linken Seite. Eine Korrektur auf der rechten Seite würde nur den Kontensaldo richtig stellen. Die Summen der Sollseite sowie der Habenseite wären hingegen jeweils zu hoch ausgewiesen, gerade so, als habe Umsatz und Rechnungsausgleich stattgefunden. Für die Bemessung vom Jahresbonus kann dieser Unterschied aber wichtig werden.
Mit dem Stornoschlüssel können Sie auch Fehlbuchungen von Umbuchungen differenzieren, z. B.

| falsches Kostenkonto verwendet: | Storno durch Generalumkehr |
| Kostenersatz durch Dritte | Umbuchung auf der rechten Seite |

Auch sollten Fehlbuchungen im Anlagen- und Privatkontenbereich mit Rücksicht auf den Bilanzbuchhalter immer mit dem Korrekturschlüssel storniert werden. Zum Jahresabschluss kann beim Anlagenspiegel und bei der Gewinnverteilung ansonsten das Datenchaos ausbrechen.
Den Korrekturschlüssel „4" verwendet man, wenn die Automatikfunktion eines angesprochenen Kontos ausgeschaltet werden soll. Dies kann z. B. bei der Umbuchung zwischen zwei Wareneinkaufskonten mit automatischem Vorsteuerabzug sinnvoll sein.
Der Schlüssel „8" kombiniert die Aufhebung der Automatik mit der Generalumkehr. Hier bleibt z. B. bei der Stornierung die MwSt unberührt:

Beispiel:
Der Warenverkauf von brutto 11.900 € ist versehentlich auf dem Automatikkonto 4660 (Entnahme) anstatt auf 4400 verbucht worden:

Umsatz	GegenKto	Datum	Konto	Text
11.900,00-	1230/1830	18.07.	8940/4660	

Buchungszeile zur Stornierung und richtige Verbuchung des Verkaufs:

Umsatz	GegenKto	Datum	Konto	Text
10.000,00+	8008400/8004400	18.07.	8940/4660	Fehlbuchung 4660

Die weiteren Berichtigungsschlüssel können Sie dem Kontenrahmen entnehmen.

8 Beteiligungen

Als Beteiligungen gelten Anteile, die dem Geschäftsbetrieb durch dauernde Verbindung dienen sollen; bei Kapitalgesellschaften im Zweifel über 20 % der Anteile. Bei einer mehrheitlichen Beteiligung – auch von Tochterunternehmen über eine Konzernmutter – spricht man von **Anteilen an einem verbundenen Unternehmen**.

SKR03	SKR04	Kontenbezeichnung
0510	0820	Beteiligungen
0515	0830	Typisch stille Beteiligungen
0513	0840	Atypische stille Beteiligungen
0517	0850	Andere Beteiligungen an Kapitalgesellschaft
0518	0860	Andere Beteiligungen an Personengesellschaft
0520	0880	Ausleihungen an Unternehmen mit Beteiligungsverhältnis

Wie Forderungen gegen verbundene Unternehmen sind auch solche gegen Unternehmen mit Beteiligungsverhältnis auszuweisen. Die vorgesehenen Konten lauten:

SKR03	SKR04	Kontenbezeichnung
1597	1280	Forderungen gg. Untern. m. Beteiligungsverhältnis
1598	1281	Forderungen gg. Untern. m. Beteiligungsverhältnis (b. 1 J.)
1599	1285	Forderungen gg. Untern. m. Beteiligungsverhältnis (g. 1 J.)
1320	1286	Besitzwechsel gg. Untern. m. Beteiligungsverhältnis
1321	1287	Besitzwechsel gg. Untern. m. Beteiligungsverhältnis (b. 1 J.)
1322	1288	Besitzwechsel gg. Untern. m. Beteiligungsverhältnis (g. 1 J.)
1325	1289	Besitzwechsel gg. Untern. m. Beteiligungsverhältnis, bundesbankfähig
1480	1290	Forderungen Lieferungen/Leistungen gg. Untern. m. Beteiligungsverhältnis.
1481	1291	Forderungen Lieferungen/Leistungen gg. Untern. m. Beteiligungsverhältnis (b. 1 J.)

H Glossar

SKR03	SKR04	Kontenbezeichnung
1485	1295	Forderungen Lieferungen/Leistungen gg. Untern. m. Beteiligungsverhältnis (g. 1 J.)
0830	1298	Ausstehende Einlage eingefordert

Verbindlichkeiten gegenüber solchen Unternehmen, mit denen ein Beteiligungsverhältnis besteht, sind im Anhang zu erläutern oder durch Verwendung nachfolgender Konten in einen Davonvermerk in der Bilanz einzusteuern.

SKR03	SKR04	Kontenbezeichnung
0715	3450	Verbindl. ggü. Untern. mit Beteiligungsverhältnis
0716	3451	Verbindl. ggü. Untern. mit Beteiligungsverhältnis (b. 1 J.)
0720	3455	Verbindl. ggü. Untern. mit Beteiligungsverhältnis (1–5 J.)
0725	3460	Verbindl. ggü. Untern. mit Beteiligungsverhältnis (g. 5 J.)
1640	3470	Verbindl. aus Lieferungen/Leistungen ggü. Untern. m. Beteiligungsverhältnis
1641	3471	Verbindl. aus Lieferungen/Leistungen ggü. Untern. m. Beteiligungsverhältnis (b. 1 J.)
1645	3475	Verbindl. aus Lieferungen/Leistungen ggü. Untern. m. Beteiligungsverhältnis (1–5 J.)
1658	3480	Verbindl. aus Lieferungen/Leistungen ggü. Untern. m. Beteiligungsverhältnis (g. 5 J.)

9 Bruttolohnverbuchung

Bei der Bruttoverbuchung sind sämtliche Personalkosten als Gesamtverbindlichkeit auf dem Lohnverrechnungskonto zu erfassen. Dieses wird durch die Zahlungen nach und nach aufgelöst.

SKR03	SKR04	Kontenbezeichnung
1755	3790	Lohn- und Gehaltsverrechnungen

Was hier zunächst als bloße Mehrarbeit aussieht, erleichtert tatsächlich die Abstimmung zwischen Lohnbuchhaltung und Finanzbuchhaltung. Sollte das Verrechnungskonto am Ende des Monats nicht ausgeglichen sein, so finden sich im Nachhinein falsche Zahlungen oder Buchungsfehler leichter. Die DATEV gibt auf den Bruttolohnlisten aus dem Lohnprogramm die Beträge der einzelnen Buchungen

bereits vor und erleichtert insofern die Rechenarbeit.
Für die Bruttolohnverbuchung muss ein weiterer Buchungskreis für das Verrechnungskonto oder ganz allgemein für „Umbuchungen" oder „Diverses" geöffnet werden. Auf diesem werden die einzelnen Lohnbestandteile eingebucht gegen das Lohnverrechnungskonto SKR03: 1755 bzw. SKR04: 3790.

H Glossar

Buchungsliste — Mai 20

Verrechnungskonto: 3790

Beleg-Datum	Buchungs-Nummer	Text	Konto	Soll	Haben
31.05.20	LG10050002	Gehalt	6020	9.639,02 EUR	
31.05.20	LG10059021	VWL 1 Zuschuss	6080	39,88 EUR	
31.05.20	LG10059024	VWL 1 Überweisung	3770		39,88 EUR
31.05.20	LG10059034	Umlage U1	6110	79,84 EUR	
31.05.20	LG10059034	Umlage U1	3740		79,84 EUR
31.05.20	LG10059035	Umlage U2	6110	11,13 EUR	
31.05.20	LG10059035	Umlage U2	3740		11,13 EUR
31.05.20	LG10059036	AG-Anteil an gesetzlicher SV	6110	2.332,54 EUR	
31.05.20	LG10059037	Verbindlichkeiten aus gesetzlicher SV	3740		3.307,51 EUR
31.05.20	LG10059038	Verbindlichkeiten aus LSt,SolZ,KiSt	3730		121,68 EUR
31.05.20	LG10059039	Verbindlichkeiten aus Lohn und Gehalt	3720		8.606,89 EUR
31.05.20	LG10059040	AG-Anteil an LSt,SolZ,KiSt	6040	156,12 EUR	
31.05.20	LG10059042	Verbindlichkeiten aus einheitlicher Pauschsteuer	3740		91,60 EUR
Summen EUR:				12.258,53 EUR	12.258,53 EUR

Abb. 43: Buchungsliste

Bruttolohnverbuchung **H**

Beispiel:

Aus dem Abschnitt zur Nettoverbuchung von Löhnen und Gehältern:
Laut Buchungsliste werden folgende Lohnbestandteile gegen das Verrechnungskonto eingebucht und anschließend an die Verbindlichkeitskonten verteilt:

FIRMA: Elektro Zapp, Mandant: 345, Buchhaltung: 5/15, Konto: Verrechnungen

	Umsatz	GegenKto	Datum	Konto	
1	9.639,02-	4120/6020	31.05.	1755/3790	Gehalt
2	39,88-	4170/6080		1755/3790	VWL 1 Zuschuss
3	39,88+	1750/3770		1755/3790	VWL Verbindl.
	...				
	...				
	3.307,51+	1742/3740	31.05.	1755/3790	Verbindlichkeiten aus gesetzlichen Sozialbeiträgen
	121,68+	1741/3730	31.05.	1755/3790	Verbindlichkeiten aus Lohnsteuer usw.
	8.606,89+	1740/3720	31.05.	1755/3790	Verbindlichkeiten aus Lohn und Gehalt

Bei Zahlungen der Lohnbestandteile werden nur noch die Verbindlichkeitskonten ausgeglichen.

FIRMA: Elektro Zapp, Mandant: 345, Buchhaltung: 6/15, Konto: Bank, Blatt: 1

Umsatz	GegenKto	Datum	Konto	
3.307,51-	1741/3730	27.05.	1210/1810	Überweisung Vorläufige Sozialbeiträge
8.606,89-	1740/3720	01.06.	1210/1810	Sammelüberweisung Nettolöhne und -gehälter
~~	~~~	~~~		
121,68-	1741/3730	13.06.		LSt/KiSt an Finanzamt
~~	~~~	~~~		
~~	~~~	~~~		

H
Glossar

FIRMA: Elektro Zapp, Mandant: 345, Buchhaltung: 6/15, Konto: Kasse, Blatt: 1

	Umsatz	GegenKto	Datum	Konto	
	~~	~~~	~~~	1000/1600	
1	5.666,76–	1755/3790	02.06.		Aushilfslöhne
	~~	~~~	~~~		

10 Buchführungspflicht

Nach Handelsrecht ist jeder Kaufmann verpflichtet, Bücher zu führen und in diesen seine Handelsgeschäfte und die Lage seines Vermögens nach den Grundsätzen ordnungsmäßiger Buchführung (GoB) ersichtlich zu machen.

Keine Buchführungspflicht besteht für

- Freiberufler und andere selbstständig Tätige wie: Anlagenberater, Arzt, Architekt, Bauzeichner, beratender Betriebs- oder Volkswirt, Erfinder, EDV-Berater, Fotograf, Hebamme, Ingenieur, Journalist, Konkursverwalter, Krankengymnast und -pfleger, Künstler, Marktforschungsberater, Musiker, Notar, Personalberater, Rechtsanwalt, Redakteur, Rentenhändler, Schriftsteller, Sprachtherapeut, Steuerberater, Übersetzer, Unternehmensberater – sofern sie tatsächlich und nicht nur auf dem Papier selbstständig tätig sind.
- Kleinunternehmer nach § 141 Abgabenordnung, die nicht im Handelsregister eingetragen sind und keine der folgenden Grenzen überschreiten:
- Umsätze unter 500.000 €
- Gewinn unter   50.000 €

Diese Unternehmer können die **Gewinnermittlung** nach § 4 Abs. 3 EStG (Einnahmenüberschussrechnung) wählen, wenn sie nicht freiwillig Bücher führen und regelmäßig Bilanzen erstellen.

11 Buchhaltungstechnik

Doppelte Buchführung

In der doppelten Buchführung erfasst man auf Sachkonten sämtliche **Geschäftsvorfälle** eines laufenden Wirtschaftsjahres sowohl im Hinblick auf ihre Vermögens-, als auch Erfolgswirkung. Dementsprechend werden die Sachkonten in Bestandskonten und Erfolgskonten unterschieden. Der Jahresgewinn oder -verlust wird zum Jahresende doppelt festgestellt:
1. In der Bilanz durch Vermögensvergleich zu Beginn und Ende des Jahres. Dazu werden sämtliche Bestandskonten abgerechnet. Eine insgesamte Vermögensmehrung stellt den Jahresgewinn dar, als einen sich verändernden Teil des Eigenkapitals.
2. In der Gewinn- und Verlustrechnung durch Gegenüberstellung von Aufwand und Ertrag. Hier fließen sämtliche Erfolgskonten ein. Der Unterschiedsbetrag (Saldo) entspricht dem Jahresergebnis.

Während der gesamte Aufwand und Ertrag letztlich das Jahresergebnis eines Unternehmens bestimmt, beschreiben Einzahlungen und Auszahlungen nur Zahlungsbewegungen auf Geldkonten wie Kasse, Bank, Sparkasse etc. Betriebsausgaben und -einnahmen sind immer Aufwand und Ertrag, können aber als Geldbewegung oder als zusätzliche Forderung/Verbindlichkeit erscheinen.

Bestandskonten

Diese Konten übernehmen vom **Eröffnungsbilanzkonto** zu Beginn des Jahres die Anfangsbestände. Nachdem im Laufe des Jahres sämtliche Bestandsveränderungen auf den jeweiligen Konten verbucht wurden, muss der errechnete Jahresendbestand mit dem Inventurwert zum Jahresende übereinstimmen.
- Aktive Bestandskonten   Zugang im Soll – linke Seite
- (Vermögenskonten)   Abgang im Haben – rechte Seite
- Passive Bestandskonten   Zugang im Haben – rechte Seite
- (Kapitalkonten, Schulden)   Abgang im Soll – linke Seite

Der Endbestand eines Bestandskontos bestimmt sich aus dem Unterschiedsbetrag zwischen beiden Seitensummen, dem Saldo. Wenn der Saldo verbucht wird, gilt das Konto als abgeschlossen. Es herrscht Summengleichheit.

Erfolgskonten

Auf ihnen wird im Laufe des Jahres der betriebliche Aufwand und Ertrag erfasst. Buchungen auf diesen Konten beeinflussen letztlich nur ein einziges Bestandskonto, das Eigenkapitalunterkonto „Jahresgewinn". Zum Jahresende werden sämtliche Erfolgskonten abgeschlossen und über das Hilfskonto „Gewinn- und Verlustkonto" saldiert. Der Saldo dieses Kontos wiederum entspricht dem Jahresgewinn/Jahresverlust.
* Aufwandskonten
  Erfassung im Soll – linke Seite
  Erstattungen im Haben – rechte Seite
* Ertragskonten
  Erfassung im Haben – rechte Seite
  Ertragsminderung im Soll – linke Seite

Die Verbuchung der Geschäftsvorfälle erfolgt in zeitlicher und sachlicher Anordnung jeweils auf mindestens zwei betroffenen Konten. Die Entscheidung, welche Konten tatsächlich betroffen sind, nennt man Kontierung.

Beispiel:
Der Barkauf von Schreibwaren am 06.07. in Höhe von 238,00 € brutto wird sowohl auf den Konten „Bürobedarf" und „Vorsteuer" im Eingang/Soll als auch auf dem Konto „Kasse" als Umsatz/Haben erfasst. Der Aufwand nimmt in dem Maße zu wie das Vermögen abnimmt.
Um die Buchung zu beschreiben, formuliert man einen standardisierten Buchungssatz, hier:
06.07.
Bürobedarf 200,00 € und Vorsteuer 38,00 € an Kasse 238,00 €
oder ganz allgemein:
Soll (Konto, Betrag) an Haben (Konto, Betrag)

Im DATEV-System wird der Buchungssatz in folgender Buchungszeile erfasst:

Umsatz	GegenKto	Beleg	Datum	Konto	Text
238,00-	904930/906815		06.07.	1000/1600	

Der Endsaldo jedes Erfolgskontos wird zum Jahresende vom DATEV-System automatisch gegen das Gewinn- und Verlustkonto gebucht und ist damit ausgeglichen. Auf dem Gewinn- und Verlustkonto erscheint sämtlicher Aufwand auf der linken Seite, sämtliche Erträge auf der rechten Seite. Der Unterschiedsbetrag zwischen beiden Seiten entspricht dem Jahresergebnis. Ein Saldo auf der linken Seite bedeutet, dass die Erträge rechts den Aufwand links übersteigen. Dies bedeutet einen Gewinn. Steht der Saldo auf der rechten Seite, so war das Jahresergebnis negativ.

12 Debitorenkonten

Die fünfstelligen Kundenkonten (Debitoren) liegen außerhalb des Sachkontenrahmens im Nummernbereich 10000 bis 69999. Wenn Sie Debitorenkonten bebuchen, sollte von den jeweiligen Firmendaten zumindest der Name erfasst werden. Es hat sich bewährt, einzelne Personenkonten nur für Großkunden zu führen und andere Geschäftspartner gesammelt abzuwickeln. Die Anlage von individuellen Sachkonten und Personenkonten kann en bloc bei der Einrichtung der Buchhaltung erfolgen oder später beim Buchen ergänzt werden.

Gliederungsbeispiel für die „Diversen":

Konten	Bezeichn.	Konten	Bezeichn.	Konten	Bezeichn.	Konten	Bezeichn.
11100	Diverse A	11200	Diverse B	11300	Diverse C	11400	Diverse D
11500	Diverse E	11600	Diverse F	11 700	Diverse G	11800	Diverse H
11900	Diverse I	12000	Diverse J	12100	Diverse K	12200	Diverse L
12300	Diverse M	12400	Diverse N	12 500	Diverse O	12600	Diverse P
12700	Diverse Q	12800	Diverse R	12900	Diverse S	13000	Diverse SCH
13100	Diverse ST	13200	Diverse T	13300	Diverse U	13400	Diverse V
13500	Diverse W	13600	Diverse X	13700	Diverse Y	13800	Diverse Z

Beispiel:
Ein Spediteur stellt dem Computerhändler YZ, Debitorenkonto #16100 seine Transportleistung mit netto 3.000 € in Rechnung.
Nach sechs Wochen geht der Rechnungsbetrag ein.

Ausgangsrechnung an Kunde YZ

Umsatz	GegenKto	Beleg	Datum	Konto	Text
3.480,00-	16100		01.07.	8400/4400	Transport YZ

Zahlungseingang von Kunde YZ

Umsatz	GegenKto	Beleg	Datum	Konto	Text
3.480,00+	16100		12.08.	1210/1810	Zahlungseing. YZ

Nach Rechnungsausgleich ist auch das Debitorenkonto von Kunde XY ausgeglichen: Forderung und Zahlung saldieren zu 0 €. Die Salden sämtlicher Debitorenkonten erscheinen automatisch in einer Summe auf folgendem Sachkonto:

SKR03	SKR04	Kontenbezeichnung
1400	1200	Forderungen aus Lieferungen und Leistungen

Da dieses Konto für die Salden sämtlicher Debitorenkonten vom DATEV-System reserviert ist, kann es nicht direkt bebucht werden. Geschieht dies trotzdem, so lehnt das Programm die Buchungen ab, um eventuelle Differenzen zwischen Sachkonto und den dazugehörigen Kundenkonten zu verhindern.

Beispiel:
für Debitorenkonten ohne Null-Saldo (= Ausstehende Forderungen):

Konto	Bezeichnung	Saldo	Erläuterung
11500	Diverse E	1.349,50	Forderung
11900	Diverse I	204,60	Forderung
12600	Diverse P	435,90	Forderung
14100	Fa. Godot	24.320,00	Forderung
1400/1200	Forderungen LuL	26.310,00	Debitoren insgesamt

Debitorenkonten H

Übung:

in drei Teilen:

Elektro Zapp hat Anfang Juli keine ausstehenden Forderungen: Sämtliche Personenkonten sind ausgeglichen. Vor Ihnen liegen 4 Ausgangsrechnungen vom 03. Juli an verschiedene Kunden:

Konto	Kunde	Rechnungsbetrag	Rechnungsnummer
16 050	Fa. Schlundt	2.380,00	1040
11 900	Ibach (Diverse I)	204,60	1041
12 600	Paulhardt (Diverse P)	435,90	1042
14 100	Fa. Godot	24.320,00	1043

nach folgendem Muster:

Glossar

Elektro Zapp

An:
Firma
Schlundt
Rathausstr. 15
64560 Riedstadt

Lieferadresse:

Rechnung

Rechnung Nr. 1040
DATUM: 03.07.2015

Verkäufer	Auftragsnr.	Lieferdat.	Versandart	Lieferbed.	KD-Nr..
Zp		03.07.15	Lkw	frei Haus	16050

Wir lieferten Ihnen:

Gegenstand	Anzahl	Einzelpreis	Betrag
Verteilerschrank	1	2.000,00 €	2.000,00 €
		Zwischensumme	2.000,00 €
		+ 19 % MWSt	380,00 €
Rechnungsbetrag			2.380,00 €

Zahlbar sofort rein netto

BESTEN DANK FÜR IHREN AUFTRAG !

Telefon 06152-3020 FAX 4057 Elektromeister Rudolf Zapp
Sparkasse Riedstadt 64560 Riedstadt Bahnhofstr. 2
(BLZ 509 515 34) Kto. 11 00 41 St.Nr. 08/123/12435

Debitorenkonten H

Erstens:
Verbuchen Sie die Ausgangsrechnungen und verwenden Sie dabei die Rechnungsnummer in der Belegspalte und tragen Sie bei einer Buchung auf „Diverse" Konten als Text den Kundennamen ein.

FIRMA: Elektro Zapp, Mandant: 345, Buchhaltung: 7/15, Konto: Ausgangsrechnungen,Blatt: 1

Umsatz	GegenKto	Beleg	Datum	Konto	Text
2.380,00-	16050	1040	03.07.	8400/4400	

Zweitens:
Verbuchen Sie anschließend nachfolgenden Kontoauszug vom 08. Juli:

Konto-Nummer	A-Bank Frankfurt		Konto-Auszug	Auszug/Blatt
10057890	BLZ: 54036000			314

Datum	Wert	Buchungs-text	Soll	Umsätze	Haben
04.07.20XX	07.07.20XX	Schlundt Rg			2.380,00
07.07.20XX	07.07.20XX	Paulhardt			435,90
07.07.20XX	01.07.20XX	Rg 1041			204,60

Herrn/Frau/Firma   Alter Kontostand
                                        3.201,50

Elektro Zapp
60234 Frankfurt   Neuer Kontostand
                                        6.222,00
                        Auszug vom: 08.07.20XX

Drittens:
Welcher Betrag erscheint auf dem Konto #1400/1200 „Forderungen aus Lieferungen und Leistungen", wenn Anfang Juli keine Forderungen offen standen und keine weiteren Rechnungen ausgeglichen wurden?

167

Glossar

FIRMA: Elektro Zapp, Mandant: 345, Buchhaltung: 7/15, Konto: Bank, Blatt: 1

Umsatz	GegenKto	Beleg	Datum	Konto	Text
~~	~~~~	~~~~	~~~~	1210/1810	
2.380,00+	16050	1040	07.07.		
~~	~~~~	~~~~	~~~~		

Lösung:
Erstens:

Umsatz	GegenKto	Beleg	Datum	Konto	Text
2.380,00–	16050	1040	03.07.	8400/4400	
204,60–	11900	1041			Ibach
435,90–	12600	1042			Paulhardt
	14100	1043			

Zweitens:

Umsatz	GegenKto	Beleg	Datum	Konto	Text
~~	~~~~	~~~~	~~~~	1210/1810	
2.380,00+	16050	1040	07.07		
435,90+	12600	1042			Paulhardt
204,60+	11900	1041			Ibach
~~	~~~~	~~~~	~~~~		

Drittens:
Zum 07. Juli bleibt lediglich noch die Rechnung an die Fa. Godot offen. Die ausstehenden Forderungen und damit der Bestand auf dem Konto 1400/1200 belaufen sich somit auf 24.320 €.

13 Differenzbesteuerung

Im Regelfall sind Umsätze entweder als ganzes umsatzsteuerpflichtig oder nicht. Die Differenzbesteuerung nach § 25a UStG bildet eine Ausnahme. Dazu müssen zwei Konten angelegt werden, für den steuerfreien und den steuerpflichtigen Teil („Differenz") der Erlöse.
Das folgende Erlöskonto sollte für den Wiederverkauf von Gebrauchtgegenständen bis zur Höhe der Anschaffungskosten definiert werden:

Differenzbesteuerung   H

SKR03	SKR04	Kontenbezeichnung (SKR)
8193	4138	Differenzbesteuerung, Erlöse ohne USt. § 25a

Dieser Teil des Verkaufserlöses bleibt umsatzsteuerfrei, wenn
1. beim Ankauf des Gegenstandes kein Vorsteuerabzug gegeben war,
2. der Wiederverkäufer Unternehmer ist und
3. es sich beim Gegenstand weder um Edelmetall noch um einen Edelstein handelt.

Die Differenz zum Verkaufspreis ist steuerpflichtig. Auf der Rechnung darf jedoch keine Umsatzsteuer ausgewiesen werden, da aus der Differenz für den Käufer auch kein Vorsteuerabzug möglich ist. Ist der Verkäufer selbst ein Wiederverkäufer, dann kann auch er die Differenzbesteuerung anwenden.

Mehrwertsteuerpflichtig ist nur die Differenz zwischen Ankaufs- und Verkaufspreis des Gegenstandes beim Ankauf von
1. einer Privatperson,
2. einem Kleinunternehmer unter 17.500 € Jahresumsatz oder
3. einem Kollegen mit seinerseits angewandter Differenzbesteuerung oder
4. einem anderen Unternehmer mit überwiegend umsatzsteuerfreien Erlösen (Arzt, Versicherungsvertreter usw.),

also der Rohaufschlag auf den Einkauf.

SKR03	SKR04	Kontenbezeichnung (SKR)
8191	4136	Differenzbesteuerung, Erlöse mit USt. § 25a

Beispiel:
Ein Fotohändler verkauft an eine Privatperson eine Fotoausrüstung zum Preis von 2.380 € inkl. 19 % MwSt und nimmt eine gebrauchte Kamera zu 1.000 € in Zahlung. Diese gebrauchte Kamera verkauft der Händler einige Tage später zum Preis von 1.476 €.

1. Verkauf der Kamera und Inzahlungnahme

Umsatz	GegenKto	Datum	Konto	Text
1.380,00+	8400/4400		1000/1600	Bareinnahme
1.000,00+	8400/4400		3220/5220	Gebrauchtkameras

2. Verkauf der gebrauchten Kamera

Umsatz	GegenKto	Datum	Konto	Text
1.476,00–	1000/1600		8193/4138	Differenzbesteuerung Erlöse o. USt
476,00+	8191/4136		8193/4138	Differenzbesteuerung Erlöse mit USt

Es empfiehlt sich, bereits beim Wareneinkauf eine genaue Artikelbezeichnung zu benennen. Damit lassen sich die Verkäufe und die damit verbundenen Differenzen leichter feststellen.

Bei einem Einkaufswert der einzelnen Gegenstände von jeweils unter 500 € kann der Wiederverkäufer nach § 25a Abs. 4 UStG eine Gesamtdifferenz bilden. Es müssen also keine einzelnen Gegenstände und Differenzen identifiziert und umgebucht werden:

Beispiel:

Verkäufe im Juli, Einkaufswert unter 1.000,00 €	55.000,00 €
Einkäufe im Juli, Einkaufswert unter 1.000,00 €	45.000,00 €
Gesamtdifferenz brutto	10.000,00 €

14 Entnahmen

Im Gegensatz zur Entnahme von Bargeld ist die Entnahme von Gegenständen oder Leistungen Umsatzerlösen gleich gestellt. Auch wenn im Regelfall kein Entgelt gezahlt wird, so ist die Entnahme dennoch grundsätzlich umsatzsteuerpflichtig. In diesem Fall stellt sich allerdings die Frage der Bewertung der entnommenen Ware oder Anlageguts bzw. der erbrachten Leistung. Es wird nicht der reguläre Verkaufspreis angesetzt, sondern der niedrigere Wiederbeschaffungspreis („Teilwert").

Entnahmen   H

Diese fiktive Entnahme – im Lebensmitteleinzelhandel, Bäckereien, Gaststätten usw. – wird auf der Grundlage der amtlichen Richtsätze und der Anzahl der Personen im Haushalt ermittelt.
Die Pauschbeträge aus dem Auszug der amtlichen Richtsatzsammlung mit Stand 2015 entsprechen Netto-Jahreswerten pro Person. Für Kinder von 2 bis 12 Jahren ist die Hälfte des jeweiligen Wertes anzusetzen. Bei gemischten Betrieben wie z. B. Bäckerei mit Lebensmittelangebot ist nur der jeweils höhere Pauschbetrag anzusetzen.

Gewerbeklasse	Jahreswert für eine Person ohne Umsatzsteuer		
	Ermäßigter Steuersatz	Voller Steuersatz	Insgesamt
	EUR	EUR	EUR
Bäckerei	1.192	402	1.594
Fleischerei	925	831	1.713
Gast- und Speisewirtschaften			
a) mit Abgabe von kalten Speisen	1.166	978	2.144
b) mit Abgabe von kalten und warmen Speisen	1.608	1.755	3.363
Getränkeeinzelhandel	94	295	389
Café und Konditorei	1.152	643	1.795
Milch, Milcherzeugnisse, Fettwaren und Eier (Einzelhandel)	643	67	710
Nahrungs- und Genussmittel (Eh)	1.313	750	2.063
Obst, Gemüse, Südfrüchte und Kartoffeln (Eh)	295	215	510

Individuelle Essgewohnheiten, Krankheit oder Urlaub rechtfertigen keine Abschläge. Die monatliche Erfassung eines den tatsächlichen Verhältnissen entsprechenden Eigenverbrauchs hilft Ihnen, eine unrealistische, höher ausfallende Pauschalierung zum Jahresabschluss zu vermeiden.

Beispiel:
Im Haushalt eines Lebensmittelhändlers lebt das Ehepaar mit ihren zwei Kindern im Alter von 1 1/2 und 12 Jahren. Der Unternehmer pauschaliert die jährlichen Unentgeltlichen Wertabgaben (Sachentnahmen) wie folgt:

H Glossar

	Gewerbeklasse	Waren zu 7 %	Waren zu 19 %
Eltern	2 × Richtsätze	2.626,00	1.500,00
1 1/2-jähriges Kind		0	0
12-jähriges Kind	1/2 Richtsatz	656,50	375
Gesamt		3.282,50	1.875,00

Soll	Haben	GegenKto	Datum	Kto	Text
2.231,25		8910/4620		1880/2130	Unentgeltliche Wertabgabe (Waren) 19 % USt
3.512,28		8915/4610		1880/2130	Unentgeltliche Wertabgabe (Waren) 7 % USt

Auch die Entnahme eines Anlagegutes ist steuerpflichtig. Bei einer unentgeltlichen Entnahme wird ein fiktiver Erlös erfasst. Bei einer nur verbilligten Entnahme entspricht der unentgeltliche Erlös der Differenz zum Marktwert.

Beispiel:
Verkauf des abgeschriebenen Firmenwagens an die Tochter des Unternehmers. Sie zahlt 500 € in die Firmenkasse. Der Marktwert laut Gebrauchtwagenliste beträgt noch 2.900 € inkl. USt.

Buchwert	1 €
Marktpreis (netto)	2.500 €
Buchgewinn	2.499 €
Verkaufserlös (brutto)	500 €
Marktpreis (brutto)	2.900 €
Entnahme (brutto)	2.400 €

SKR03	SKR04	Kontenbezeichnung
8800	4845	Erlöse Anlagenverkäufe 19 % USt, Buchgewinn
2315	4855	Anlagenabgang Restbuchwert, Buchgewinn
0320	0520	PKW

Entnahmen

Umsatz	GegenKto	Konto	Text
500,00+	8801/4845	1000/1600	Verkauf Pkw
2.400,00+	8910/4620	1880/2130	Entnahme Pkw
1,00-	2315/4855	0320/0520	Abgang Pkw

Unentgeltliche Wertabgaben unterliegen nicht der USt, wenn für die zu Grunde liegende Leistung kein Vorsteuerabzug gegeben war. Wird z. B. der Eigenverbrauch durch private Kfz-Nutzung durch ein Fahrtenbuch ermittelt, dann unterliegt die anteilig private Kfz-Steuer und Kfz-Versicherung nicht der USt.

Nicht nur die Entnahmen durch den Unternehmer oder seine Angehörigen sind steuerpflichtig. Die unentgeltlichen Wertabgaben umfassen sämtliche Entnahmen und Verwendungen von Gegenständen sowie sonstige Leistungen für Zwecke außerhalb des Unternehmens:
- z. B. die unentgeltliche Zuwendung eines Gegenstandes durch einen Unternehmer an sein Personal für dessen privaten Bedarf, sofern keine Aufmerksamkeiten vorliegen;
- jede andere unentgeltliche Zuwendung eines Gegenstandes, ausgenommen Geschenke von geringem Wert und Warenmuster für Zwecke des Unternehmens.

Beispiel:
Ein Rohbauunternehmer errichtet für private Wohnzwecke ein schlüsselfertiges Haus mit Mitteln des Unternehmens. Gegenstand der Entnahme ist hier das schlüsselfertige Haus – nicht lediglich der Rohbau.

Ein Schuhhersteller spendet Computer an örtliche Schulen, an den Sportverein einen gebrauchten Transporter sowie einige Schuhe für deren Weihnachtstombola.

Voraussetzung ist, dass der Gegenstand oder seine Bestandteile zum vollen oder teilweisen Vorsteuerabzug berechtigt haben. Nicht zum Vorsteuerabzug berechtigt der Erwerb von Gegenständen von
- Privatpersonen
  steuerfrei nach § 4 Nr.8 bis 28 UStG liefernden Unternehmern (z. B. Arzt, Bausparkassen-/Versicherungsvertreter usw.)
- Kleinunternehmern nach § 19 Abs. 1 UStG

- sowie Einbringung oder Erwerb aus dem nichtunternehmerischen Bereich eines Unternehmers in das Unternehmen.

Eine unentgeltliche Abgabe dieser Gegenstände ist nicht steuerbar. Als sonstige Leistungen gelten:
- die Verwendung eines dem Unternehmen zugeordneten Gegenstandes, der zum vollen oder teilweisen Vorsteuerabzug berechtigt hat und die unentgeltliche Erbringung einer anderen sonstigen Leistung
- durch einen Unternehmer für Zwecke, die außerhalb des Unternehmens liegen oder
- für den privaten Bedarf seines Personals, sofern keine Aufmerksamkeiten vorliegen.

Beispiel:
Ein Unternehmer nutzt das Geschäftstelefon auch für private Gespräche. Eine Nutzungsentnahme ist nur bei den dem Unternehmen zugeordneten Gegenständen möglich, was bei dem in der Verfügungsmacht der Telekom bleibenden Telefonapparat jedoch nicht der Fall ist. Bei der nichtunternehmerischen Nutzung fremder Geräte und von Fernsprechdienstleistungen ist die auf die Grundgebühren, auf die Gesprächsgebühren und auf die Geräteanmietung entfallende Umsatzsteuer entsprechend dem Verwendungszweck in einen abziehbaren und nicht abziehbaren Anteil aufzuteilen. Durch die nichtunternehmerische Nutzung wird in diesem Fall kein Eigenverbrauch durch Wertabgabe verwirklicht.

Dagegen erfolgt bei der Privatnutzung von unternehmerisch genutzten selbst angeschafften, eigenen Telefongeräten (-anlagen), für die der Unternehmer den Vorsteuerabzug geltend machen konnte, eine als Eigenverbrauch zu versteuernde Nutzungswertabgabe. Bemessungsgrundlage hierfür ist der dem privaten Nutzungsanteil entsprechende Anteil der AfA für die jeweiligen Geräte. Aus der Anschaffung der eigenen Geräte erhält der Unternehmer jedoch den vollen Vorsteuerabzug.

Entnahmen   H

Beispiele:
Ein Bauunternehmer setzt einen Bauhilfsarbeiter zur Gartenpflege seines selbstbewohnten Einfamilienhauses ein.
Ein Unternehmer setzt die im Unternehmen angestellte Putzfrau auch zum Putzen seines Privathaushaltes ein.
Der Zahnarzt repariert in seinem Labor eine Zahnbrücke für seine Frau.
Ein Architekt lässt unentgeltlich für seinen Freund durch einen bei ihm angestellten Bauzeichner den Entwurf eines Bauplans fertigen.

Diese Leistungsentnahmen sind dann nicht zu erfassen und zu besteuern, wenn im Zusammenhang mit der Ausführung der Dienstleistungen keine Kosten entstehen. In diesem Fall liegt begrifflich keine Wertabgabe aus dem Unternehmen vor.

Beispiel:
Ein Steuerberater berät einen Freund auf einer Segeltour unentgeltlich über die Vorteile der Ansparabschreibung. Da keine konkreten Kosten entstehen, liegt keine zu besteuernde Wertabgabe vor.

Nicht steuerbar sind auch die unentgeltlichen sonstigen Leistungen aus unternehmerischen Gründen.

Beispiel:
Der Schuhfabrikant überlässt dem örtlichen Sportverein kostenlos einen gebrauchten Transporter mit Werbeaufschrift für jedes Wochenende. Der Wagen bleibt im Eigentum des Fabrikanten und wird jeden Sonntagabend an ihn zurückgegeben.

SKR03	SKR04	Kontenbezeichnung (SKR)
8900	4600	Unentgeltliche Wertabgaben
8905	4605	Entnahme von Gegenständen (ohne USt)
8915	4610	Entn. durch Untern. für Zw. außerh. des Untern. (7 % USt)
8919	4619	Entn. durch Untern. für Zw. außerh. des Untern. (o. USt)
8910	4620	Entn. durch Untern. für Zw. außerh. des Untern. (19 % USt)
8905	4630	Verw. von Gegenst. für Zw. außerh. des Untern. (7 % USt)
8924	4639	Verw. von Gegenst. für Zw. außerh. des Untern. (o. USt)
8920	4640	Verw. von Gegenst. für Zw. außerh. des Untern. (19 % USt)
8932	4650	Unentgeltliche Erbringung einer sonst. Leistung (7 % USt)

SKR03	SKR04	Kontenbezeichnung (SKR)
8929	4659	Unentgeltliche Erbringung einer sonst. Leistung (o. USt)
8925	4660	Unentgeltliche Erbringung einer sonst. Leistung (19 % USt)
8945	4670	Unentgeltliche Zuwendung von Waren (7 % USt)
8939	4679	Unentgeltliche Zuwendung von Waren (ohne USt)
8935	4680	Unentgeltliche Zuwendung von Waren (19 % USt)
8940	4686	Unentgeltliche Zuwendung von Gegenständen (19 % USt)
8949	4689	Unentgeltliche Zuwendung von Gegenständen (ohne USt)

15 Eröffnungsbilanzkonto

Die Jahresabschlussbilanz wird aus laufender Buchhaltung, Abschlussbuchungen und Inventurwerten zum Jahresende aufgestellt. Die Bestände an Vermögenswerten werden links angeordnet (Aktiva), Schulden und Eigenkapital auf der rechten Seite (Passiva).
Sämtliche Erfolgskonten saldieren zum Jahresende mit dem Jahresgewinn und sind mit Ablauf eines Wirtschaftsjahres über das Eigenkapital abgeschlossen. Da zu Jahresbeginn sämtliche Vermögenswerte und Schulden erhalten bleiben, sind vor dem Buchen der Geschäftsvorfälle lediglich die Bestandskonten vorzutragen.
Zum Vortrag wird aus buchungstechnischen Gründen eine Verrechnungsstelle benötigt, das Eröffnungsbilanzkonto #9000. Werden gegen dieses Konto sämtliche Bestände gebucht, so erscheint dort spiegelbildlich die Jahresabschlussbilanz.

Eröffnungsbilanzkonto

Beispiel:

Bilanz in € zum 31.12.20..			
Aktiva	Hermann Klein, Freiburg		Passiva
Anlagevermögen		Eigenkapital	111.000
1. Grundstücke			
2. Maschinen		Fremdkapital	
3. Fuhrpark	18.000	1. Langfr. Verbindlich.	
4. Geschäftsausstattung	25.000	Hypotheken	
		sonst. Darlehen	
Umlaufvermögen		2. kurzfr. Verbindll.	
1. Waren	100.000	Lieferantenverbindl.	30.000
2. Kundenforderungen	2.000	sonst. kurzfr. Verb.	5.000
3. Bankguthaben			
4. Kassenbestand	1.000		
	146.000		146.000

FIRMA: Hermann Klein, Mandant: ..., Buchhaltung: ..., Konto: Eröffnungsbilanz

Umsatz	GegenKto	Datum	Konto	Text
18.000,00–	Diverse	01.01.	9000/9000	Fuhrpark
25.000,00–	Diverse			Geschäftsausstattung
100.000,00–	Diverse			Warenbestand
2.000,00–	Diverse			Forderungen aus LuL
1.000,00–	1000/1600			Kasse
111.000,00+	Diverse			Eigenkapital
30.000,00+	Diverse			Verbindlichkeiten aus LuL
5.000,00+	Diverse			sonstige Verbindlichkeiten
0,00	Summe			

Bei der Gewinnermittlung durch Einnahmen-Überschussrechnung brauchen keine Bestände vorgetragen zu werden, da nur die Einnahmen und Ausgaben des betreffenden Jahres heranzuziehen sind. Ausstehende Forderungen aus dem Vorjahr können jedoch übernommen werden.

Da die wenigsten Jahresabschlüsse bis Februar erstellt sind, werden viele Werte bei Eingabe der Januar-Buchhaltung noch nicht bekannt sein. Deshalb werden zumindest die Finanzkonten wie Kasse und Bank erfasst, auch Darlehenskonten und abgestimmte Personenkonten. Fehlende Bilanzkonten sind spätestens zum nächsten Jahresabschluss nachzutragen.

Beispiel:
Der Kassenbestand laut Bilanz beträgt 889,00 €. Die erste Buchung zum Jahresbeginn lautet:

FIRMA: Elektro Zapp, Mandant: 345, Buchhaltung: 1/15, Konto: Kasse

Umsatz	GegenKto	Datum	Konto	Text
889,00+	9000/9000	01.01.	1000/1600	Vortrag Kasse
~~	~~~	~~~		

Für die Eröffnungsbilanzbuchungen stehen folgende Konten zur Verfügung:

SKR03	SKR04	Kontenbezeichnung
9000	9000	Saldenvorträge Sachkonten
9008	9008	Saldenvorträge Debitoren
9009	9009	Saldenvorträge Kreditoren

16 EU-Umsatzsteuer

Statt der vollmundig versprochenen Harmonisierung der Umsatzsteuer in der Europäischen Union herrscht seit der Realisierung des Binnenmarkts das reine Chaos.
Hier nur die wichtigsten Bestimmungen zur Umsatzsteuer mit Bezug zur DATEV und der **Umsatzsteuervoranmeldung**. Beachten Sie in diesem Zusammenhang, dass über die Warenlieferungen in andere Länder der Gemeinschaft bis zum 25. des folgenden Monats eine so genannte **Zusammenfassende Meldung** an das Bundeszentralamt für Steuern elektronisch abgegeben werden muss z. B. über https://www.formulare-bfinv.de.
Eine Dauerfristverlängerung für die Abgabe von **Umsatzsteuer-Voranmeldungen** gilt nicht für die Zusammenfassende Meldung.

EU-Umsatzsteuer **H**

Eine vierteljährliche Abgabe ist bei EG-Lieferungen bis 100.000 € pro Quartal möglich.
Im Regelfall sind Ihre Lieferungen an Unternehmer in einem anderen Mitgliedstaat umsatzsteuerfrei.
Folgende Voraussetzungen sind nötig für eine steuerfreie Ausfuhr in einen anderen Mitgliedstaat der EU, **als steuerfreie innergemeinschaftliche Lieferung** bezeichnet:

- Lieferung aus Deutschland in einen anderen EU-Mitgliedstaat als Bestimmungsland, die Sie nachweisen durch
  1. das Doppel der Rechnung,
  2. den Lieferschein sowie
  3. die Empfangsbestätigung des Abnehmers. In diesen Selbstabholerfällen muss der gesetzliche Nachweis mit einer „Gelangensbestätigung" erfolgen oder ansonsten – nach einem erfolgten Transport – durch eine Spediteursbescheinigung.

- Lieferung an einen Unternehmer oder juristische Person
  1. mit dem Nachweis durch die Verwendung der (gültigen) USt-IdNr. des Empfängers (bei neuen Geschäftspartnern Bestätigung vom Bundeszentralamt für Steuern einholen: http://evatr.bff-online.de/eVatR/),
  2. Ihre eigene USt-IdNr. sowie den Hinweis: „without German VAT" und
  3. Angabe des Gewerbezweigs oder Berufs für die unternehmerische Verwendung.

Diese Umsätze (mit Ausnahme des Fahrzeughandels, Lieferung des mittleren Unternehmers in Dreiecksgeschäften sowie land- und forstwirtschaftlicher Betriebe) werden in der Umsatzsteuervoranmeldung Zeile 21 Kz. 41 eingetragen.

SKR03	SKR04	Kontenbezeichnung
8125	4125	Steuerfreie EU-Lieferungen, § 4, 1b UStG

Beispiel:
Der Werkzeugmaschinenhändler M in Mannheim schließt mit dem Unternehmer L in London (Debitor 10500) am 10. Januar 2011 einen Kaufvertrag über eine Maschine zu einem Kaufpreis von 200.000 €. Vereinbarungsgemäß transportiert M mit eigenem Lkw die Waren von Mannheim nach London. L hatte M die ihm zugeteilte VAT Registration Number angegeben (GB 123456789).

Hier liegt ein innergemeinschaftlicher Erwerb vor, der für den Erwerber und Unternehmer L steuerpflichtig ist, für den Lieferer M jedoch steuerfrei. Die Rechnung muss dazu die USt-IdNr. von L und M sowie den Hinweis: „without German VAT" enthalten.

In der DATEV-Fibu hat M entweder die Möglichkeit, den Erlös
über das
1. Automatik-Konto 4125 (SKR04) bzw. 8125 (SKR03) zu erfassen oder stattdessen
2. den Buchungsschlüssel 11 für steuerfreie innergemeinschaftliche Lieferungen zu verwenden.

Die USt-IdNr. des Briten L beim Konto 10500 muss fest eingetragen sein.

Im Kontenrahmen SKR03/SKR04 könnte der Buchungssatz lauten:

Umsatz	GegenKto	Datum	Konto	Text
200.000,00-	1110500	10.01.	8000/4000	GB123456789

oder bei Verwendung des vorgesehenen Automatikkontos:

Umsatz	GegenKto	Datum	Konto	Text
200.000,00-	10500	10.01.	8125/4125	GB123456789

Die **innergemeinschaftliche Lieferung eines Neufahrzeuges** – auch an einen privaten Abnehmer – bleibt steuerfrei.

SKR03	SKR04	Kontenbezeichnung
8135	4135	Steuerfr. EU-Lief. v. Neufahrzg. ohne UStID

Beispiel:
Der Autohändler K aus Kiel verkauft an einen dänischen Privatmann einen Vorführwagen, der nicht länger als drei Monate gefahren wurde und weniger als 3.000 km gelaufen ist, zum Preis von 11.000 €. Der Pkw gilt als „neu" im Sinne des § 1 b Abs. 3 UStG. Der Däne muss den

EU-Umsatzsteuer H

Erwerb des deutschen Wagens anmelden und an den dänischen Fiskus 25 % MwSt bezahlen. Für den Autohändler K hingegen liegt eine steuerfreie innergemeinschaftliche Lieferung vor. Bei Barzahlung bucht K:

Umsatz	GegenKto	Datum	Konto	Text
11.000,00+	8135/4135		1000/1600	

Wenn Sie Fahrzeughändler sind, werden diese Verkäufe in der USt-Voranmeldung in der
* Zeile 22 Kz. 44 eingetragen.

Wenn Sie kein Fahrzeughändler sind, verkaufen jedoch außerhalb Ihres Unternehmens im Inland ein neues Fahrzeug, das schließlich in ein anderes EU-Land gelangt, dann tragen Sie diese umsatzsteuerfreien Einnahmen in die
* Zeile 23 Kz. 49 ein.

Lieferung an Unternehmer ohne USt-IdNr., kleiner Versandhandel

Die Vorschriften des steuerfreien, innergemeinschaftlichen Erwerbes setzen die Verwendung der USt-IdNr. der Geschäftspartner voraus. Ohne USt-IdNr. wird die Lieferung in Deutschland steuerpflichtig. Das bedeutet, der Lieferer schuldet aus dem Verkauf dem deutschen Fiskus die Umsatzsteuer.

SKR03	SKR04	Kontenbezeichnung
8310	4310	Erlöse EU-Lieferungen 7 %
8315-19	4315-19	Erlöse EU-Lieferungen 19 %

Die in Deutschland fällige Umsatzsteuer wird auf eines der beiden Konten erfasst:

SKR03	SKR04	Kontenbezeichnung (SKR)
1777	3807	Umsatzsteuer EU-Lieferungen
1778	3808	Umsatzsteuer EU-Lieferungen 19 %

Im anderen EU-Land steuerpflichtige Lieferungen

Beim Überschreiten einer gewissen Lieferschwelle in ein Mitgliedsland (großer Versandhandel) wird der Umsatz in dem betreffenden

EU-Staat steuerpflichtig. Ebenso steuerpflichtig sind dort für andere Unternehmer ausgeführte sonstige Leistungen.

SKR03	SKR04	Kontenbezeichnung
8320	4320	Im anderen EU-Land steuerpflichtige Lieferungen

Beispiel:
Die Möbelfabrik K aus Kehl liefert am 14. Juli 2015 an eine französische Privatperson in Straßburg Möbel im Wert von 10.000 € gegen Barzahlung. Die Lieferschwelle nach Frankreich (100.000 €) wird von K in 2015 voraussichtlich überschritten.

Der Möbelfabrikant stellt dem Kunden in Straßburg eine Rechnung über 10.000 € zuzüglich 20 % französischer Mehrwertsteuer, die er durch einen Fiskalvertreter gegenüber dem französischen Fiskus erklären und zahlen lässt.

In Deutschland erklärt K gegenüber dem Finanzamt eine nicht steuerbare Leistung, weil die Lieferung als in Frankreich ausgeführt gilt (siehe § 3c Abs. 1 UStG – in den USt-Voranmeldungen ist die Erklärung der nicht steuerbaren Umsätze nicht vorgesehen) und bucht:

Umsatz	GegenKto	Datum	Konto	Text
12.000,00+	1004320		1000/1600	

Im Standardkontenrahmen der DATEV sind die Konten 4320 bis 4329 (SKR04) bzw. 8320 bis 8329 (SKR03) als Erlöskonten für solche Umsätze vorgesehen, jedoch ohne Automatik. Setzen Sie deshalb den Buchungsschlüssel 10).

Daneben besteht auch die Möglichkeit, individuelle Erlöskonten für den Versand in die einzelnen EU-Staaten zusammen mit den entsprechenden Steuersätzen einzurichten.
Die USt wird auf folgenden Konten erfasst:

SKR03	SKR04	Kontenbezeichnung (SKR)
1767	3817	USt im anderen EU-Land stpfl.Lieferung
1768	3818	USt im anderen EU-Land s. Leist./Werkl.
1769	3819	Steuerzahlungen an andere EU-Länder

Die derzeitigen Lieferschwellen und Steuersätze der einzelnen Mitgliedstaaten können Sie aus dem Bundessteuerblatt oder aktuell

gehaltenen Loseblattwerken erfahren (z. B. „Praxislexikon der Buchführung und Bilanzierung" aus dem Haufe Verlag).
Bei Dreiecksgeschäften schuldet der letzte Unternehmer in der Reihe die USt. Einzutragen ist der Steuerbetrag in der
- Zeile 55 Kennziffer 66.

Leistungsempfänger = Steuerschuldner

An EU-Unternehmer erbrachte sonstige Leistungen gelten als in deren Heimatland ausgeführt und sind ebenfalls im entsprechenden EU-Land zu versteuern. Der Leistungsempfänger zahlt in diesem Fall die Steuer nicht zusammen mit dem Nettoerlös an den Erbringer, sondern an den ausländischen Fiskus (früher: Abzugsverfahren).

SKR03	SKR04	Kontenbezeichnung (SKR)
8339	4339	Im anderen EU-Land steuerpfl. sonstige Leistungen

Nach § 13b UStG gilt diese Regelung umgekehrt auch für Werklieferungen und sonstige Leistungen eines im Ausland ansässigen Unternehmers.
Hier hat der deutsche Leistungsempfänger die Umsatzsteuer einzubehalten und schuldet sie mit Ausstellung der Rechnung, spätestens jedoch mit Ablauf des Kalendermonats, der auf die Ausführung der Leistung folgt (§ 13b Abs. 1 UStG).
Die Umsätze und die geschuldete Steuer sind in die Zeilen 46 bis 50 der Umsatzsteuervoranmeldungen einzutragen.
Weitere Einzelheiten – auch zu Bauleistungen und ausländischen Unternehmer außerhalb der EU – finden Sie unter dem Stichwort: **Steuerschuldnerschaft nach § 13b UStG.**
Für **Erlösschmälerungen** und an Kunden gewährte Skonti, Boni und Rabatte stehen nachfolgende Konten zur Verfügung:

SKR03	SKR04	Kontenbezeichnung
8724	4724	Erlösschmälerungen steuerfreier EU-Lieferungen
8725	4725	Erlösschmälerungen EU-Lieferungen 7 %
8726	4726	Erlösschmälerungen EU-Lieferungen 19 %
8727	4727	Erlösschmälerungen im anderen EU-Land steuerpflichtiger Lieferungen

Ab dem 01.01.2015 regeln EU-Vorgaben, dass der Ort der Leistung für Telekommunikations-, Rundfunk- und Fernsehleistungen sowie auf elektronischem Weg erbrachte Leistungen am Sitzort des Leistungsempfängers liegt (§ 3a Abs. 5 UStG). Dies würde für die leistenden Unternehmen umsatzsteuerliche Erklärungspflichten in einer Vielzahl von Staaten zur Folge haben. Um das zu vermeiden, wird ein sog. „Mini-One-Stop-Shop (MOSS)" für die Umsatzsteuer geschaffen (§ 18h UStG). Dadurch können Unternehmen die sonst in einzelne EU-Staaten abzugebenden Erklärungen in einem einzigen Datensatz an das BZSt übermitteln. Dennoch bleibt die Neuregelung viel zu aufwendig, weshalb z. B. *androidpit*, die zweitgrößte Handelsplattform, den Vertrieb einstellen wird.

Innergemeinschaftlicher Erwerb

So bezeichnet der Fiskus das Gegenstück zur innergemeinschaftlichen Lieferung. Hier sind Sie der Empfänger einer Lieferung aus einem anderen EU-Staat.
Diese Innergemeinschaftlichen Erwerbe sind netto mit den entsprechenden Steuersätzen in der
- Zeile 35, Kz. 97 zu 19 %
- Zeile 36, Kz. 93 zu 7 % einzutragen.

Damit Sie als Unternehmer mit der Umsatzsteuer aus innergemeinschaftlichen Erwerben nicht belastet werden, steht Ihnen in gleicher Höhe ein Vorsteuerabzug zu. Dieser bürokratische Aufwand erweist sich damit als Nullsummenspiel. Die Umsatzsteuer, die Sie auf der Vorderseite in die Zeilen 35 und 36 eintragen, ziehen Sie auf der Rückseite in der
- Zeile 56, Kz. 61 als Vorsteuer wieder ab.

Davon abweichend wird die abziehbare Vorsteuer bei Dreiecksgeschäften zusammen mit den regulären Vorsteuerbeträgen in der
- Zeile 55, Kz. 66 angesetzt.

Bringt ein deutscher Unternehmer eine Maschine oder Waren nicht nur vorübergehend, d. h. endgültig oder mehr als 24 Monate ins EU-Ausland, so wird das unternehmensinterne Verbringen innerhalb der EU ebenso wie eine innergemeinschaftliche Lieferung be-

handelt.
Der innergemeinschaftliche Erwerb wird netto auf die nachfolgenden Konten eingebucht. Sowohl die Umsatzsteuer als auch die anrechenbare Vorsteuer setzt dabei das DATEV-System automatisch in gleicher Höhe an.

SKR03	SKR04	Kontenbezeichnung (SKR)
3425	5425	EU-Erwerb 19 % VSt und 19 % Umsatzsteuer
3420	5420	EU-Erwerb 7 % VSt und 7 % Umsatzsteuer

Beispiel:
Der Maschinenhändler M aus Mannheim erwirbt von einem französischen Teilehersteller aus Reims (Kreditor 70500) ein Aggregat zum Netto-Preis von 10.000 € und verwendet dabei seine USt-IdNr. Das französische Unternehmen (USt-IdNr. FR 12345678910) erklärt dem französischen Fiskus eine steuerfreie innergemeinschaftliche Lieferung. Der Händler aus Mannheim wiederum erklärt dem deutschen Finanzamt einen innergemeinschaftlichen Erwerb mit sowohl der fälligen USt als auch anrechenbaren Vorsteuer.

Umsatz	GegenKto	Datum	Konto	Text
10.000,00+	70500		3425/5425	

Diese Konten sind für USt und Vorsteuer aus EU-Erwerb vorgesehen:

SKR03	SKR04	Kontenbezeichnung (SKR)
1772	3802	Umsatzsteuer aus EU-Erwerb
1572	1402	Abziehbare VSt aus EU-Erwerb
1774	3803	Umsatzsteuer aus EU-Erwerb 19 %
1574	1404	Abziehbare VSt aus EU-Erwerb 19 %
1562	1412	Aufzuteilende VSt aus EU-Erwerb

Für den EU-Erwerb von Neufahrzeugen ohne UStIDNr. schließlich gibt es folgende MwSt-Konten:

SKR03	SKR04	Kontenbezeichnung (SKR)
1774	3804	USt EU-Erwerb Neufahrzeuge ohne UstID
1574	1404	VSt EU-Erwerb Neufahrzeuge ohne UstID

Keine Besteuerung unter der Erwerbsschwelle

Es bleiben von der Erwerbsbesteuerung die sog. atypischen Unternehmer verschont, wenn sie die Erwerbsschwelle ihres EU-Staates nicht überschreiten.
Atypische Unternehmer sind:
- Unternehmer mit ausschließlich steuerfreien Umsätzen wie Ärzte, Versicherungsunternehmer usw.,
- von USt tatsächlich befreite Kleinunternehmer (§ 19 UStG),
- Land- und Forstwirte im Rahmen ihrer pauschalierten Betriebe,
- juristische Personen, jedoch nicht im Rahmen eines Unternehmens.

Diese atypischen Unternehmer dürfen ihre Erwerbsschwelle im vergangenen Kalenderjahr nicht überschritten haben und im laufenden voraussichtlich nicht überschreiten. In Deutschland beträgt die Schwelle sämtlicher innergemeinschaftlicher Erwerbe 12.500 €. Hier wird also nicht wie bei der Lieferschwelle auf die Umsätze pro Mitgliedstaat abgestellt, sondern auf den Gesamtbetrag sämtlicher EU-Erwerbe. Allerdings fließen in den Gesamtbetrag nicht die Lieferungen verbrauchsteuerpflichtiger Waren und von Neufahrzeugen ein.

GHK	IKR	SKR03	SKR04	Kontenbezeichnung (SKR)
3156	6089	3550	5550	Steuerfreier EU-Erwerb

USt-pflichtiger Erwerb ohne Vorsteuerabzug

Beim innergemeinschaftlichen Erwerb von einem Unternehmer ohne USt-Identifikationsnummer steht Ihnen der Vorsteuerabzug nicht zu.

GHK	IKR	SKR03	SKR04	Kontenbezeichnung (SKR)
3154	6087	3435	5435	EU-Erwerb ohne VSt und 19 % Umsatzsteuer
3153	6083	3430	5430	EU-Erwerb ohne VSt und 7 % Umsatzsteuer
3155	6088	3440	5440	EU-Erwerb Neufahrzeuge ohne UStID 19 %

Wenn nicht über ein Automatikkonto verbucht, ist die Umsatzsteuer auf folgendem Konto zu erfassen:

GHK	IKR	SKR03	SKR04	Kontenbezeichnung (SKR)
1815	4808	1779	3809	USt aus EU-Erwerb ohne VSt-Abzug

Für **Preisnachlässe** aus innergemeinschaftlichem Erwerb schließlich stehen nachfolgende Konten zur Verfügung:

GHK	IKR	SKR03	SKR04	Kontenbezeichnung (SKR)
3161	6192	3724	5724	Nachlässe aus EU-Erwerb 7 % VSt
3162	6196	3725	5725	Nachlässe aus EU-Erwerb 19 % VSt

17 EU-Umsatzsteuerschlüssel

Einen Sonderfall der USt-Schlüsselung stellt die Verbuchung von EU-Umsatzsteuerfällen dar. Hier greift die DATEV auch auf die erste Stelle des siebenstelligen Gegenkontos zurück. EU-Umsatzsteuer wird danach mit den Ziffern 10 bis 19 geschlüsselt:

10	Erlöse aus in einem anderen EU-Land steuerpflichtiger Lieferung
11	Steuerfreie innergemeinschaftliche Lieferung
12	Erlöse aus im Inland steuerpflichtiger EU-Lieferung 7 % MwSt
13	Erlöse aus im Inland steuerpflichtiger EU-Lieferung 19 % MwSt
15	Erlöse aus im Inland steuerpflichtiger EU-Lieferung 16 % MwSt
17	innergemeinschaftlicher Erwerb 16 % (MwSt und Vorsteuer)
18	innergemeinschaftlicher Erwerb 7 % (MwSt und Vorsteuer)
19	Innergemeinschaftlicher Erwerb 19 % (MwSt und Vorsteuer)

18 Geldtransit

Warum werden Einzahlungen und Abhebungen bei Bank und Kasse auf dem Konto „Geldtransit" gebucht und nicht direkt zwischen „Kasse" und „Bank"?

Das Geldtransit ist ein Verrechnungskonto für Geld, das aus der Kasse bzw. vom Bankkonto entnommen, aber noch nicht auf dem jeweiligen Empfängerkonto gutgeschrieben ist.

In der Buchhaltung braucht man dieses Hilfskonto 1. zu Kontrollzwecken und 2. zur Vermeidung von doppelter Erfassung.

Sie gehen sicher, dass das Geld im Transit von einem Konto auch beim anderen Konto ankommt. Gerade bei mehreren gleich hohen Einzahlungen hintereinander ist eine Kontrolle hilfreich.

Bei Einzahlungen auf das Bankkonto:

Eingang Bank = Abgang Geldtransit

Abgang Umsatz Kasse = Eingang Geldtransit

Bei Barabhebung vom Bankkonto:

Eingang Kasse = Abgang Geldtransit
Abgang Bank = Eingang Geldtransit

Wenn die Verrechnungsstelle „Geldtransit" nicht wie oben nachvollziehbar ausgeglichen wird, hakt es irgendwo. Eine Eintragung wurde vergessen, es liegen Additionsfehler oder Buchungsfehler vor oder es ist tatsächlich Geld abhanden gekommen.
Ohne das Hilfskonto „Geldtransit" würden Sie ein und denselben Vorgang doppelt erfassen, zum einen auf dem Kassenkonto und ein zweites Mal beim Verbuchen der Bankbewegung. Bei einer einzigen realen Einzahlung auf das Bankkonto wären somit der Abgang aus der Kasse und der Eingang auf dem Bankkonto doppelt gebucht.

19 Geleistete Anzahlungen und Anlagen im Bau

Anzahlungen auf Anlagevermögen werden auf separaten Konten erfasst und im gegebenen Fall auf das angeschaffte Wirtschaftsgut umgebucht.

Beispiel:
Die geordnete Druckmaschine wird zum 25.11. mit einem Drittel des Kaufpreises (netto 600.000 € + 19 % USt) angezahlt und drei Monate später bei Restzahlung übernommen.

SKR03	SKR04	Kontenbezeichnung
0299	0780	Anzahlungen auf technische Anlagen

Anzahlung:

Umsatz	GegenKto	Beleg	Datum	Konto	Text
238.000,00-	900299/900780		25.11.	1210/1810	Druckmaschine

Anschaffung der Maschine

Umsatz	GegenKto	Beleg	Datum	Konto	Text
476.000,00-	900210/900440		25.02.	1210/1810	Druckmaschine

Die Anzahlung ist umzubuchen:

Umsatz	GegenKto	Beleg	Datum	Konto	Text
200.000,00-	0210/0440		25.06.	0299/0780	Umb. Druckm.

Weitere Konten für Anzahlungen sind u. a.:

SKR03	SKR04	Kontenbezeichnung
0079	0705	Anzahlungen auf Grundstücke ohne Bauten
0129	0720	Anzahl auf Bauten auf eigenen Grundstücken
0499	0795	Anzahlungen Betriebs- u. Geschäftsausstattung

Wie Anzahlungen sind auch **Anlagen im Bau** gesondert zu erfassen und bei Fertigstellung auf das Anlagegut umzubuchen.

SKR03	SKR04	Kontenbezeichnung
0120	0710	Geschäfts-, Fabrik- u. andere Bauten im Bau (eig. Grundstück)
0180	0740	Geschäfts-, Fabrik- u. and. Bauten im Bau (fremd. Grundstück)
0195	0755	Wohnbauten im Bau
0290	0770	Technische Anlagen und Maschinen im Bau
0290	0785	Betriebs- u. Geschäftsausstattung im Bau

20 Geschäftsvorfälle

Als Geschäftsvorfall wird ziemlich abstrakt jeder Transfer von Vermögenswerten innerhalb des Unternehmens oder mit seinem wirtschaftlichen Umfeld bezeichnet. In der Buchhaltung sind sämtliche Geschäftsvorfälle zu erfassen, teilweise mit Auswirkungen auf mehrere Vermögenspositionen.

Es handelt sich z. B. um folgende Geschäftsvorfälle:
- Mit dem Ausstellen einer Rechnung für erbrachte Leistungen erhebt das Unternehmen eine Forderung und erhöht gleichzeitig seine Umsatzerlöse wie die Umsatzsteuerschuld.
- Mit dem Verkauf über den Ladentisch wird der Kassenbestand, wie auch der Umsatzerlös und die Umsatzsteuerschuld erhöht.
- Die Entnahme eines Firmenwagens durch den Unternehmer in sein Privatvermögen als einziger Geschäftsvorfall erhöht den Entnahmeerlös und die Umsatzsteuerschuld, den Wert der Privatentnahmen, den Aufwand für den Abgang von Anlagevermögen und vermindert den Fahrzeugbestand.

Kein Geschäftsvorfall liegt vor,
- wenn das beantragte Darlehen jederzeit bereitgestellt werden kann.
- Bei der Zusage, „die Lieferung, der Scheck, die Bestellung, der unterschriebene Vertrag ist unterwegs". „Schwebende Geschäfte" zu erfassen und zu bewerten, ist Aufgabe des Jahresabschlusses. Erst dann müssen angefangene Arbeiten, unfertige Waren und drohende Risiken erkannt werden.
- Eine Bürgschaftserklärung wird so lange nicht als Geschäftsvorfall erfasst, wie sie nicht in Anspruch genommen wird.

Man kann auch sagen, jeder Geschäftsvorfall verändert jeweils mindestens zwei Werte in der Bilanz, der Vermögensgegenüberstellung des Unternehmens. Vier Möglichkeiten der Geschäftsvorfälle/Bilanzveränderung gibt es:

Aktivtausch	Nur die Aktivseite mit den Vermögenswerten ist betroffen. Die Bilanzsumme bleibt auch nach Veränderung gleich. Beim Barkauf eines Computers beispielsweise nimmt das Anlagevermögen um den gleichen Betrag zu, wie der Kassenbestand abnimmt.
Passivtausch	Der Geschäftsvorfall wirkt sich nur auf der rechten Seite der Bilanz aus. Auch hier bleibt die Bilanzsumme unverändert. Wenn Sie über einen Bankkredit Lieferantenschulden begleichen, bleibt die Gesamthöhe aller Schulden gleich. Die Änderungen beider Positionen von Verbindlichkeiten heben sich betragsmäßig auf.
Aktiv-Passiv-Mehrung	Die Bilanzsumme erhöht sich (Bilanzverlängerung). Wenn ein neues Fahrzeug auf Kredit angeschafft wird, erhöhen sich sowohl die Bankverbindlichkeiten auf der Passivseite als auch das Anlagevermögen auf der Aktivseite.

Aktiv-Passiv-Minderung	Der Geschäftsvorfall ändert beide Seiten der Bilanz. Die Bilanzsumme nimmt ab (Bilanzverkürzung). Erfolgt die Tilgung eines Darlehens von einem Guthabenkonto bei der Bank, so vermindern sich Darlehensverbindlichkeiten (Passivseite) und Bankguthaben (Aktivseite) um den gleichen Betrag.

Eine Änderung der Bilanz nach jedem Geschäftsvorfall ist kaum praktikabel. Bei nur 10 Buchungen pro Tag verliert man sehr schnell jeglichen Überblick, wie sich einzelne Positionen entwickeln. Die einzelnen Bilanzpositionen werden deshalb über das **Eröffnungsbilanzkonto** in ein oder mehrere Konten aufgelöst.

Jeder Geschäftsvorfall wird dann auf mindestens zwei Konten erfasst. Zum Jahresende fließen mit dem Abschluss sämtlicher Konten die aufgezeichneten Geschäftsvorfälle in die Abschlussbilanz und Gewinn- und Verlustrechnung ein. Siehe dazu auch das Stichwort **Buchhaltungstechnik**.

21 Gewinnermittlung

Der Jahresgewinn eines Unternehmens wird durch Betriebsvermögensvergleich oder durch Einnahmen-Überschussrechnung ermittelt. Zwischen diesen beiden Gewinnermittlungsarten darf allerdings nur wählen, wer nicht der **Buchführungspflicht** unterliegt.

Der Gewinn als Betriebsvermögensvergleich (Bilanz sowie Gewinn- und Verlustrechnung) erfolgt auf Grund einer doppelten Buchführung. Zum Jahresabschluss werden zudem in der Inventur sämtliche Vermögenswerte und Schulden aufgenommen und bewertet. Das Betriebsvermögen bezeichnet das Reinvermögen oder Eigenkapital.

- Gewinn/Verlust = Vermögen zum Ende abzüglich Vermögen zu Beginn des Wirtschaftsjahres

Im laufenden Jahr haben Privatentnahmen das Vermögen vermindert und Einlagen das Vermögen vergrößert, ohne den Jahreserfolg dadurch zu beeinflussen. Diese Vermögensänderungen sind bei der Gewinnermittlung rückzurechnen.

Beispiel:

Reinvermögen zu Beginn des Jahres	−	300.000 €
zuzüglich Privatentnahmen	+	54.000 €
abzüglich Privateinlagen	−	20.000 €
Reinvermögen zum Ende des Jahres	+	340.000 €
Jahresergebnis	=	74.000 €

Nach dem Grundsatz der Bilanzkontinuität müssen die Bestände der Schlussbilanz des alten Jahres denen der Eröffnungsbilanz des neuen Jahres entsprechen.
Bei der einfacheren Einnahmen-Überschussrechnung nach § 4 Abs. 3 EStG für nicht buchführungspflichtige Unternehmer gilt:
- Gewinn = Überschuss der Betriebseinnahmen
  über die Betriebsausgaben.

Übersteigen die Ausgaben die Einnahmen, so wird das Betriebsergebnis negativ.

Beispiel:

Betriebseinnahmen des Jahres	+	300.000 €
Betriebsausgaben des Jahres	−	310.000 €
Jahresverlust	=	10.000 €

Diese Gewinnermittlung bringt etliche Erleichterungen mit sich:
- Zum einen entfällt die jährliche Inventur.
- Außerdem brauchen Sie in der Buchführung lediglich Erfolgskonten, jedoch keine Bestandskonten wie Kasse, Bank und Darlehen etc. zu führen.

Anstelle der Vermögensbestände werden Zahlungsflüsse während des Kalenderjahres aufgezeichnet. Davon ausgenommen sind regelmäßige Zahlungen zwischen dem 21.12. und 10.01. Eventuelle Voraus- oder Nachzahlungen in diesem Zeitraum sind dem jeweils anderen Jahr zuzurechnen.

Beispiel:
Die Kassenärztliche Vereinigung überweist die Endabrechnung des IV. Quartals 14 zum 08.01.15. Die Zahlung ist noch dem alten Jahr zuzurechnen.

Zu den Betriebseinnahmen (aufgrund betrieblicher Leistungen) gehören:
- Einnahmen aus dem Verkauf von Waren und Anlagegütern sowie aus Dienstleistungen,
- vereinnahmte und erstattete Umsatzsteuer,
- Anzahlungen und Vorschusszahlungen von Kunden,
- Sachentnahmen ins Privatvermögen sowie Entnahme von Leistungen wie z. B. Pkw-Nutzung inkl. MwSt. Barentnahmen gehören nicht zu den Einnahmen,
- Versicherungsleistungen und Zinseinnahmen.

Als Betriebsausgaben werden abgezogen:
- beim Anlagevermögen die Anschaffungskosten der geringwertigen Wirtschaftsgüter bis 150 € sofort in voller Höhe; Jahresabschreibungen beim sonstigen abnutzbaren Anlagevermögen, Restbuchwert bei Veräußerung/Entnahme; Anschaffungskosten von nicht abnutzbaren Anlagevermögen, z. B. Grundstücke im Jahr der Veräußerung/Entnahme;
- Anschaffungskosten von Waren und andere Vorräte, Energiekosten mit Ausnahme von Wertpapieren, Grundstücken und Gebäuden;
- Anzahlungen an Lieferanten;
- Darlehens- und Geldverluste, keine Forderungsverluste oder Verluste aus Diebstahl;
- abziehbare Vorsteuer und Umsatzsteuernachzahlungen, betriebliche Steuern sowie betreffende Säumnis- und Verspätungszuschläge;
- Personalkosten, Kfz-Betriebskosten, Mieten, Beratungskosten u. Ä. betriebliche Aufwendungen.

22 Grundsätze ordnungsmäßiger Buchführung

Die Grundsätze ordnungsmäßiger Buchführung verlangen für die Führung von Handelsbüchern vom Gesetzgeber vorgeschriebene Merkmale:
- Die Buchführung hat in einer lebenden Sprache zu erfolgen und unter Verwendung eindeutiger Ziffern, Buchstaben und Symbolen.
- **Grundsatz der Wahrheit und Genauigkeit:** Vollständige, zeitgerechte und richtige Aufzeichnungen sollen die Geschäftsvorfälle und Vermögensgegenstände einzeln, stetig und objektiv festhalten.
- **Grundsatz der Klarheit:** Die Buchführung soll verständlich und übersichtlich geordnet und durch Belege nachprüfbar sein.
- **Grundsatz der Vorsicht und Bilanzkontinuität:** Die Bilanzpositionen zum Jahresende sind vorsichtig zu bewerten und identisch in der Eröffnungsbilanz des neuen Jahres anzusetzen.

23 Gutschriften an Kunden

Bei Gutschriften gegenüber Ihrem Kunden, sei es Rücksendung von Ware oder nachträglicher Preisnachlass für Leistungen, sind Forderungen, Erlöse und Umsatzsteuer entsprechend zu mindern. In Höhe der Gutschrift wird der Umsatz storniert.

Beispiel:
Die Firma Godot ist mit der geleisteten Arbeit von Elektro Zapp unzufrieden und verlangt einen Nachlass von 10 % auf die ausstehende Rechnung (24.320 €). Herrn Zapp ist ein Scheck in der Hand lieber als langwierige Diskussionen.

Umsatz	GegenKto	Beleg	Datum	Konto	Text
21.888,00+	14100	1043		1210/1810	unter Abzug 10 %
2.432,00+	14100	1043		8400/4400	Abzug 10 %

Gutschriften an Kunden H

Durch Zahlung von 90 % und Stornierung der restlichen 10 % ist das Kundenkonto der Firma Godot ausgeglichen. Der Nettoumsatz wurde um 2.043,69 € storniert, die Umsatzsteuer um 388,31 € berichtigt.

Warum wurde, statt die Umsatzsteuer zu korrigieren, nicht einfach die Vorsteuer um 388,31 € erhöht?
1. Vorsteuer ist die an andere Unternehmer gezahlte Umsatzsteuer für deren Leistungen. Im Regelfall hat der Kunde jedoch keine Leistung erbracht.
2. Die gesamte Umsatzsteuer zu 19 % entspricht immer 0,19 von sämtlichen Nettoumsätzen auf den entsprechenden Erlöskonten. Werden die Erlöse gekürzt, dann muss auch die Steuer herabgesetzt werden. Dadurch ist jederzeit eine Kontrolle über steuerpflichtige Umsätze gewährleistet.

Wenn Erlösschmälerungen durch kostenlose Nachlieferung, Gutschriften oder nachträglich Preisnachlässe gegenüber den Kunden einen für Sie erheblichen Umfang erreichen, empfiehlt es sich, anstelle der Stornierung der ursprünglichen Umsatzerlöse separate Erlöskonten zu verwenden.

SKR03	SKR04	Kontenbezeichnung
8700	4700	Erlösschmälerungen
8710	4710	Erlösschmälerungen 7 % USt
8720	4720	Erlösschmälerungen 19 % USt

Beispiel:
wie zuvor:

Umsatz	GegenKto	Beleg	Datum	Konto	Text
21.888,00+	14100	1043		1210/1810	unter Abzug 10 %

Umsatz	GegenKto	Beleg	Datum	Konto	Text
2.432,00+	14100	1043		8720/4720	Abzug 10 %

24 Inzahlungnahme eines Anlagegutes

Bei der Inzahlungnahme handelt es sich üblicherweise um einen Tausch mit Wertausgleich in bar. Bei Kaufleuten unter sich ist sowohl der entgeltliche als auch der unentgeltliche Teil dieses Geschäfts umsatzsteuerpflichtig (Ausnahme: **Differenzbesteuerung**).

Beispiel:
Inzahlungnahme eines Pkw bei Neukauf; Sicht des Käufers

Kaufpreis Neuwagen netto	48.000 €
Inzahlungnahme Altfahrzeug	15.000 €
Restkaufpreis Neuwagen netto	33.000 €
Inzahlungnahme Altfahrzeug	15.000 €
Buchwert Altfahrzeug	10.000 €
Buchgewinn	5.000 €

SKR03	SKR04	Kontenbezeichnung
8820	4845	Erlöse Anlagenverkäufe 19 % USt, Buchgewinn
2315	4855	Anlagenabgang Restbuchwert, Buchgewinn
0320	0520	PKW

Umsatz	GegenKto	Beleg	Datum	Konto	Text
17.850,00−	900320/ 900520			8820/ 4845	Inzahlungnahme Altfahrz.
39.270,00−	900320/ 900520			1210/ 1810	Restkaufpreis Pkw
10.000,00−	2315/ 4855			0320/ 0520	Abgang Pkw

Inzahlungnahme eines Anlagegutes H

So schlüsselt die EDV den Umsatz auf:

Konto Pkw
Eingang aus Inzahlungnahme	15.000 €
Eingang Zahlung Restkaufpreis	33.000 €
Anschaffungskosten Neuwagen	48.000 €
Abgang Buchwert Altfahrzeug	10.000 €

Sonstige Konten
Eingang Vorsteuerkonto	9.120 €
Eingang Konto Buchwertabgang	10.000 €
Abgang Konto Erlöse Anlagenverkäufe	15.000 €
Abgang Konto USt	2.850 €
Abgang Konto Bank	39.270 €

Inzahlungnahme eines Pkw bei Verkauf an fremden Unternehmer; Sicht des Verkäufers:

Verkaufspreis Neuwagen netto	48.000 €
Inzahlungnahme Altfahrzeug	15.000 €
Restkaufpreis netto	33.000 €

SKR03	SKR04	Kontenbezeichnung
3210	5210	Individuelles Konto: Gebrauchtwagen mit Vorsteuerabzug
8400	4400	Umsatzerlöse 19 % USt

Umsatz	GegenKto	Beleg	Datum	Konto	Text
17.850,00–	903210/905210			8400/4400	Inzahlungnahme

Umsatz	GegenKto	Beleg	Datum	Konto	Text
39.270,00+	8400/4400			1210/1810	Verkauf Pkw, Rest

So schlüsselt die EDV den Umsatz auf:

Eingang Vorsteuerkonto	2.850 €
Eingang Konto Bank	39.270 €
Umsatz Konto Warenverkäufe	48.000 €
Umsatz Konto USt	9.120 €

Der richtige Rechnungsausweis durch den Autohändler entscheidet darüber, ob beide Seiten Vorsteuer geltend machen können. Bei falscher Darstellung oder stillschweigender Verrechnung der Inzahlungnahme und Rechnung nur über den Restbetrag kann es passieren, dass
1. sowohl der Händler die Differenz nachversteuern muss, da der Verkaufspreis tatsächlich höher lag,
2. als auch der Käufer USt auf die Inzahlungnahme seines Altfahrzeugs nachzahlen muss,

ohne dass zunächst eine Seite einen Vorsteuerabzug in gleicher Höhe geltend machen kann (keine Rechnung mit Umsatzsteuerausweis vorhanden). Am sichersten sind für die beiden Unternehmer zwei getrennte Rechnungen über den Verkauf des Neuwagens und den Verkauf des Altfahrzeugs.

25 Kassenbuch

Bevor **Geschäftsvorfälle** gebucht werden, sind sie zunächst aufzuzeichnen. Diese sog. Grundaufzeichnungen sind auch bei einer EDV-Buchhaltung gesetzlich vorgeschrieben.

Regelmäßige Bareinnahmen sind in einem Kassenbuch aufzuzeichnen, wobei der Begriff „Buch" nicht unbedingt wörtlich zu nehmen ist. Zulässig sind auch einzelne Formulare mit täglichen Kassenberichten oder eine Tabelle mit Ein- und Ausgängen eines Monats.

Die Aufzeichnungen über die Kasseneinnahmen und Kassenausgaben sollen
- täglich bzw. zeitgerecht festgehalten,
- vollständig, richtig und geordnet verbucht werden sowie
- die Entstehung und Abwicklung der Kassengeschäfte nachvollziehbar machen.

Der rechnerische Bestand auf Papier muss mit dem tatsächlichen, abgezählten Kassenbestand übereinstimmen. Spezielle Kassenbuch-Programme drucken die entsprechenden Listen aus, warnen vor drohenden Kassenfehlbeträgen und geben die Daten weiter an das Buchhaltungsprogramm. Während die Aufzeichnungen selbst täglich zu machen sind, kann die spätere Eingabe in der Regel einmal pro Woche oder gar Monat erfolgen. Tägliche Buchungsarbeit ist also nicht

Kassenbuch **H**

nötig.

Bevor Sie mit dem Kassenbuch bzw. den Kassenberichten auf Papier starten, ist noch zu klären, ob Sie überhaupt zur Kassenführung gesetzlich verpflichtet sind. Sie wollen sich ja keine unnötige Arbeit machen:

- Zur Kassenführung ist nur der Unternehmer **mit regelmäßigen Bareinnahmen** verpflichtet.

Dies sind in der Hauptsache Geschäfte des Einzelhandels, einige Handwerksbetriebe, Gastwirte u. a., deren Kunden sofort und bar zahlen. Viele Großhändler, Dienstleistende und Freiberufler sind dagegen überhaupt nicht verpflichtet, ein Kassenbuch zu führen, weil die meisten ihrer Umsätze unbar laufen.

> **Achtung**
> Im Gegensatz zu Bareinnahmen sind gelegentliche Barausgaben in jedem Betrieb üblich und werden in der Buchführung erfasst. Wenn Sie jedoch nicht ohnehin zur Kassenführung verpflichtet sind, so braucht es hierfür keine Grundaufzeichnung, kein Kassenbuch. Die Zahlungen aus der „Portokasse" oder das „Verauslagen" aus der Brieftasche des Unternehmers oder Geschäftsführers können direkt verbucht werden. Eine vollständige Sammlung der **Belege** ist ausreichend.

Auch Kleinunternehmer und Freiberufler, die ihren Gewinn durch die einfachere Einnahmenüberschussrechnung ermitteln, sind nicht verpflichtet, eine Kasse zu führen. Bei der Einnahmenüberschussrechnung gibt es keine Bestandskonten und somit auch kein Kassenkonto. Vereinnahmtes Geld wird sofort Privatvermögen. Die täglichen Aufzeichnungen können deshalb auch in der geordneten Ablage von Belegen bestehen (z. B. lückenlose Z-Bons von Registrierkassen)

Warum werden in Deutschland so viele Kassenbücher mehr oder weniger freiwillig geführt?

Ein ordentlich geführtes Kassenbuch ermöglicht eine lückenlose Kontrolle über alle baren Einnahmen und Ausgaben. Von der Selbstkontrolle abgesehen, die bei einer unüberschaubaren Anzahl von Einzahlungen und Auszahlungen tatsächlich die Mühe lohnt, sind es in der Hauptsache Geldgeber und Außenstehende, die einen Nutzen aus Kassenberichten ziehen.

Ein Kassenbuch empfiehlt sich in solchen Fällen, in denen Sie Ihre Barumsätze mit Hilfe einer Registrierkasse, Verkaufsstrichlisten oder sonstigen Aufzeichnungen festhalten. In einem Kassenbuch werden in getrennten Spalten sämtliche Bareinnahmen und -ausgaben lückenlos aufgezeichnet. Beginnen Sie mit dem Vortrag des Anfangsbestandes eines Monats, dann ergibt sich als Endsaldo der tatsächliche Kassenstand am Ende dieses Monats. Daneben wird in einer separaten Spalte der tägliche Kassenstand festgehalten, um nicht rechnerisch zu einem Fehlbetrag zu kommen. Solche Kassenminusbestände im wiederholten Fall würden den Steuerprüfer zur Schätzung von Umsatz und Gewinn berechtigen.

Beispiel:
Bäckerei Schröder schreibt aus Zeitmangel die täglichen Ein- und Ausgaben jeweils einige Tage später nach. Dabei übersieht Schröder eine Einzahlung der Bank in Höhe von 1.000 €. Durch die vergessene Einzahlung rutscht der Kassenbestand ins Minus.

In täglichen Kassenberichten werden die Tageseinnahmen nach einem Kassensturz ausgerechnet.

Hier gilt folgende Rechnung:

```
  Kassenbestand bei Geschäftsschluss
+ Kassenausgaben im Laufe des Tages
- Kassenendbestand des Vortages
- sonstige Kasseneinnahmen
= Tageseinnahmen
```

Das ist alles, was Sie an Theorie zur Kassenführung brauchen.
In der Praxis stoßen Sie jedoch auf immer neue Fälle.
- Geben Sie grundsätzlich nur Geld gegen Quittung heraus, sonst laufen Sie beim Buchen den Belegen hinterher. Vorschusszahlungen sind Sonstige Ausgaben, die noch zur späteren Abrechnung offen stehen.
- Die Bareinnahmen sind in der Regel umsatzsteuerpflichtig. Ziehen Sie deshalb vom Kasseneingang sämtliche steuerfreien Einzahlungen ab wie:

1. Privateinlagen aus der Brieftasche des Unternehmers, weil nicht genug Geld in der Kasse liegt.
2. Bar gezahlte Kundenrechnung, die bereits als steuerpflichtige Einnahme verbucht wurde (Kundenforderung).
3. Zurückgezahlte Vorschüsse: Wenn Sie den kompletten Vorschuss formell einlegen und den Auslagenbeleg abrechnen, stimmt die Kasse wieder. Zum Beispiel wurden für den Einkauf im Baumarkt 200,00 € am Vorabend entnommen und am nächsten Tag ein Beleg über 156,00 € vorgelegt. Der sonstigen Ausgabe von 200,00 € stehen einen Tag später sonstige Einnahmen in gleicher Höhe gegenüber. Die sonstige Ausgabe über 156,00 € ist erfasst und das Wechselgeld von 44,00 € wieder eingelegt.

26 Kontenrahmen SKR03 und SKR04

Ein Kontenrahmen stellt ein vorgegebenes System von gegliederten Konten dar, die Sie bei Ihrer Buchführung verwenden. Die über tausend Standardkonten sind in Kontenklassen und Kontengruppen geordnet. Wie eine Postleitzahl verweist die Kontonummer auf einen Bereich ähnlicher Konten. Die richtige Zuordnung – Kontierung – der Geschäftsvorfälle wird dadurch erleichtert.

Im DATEV Kontenrahmen SKR04 bezeichnet z. B. die Kontenklasse 0 die Konten des Anlagevermögens, darunter 05 und 06 Andere Anlagen, Betriebs- und Geschäftsausstattung und darunter wieder das Konto 0650 die Büroeinrichtung. Im Gegensatz zum Industriekontenrahmen und Großhandelskontenrahmen sind sämtliche Sachkontennummern vierstellig.

Aus dem Kontenrahmen wählen Sie nach Umfang Ihrer Buchhaltung nach und nach die zu Ihrem Betrieb passenden Sachkonten aus. Dies können weniger als 50 oder auch mehr als 200 sein und ersparen eine Menge Arbeit eigener Bezeichnungen und Kontenfunktionen. Der betriebliche Kontenplan besteht aus den für Ihre Buchhaltung ausgewählten Konten sowie zusätzlichen individuellen Konten.

Den Kontenplan können Sie immer wieder den betrieblichen Änderungen anpassen; die grundsätzliche Wahl des Kontenrahmens ist

aber nur schwer zu revidieren.
Die diversen DATEV-Kontenrahmen unterscheiden sich im Wesentlichen nur in der Anordnung der Konten, weshalb z. B. für das Konto „Raumkosten" im DATEV-Kontenrahmen SKR03 die Nummer 4200, im SKR04 hingegen die Nummer 6305 vorgesehen ist. Wem der Kontenrahmen des Großhandels vertraut ist, der findet im SKR03 die alten Kontenklassen und bekannte Kontennummern. Er wird in Zweidrittel aller DATEV-Buchhaltungen in Deutschland verwendet.

Kontenklasse	Kontenarten
0	Anlage- und Kapitalkonten
1	Finanz- und Privatkonten
2	Abgrenzungskonten
3	Wareneingangs- und Bestandskonten
4	Betriebliche Aufwendungen
5+6	frei für Kostenrechnung
7	Bestände an Erzeugnissen
8	Erlöskonten
9	Vortragskonten – Statistische Konten

An den Positionen des Jahresabschlusses orientiert sich der SKR04 (Aktiva, Passiva, Erträge und Aufwendungen). Er ist übersichtlicher gegliedert und von daher für den Neueinsteiger zu empfehlen. Da sich die Gliederung an die HGB-Vorschriften für Kapitalgesellschaften anlehnt, sollen daneben auch GmbH-Buchhalter diesen Kontenrahmen verwenden.

Kontenklasse	Kontenarten
0	Anlagevermögen
1	Umlaufvermögen
2	Eigenkapitalkonten
3	Fremdkapitalkonten
4	Betriebliche Erträge
5+6	Betriebliche Aufwendungen
7	Weitere Erträge und Aufwendungen

Kreditorenkonten **H**

Kontenklasse	Kontenarten
8	frei für Kostenrechnung
9	Vortragskonten – Statistische Konten

27 Kreditorenkonten

Auch die fünfstelligen Lieferantenkonten (Kreditoren) liegen außerhalb des Sachkontenrahmens. Sie schließen sich an die Debitoren im Nummernbereich 70 000 bis 99 999 an. Da bei der Eingabe gelegentlich eine Stelle verrutscht, kann z. B. aus dem Vorsteuerschlüssel 90 beim Konto Pkw 0520 schnell ein neues Kreditorenkonto 90 520 werden. Personenkonten sind also sofort zu beschriften, damit ein ungewolltes neues Konto gleich ins Auge fällt.

Lieferantenkonten brauchen aus umsatzsteuerlichen Gründen nicht zwingend geführt zu werden. Allerdings steht Ihnen der Vorsteuerabzug schon bei Rechnungseingang zu, nicht erst bei Zahlung. Bei größeren Vorsteuerbeträgen in der Schwebe und andererseits Vorkasse auf die zu erwartende Umsatzsteuer lohnt sich der Liquidität zuliebe die Führung von Kreditoren. Davon abgesehen, sind sinnvollerweise Verschuldung, Kreditrahmen und Zahlungsziele nicht nur zum Jahresabschluss zu beachten.

Allerdings sollten einzelne Kreditoren nur für die Hauptlieferanten angelegt und geführt werden.

Wie bei den Debitoren sammelt das DATEV-System automatisch sämtliche Kreditorensalden auf einem Konto. Dieses Konto ist ebenfalls nicht direkt bebuchbar.

SKR03	SKR04	Kontenbezeichnung
1600	3300	Verbindlichkeiten aus Lieferungen u. Leistungen

Beispiel:
Ein Spielwareneinzelhändler erhält vom Hersteller XY (Kreditor #71020) eine Lieferung zum Rechnungsbetrag von netto 5.000 €. Nach einem Monat wird der Kaufpreis überwiesen.

Rechnungseingang vom Lieferanten XY:

Umsatz	GegenKto	Beleg	Datum	Konto	Text
5.950,00+	71020		01.07.	3400/5400	Wareneinkauf Lieferant XY

Zahlung des Rechnungsbetrages an Lieferanten XY:

Umsatz	GegenKto	Beleg	Datum	Konto	Text
5.950,00−	71020		01.08.	1210/1810	Rechnungsausgl. Lieferant XY

Neben den wichtigsten Lieferanten können diverse Kreditoren nach dem Alphabet angelegt werden. Gliederungsvorschlag für die „Diversen":

Konten	Bezeichn.	Konten	Bezeichn.	Konten	Bezeichn.
71 100	Diverse A	71 200	Diverse B	71 300	Diverse C
71 400	Diverse D	71 500	Diverse E	71 600	Diverse F
71 700	Diverse G	71 800	Diverse H	71 900	Diverse I
72 000	Diverse J	72 100	Diverse K	72 200	Diverse L
72 300	Diverse M	72 400	Diverse N	72 500	Diverse O
72 600	Diverse P	72 700	Diverse Q	72 800	Diverse R
72 900	Diverse S	73 000	Diverse SCH	73 100	Diverse ST
73 200	Diverse T	73 300	Diverse U	73 400	Diverse V
73 500	Diverse W	73 600	Diverse X	73 700	Diverse Y
73 800	Diverse Z				

Bei Kapitalgesellschaften sind Verbindlichkeiten gegenüber Gesellschaftern im Anhang zu erläutern oder in einem „Davonvermerk" in der Bilanz auszuweisen. Dazu werden sie verbucht auf:

SKR03	SKR04	Kontenbezeichnung
1650	3340	Verbindl. Aus Lieferungen/Leistungen ggü. Gesellschaftern
1651	3341	Verbindl. Aus Lieferungen/Leistungen ggü. Gesellsch. (b. 1 J.)
1655	3345	Verbindl. Aus Lieferungen/Leistungen ggü. Gesellsch. (1–5 J.)
1658	3348	Verbindl. aus Lieferungen/Leistungen ggü. Gesellsch. (g. 5 J.)

Entsprechende Konten sind bei **Anteilen an verbundenen Unternehmen** und bei **Beteiligungen** vorgesehen.

28 Lieferantenkonto

Bei den Lieferantenkonti können Sie wie bei den Debitoren die Skontospalte in den Buchungslisten verwenden.

Auch hier ist die Voraussetzung:
- Buchungskreis („Konto") ist ein Finanzkonto wie Bank, Kasse,
- Im Gegenkonto steht ein Kreditor.

Beispiel:
Elektro Zapp erhält vom Hersteller ELGRO (Kreditor 74000) eine Lieferung von 5 Verteilerschränken zum Preis von insgesamt 7.500 € und Fracht von 100 € zzgl. USt. Einen defekten Schrank lässt Zapp nach Absprache mit seinem Lieferanten unfrei zurückgehen. Vom Rechnungsbetrag zieht Zapp bei Überweisung 2 % Skonto ab.

Umsatz	GgKto	Beleg	Dat.	Konto	Skonto	Text
8.925,00–	3400/5400			74000		
119,00–	903800/ 905800					Fracht
~~	~~~~	~~~~	~~~~	~~~~		
1.785,00+	5400			74000		Retoure

Der Wareneinkauf wird durch die Buchung der Retoursendung um netto 1.500 €, der Vorsteuerabzug um 285 € gekürzt.

Umsatz	GgKto	Beleg	Dat.	Konto	Skonto	Text
~~	~~~~	~~~~	~~~~	1210/ 1810	~~~~	
7.113,82–	74000				145,18	
~~	~~~~	~~~~	~~~~		~~~~	

Durch Eingabe des Bruttobetrages in der Skontospalte teilt die EDV zum einen den Abzug automatisch auf das Konto 3735/5735 netto 122 € und 23,18 € kürzend auf das Vorsteuerkonto. Außerdem wird die Rechnung inkl. Fracht auf dem Lieferantenkonto 74000 durch Zahlung und Skontoabzug ausgeglichen.

29 Materialeinsatz aus tatsächlicher Ermittlung

Leider sind betriebliche Abläufe selten ideal. Nach der zweiten Methode – Materialverbrauchsermittlung durch Umbuchung – ist zuerst der Einkauf von Materialien als aufwandsneutrale Bestandserhöhung einzusteuern. Zusätzlich wird gegen Monatsende als Materialaufwand der tatsächliche Verbrauch verbucht. Dabei lohnt sich die exakte Verbrauchsermittlung bei einzelnen, wertvollen Stoffen oder wenn die Zahlen ohnehin aus einer laufenden Lagerbuchhaltung abfallen. In manchen Fällen bietet es sich auch an, anhand von Vorjahreszahlen den tatsächlichen Verbrauch zu schätzen.

Beispiel:
Bestellt die Technik GmbH im Beispiel zu Abschnitt 5.3 ihre Bauteile unregelmäßig, kann entweder von der Umschlagshäufigkeit des Vorjahres (12-mal) oder aus einer abweichenden Entwicklung des laufenden Jahres auf den tatsächlichen Verbrauch geschlossen werden. Betragen die totalen Anschaffungskosten für die ersten sechs Monate 300.000 €, so sind im Juni 1/6 davon, nämlich 50.000 € als Verbrauch anzusetzen. Wurden im Juni Bauteile nur im Wert von 30.000 € angeschafft, bietet die einfache Schätzung ein um 20.000 € genaueres Monatsergebnis.

Buchungen Juni
Rechnungseingang vom Lieferanten XY #71020:

Umsatz	GegenKto	Beleg	Datum	Konto	Text
35.700,00+	971020		15.06.	3970/1000	Wareneinkauf Lieferant XY

SKR03	SKR04	Kontenbezeichnung
3970	1000	Roh-, Hilfs- und Betriebsstoffe

Zusätzlich wird gegen Monatsende Juni als Materialaufwand der tatsächliche Verbrauch verbucht:

Umsatz	GegenKto	Beleg	Datum	Konto	Text
50.000,00+	3990/5860		30.06.	4000/5000	Verbrauch Bauteile

Materialeinsatz aus Umsatzzahlen **H**

SKR03	SKR04	Kontenbezeichnung
4000	5000	Aufwendungen f. RHB und bezogene Waren
3990	5860	Verrechnete Stoffkosten

Wie bei der Ermittlung des Wareneinsatzes kann eine Kombination zweier Verfahren zur Ermittlung des Materialeinsatzes sinnvoll sein.

Beispiel:
In der Kfz-Werkstatt Schröder wird der 20.000-Liter-Heizöl-Tank zweimal jährlich gefüllt. Der Zugang wird jeweils auf einem Bestandskonto aufwandsneutral erfasst (2 x 9.000 €). Schröder ermittelt jeweils den monatlichen Verbrauch an Heizöl zur Beheizung der Werkstatt, des Lagers und des Büros (2/3) einerseits und seines Privathauses (1/3) andererseits und bucht den betrieblichen Teil als monatlichen Aufwand ein. Bei einem monatlichen Gesamtverbrauch im Wert von 18.000 €/12 Monate = 1.500 € beträgt der betriebliche Anteil 1.000 €.
Andere Materialien wie Schmierstoffe, Schweißmittel, Bleche etc. werden jeden Monat regelmäßig beschafft und genauso verbraucht. Hier verbucht Schröder jeden Materialeingang direkt über ein Aufwandskonto, ohne sich um den tatsächlichen Verbrauch zu kümmern.

30 Materialeinsatz aus Umsatzzahlen

Insbesondere bei der Herstellung einiger weniger Produkte lässt sich von den getrennt erfassten Umsatzerlösen und bekannten Rohaufschlägen auf den Materialeinsatz schließen.

Beispiel:
Für die Montage eines Rollwagens benötigt man zwei Bügel, zwei Blechböden, vier Stangen, vier Rollen und eine Hand voll Schrauben. Der Rohaufschlag des Büromöbelherstellers beträgt 100 %. Gleichgültig wie viele Teile im Laufe des Monats angeschafft wurden, wird als Einsatz 50 % des monatlichen Umsatzes von beispielsweise 100.000 € = 50.000 € zugrunde gelegt.

H Glossar

31 Materialeinsatz in der E-Bilanz

Für die E-Bilanz sind folgende Differenzierungen vorzunehmen:[3]

BGA (GHK)	IKR	SKR03	SKR04	Kontenbezeichnung (SKR04)
3015	600	3010	5110	Einkauf Roh-, Hilfs- und Betriebsstoffe 7 % Vorsteuer
3015	600	3030	5130	Einkauf Roh-, Hilfs- und Betriebsstoffe 19 % Vorsteuer
3015	600	3060	5160	Einkauf Roh-, Hilfs- und Betriebsstoffe, innergemeinschaftlicher Erwerb 7 % Vorsteuer und 7 % Umsatzsteuer
3015	600	3062	5162	Einkauf Roh-, Hilfs- und Betriebsstoffe, innergemeinschaftlicher Erwerb 19 % Vorsteuer und 19 % Umsatzsteuer
3015	600	3066	5166	Einkauf Roh-, Hilfs- und Betriebsstoffe, innergemeinschaftlicher Erwerb ohne Vorsteuer und 7 % Umsatzsteuer
3015	600	3067	5167	Einkauf Roh-, Hilfs- und Betriebsstoffe, innergemeinschaftlicher Erwerb ohne Vorsteuer und 19 % Umsatzsteuer
3015	600	3070	5170	Einkauf Roh-, Hilfs- und Betriebsstoffe 5,5 % Vorsteuer
3015	600	3071	5171	Einkauf Roh-, Hilfs- und Betriebsstoffe 10,7 % Vorsteuer
3015	600	3075	5175	Einkauf Roh-, Hilfs- und Betriebsstoffe aus einem USt-Lager § 13a UStG 7 % Vorsteuer und 7 % Umsatzsteuer
3015	600	3076	5176	Einkauf Roh-, Hilfs- und Betriebsstoffe aus einem USt-Lager § 13a UStG 19 % Vorsteuer und 19 % Umsatzsteuer
3015	600	3089	5189	Erwerb Roh-, Hilfs- und Betriebsstoffe als letzter Abnehmer aus Dreiecksgeschäft § 13a UStG 19 % Vorst/19 % USt

[3] Eine Änderung des bisherigen Buchungsverhaltens wird jedoch (noch) nicht gefordert. Daher wird nicht beanstandet, wenn der gesamte Wareneinkauf unter den Aufwendungen für bezogene Waren ausgewiesen wird, wenn bisher die Aufwendungen für Roh-, Hilfs- und Betriebsstoffe und bezogene Waren nicht getrennt verbucht wurden (http://www.esteuer.de/FQA).

32 Offene-Posten-Buchführung

Bei dieser Form der Buchführung werden zur Arbeitsvereinfachung Grundbücher und Kontenführung durch eine Belegsammlung ersetzt. Die Offene-Posten-Buchführung wird hauptsächlich im Kontokorrentverkehr angewendet, also in den Geschäftsbeziehungen zu Lieferanten und Kunden.

Kreditoren- und Debitorenbuchhaltungen müssen nicht beide geführt werden. Bei nur wenigen Lieferanten bzw. Großkunden können Sie sich die halbe Mühe sparen. Auch brauchen Sie nicht für jeden Geschäftspartner ein Personenkonto anzulegen und zu führen: Für „Diverse" stellen Sie je nach Umfang ein Konto oder alphabetisch geordnete Konten zur Verfügung. Im letzteren Fall sollten eigene Konten wirklich nur wenigen, überschaubaren Kunden bzw. Lieferanten vorbehalten sein, damit Sie nicht lange im Kontenplan suchen müssen.

Und so führen Sie – jeweils für Ihre Lieferanten- und Kundenrechnungen getrennt – die Offene-Posten-Buchhaltung:

Kreditorenbuchführung/Lieferanten

1. Eine Kopie der Eingangsrechnung Ihres Lieferanten wird chronologisch und mit fortlaufender Nummer abgelegt (= Nummernkopie). Diese ersetzt das frühere Rechnungseingangsbuch. Jede Rechnung buchen Sie einzeln auf den Kreditorenkonten ein (Kontennummern 70000 – 99999).
2. Eine zweite Kopie der Eingangsrechnung Ihres Lieferanten wird bis zur Bezahlung in einer Akte „Offene Posten" dem Namen nach abgelegt (= Namenskopie). Dadurch wird gewährleistet, dass jederzeit die noch offenen Rechnungen gegenüber jedem einzelnen Lieferanten festgestellt werden können. Bei Zahlungsanweisung wird die Namenskopie wieder aus der Akte herausgenommen, als „erledigt" abgestempelt und nach der Verbuchung endgültig unter dem Lieferantennamen als „bezahlte Eingangsrechnung" abgelegt.

Debitorenbuchführung/Kunden

Auch hierbei ersetzt eine Belegablage das Grundbuch. Beim Kundenkontokorrent als Offene-Posten-Buchführung werden ebenfalls je eine Nummern- und eine Namenskopie Ihrer Ausgangsrechnung abgelegt:
Das Original der Ausgangsrechnung geht an Ihren Kunden.
1. Die 1. Kopie (= Nummernkopie) wird chronologisch nach Rechnungsnummern geordnet. Sie verbuchen die Forderung auf dem entsprechenden Kundenkonto (Konten 10000–69999).
2. Die 2. Kopie wird zunächst unter dem Kundennamen als „offener Posten" abgelegt. Wenn Tage danach der Kunde die Rechnung ausgleicht, buchen Sie den Geldeingang gegen das Kundenkonto. Die Rechnungskopie wird dem Ordner entnommen, als „erledigt" abgestempelt und unter dem Kundennamen als „bezahlte Ausgangsrechnung" abgelegt.

Wollen Sie wissen, wie viel Ihnen ein Kunde zurzeit schuldet, können Sie auf dem Debitorenkontoblatt der EDV-Buchhaltung nachsehen. Bei Unstimmigkeiten und Mahnungen sollten Sie sich nicht auf den Computer verlassen. Gleichen Sie vielmehr im Ordner „Offene Posten" die einzelnen Rechnungen dieses Kunden mit dem jeweils verbuchten Betrag, Rechnungsnummer und Datum ab. So finden Sie eventuell falsch zugeordnete Zahlungen.

Das Finanzamt hat an die Kontokorrentbuchführung als Offene-Posten-Buchhaltung besondere Anforderungen gestellt, die Sie beachten sollten. Nehmen Sie diese nicht auf die leichte Schulter, da Sie bei einer nicht ordnungsmäßigen Buchführung dem Steuerprüfer den Vorwand für Hinzuschätzungen liefern.
1. Sämtliche Geschäftsvorfälle müssen in zeitlicher Reihenfolge aufgezeichnet werden.
2. In angemessenen Abständen sind die offenen Posten abzustimmen. Den Zeitpunkt und das Ergebnis halten Sie schriftlich fest.
3. Die Akten mit den Nummern- und Namenskopien sowie eventuellen Additionsstreifen sind als Bestandteile der Buchhaltung 10 Jahre lang aufzubewahren.

Die Summe der offenen Posten in der Namensakte entspricht dem Saldo des Debitoren- bzw. Kreditorensachkontos. Je nach Umfang der Buchhaltung sollten Sie zumindest einmal pro Quartal die Konten abstimmen.

Die Kunden- und Lieferantenstammdaten werden einmalig eingerichtet. Bereits bei der Fakturierung werden die Ausgangsrechnungen in die Buchhaltung übernommen und müssen demnach nicht ein zweites Mal erfasst werden. Der Ausgleich der offenen Posten kann automatisch geschehen, z. B. indem die Rechnungsnummer angesprochen wird, durch Abgleich der Rechnungsbeträge oder beim Ausbuchen von Kleindifferenzen. Komfortable Programme liefern Ihnen in Statistiken die Jahresumsätze Ihrer Kunden und Lieferanten als Berechnungsgrundlage für Boni. Und schließlich lässt sich das gesamte Mahnwesen über eine Offene-Posten-Buchhaltung per EDV abwickeln. Nur ab einem festgelegten Mindestbetrag werden überfällige Forderungen in einer Mahnvorschlagsliste ausgegeben. Dabei bieten die Mahnprogramme in der Regel drei Mahnstufen. Die Anschriften und ein Auszug des Kundenkontos steuern das Programm zu standardisierten oder individuellen Mahntexten; es hat damit das komplette Mahnschreiben verfasst.

33 Provisionserlöse und Kommissionsgeschäfte

Vier Konten stehen zur Verfügung für Erlöse aus Maklertätigkeit, Handelsvermittlung, Kommissionsgeschäften u. a. Umsatzsteuerfrei sind Provisionserlöse, wenn das vermittelte Grundgeschäft ebenfalls steuerfrei ist, so z. B. Darlehensvermittlung.

SKR03	SKR04	Kontenbezeichnung
8510	4560	Provisionserlöse
8514	4564	Provisionserlöse steuerfrei § 4 Nr. 8 ff. UStG
8515	4565	Provisionserlöse steuerfrei § 4 Nr. 5 UStG
8516	4566	Provisionserlöse 7 % USt
8519	4569	Provisionserlöse 19 % USt

Forderungen und Verbindlichkeiten aus Agenturwaren- und Kommissionsabrechnung werden auf diesem Konto erfasst.

SKR03	SKR04	Kontenbezeichnung
1521	1375	Forderungen aus Agenturwarenabrechnung
1731	3600	Verbindlichkeiten aus Agenturwarenabrechnung

Kommissionsgeschäfte sind dadurch bestimmt, dass ein Beauftragter (Kommissionär) im eigenen Namen, aber im Auftrag und für Rechnung eines anderen (des Kommittenten, des Auftraggebers) Waren oder Wertpapiere gewerbsmäßig kauft oder verkauft.
1. Bei der Einkaufskommission erwirbt der Kommissionär die Ware zwar im eigenen Namen aber im Auftrag des Kommittenten.
2. Bei der Verkaufskommission kommt es bei der Lieferung vom Auftraggeber an den Kommissionär zu keiner Änderung des juristischen oder wirtschaftlichen Eigentums.

Erst bei Lieferung an den Abnehmer löst der Verkauf der Ware Buchungen aus. Ist der Kaufpreis noch nicht erbracht, so steht die Kaufpreisforderung grundsätzlich dem Kommissionär zu, der sie vertragsgemäß an den Kommittenten abtreten wird. Mit der Verkaufsanzeige fällt regelmäßig die Abtretung zeitlich zusammen. Der Kommissionär soll bereits zu diesem Zeitpunkt seine Verkaufsprovision als Forderung gegenüber seinem Auftraggeber einbuchen.

Beispiel:
Der Kommissionär verkauft im Auftrag einen Posten Textilien zum Preis von 20.000 € plus USt und bucht mit Lieferung und Rechnungsstellung an den Kunden:

Umsatz	GegenKto	Beleg	Datum	Konto	Text
23.800,00-	1521/1375		15.06.	1731/3600	

Da der Kommissionär im eigenen Namen handelt, schuldet er die bei Verkauf anfallende USt. Auch wenn durch die Abtretung an den Kommittenten Vorsteuerbeträge in gleicher Höhe abziehbar sind, sollte nicht aufgerechnet werden.

Umsatz	GegenKto	Beleg	Datum	Konto	Text
3.800,00+	1776/3806		15.06.	1576/1406	USt/Vorsteuer

Die Verkaufsprovision des Kommissionärs beträgt 5 % der Nettoumsätze. Da er für die Bonität des Kunden gerade steht, erhält er zusätzlich eine Delcredere-Provision in Höhe von 1 %.

Umsatz	GegenKto	Beleg	Datum	Konto	Text
1.428,00-	17300		15.06.	8519/4569	

Der Abnehmer der Textilien überweist an den Kommissionär. Dieser überweist seinerseits dem Auftraggeber den Verkaufserlös, vereinbarungsgemäß nach Abzug seiner Provisionen:

Umsatz	GegenKto	Beleg	Datum	Konto	Text
23.800,00+	1521/1375			1210/1810	
22.372,00-	1731/3600			1210/1810	
1.428,00-	1731/3600			17300	

34 Sachbezüge

Neben den Geldlöhnen und -gehältern gibt es in vielen Arbeitsverhältnissen auch Sachbezüge. Wenn keine Waren zusätzlich an den Arbeitnehmer abgegeben werden, dann ist Sachbezug gewöhnlich ein Lohnersatz und wird auf dem Lohn- und Gehaltskonto verbucht. Besteht der Sachbezug beispielsweise in der Kfz-Nutzung durch einen Arbeitnehmer für private Fahrten, wird er als Lohnersatz versteuert.

Beispiel:

Der Firmenwagen hat einen Listenpreis von 30.000 € inkl. Sonderausstattung und MwSt. Für die private Nutzung durch den Angestellten sind monatlich Sachbezüge von 1 % des Listenpreises anzusetzen, somit 300 €. Die Entfernung von seiner Wohnung zum Arbeitsplatz beträgt 12 km. Nach den Lohnsteuerrichtlinien sind weitere 0,03 % des Listenpreises pro Entfernungskilometer fällig, somit 12 x 0,03 % x 30.000 € = 108 €. Ohne Führung eines Fahrtenbuches sind demnach pro Monat 408 € Sachbezug anzusetzen.

Umsatz	GegenKto	Datum	Konto	
408,00-	8611/4947		4100/6000	Sachbezug Kfz

H Glossar

SKR03	SKR04	Kontenbezeichnung
8611	4947	Verrechnete Sachbezüge 19 % USt
8614	4949	Verrechnete Sachbezüge ohne USt

Sachbezüge von Arbeitnehmern (Waren mit 19 % und 7 % USt) werden auf diesen Verrechnungskonten als Erlös erfasst:

SKR03	SKR04	Kontenbezeichnung
8595	4945	Sachbezüge 19 % USt
8591	4941	Sachbezüge 7 % USt

Achten Sie bitte auf die aktuelle Rechtslage, da im Berliner Steuerkarussell gerade diese Regelungen ständig umgeworfen werden.

35 Skonto und Rabatt für Kunden

Treueboni und Jahresboni werden üblicherweise Großkunden gewährt.

SKR03	SKR04	Kontenbezeichnung
8769	4769	Gewährte Boni
8750	4750	Gewährte Boni 7 % USt
8760	4760	Gewährte Boni 19 % USt

Rabatte sind Preisnachlässe aus besonderem Anlass oder an ausgewählte Kundengruppen.

SKR03	SKR04	Kontenbezeichnung
8770	4770	Gewährte Rabatte
8780	4780	Gewährte Rabatte 7 % USt
8790	4790	Gewährte Rabatte 19 % USt

Gewährte Skonti sind Preisnachlässe an Ihre Kunden für prompte Zahlungen, üblicherweise 2 % des Rechnungsbetrages bei Zahlung innerhalb von 10 Tagen. Bei einer regulären Zahlungsfrist von 30 Tagen vergüten Sie damit Ihren Kunden stolze 36 % Zinsen p. a.. Dennoch kann es bei hohen Forderungsbeständen und schmaler Liquidität letztlich profitabler sein, das Umsatzrad schneller zu drehen und den Zinsverlust in Kauf zu nehmen.

Skonto und Rabatt für Kunden H

SKR03	SKR04	Kontenbezeichnung
8730	4730	Gewährte Skonti
8731	4731	Gewährte Skonti 7 % USt
8736	4736	Gewährte Skonti 19 % USt

Beispiel:
Auch die Firma Elektro Zapp kommt nicht umhin, zumindest den zögerlichen Zahlern Skonto einzuräumen. Vom Kunden Godot wird die nächste Rechnung über 23.800 € unter Abzug von 2 % Skonto prompt beglichen.
Rechnungsstellung:

Umsatz	GegenKto	Beleg	Datum	Konto	Text
23.800,00-	14100	1057	08.07.	8400/4400	

Rechnungsausgleich Bankeingang:

Umsatz	GegenKto	Beleg	Datum	Konto	Text
~~	~~~	~~~	~~~		~~~
23.324,00+	14100	1057	15.07.	1210/1810	
~~	~~~	~~~	~~~		~~~

Rechnungsausgleich Skonto:

Umsatz	GegenKto	Beleg	Datum	Konto	Text
476,00+	14100	1057	15.07.	8735/4735	

Mit der Buchung auf dem Automatikkonto 8736 SKR03 bzw. 4736 im SKR04 wird die Umsatzsteuer um 76 € vermindert. Für die Skontobuchung wird neben dem Buchungskreis Bank noch ein weiterer Buchungskreis angesprochen, etwa innerhalb „Ausgangsrechnungen" oder „Sonstige Buchungen".

Gewähren Sie regelmäßig Skonto, dann wird die Zuordnung von Zahlungseingang und Skonto auf zwei separaten Listen schnell unübersichtlich und die doppelte Erfassung desselben Vorgangs (Zahlung unter Abzug von Skonto) zur umständlichen Prozedur.
Im DATEV-System ist deshalb die Kurzeingabe des Skontos unter folgenden Voraussetzungen ermöglicht:

H Glossar

- Buchungskreis Bank, Kasse u. Ä. Finanzkonto
- Personenkonto als Gegenkonto.

Die Buchungsliste wird deshalb für den Skontoabzug um noch eine weitere Spalte breiter.

Beispiel:
Beispiel wie oben; beide Buchungen zum Rechnungsausgleich lassen sich zusammenfassen:

Umsatz	GgKto	Beleg	Datum	Konto	Skonto	Text
~~	~~~~	~~~~	~~~~	1210/1810	~~~~	
23.324,00+	14100	1057	15.07.		476,00	
~~	~~~~	~~~~	~~~~		~~~~	

Durch Eingabe des Bruttobetrages in der Skontospalte teilt die EDV zum einen den Abzug automatisch auf das Konto 8735/4735 netto 400 € und 76 € auf das Umsatzsteuerkonto. Außerdem wird die Rechnung 1057 auf dem Kundenkonto 14100 durch Zahlung und Skontoabzug ausgeglichen.

36 Steuerbefreite Umsätze

Etliche Umsätze sind aus unterschiedlich guten Gründen von der Umsatzsteuer befreit.
Allgemein lassen sich inländische und ausländische (außerhalb EU) steuerfreie Umsätze unterscheiden. Sie verbuchen auf den folgenden Konten:

SKR03	SKR04	Kontenbezeichnung
8100	4110	Sonstige steuerfr. Umsätze Inland
8150	4150	Sonstige steuerfr. Umsätze

Lieferungen ins Ausland außerhalb der EU sind steuerfrei. Dem gleichgestellt sind Offshore-Geschäfte wie z. B. Verkauf eines Pkws an einen Angehörigen der US-amerikanischen Armee:

SKR03	SKR04	Kontenbezeichnung
8140	4140	Steuerfreie Umsätze Offshore usw.

Steuerbefreite Umsätze **H**

Steuerfreie Umsätze können Sie auch nach dem § 4 UStG aufschlüsseln, den Befreiungstatbeständen:
Mit den steuerfreien Umsätzen nach § 4 Nr. 8 bis 28 UStG sind z. B. die Honorare der Ärzte (Ausnahme z. B. zahntechnisches Labor) gemeint, Umsätze von Krankenhäusern, Altenheimen, die Provisionen der Versicherungsvertreter und Versicherungsentschädigungen, Geldgeschäfte der Banken (Ausnahme: z. B. Depotverwaltung), aus Vermietungen und Handel von Grundstücken, Umsätze aus Lehrtätigkeit, Jugendhilfe und ehrenamtliche Aufwandsentschädigung. Diese Umsätze schließen einen Vorsteuerabzug aus.

SKR03	SKR04	Kontenbezeichnung
8100	4100	Steuerfreie Umsätze § 4 Nr. 8 ff. UStG

Steuerfreie Umsätze nach § 4 Nr.1a, 2–7 u. 1c UStG bezeichnen z. B. Exporte, d. h. Lieferungen in ein Land außerhalb der EU (1a) oder eine Beförderungsleistung dorthin (3), Seeschifffahrt und Luftfahrt (2) und diesbezügliche Reisebüroumsätze (5), Offshore-Geschäfte (7). Diese Umsätze schließen einen Vorsteuerabzug nicht aus.

SKR03	SKR04	Kontenbezeichnung
8120	4120	Steuerfr. Umsätze § 4 Nr. 1a, 2-7 u. 1c UStG

Eine Entnahme von Gegenständen ohne USt kommt immer dann in Betracht, wenn kein Vorsteuerabzug geltend gemacht wurde, so z. B. bei einem von privat angeschafften Firmenwagen.

SKR03	SKR04	Kontenbezeichnung
8905	4605	Entnahme von Gegenständen ohne USt

Nicht steuerbare Umsätze tätigen Sie außerhalb Ihres Unternehmens oder im Ausland. Bestimmte Leistungen für einen ausländischen Unternehmer – wie z. B. die von Rechtsanwälten, wirtschaftlichen und technischen Beratern, der Datenverarbeitung, Werbefirmen, bei Personalgestellung u. a. – gelten als im Ausland ausgeführt und sind ebenfalls in Deutschland nicht steuerbar.

SKR03	SKR04	Kontenbezeichnung
8950	4690	Nicht steuerbare Umsätze

37 Steuerschuldnerschaft nach § 13b UStG

Zu einer steuerpflichtigen Leistung stellt Unternehmer in der Regel auch die Umsatzsteuer in Rechnung und kassiert sie ein, da er sie auch gegenüber dem Finanzamt schuldet. Gemäß der Ausnahmebestimmung des § 13b Abs. 1 UStG jedoch schuldet der Leistungsempfänger für folgende steuerpflichtige Umsätze die Steuer:
1. Werklieferungen und sonstige Leistungen eines im Ausland ansässigen Unternehmers,
2. Lieferungen sicherungsübereigneter Gegenstände durch den Sicherungsgeber an den Sicherungsnehmer außerhalb des Insolvenzverfahrens,
3. Umsätze, die unter das Grunderwerbsteuergesetz fallen,
4. Werklieferungen und sonstige Leistungen, die der Herstellung, Instandsetzung, Instandhaltung, Änderung oder Beseitigung von Bauwerken dienen, mit Ausnahme von Planungs- und Überwachungsleistungen. Dies betrifft nur Leistungsempfänger, wenn sie selbst nachhaltig Bauleistungen erbringen (Nachweis durch Vorlage der Bescheinigung USt 1 TG).
5. Die Steuerschuldnerschaft des Leistungsempfängers ist seit 2011 auch bei Gebäude- und Fensterreinigung als Subunternehmer, bei Lieferung von Schrott und weiteren Altmetallen und für den Großhandel mit Mobilfunkgeräten und Speicherchips gegeben.
6. Ab 01.10.2014 kommen auch die Lieferungen von Edelmetallen, unedlen Metallen sowie von Tablet-PCs und Spielekonsolen hinzu (ggf. sind gesetzliche Freigrenzen zu beachten).

Auch für Leistungen, bei denen der Leistungsempfänger die Umsatzsteuer einbehalten und an das Finanzamt abführen muss, ist die Erfassung auf Automatikkonten vorgesehen.

SKR03	SKR04	Kontenbezeichnung (SKR04)
1567	1417	Aufzuteilende Vorsteuer nach § 13b UStG
1569	1419	Aufzuteilende Vorsteuer nach § 13b UStG 19 %
1578	1408	Abziehbare Vorsteuer nach § 13b UStG
1577	1407	Abziehbare Vorsteuer nach § 13b UStG 19 %
1785	3835	Umsatzsteuer nach § 13b UStG
1787	3837	Umsatzsteuer nach § 13b UStG 19 %

Steuerschuldnerschaft nach § 13b UStG

SKR03	SKR04	Kontenbezeichnung (SKR04)
3120	5920	Leistungen inl. Unternehmer nach § 13b UStG 19 % Vorsteuer und 19 % Umsatzsteuer
3125	5925	Leistungen ausl. Unternehmer nach § 13b UStG 19 % Vorsteuer und 19 % Umsatzsteuer
3140	5940	Leistungen inl. Unternehmer nach § 13b UStG ohne Vorsteuer und 19 % Umsatzsteuer
3145	5945	Leistungen ausl. Unternehmer nach § 13b UStG ohne Vorsteuer und 19 % Umsatzsteuer
8337	4337	Erlöse aus Leistungen, für die der Leistungsempfänger die Steuer nach § 13b UStG schuldet.
8335	4335	Erlöse nach § 13b USt, Erlöse aus Lieferungen von Mobilfunkgeräten, Tablet-Computern, Spielekonsolen und integrierten Schaltkreisen

Bei Bauleistungen an einen anderen Bauunternehmer (im weiteren Sinn) wird der leistende Unternehmer zur Ausstellung von Rechnungen ohne gesonderten Steuerausweis verpflichtet. In diesen Rechnungen ist auf die Steuerschuldnerschaft des Leistungsempfängers hinzuweisen, der die Umsatzsteuer direkt an das Finanzamt abführen muss.

Zu den Bauleistungen im weiteren Sinn zählen: Einbau von Fenstern und Türen sowie Bodenbelägen, Aufzügen, Rolltreppen und Heizungsanlagen, aber auch von Einrichtungsgegenständen, wenn sie mit einem Gebäude fest verbunden sind, wie z. B. Ladeneinbauten, Schaufensteranlagen, Gaststätteneinrichtungen, Installation einer Lichtwerbeanlage, die Dachbegrünung eines Bauwerks. Bei Reparatur- und Wartungsarbeiten an Bauwerken oder Teilen von Bauwerken wird der Leistungsempfänger aus Vereinfachungsgründen nur dann Steuerschuldner, wenn das (Netto-)Entgelt für den einzelnen Umsatz mehr als 500 € beträgt. Für die Buchung von Anzahlungen, die unter § 13b UStG fallen, hat die DATEV keine Automatikkonten zur Verfügung gestellt. Den Ausweis in der Umsatzsteuervoranmeldung erreichen Sie in diesen Fällen durch einen Umsatzsteuerschlüssel an der 1. und 2. Stelle.

Wenn der Leistungsempfänger vorsteuerabzugsberechtigt ist, dann kann er aus diesen Rechnungen auch ohne gesonderten Steuerausweis die Vorsteuer abziehen.

Leistungsempfänger sind also nur von dieser Regelung betroffen, wenn sie selbst Bauleistungen bringen, dann allerdings auch für ihren nichtunternehmerischen Bereich, wie z. B. Heizungserneuerung im Privathaus eines Elektroinstallateurs.

Beispiel:
Auch Elektro Zapp lässt sein Lager von Ladenbau Tertz renovieren. Die Rechnung von 20.000 €, in der auf die Steuerschuldnerschaft des Leistungsempfängers hingewiesen ist, überweist Zapp sofort bei Rechnungseingang.

Umsatz	GegenKto	Beleg	Datum	Konto	Text
20.000,00-	3120/5920		05.08.	1200/1800	

Das Automatikkonto 3120/5920 ergänzt 3.200 € Umsatzsteuer und Vorsteuer auf den entsprechenden Konten.

In der Buchhaltung von Ladenbauer Tertz stellt sich der Erlös so dar:

Umsatz	GegenKto	Beleg	Datum	Konto	Text
20.000,00+	83374337		05.08.	1200/1800	

Die Steuerschuldnerschaft des Leistungsempfängers nach § 13b UStG ergibt sich nicht nur in der Baubranche, der Gebäudereinigung und der oben genannten Waren, sondern allgemein bei Leistungen ausländischer Unternehmer. Auch hier will das Finanzamt verhindern, dass der Unternehmer zwar die Umsatzsteuer einstreicht, sie aber dann doch nicht abführt.

Auch bei Leistungen eines ausländischen Anbieters hat der Empfänger nach § 13b UStG die fällige Umsatzsteuer direkt an das deutsche Finanzamt anzumelden. Die Firmen Amazon, Ebay und Google erbringen ihre Leistungen regelmäßig vom Ausland aus und weisen nur beiläufig auf die Steuerschuldnerschaft ihrer unternehmerischen Kunden in Deutschland hin.

Beispiel:
Der komplette Inter-Web-Shop in den USA kostet dem deutschen Unternehmer bei Vorauszahlung der Jahresmiete 4.500 $ (ca. 3.000 €). Die Rechnung ohne Hinweis auf die deutsche Umsatzsteuer erfolgt per Email sofort nach Kreditkartenbelastung.

Umsatzsteuer H

Der deutsche Unternehmer bucht, da die Leistung unter § 13b UStG fällt:

Umsatz	GgKto	Beleg	Datum	Konto	Skonto	Text
3.000,00+	1730/3610	~~~~	~~~~	3145/5945	~~~~	

Über die Kontenautomatik wird zusätzlich 570 € Umsatzsteuer gebucht. Der deutsche Unternehmer muss die zusätzliche Umsatzsteuer in der Voranmeldung ausweisen. Achten Sie darauf, dass die Beträge eingesteuert werden.
Auf der Rückseite, Zeile 48 in Kennziffer 52 und 53 wird der „fiktive Umsatz" und die USt ausgewiesen.
Liegt ein ordnungsmäßige Rechnung vor – mit Hinweis auf die Steuerschuldnerschaft des Leistungsempfängers – verwenden Sie das Konto (SKR03 3125/SKR 04 5925).

In diesem Fall wird ebenfalls auf der Rückseite der Umsatzsteuervoranmeldung, Zeile 48 in Kennziffer 52 und 53 Rechnungsbetrag und USt ausgewiesen. Zusätzlich jedoch machen Sie in der Zeile 58 Vorsteuer in gleicher Höhe geltend.

38 Umsatzsteuer

Dieses Stichwort bietet einen willkommenen Anlass, Ihnen den eigentlichen Zweck der Finanzbuchhaltung zu verraten:
Er liegt fast ausschließlich darin, dass der Fiskus während des Jahres die von Ihnen ermittelten Umsätze besteuern kann und zum Jahresabschluss zusätzlich noch einen Anteil am Gewinn. Sie selbst haben von Ihrer Mühe und dem Rechenwerk herzlich wenig: Die Wirtschaftlichkeit, Kapitalstruktur und Liquidität Ihres Unternehmens, die Kalkulationsbasis für die Preise Ihrer Produkte, kurz: alle Zahlen und Kennziffern, die Sie als Unternehmer interessieren könnten und eigentlich wissen sollten, liefert nicht die Finanzbuchhaltung, sondern eine Betriebsbuchhaltung, die bestenfalls einige Zahlen aus der anderen Buchhaltung übernehmen kann.
Bei der Umsatzsteuer haben Sie nicht nur die gesetzliche Pflicht, in der Finanzbuchführung die Beträge aufzuzeichnen, zu berechnen und in der Regel monatlich dem Finanzamt Ihre Umsätze und Steuer zu nennen. Sie sind als Unternehmer bei dieser Steuer außerdem

eingespannt als Steuereintreiber bei Ihren Kunden.
Wenn Sie die Umsatzsteuer bei Ihren Kunden nicht abkassieren und an das Finanzamt weiterleiten, dann müssen Sie die Steuer selbst aus eigener Tasche zahlen!
Nun die gute Nachricht: Umsatzsteuer wird in Deutschland und in der ganzen EU als Mehrwertsteuer erhoben.
Dies bedeutet für das einzelne Unternehmen eine Besteuerung seiner erzielten Mehrwerte zwischen Einkauf und Verkauf, den bezogenen und erbrachten Leistungen.
Zwar schuldet der Unternehmer dem Finanzamt auf viele seiner Lieferungen und Leistungen jeweils die volle Umsatzsteuer. Von dieser Schuld kann er aber seinerseits die an andere Unternehmer gezahlte Umsatzsteuer als so genannte **Vorsteuer** abziehen.
In der Produktions- und Warenkette vom Rohstoff über Verarbeitung, Groß- und Einzelhandel bis hin zum Endverbraucher wird die Umsatzsteuer deshalb jeweils umgewälzt und mit zunehmendem Wert angehoben, bis schließlich der Endverbraucher die gesamte Steuer zahlt.
Auf dem Konto „Umsatzsteuer" wird demnach die geschuldete Umsatzsteuer aus eigenen Umsätzen erfasst, auf dem Konto „Vorsteuer" sämtliche bereits an andere Unternehmer gezahlte Umsatzsteuer.
Nur den Unterschiedsbetrag am Ende des Monats schuldet der Unternehmer dem Finanzamt.

Beispiel:
Unternehmer U hat im Monat Mai folgende Euro-Beträge ermittelt:

	Nettobetrag	USt-Betrag
Zu 19 % steuerpflichtige Umsätze	80.000 €	15.200 €
Steuerfreier Aufwand (Löhne, Miete etc.)	20.000 €	0 €
Steuerpflichtiger Aufwand (Waren, Büroeinrichtung, Strom, Telefon etc.)	50.000 €	9.500 €
Zahllast gegenüber dem Finanzamt		5.700 €

Die Umsatzsteuer bedeutet für den Unternehmer somit weder Aufwand noch Ertrag, sondern stellt eine Schuld gegenüber dem Fi-

Umsatzsteuer H

nanzamt dar (wenn Sie höhere Vorsteuerbeträge als geschuldete Umsatzsteuer geltend machen können, kommt es gelegentlich auch zu einer Forderung gegenüber dem Finanzamt).
Das Finanzamt und damit zwangsläufig den Buchhalter interessiert bei den betrieblichen Erlöse ganz wesentlich,
- welche Umsätze steuerpflichtig sind und
- wie hoch die Steuersätze im Einzelnen liegen.

Zu den steuerpflichtigen Umsätzen – es sei denn, sie sind ausdrücklich befreit – gehören sämtliche
- Lieferungen und Leistungen eines Unternehmers
  a) im Inland
  b) im Rahmen seines Unternehmens.

Keine Umsatzsteuer also bei
- Schadensersatzzahlungen, da keine Leistungen,
- Arbeitslöhnen als Leistungen von Privatpersonen,
- Umsätzen im Ausland oder
- beim Verkauf des Privatwagens eines Unternehmers.

Umsatzsteuerpflichtig sind auch die Entnahmen von Gegenständen und Leistungen aus dem Unternehmen, selbst wenn sie in der Regel unentgeltlich erfolgen.
In der Regel steuerpflichtig sind somit z. B. folgende Umsätze:
- Der Computerhändler liefert eine EDV-Anlage,
- der Schreiner rechnet einen Innenausbau ab,
- ein Firmenwagen im Wert von 5.000 € wird kostenlos an den Junior des Chefs abgetreten,
- Ihr Kunde leistet die geforderte Anzahlung noch, bevor Sie die komplette Gegenleistung erbracht haben.

Der **reguläre Umsatzsteuersatz** beträgt nunmehr 19 %.
Das bedeutet für Sie, auf die Nettoerlöse 19 % USt aufzuschlagen oder aus den Bruttoverkäufen 15,97 % herauszurechnen (genauer: Der Bruttobetrag durch 1,19 geteilt ergibt den Nettobetrag).
Als Unterschiedsbetrag zwischen Brutto und Netto ergibt sich die MwSt:

100,00 € netto   + 19 % MwSt (19,00 €)   = 119,00 € brutto
100,00 € brutto   = 84,03 € netto   + 19 % MwSt (15,97 €)

Der ermäßigte Steuersatz liegt derzeit bei 7 % und wird erhoben auf folgende Umsätze:
- die meisten Lebensmittel wie Fleisch, Getreide, Gemüse, Salate, Kaffee, Tee, Leitungswasser und Milch,

aber auch auf
- Bücher, Zeitschriften, Holz, Autorenhonorare, Taxifahrten und Bahnfahrten (geplant auch über 50 km) u. a.

Ausnahmen: Speisen, die im Restaurant verzehrt werden und alle nicht genannten Getränke unterliegen dem Steuersatz von 19 %.

Umsatzsteuerfrei sind in der Regel die Leistungen von Banken (Ausnahme z. B. Depotverwaltung), Krankenhäusern, Altenheimen, Ärzten (Ausnahme Zahntechnisches Labor) und Kleinunternehmern (bis 17.500 € Jahresumsatz), Vermietung und Verkauf von Grundstücken, Versicherungsbeiträge, Umsätze aus Lehrtätigkeit, Jugendhilfe und ehrenamtliche Aufwandsentschädigung u. a. Auch die Ausfuhr außerhalb der Europäischen Union ist umsatzsteuerfrei.

Sehen Sie hierzu auch das Stichwort: **Steuerbefreite Umsätze.**

Zu den Besonderheiten der Umsätze in der Europäischen Union lesen Sie unter dem Stichwort: **EU-Umsatzsteuer.**

In diesem Buch finden Sie die wichtigsten Erlöse behandelt. In Zweifelsfällen aber lassen Sie sich von Ihrem Steuerberater genau informieren, damit Sie nicht zuviel oder gar zu wenig Steuer zahlen.

39 Umsatzsteuervoranmeldung

Je nachdem ob die Umsatzsteuerschuld im Vorjahr 1.000 € oder 7.500 € überschritten hat, sind für jedes abgelaufene Quartal bzw. Monat Umsatzsteuervoranmeldungen abzugeben. Dabei rechnet das Finanzamt ggf. die Umsatzsteuer auf ein ganzes Kalenderjahr hoch.
Nimmt der Unternehmer seine berufliche oder gewerbliche Tätigkeit auf, so ist im laufenden und im folgenden Kalenderjahr **Voranmeldungszeitraum** der **Kalendermonat.**
Das bedeutet ggf. für Sie, Ihre Aufzeichnungen oder Buchhaltungen nur einmal pro Quartal oder gar nur einmal jährlich führen zu müssen (es empfiehlt sich dennoch eine zeitnahe Aufzeichnung, um

fehlende Belege, Kontoauszüge usw. leichter beschaffen und Fehler besser beheben zu können).
Um die Voranmeldung auszufüllen, brauchen Sie aktuelle Zahlen aus der Buchhaltung. Was das DATEV-System selbstständig zusammenrechnet und in die entsprechenden Felder des Formulars einträgt, ist bei einer herkömmlichen Buchführung per Hand auszurechnen und einzutragen. Dazu ist es nötig, sämtliche Erlöse, die Umsatzsteuer und die Vorsteuerbeträge eines Monats bzw. eines Quartals zu ermitteln.
Bei großen Anschaffungen gerade zu Beginn Ihrer Selbstständigkeit sind Sie vielleicht eher daran interessiert, möglichst schnell an Vorsteuererstattungen zu gelangen. Dann ist es angebracht, schon am Tage der Gewerbeanmeldung das Finanzamt um die Erteilung einer Steuernummer zu bitten. Machen Sie sich dann zum frühesten Zeitpunkt mit einer Umsatzsteuer-Voranmeldung auf Papier bemerkbar (ggf. Steuernummer: N E U). Haken Sie nach, wenn bei höheren Vorsteuerbeträgen die Reaktion nur etwas zögerlich erfolgt. Als hilfreich für die zügige Abwicklung erweisen sich telefonische Nachfragen und der Anmeldung beigefügte Rechnungskopien über die größten Anschaffungen. Allerdings kann das Finanzamt vor der Auszahlung von Vorsteuerguthaben Sicherheiten verlangen.
Seit 2005 ist die elektronische Abgabe der Umsatzsteuer-Voranmeldung obligatorisch. Die DATEV hat wie die meisten Buchhaltungssoftware-Hersteller die Möglichkeit dazu eingerichtet. Unter www.elsterformular.de finden Sie als Alternative ein amtliches elektronisches Formular. Die Finanzämter erteilen Ausnahmegenehmigungen und lassen die Abgabe auf Papier zu, jedoch zunehmend restriktiver.
Umsatzsteuer-Voranmeldungen sind spätestens 10 Tage nach Ablauf des Erklärungszeitraums abzugeben, also z. B.
- für das 1. Quartal eines Jahres bis zum 10. April,
- für den Monat August bis zum 10. September.

Dieser Termin verschiebt sich, wenn er auf einen Samstag oder Sonntag/Feiertag fällt.

Um die Buchhaltung fertig zu stellen, können zehn Tage knapp bemessen sein. Deshalb wird auf Antrag die Abgabefrist um jeweils einen Monat verlängert, also z. B.
- für das 1. Quartal bis zum 10. Mai,
- für den Monat August bis zum 10. Oktober.

Bei der **vierteljährlichen Abgabe** von Voranmeldungen genügt ein einmaliger Antrag auf Dauerfristverlängerung. Stellen Sie den Antrag auf dem dafür vorgesehenen Formular rechtzeitig, bevor Sie die Voranmeldung regulär abgeben müssten.

Bei der **monatlichen Abgabe** ist der Antrag jährlich zu wiederholen. Daneben muss für die Fristverlängerung eines laufenden Jahres bis zum 10. Februar eine Vorauszahlung geleistet werden. Sie beträgt 1/11 der Summe aller regulären Vorauszahlungen des Vorjahres. Diese Sondervorauszahlung können Sie bei der Berechnung der Dezember-Vorauszahlung wieder abziehen. Zu Beginn Ihrer Selbstständigkeit muss die Sondervorauszahlung geschätzt werden. Sie soll der durchschnittlichen Vorauszahlung eines Monats entsprechen. Berücksichtigen Sie eine eventuelle Sondervorauszahlung des abgelaufenen Jahres in der Dezember-Voranmeldung in der
- Zeile 57 Kz. 39

SKR03	SKR04	Kontenbezeichnung
1781	3830	Umsatzsteuervorauszahlungen 1/11

Beispiel:

Im Februar 2014 wurden 3.700 € an Sondervorauszahlung geleistet. Sämtliche Vorauszahlungen 2014 einschließlich der Dezember-Voranmeldung von 2.200 € betragen 47.300 €.

Bei der Dezember-Anmeldung 2014 ergibt sich zunächst eine Zahllast von	2.200,00 €
abzüglich Sondervorauszahlung 2014	3.700,00 €
somit ein Guthaben von	1.500,00 €

Für die Dauerfristverlängerung 2015 sind bis zum 10.02.15 47.300/11 = 4.300 € als Sondervorauszahlung 2015 zu zahlen.

– Bitte weiße Felder ausfüllen, Anleitung auf der Rückseite beachten –

2015

Fallart	Steuernummer	Unterfallart	Zeitraum
11		56	1500

30 Eingangsstempel oder -datum

Finanzamt

Unternehmer – ggf. abweichende Firmenbezeichnung – Anschrift – Telefon – E-Mail-Adresse

Antrag auf Dauerfristverlängerung

Anmeldung der Sondervorauszahlung (§§ 46 bis 48 UStDV)

Zur Beachtung
für Unternehmer, die ihre Voranmeldungen **vierteljährlich** zu übermitteln haben:
Der Antrag auf Dauerfristverlängerung ist nicht zu stellen, wenn Dauerfristverlängerung bereits gewährt worden ist. Er ist nicht jährlich zu wiederholen. Eine Sondervorauszahlung ist nicht zu berechnen und anzumelden.

I. Antrag auf Dauerfristverlängerung

(Dieser Abschnitt ist gegenstandslos, wenn Dauerfristverlängerung bereits gewährt worden ist.)

Ich beantrage, die Fristen für die Übermittlung der Umsatzsteuer-Voranmeldungen und für die Entrichtung der Umsatzsteuer-Vorauszahlungen um einen Monat zu verlängern.

II. Berechnung und Anmeldung der Sondervorauszahlung auf die Steuer für das Kalenderjahr 2015 von Unternehmern, die ihre Voranmeldungen monatlich zu übermitteln haben

Berichtigte Anmeldung (falls ja, bitte eine „1" eintragen) 10

		volle EUR	Ct
1. Summe der verbleibenden Umsatzsteuer-Vorauszahlungen **zuzüglich** der angerechneten Sondervorauszahlung für das Kalenderjahr 2014			
2. Davon $^1/_{11}$ = **Sondervorauszahlung 2015**	38		

Verrechnung des Erstattungsbetrags erwünscht / Erstattungsbetrag ist abgetreten (falls ja, bitte eine „1" eintragen) 29
Geben Sie bitte die Verrechnungswünsche auf einem besonderen Blatt an oder auf dem beim Finanzamt erhältlichen Vordruck „Verrechnungsantrag".

Das **SEPA-Lastschriftmandat** wird ausnahmsweise (z.B. wegen Verrechnungswünschen) für die Sondervorauszahlung dieses Jahres **widerrufen** (falls ja, bitte eine „1" eintragen) 26
Ein ggf. verbleibender Restbetrag ist gesondert zu entrichten.

Hinweis nach den Vorschriften der Datenschutzgesetze:
Die mit der Steueranmeldung angeforderten Daten werden auf Grund der §§ 149 ff. der Abgabenordnung und des § 18 des Umsatzsteuergesetzes erhoben. Die Angabe der Telefonnummern und der E-Mail-Adressen ist freiwillig.

Bei der Anfertigung dieser Steueranmeldung hat mitgewirkt:
(Name, Anschrift, Telefon, E-Mail-Adresse)

Datum, Unterschrift

- nur vom Finanzamt auszufüllen -

11 19

Bearbeitungshinweis
1. Die aufgeführten Daten sind mit Hilfe des geprüften und genehmigten Programms sowie ggf. unter Berücksichtigung der gespeicherten Daten maschinell zu verarbeiten.
2. Die weitere Bearbeitung richtet sich nach den Ergebnissen der maschinellen Verarbeitung.

Datum, Namenszeichen

Kontrollzahl und/oder Datenerfassungsvermerk

USt 1 H – Antrag auf Dauerfristverlängerung/Anmeldung der Sondervorauszahlung 2015 – (09.14)

Abb. 44: Antrag Dauerfristverlängerung

Trotz Dauerfristverlängerung kann es vorkommen, dass die Buchhaltung nicht rechtzeitig fertig wird. Schätzen Sie in diesem Fall – nach bestem Wissen und Gewissen – Ihre Umsätze und damit die Umsatzsteuerschuld ab. Damit es zu keiner Steuerverkürzung kommt, sollten es eher zu hohe Umsätze als zu niedrige sein.
Es gibt drei Methoden, zu einem späteren Zeitpunkt die geschätzte Voranmeldung richtig zu stellen:
* Gesetzlich vorgesehen ist eine berichtigte Umsatzsteuer-Voranmeldung. Hier wird für den gleichen Zeitraum nochmals eine Voranmeldung abgegeben und im Kz. 10 auf der Vorderseite – neben den Angaben zum Unternehmen – die Ziffer 1 eingetragen.
* Üblich ist eine stillschweigende Korrektur, eingearbeitet in die nächste Voranmeldung.
* Machbar ist schließlich auch die Anpassung zum Jahresabschluss in der Umsatzsteuer-(Jahres)erklärung. Zu hohe Abweichungen der Beträge in der Erklärung einerseits zur Summe sämtlicher Voranmeldungen andererseits müssen jedoch dem Finanzamt plausibel gemacht werden.

Mit Ende der Abgabefrist wird auch die Umsatzsteuervorauszahlung fällig. Bei Überweisungen tragen Sie bei Verzögerungen das Risiko von Säumniszuschlägen (1 % der Steuerschuld pro angefangenen Monat). Übliche Zahlweisen sind das Beifügen eines V-Schecks zur Voranmeldung oder die Bareinzahlung auf der Finanzkasse. Bei elektronischer Übertragung der Voranmeldung von der DATEV zum Finanzamt mittels Datenträgeraustausch zögern Sie eine Abbuchung am längsten hinaus.
Buchen Sie die Umsatzsteuervorauszahlungen und eventuelle Erstattungen des Finanzamts auf folgendes Konto:

SKR03	SKR04	Kontenbezeichnung
1780	3820	Umsatzsteuervorauszahlungen

Umsatzsteuervoranmeldung **H**

Umsatzsteuer-Voranmeldung 2015

Zeile		
1	- Bitte weiße Felder ausfüllen oder ⊠ ankreuzen, Anleitung beachten -	**2015**
2	Fallart **Steuernummer** Unterfallart	
3	11 / 56	
4		30 Eingangsstempel oder -datum
5	**Finanzamt**	
6		Voranmeldungszeitraum
7		bei **monatlicher** Abgabe bitte ankreuzen / bei **vierteljährlicher** Abgabe bitte ankreuzen
8		15 01 Jan / 15 07 Juli / 15 41 I. Kalendervierteljahr
9		15 02 Feb / 15 08 Aug / 15 42 II. Kalendervierteljahr
10		15 03 März / 15 09 Sept / 15 43 III. Kalendervierteljahr
11		15 04 April / 15 10 Okt / 15 44 IV. Kalendervierteljahr
12	Unternehmer – ggf. abweichende Firmenbezeichnung – Anschrift – Telefon – E-Mail-Adresse	15 05 Mai / 15 11 Nov
13		15 06 Juni / 15 12 Dez
14		Berichtigte Anmeldung
15		(falls ja, bitte eine „1" eintragen) 10
16		Belege (Verträge, Rechnungen, Erläuterungen usw.) sind beigefügt bzw. werden gesondert eingereicht (falls ja, bitte eine „1" eintragen) 22

I. Anmeldung der Umsatzsteuer-Vorauszahlung

Zeile			Bemessungsgrundlage ohne Umsatzsteuer volle EUR	Steuer EUR	Ct
18	**Lieferungen und sonstige Leistungen** (einschließlich unentgeltlicher Wertabgaben)				
19	**Steuerfreie Umsätze mit Vorsteuerabzug** Innergemeinschaftliche Lieferungen (§ 4 Nr. 1 Buchst. b UStG)				
20	an Abnehmer mit USt-IdNr.	41			
21	neuer Fahrzeuge an Abnehmer ohne USt-IdNr.	44			
22	neuer Fahrzeuge außerhalb eines Unternehmens (§ 2a UStG)	49			
23	Weitere steuerfreie Umsätze mit Vorsteuerabzug (z.B. Ausfuhrlieferungen, Umsätze nach § 4 Nr. 2 bis 7 UStG)	43			
24	**Steuerfreie Umsätze ohne Vorsteuerabzug** Umsätze nach § 4 Nr. 8 bis 28 UStG	48			
25	**Steuerpflichtige Umsätze** (Lieferungen und sonstige Leistungen einschl. unentgeltlicher Wertabgaben)				
26	zum Steuersatz von 19 %	81			
27	zum Steuersatz von 7 %	86			
28	zu anderen Steuersätzen	35		36	
29	Lieferungen land- und forstwirtschaftlicher Betriebe nach § 24 UStG an Abnehmer mit USt-IdNr.	77			
30	Umsätze, für die eine Steuer nach § 24 UStG zu entrichten ist (Sägewerkserzeugnisse, Getränke und alkohol. Flüssigkeiten, z.B. Wein)	76		80	
31	**Innergemeinschaftliche Erwerbe**				
32	Steuerfreie innergemeinschaftliche Erwerbe Erwerbe nach § 4b und 25c UStG	91			
33	**Steuerpflichtige innergemeinschaftliche Erwerbe** zum Steuersatz von 19 %	89			
34	zum Steuersatz von 7 %	93			
35	zu anderen Steuersätzen	95		98	
36	neuer Fahrzeuge (§ 1b Abs. 2 und 3 UStG) von Lieferern ohne USt-IdNr. zum allgemeinen Steuersatz	94		96	
37	**Ergänzende Angaben zu Umsätzen**				
38	Lieferungen des ersten Abnehmers bei innergemeinschaftlichen Dreiecksgeschäften (§ 25b Abs. 2 UStG)	42			
39	Steuerpflichtige Umsätze, für die der Leistungsempfänger die Steuer nach § 13b Abs. 5 Satz 1 I.V.m. Abs. 2 Nr. 10 UStG schuldet	68			
40	Übrige steuerpflichtige Umsätze, für die der Leistungsempfänger die Steuer nach § 13b Abs. 5 UStG schuldet	60			
41	Nicht steuerbare sonstige Leistungen gem. § 18b Satz 1 Nr. 2 UStG	21			
42	Übrige nicht steuerbare Umsätze (Leistungsort nicht im Inland)	45			
43	Übertrag	zu übertragen in Zeile 45			

USt 1 A – Umsatzsteuer-Voranmeldung 2015 – (07.14)

Abb. 45: Umsatzsteuer-Voranmeldung, Vorderseite

H Glossar

		Bemessungsgrundlage ohne Umsatzsteuer volle EUR		Steuer EUR	Ct
44	Steuernummer:				
45	Übertrag ...				
46	**Leistungsempfänger als Steuerschuldner**				
47	**(§ 13b UStG)**		Ct		
48	Steuerpflichtige sonstige Leistungen eines im übrigen Gemeinschaftsgebiet ansässigen Unternehmers (§ 13b Abs. 1 UStG) ...	46		47	
49	Andere Leistungen eines im Ausland ansässigen Unternehmers (§ 13b Abs. 2 Nr. 1 und 5 Buchst. a UStG) ...	52		53	
50	Lieferungen sicherungsübereigneter Gegenstände und Umsätze, die unter das GrEStG fallen (§ 13b Abs. 2 Nr. 2 und 3 UStG) ...	73		74	
51	Lieferungen von Mobilfunkgeräten, Tablet-Computern, Spielekonsolen und integrierten Schaltkreisen (§ 13b Abs. 2 Nr. 10 UStG) ...	78		79	
52	Andere Leistungen (§ 13b Abs. 2 Nr. 4, 5 Buchst. b, Nr. 6 bis 9 und 11 UStG) ...	84		85	
53	Steuer infolge Wechsels der Besteuerungsform sowie Nachsteuer auf versteuerte Anzahlungen u. ä. wegen Steuersatzänderung ...			65	
54	Umsatzsteuer ...				
55	**Abziehbare Vorsteuerbeträge**				
	Vorsteuerbeträge aus Rechnungen von anderen Unternehmern (§ 15 Abs. 1 Satz 1 Nr. 1 UStG), aus Leistungen im Sinne des § 13a Abs. 1 Nr. 6 UStG (§ 15 Abs. 1 Satz 1 Nr. 5 UStG) und aus innergemeinschaftlichen Dreiecksgeschäften (§ 25b Abs. 5 UStG) ...			66	
56	Vorsteuerbeträge aus dem innergemeinschaftlichen Erwerb von Gegenständen (§ 15 Abs. 1 Satz 1 Nr. 3 UStG) ...			61	
57	Entstandene Einfuhrumsatzsteuer (§ 15 Abs. 1 Satz 1 Nr. 2 UStG) ...			62	
58	Vorsteuerbeträge aus Leistungen im Sinne des § 13b UStG (§ 15 Abs. 1 Satz 1 Nr. 4 UStG) ...			67	
59	Vorsteuerbeträge, die nach allgemeinen Durchschnittssätzen berechnet sind (§§ 23 und 23a UStG) ...			63	
60	Berichtigung des Vorsteuerabzugs (§ 15a UStG) ...			64	
61	Vorsteuerabzug für innergemeinschaftliche Lieferungen neuer Fahrzeuge außerhalb eines Unternehmens (§ 2a UStG) sowie von Kleinunternehmern im Sinne des § 19 Abs. 1 UStG (§ 15 Abs. 4a UStG) ...			59	
62	Verbleibender Betrag				
63	**Andere Steuerbeträge**				
64	In Rechnungen unrichtig oder unberechtigt ausgewiesene Steuerbeträge (§ 14c UStG) sowie Steuerbeträge, die nach § 6a Abs. 4 Satz 2, § 17 Abs. 1 Satz 6, § 25b Abs. 2 UStG oder von einem Auslagerer oder Lagerhalter nach § 13a Abs. 1 Nr. 6 UStG geschuldet werden ...			69	
65	**Umsatzsteuer-Vorauszahlung/Überschuss**				
66	Anrechnung (Abzug) der festgesetzten Sondervorauszahlung für Dauerfristverlängerung (nur auszufüllen in der letzten Voranmeldung des Besteuerungszeitraums, in der Regel Dezember) ...			39	
67	Verbleibende Umsatzsteuer-Vorauszahlung _____ (bitte in jedem Fall ausfüllen)			83	
68	Verbleibender Überschuss - bitte dem Betrag ein Minuszeichen voranstellen -				
69					
70	**II. Sonstige Angaben und Unterschrift**				
71	Ein Erstattungsbetrag wird auf das dem Finanzamt benannte Konto überwiesen, soweit der Betrag nicht mit Steuerschulden verrechnet wird.				
72	Verrechnung des Erstattungsbetrags erwünscht / Erstattungsbetrag ist abgetreten (falls ja, bitte eine „1" eintragen) ...			29	
73	Geben Sie bitte die Verrechnungswünsche auf einem besonderen Blatt an oder auf dem beim Finanzamt erhältlichen Vordruck „Verrechnungsantrag".				
74	Das **SEPA-Lastschriftmandat** wird ausnahmsweise (z.B. wegen Verrechnungswünschen) für diesen Voranmeldungszeitraum **widerrufen** (falls ja, bitte eine „1" eintragen) ...			26	
75	Ein ggf. verbleibender Restbetrag ist gesondert zu entrichten.				
76	**Hinweis nach den Vorschriften der Datenschutzgesetze:**	- nur vom Finanzamt auszufüllen -			
77	Die mit der Steueranmeldung angeforderten Daten werden auf Grund der §§ 149 ff. der Abgabenordnung und der §§ 18, 18b des Umsatzsteuergesetzes erhoben. Die Angabe der Telefonnummern und der E-Mail-Adressen ist freiwillig.	11		19	
78				12	
79	Bei der Anfertigung dieser Steueranmeldung hat mitgewirkt: (Name, Anschrift, Telefon, E-Mail-Adresse)	**Bearbeitungshinweis**			
80		1. Die aufgeführten Daten sind mit Hilfe des geprüften und genehmigten Programms sowie ggf. unter Berücksichtigung der gespeicherten Daten maschinell zu verarbeiten.			
81					
82		2. Die weitere Bearbeitung richtet sich nach den Ergebnissen der maschinellen Verarbeitung.			
83					
84		_____ Datum, Namenszeichen			
85		Kontrollzahl und/oder Datenerfassungsvermerk			
86	Datum, Unterschrift				

Abb. 46: Umsatzsteuer-Voranmeldung, Rückseite

Umsatzsteuervoranmeldung

Anleitung zur Umsatzsteuer-Voranmeldung 2015

Abkürzungen:	AO	=	Abgabenordnung	UStAE	=	Umsatzsteuer-Anwendungserlass
	BZSt	=	Bundeszentralamt für Steuern	UStDV	=	Umsatzsteuer-Durchführungsverordnung
	GrEStG	=	Grunderwerbsteuergesetz	UStG	=	Umsatzsteuergesetz
	Kj.	=	Kalenderjahr	USt-IdNr.	=	Umsatzsteuer-Identifikationsnummer

Diese Anleitung soll Sie informieren, wie Sie die Vordrucke richtig ausfüllen.

Die Anleitung kann allerdings nicht auf alle Fragen eingehen.
Wesentliche Änderungen gegenüber der Anleitung zur Umsatzsteuer-Voranmeldung des Vorjahres sind durch Randstriche gekennzeichnet.

Übermittlung der Umsatzsteuer-Voranmeldung auf elektronischem Weg

Die Umsatzsteuer-Voranmeldung ist nach amtlich vorgeschriebenem Datensatz durch Datenfernübertragung nach Maßgabe der Steuerdaten-Übermittlungsverordnung authentifiziert zu übermitteln (§ 18 Abs. 1 Satz 1 UStG). Für die elektronische authentifizierte Übermittlung benötigen Sie ein Zertifikat. Dieses erhalten Sie nach kostenloser Registrierung unter www.elsteronline.de. Bitte beachten Sie, dass die Registrierung bis zu zwei Wochen dauern kann. Unter www.elster.de/elster_soft_nw.php finden Sie Programme zur elektronischen Übermittlung. Auf Antrag kann das Finanzamt zur Vermeidung von unbilligen Härten auf eine elektronische Übermittlung verzichten.

So werden die Vordrucke ausgefüllt:

Bitte tragen Sie aus erfassungstechnischen Gründen die Steuernummer auf jeder Vordruckseite (oben) ein.
Füllen Sie bitte nur die weißen Felder der Vordrucke deutlich und vollständig aus, bei denen Sie Angaben zu erklären haben; nicht benötigte Felder lassen Sie bitte frei und sehen von Streichungen ab. Bitte berücksichtigen Sie **Entgelterhöhungen** und **Entgeltsminderungen** bei den Bemessungsgrundlagen. Als Bemessungsgrundlagen sind die Entgelte für Umsätze sowie die Anzahlungen einzutragen. **Negative Beträge** sind durch ein Minuszeichen zu kennzeichnen.

Werden Belege (Verträge, Rechnungen, Erläuterungen auf gesonderten Anlagen usw.) eingereicht, tragen Sie bitte in Zeile 15 eine „1" ein.

Tragen Sie bei den Bemessungsgrundlagen bitte nur Beträge in vollen Euro ein; bei den Umsatzsteuer- und Vorsteuerbeträgen ist dagegen stets auch die Eintragung von Centbeträgen erforderlich. Rechnen Sie Werte in fremder Währung in Euro um.

Die Umsatzsteuer-Voranmeldung ist vom Unternehmer oder dessen Bevollmächtigten zu unterschreiben, sofern sie nicht elektronisch übermittelt wird.

Umsatzsteuer-Voranmeldung

Steuerfreie Lieferungen und sonstige Leistungen

Zeilen 20 bis 22

Innergemeinschaftliche Lieferungen (§ 4 Nr. 1 Buchst. b, § 6a Abs. 1 UStG) sind in dem Voranmeldungszeitraum zu erklären, in dem die Rechnung ausgestellt wird, spätestens jedoch in dem Voranmeldungszeitraum, in dem der Monat endet, der auf die Lieferung folgt.

Über die in Zeile 20 einzutragenden Umsätze sind **Zusammenfassende Meldungen** an das Bundeszentralamt für Steuern auf elektronischem Weg zu übermitteln. Außerdem sind diese Umsätze grundsätzlich dem Statistischen Bundesamt monatlich für die **Intrahandelsstatistik** zu melden. Nähere Informationen zur Intrahandelsstatistik erhalten Sie beim Statistischen Bundesamt, 65180 Wiesbaden, Telefon 0611 / 75-1, Telefax 0611 / 75-72400 sowie unter www.destatis.de.

Über die in den Zeilen 21 und 22 einzutragenden Umsätze ist für jede innergemeinschaftliche Lieferung eines neuen Fahrzeuges eine **Meldung nach der Fahrzeuglieferungs-Meldepflichtverordnung** an das BZSt zu übermitteln.

Nähere Informationen zu den vorgenannten Verfahren erhalten Sie beim BZSt (Dienstsitz Saarlouis, Ahornweg 1 - 3, 66740 Saarlouis; www.bzst.de, Telefon 0228 / 406-0).

Zeile 23

In Zeile 23 sind neben steuerfreien **Ausfuhrlieferungen** (§ 4 Nr. 1 Buchst. a, § 6 UStG) weitere steuerfreie Umsätze mit Vorsteuerabzug einzutragen, z.B.:

– Lohnveredelungen an Gegenständen der Ausfuhr (§ 4 Nr. 1 Buchst. a, § 7 UStG);
– Umsätze für die Seeschifffahrt und für die Luftfahrt (§ 4 Nr. 2, § 8 UStG);
– grenzüberschreitende Güterbeförderungen und andere sonstige Leistungen nach § 4 Nr. 3 UStG;

USt 1 E - Anleitung zur Umsatzsteuer-Voranmeldung 2015 - (09.14)

– Vermittlungsleistungen nach § 4 Nr. 5 UStG (z.B. Provisionen im Zusammenhang mit Ausfuhrlieferungen);
– Umsätze im Sinne des Offshore-Steuerabkommens, des Zusatzabkommens zum NATO-Truppenstatut, des Ergänzungsabkommens zum Protokoll über die NATO-Hauptquartiere;
– Reiseleistungen, soweit die Reisevorleistungen im Drittlandsgebiet bewirkt werden (§ 25 Abs. 2 UStG).

Zeile 24

Steuerfreie Umsätze ohne Vorsteuerabzug sind z.B. Grundstücksvermietungen (§ 4 Nr. 12 UStG), Umsätze aus der Tätigkeit als Arzt oder aus ähnlicher heilberuflicher Tätigkeit (§ 4 Nr. 14 UStG).

Steuerpflichtige Lieferungen und sonstige Leistungen

Zeilen 26 bis 28

Es sind die Umsätze und Anzahlungen einzutragen, für die die Umsatzsteuer entstanden ist. Bemessungsgrundlagen sind stets Nettobeträge (ohne Umsatzsteuer), die in vollen Euro (ohne Centbeträge) anzugeben sind. In den vorgesehenen Feldern sind die Umsätze einzutragen, die dem Steuersatz von 19 % bzw. 7 % unterliegen. Umsätze, die anderen Steuersätzen unterliegen, sind unter Anwendung der sog. Mindestbemessungsgrundlage (§ 10 Abs. 5 UStG) anzuwenden ist. Für die der Leistungsempfänger die Umsatzsteuer nach § 13b Abs. 5 UStG schuldet, nicht hier einzutragen, sondern in Zeile 39 bzw. 40 (vgl. Erläuterungen zu den Zeilen 39, 40 und 48 bis 52).

Unentgeltliche Wertabgaben aus dem Unternehmen sind, soweit sie bei Lieferungen, sonstigen Leistungen und innergemeinschaftlichen Erwerben gegen Entgelt bestehen, regelmäßig den entsprechenden Lieferungen und, soweit sie in der Abgabe oder Ausführung von sonstigen Leistungen bestehen, regelmäßig den entsprechenden sonstigen Leistungen gleichgestellt. Sie umfassen auch unentgeltliche Sachzuwendungen und sonstige Leistungen an Arbeitnehmer.

Es sind auch die Umsätze bei der Lieferung von Gegenständen aus einem Umsatzsteuerlager einzutragen, wenn dem liefernden Unter-

Abb. 47: Umsatzsteuer-Voranmeldung, Erläuterungen, Seite 1

- 2 -

nehmer die Auslagerung zuzurechnen ist. In allen anderen Fällen der Auslagerung - insbesondere wenn dem Abnehmer die Auslagerung zuzurechnen ist - sind die Umsätze in Zeile 65 einzutragen (vgl. Erläuterungen zu Zeile 65).

Zeilen 29 bis 30

Land- und forstwirtschaftliche Betriebe, die ihre Umsätze nach den Durchschnittssätzen des § 24 Abs. 1 UStG versteuern, müssen Lieferungen in das übrige Gemeinschaftsgebiet an Abnehmer mit USt-IdNr in Zeile 29 eintragen. Diese Lieferungen sind im Rahmen Zusammenfassender Meldungen anzugeben sowie zur Intrahandelsstatistik zu melden (vgl. Erläuterungen zu den Zeilen 20 bis 22).

Bei den in Zeile 30 bezeichneten Umsätzen, für die eine Steuer zu entrichten ist, sind die anzuwendenden Durchschnittssätze um die Sätze für pauschalierte Vorsteuerbeträge zu vermindern.

Land- und Forstwirte, die ihre Umsätze nach den allgemeinen Vorschriften des UStG versteuern, tragen ihre Umsätze in den Zeilen 20 bis 28 ein.

Innergemeinschaftliche Erwerbe

Zeilen 32 bis 36

Innergemeinschaftliche Erwerbe sind in dem Voranmeldungszeitraum zu erklären, in dem die Rechnung ausgestellt wird, spätestens jedoch in dem Voranmeldungszeitraum, in dem der Monat endet, der auf den Erwerb folgt.

Bei **neuen Fahrzeugen** liegt ein innergemeinschaftlicher Erwerb selbst dann vor, wenn das Fahrzeug nicht von einem Unternehmer geliefert wurde. Werden neue Fahrzeuge von Lieferern ohne USt-IdNr erworben - insbesondere von „Privatpersonen" -, sind die Erwerbe in der Zeile 36 zu erklären. Wird das neue Fahrzeug von einer „Privatperson" oder von einem Unternehmer für seinen privaten Bereich erworben, ist der innergemeinschaftliche Erwerb nur mit Vordruck USt 1 B anzumelden (Fahrzeugeinzelbesteuerung).

Die in den Zeilen 33 bis 35 einzutragenden innergemeinschaftlichen Erwerbe sind grundsätzlich im Rahmen der Intrahandelsstatistik zu melden (vgl. Erläuterungen zu den Zeilen 20 bis 22).

Ergänzende Angaben zu Umsätzen

Zeile 38

Bei **innergemeinschaftlichen Dreiecksgeschäften** (§ 25b UStG) hat der erste Abnehmer Zeile 38 auszufüllen, wenn für diese Lieferungen der letzte Abnehmer die Steuer schuldet. Einzutragen ist die Bemessungsgrundlage (§ 25b Abs. 4 UStG) seiner Lieferungen an den letzten Abnehmer.

Die Steuer, die der letzte Abnehmer nach § 25b Abs. 2 UStG für die Lieferung des ersten Abnehmers schuldet, ist in Zeile 65 einzutragen (vgl. Erläuterung zu Zeile 65). Zum Vorsteuerabzug für diese Lieferung vgl. Erläuterungen zu den Zeilen 56 bis 60.

Zeile 39

Einzutragen sind die **im Inland ausgeführten steuerpflichtigen Lieferungen von Mobilfunkgeräten, Tablet-Computern, Spielekonsolen sowie integrierten Schaltkreisen** im Sinne von § 13b Abs. 2 Nr. 10 UStG des leistenden Unternehmers, für die der Leistungsempfänger die Umsatzsteuer nach § 13b Abs. 5 Satz 1 UStG schuldet (vgl. Erläuterungen zu den Zeilen 48 bis 52, sechster Spiegelstrich).

Zeile 40

Einzutragen sind die **übrigen im Inland ausgeführten steuerpflichtigen Umsätze** nach § 13b Abs. 1 und 2 UStG des leistenden Unternehmers, für die der Leistungsempfänger die Umsatzsteuer nach § 13b Abs. 5 UStG schuldet.

Zeile 41

Einzutragen sind die nach § 3a Abs. 2 UStG **im übrigen Gemeinschaftsgebiet ausgeführten sonstigen Leistungen**, für die der Steuer in einem anderen Mitgliedstaat von einem dort ansässigen Leistungsempfänger geschuldet wird. Über die in Zeile 41 einzutragenden sonstigen Leistungen sind Zusammenfassende Meldungen an das BZSt auf elektronischem Weg zu übermitteln (vgl. Erläuterungen zu den Zeilen 20 bis 22).

Zeile 42

Einzutragen sind die übrigen nicht steuerbaren Umsätze, deren Leistungsort nicht im Inland liegt und die der Umsatzsteuer unterlägen, wenn sie im Inland ausgeführt worden wären. Hierzu gehören auch Telekommunikationsleistungen, Rundfunk- und Fernsehdienstleistungen und auf elektronischem Weg erbrachte sonstige Leistungen, die ein im Inland ansässiger Unternehmer an Nichtunternehmer mit Sitz, Wohnsitz oder gewöhnlichem Aufenthalt im übrigen Gemeinschaftsgebiet ausführt. Im Inland ausgeführte nicht steuerbare Umsätze (z. B. Geschäftsveräußerungen im Ganzen, Innenumsätze zwischen Unternehmensteilen) sind nicht anzugeben. Dies gilt auch für die Umsätze, die in den Zeilen 38 bis 41 einzutragen sind.

Leistungsempfänger als Steuerschuldner (§ 13b UStG)

Zeilen 48 bis 52

Vorbehaltlich der Ausnahmeregelungen des § 13b Abs. 6 UStG sind folgende im Inland steuerpflichtige Umsätze einzutragen, für die Unternehmer oder juristische Personen die Steuer als Leistungsempfänger schulden:

– Sonstige Leistungen nach § 3a Abs. 2 UStG eines im übrigen Gemeinschaftsgebiet ansässigen Unternehmers (Zeile 48);

– Werklieferungen und die nicht in Zeile 48 einzutragenden sonstigen Leistungen eines im Ausland ansässigen Unternehmers (Zeile 48);

– Lieferungen von Gas über das Erdgasnetz oder von Elektrizität sowie von Wärme oder Kälte durch einen im Ausland ansässigen Unternehmer unter den Bedingungen des § 3g UStG (Zeile 49);

– Lieferungen sicherungsübereigneter Gegenstände durch den Sicherungsgeber an den Sicherungsnehmer außerhalb des Insolvenzverfahrens (Zeile 50);

– unter das GrEStG fallende Umsätze, insbesondere Lieferungen von Grundstücken, für die der leistende Unternehmer nach § 9 Abs. 3 UStG zur Steuerpflicht optiert hat (Zeile 50);

– Lieferungen von Mobilfunkgeräten, Tablet-Computern und Spielekonsolen sowie von integrierten Schaltkreisen vor Einbau in einen zur Lieferung auf der Einzelhandelsstufe geeigneten Gegenstand, wenn der leistende Unternehmer ein Unternehmer ist und die Summe der für sie in Rechnung zu stellenden Entgelte im Rahmen eines wirtschaftlichen Vorgangs mindestens 5 000 EUR beträgt; nachträgliche Minderungen des Entgelts bleiben unberücksichtigt (Zeile 51);

– Werklieferungen und sonstige Leistungen, die der Herstellung, Instandsetzung, Instandhaltung, Änderung oder Beseitigung von Bauwerken dienen (ohne Planungs- und Überwachungsleistungen), wenn der Leistungsempfänger ein Unternehmer ist, der selbst solche Bauleistungen erbringt (Zeile 52);

– Lieferungen von Gas über das Erdgasnetz durch einen im Inland ansässigen Unternehmer, wenn der Leistungsempfänger Wiederverkäufer von Gas im Sinne des § 3g UStG ist (Zeile 52);

– Lieferungen von Elektrizität eines im Inland ansässigen Unternehmers, wenn der leistende Unternehmer und der Leistungsempfänger Wiederverkäufer von Elektrizität im Sinne des § 3g UStG sind; nicht hierunter fallen Betreiber von Photovoltaikanlagen (Zeile 52);

– Übertragung von Berechtigungen nach § 3 Abs. 4 Nr. 6 UStG bezeichneten Art sowie von Emissionsberechtigungen nach dem TEHG und CO_2-Emissionszertifikate (Zeile 52);

– Lieferungen der in den Anlagen 3 und 4 zum UStG aufgeführten Gegenstände, insbesondere Metalle, Altmetalle und Schrott (Zeile 52);

– Reinigen von Gebäuden und Gebäudeteilen, wenn der Leistungsempfänger ein Unternehmer ist, der selbst solche Leistungen erbringt (Zeile 52);

– Lieferungen von Gold in der in § 13b Abs. 2 Nr. 9 UStG bezeichneten Art (Zeile 52).

Für die in Zeile 48 einzutragenden Umsätze entsteht die Steuer mit Ablauf des Voranmeldungszeitraums, in dem die Leistungen ausgeführt worden sind. Die Steuer für die übrigen Umsätze entsteht mit Ausstellung der Rechnung, spätestens jedoch mit Ablauf des Kalendermonats, der auf die Ausführung der Leistung folgt. Wird das Entgelt oder ein Teilentgelt vereinnahmt, bevor die Leistung oder die Teilleistung ausgeführt worden ist, entsteht insoweit die Steuer mit Ablauf des Voranmeldungszeitraums, in dem das Entgelt

Abb. 48: Umsatzsteuer-Voranmeldung, Erläuterungen, Seite 2

Umsatzsteuervoranmeldung

- 3 -

oder Teilentgelt vereinnahmt worden ist. Abweichend von diesen Grundsätzen entsteht die Steuer bei so genannten Dauerleistungen für die unter den ersten beiden Spiegelstrichen aufgeführten sonstigen Leistungen spätestens mit Ablauf eines jeden Kalenderjahres, in dem sie tatsächlich erbracht werden.

Zum Vorsteuerabzug für die vom Leistungsempfänger geschuldete Steuer vgl. Erläuterungen zu den Zeilen 56 bis 60.

Abziehbare Vorsteuerbeträge

Zeilen 56 bis 60

Abziehbar sind nur die nach dem deutschen Umsatzsteuergesetz geschuldeten Steuerbeträge. Zur Vergütung von ausländischen Vorsteuerbeträgen erhalten Sie Informationen beim BZSt (Dienstsitz Schwedt, Passower Chaussee 3b, 16303 Schwedt / Oder, www.bzst.de, Tel. 0228 / 406-0).

Es können insbesondere folgende Vorsteuerbeträge berücksichtigt werden:

- die gesetzlich geschuldete Steuer für Lieferungen und sonstige Leistungen, die von einem anderen Unternehmer für sein Unternehmen ausgeführt worden sind, sofern eine Rechnung nach den §§ 14, 14a UStG vorliegt (Zeile 56);
- die in einer Kleinbetragsrechnung (Rechnung, deren Gesamtbetrag 150 EUR nicht übersteigt) enthaltene Umsatzsteuer, sofern eine Rechnung nach § 33 UStDV vorliegt (Zeile 56);
- bei innergemeinschaftlichen Dreiecksgeschäften (vgl. Erläuterungen zu Zeile 38) die vom letzten Abnehmer nach § 25b Abs. 2 UStG geschuldete Umsatzsteuer (Zeile 56);
- die Umsatzsteuer, die der Unternehmer schuldet, wenn der Auslagerung aus einem Umsatzsteuerlager zuzurechnen ist; vgl. Erläuterungen zu Zeile 65 (Zeile 56);
- die Umsatzsteuer für im Inland nach § 3d Satz 1 UStG bewirkte innergemeinschaftliche Erwerbe (Zeile 57);
- die entstandene Einfuhrumsatzsteuer für Gegenstände, die für das Unternehmen nach § 1 Abs. 1 Nr. 4 UStG eingeführt worden sind (Zeile 58);
- die Umsatzsteuer aus Leistungen im Sinne des § 13b Abs. 1 und 2 UStG, die der Leistungsempfänger nach § 13b Abs. 5 UStG schuldet (vgl. Erläuterungen zu den Zeilen 48 bis 52), wenn die Leistungen für sein Unternehmen ausgeführt worden sind (Zeile 59);
- nach Durchschnittssätzen (§ 23 UStG) ermittelte Beträge bei Unternehmern, deren Umsatz im Sinne des § 69 Abs. 2 UStDV in den einzelnen in der Anlage der UStDV bezeichneten Berufs- und Gewerbezweigen im vorangegangenen Kj. 61 356 EUR nicht überstiegen hat, und die nicht verpflichtet sind, Bücher zu führen und auf Grund jährlicher Bestandsaufnahmen regelmäßig Abschlüsse zu machen (Zeile 60);
- nach einem Durchschnittssatz (§ 23a UStG) ermittelte Beträge bei Körperschaften, Personenvereinigungen und Vermögensmassen im Sinne des § 5 Abs. 1 Nr. 9 Körperschaftsteuergesetz, deren steuerpflichtiger Umsatz, mit Ausnahme der Einfuhr und des innergemeinschaftlichen Erwerbs, im vorangegangenen Kj. 35 000 EUR nicht überstiegen hat und die nicht verpflichtet sind, Bücher zu führen und auf Grund jährlicher Bestandsaufnahmen regelmäßig Abschlüsse zu machen (Zeile 60).

Vorsteuerbeträge, die auf Entgeltserhöhungen und Entgeltsminderungen entfallen, sowie herabgesetzte, erlassene oder erstattete Einfuhrumsatzsteuer sind zu berücksichtigen.

Ein Vorsteuerabzug für Wirtschaftsgüter, die der Unternehmer zu weniger als 10 % für sein Unternehmen nutzt, ist generell nicht möglich (§ 15 Abs. 1 Satz 2 UStG).

Zur umsatzsteuerrechtlichen Behandlung eines einheitlichen Gegenstands, der teilweise unternehmerisch und teilweise nicht unternehmerisch genutzt wird, vgl. Abschn. 15.2c Abs. 2 und Abschn. 15.6a UStAE.

Zeile 61

Der Vorsteuerabzug ist nach Maßgabe des § 15a UStG i.V.m. § 44 UStDV zu berichtigen.

Handelt es sich bei den Berichtigungsbeträgen um zurückzuzahlende Vorsteuerbeträge, ist der Betrag im Minuszeichen voranzustellen.

Beispiel
Der Unternehmer hat im Kj. 2012 ein Bürogebäude errichtet, das er ab 1.12.2012 zur Hälfte steuerpflichtig und zur Hälfte steuerfrei vermietet. Die auf die Herstellungskosten entfallende Vorsteuer von 60 000 EUR hat er in Höhe von 30 000 EUR abgezogen. Am 2.7.2015 wird das gesamte Gebäude steuerfrei veräußert. Die steuerfreie Veräußerung führt zu einer Berichtigung des Vorsteuerabzugs in Höhe von 22 250 EUR. Dieser Betrag ist mit einem Minuszeichen versehen in Zeile 61 einzutragen.

Berechnung: 30 000 EUR Vorsteuer : 120 Monate Berichtigungszeitraum = 250 EUR monatliche Berichtigung x 89 Monate restlicher Berichtigungszeitraum (Juli 2015 bis November 2022) = 22 250 EUR.

Zeile 62

Die auf die Anschaffung (Lieferung, Einfuhr oder innergemeinschaftlicher Erwerb) eines neuen Fahrzeugs entfallende Umsatzsteuer von Fahrzeuglieferern im Sinne des § 2a UStG und Kleinunternehmern im Sinne des § 19 Abs. 1 UStG kann unter den sonstigen Voraussetzungen des § 15 UStG berücksichtigt werden. Der Vorsteuerabzug ist nur bis zu dem Betrag zulässig, der für die Lieferung des neuen Fahrzeugs geschuldet würde, wenn die Lieferung nicht steuerfrei wäre. Der Abzug ist erst mit der Ausführung der innergemeinschaftlichen Lieferung des neuen Fahrzeugs (Eintragung in die Zeile 22 bzw. bei Kleinunternehmern in Zeile 20 oder 21) zulässig (§ 15 Abs. 4a UStG).

Zeile 65

Einzutragen sind

- in Rechnungen unrichtig ausgewiesene Steuerbeträge, die der Unternehmer schuldet (§ 14c Abs. 1 UStG);
- in Rechnungen unberechtigt ausgewiesene Steuerbeträge, die der Rechnungsaussteller schuldet (§ 14c Abs. 2 UStG);
- Steuerbeträge für Umsätze, die Auslagerungen von Gegenständen aus einem Umsatzsteuerlager vorangegangen sind (§ 4 Nr. 4a Satz 1 Buchst. a Satz 2 UStG) und die der Unternehmer schuldet, denen die Auslagerung zuzurechnen ist (Auslagerer). Nicht einzutragen sind hier Lieferungen, die dem liefernden Unternehmer zuzurechnen sind, wenn die Auslagerung im Zusammenhang mit diesen Lieferungen steht. Diese Umsätze sind in den Zeilen 26 bis 28 einzutragen (vgl. Erläuterungen zu den Zeilen 26 bis 28);
- Steuerbeträge, die der Lagerhalter eines Umsatzsteuerlagers als Gesamtschuldner schuldet (§ 13a Abs. 1 Nr. 6 UStG);
- Steuerbeträge des Abnehmers bei einer als steuerfrei behandelten innergemeinschaftlichen Lieferung in den Fällen des § 6a Abs. 4 UStG schuldet;
- Steuerbeträge, die ein dritter Unternehmer (insbesondere Zentralregulierer) schuldet (§ 17 Abs. 1 Satz 6 UStG);
- Steuerbeträge, die der letzte Abnehmer im Rahmen eines innergemeinschaftlichen Dreiecksgeschäfts für die Lieferung des ersten Abnehmers schuldet (§ 25b Abs. 2 UStG).

Sonstiges

Zeile 67

Wird die gewerbliche oder berufliche Tätigkeit im Laufe eines Kj. eingestellt oder wird im Laufe des Kj. auf die Dauerfristverlängerung verzichtet, ist die Sondervorauszahlung im letzten Voranmeldungszeitraum des Besteuerungszeitraums anzurechnen (vgl. auch Erläuterungen zu den Zeilen 68, 71 bis 75).

Zeilen 68, 71 bis 75

Die Vorauszahlung ist am 10. Tag nach Ablauf des Voranmeldungszeitraums fällig und an das Finanzamt zu entrichten. Wird das SEPA-Lastschriftmandat wegen Verrechnungswünschen ausnahmsweise widerrufen, ist ein nur durch die Verrechnung (§ 168 AO) nicht gedeckter Restbetrag zu entrichten.

Ein Überschuss wird nach Zustimmung (§ 168 AO) ohne besonderen Antrag ausgezahlt, soweit der Betrag nicht mit Steuerschulden verrechnet wird. Wünscht der Unternehmer eine **Verrechnung** oder liegt eine **Abtretung** vor, ist in Zeile 72 eine „1" einzutragen. Liegt dem Finanzamt bei Abtretungen die Abtretungsanzeige nach amtlichem Muster noch nicht vor, ist sie beizufügen oder gesondert einzureichen.

Abb. 49: Umsatzsteuer-Voranmeldung, Erläuterungen, Seite 3

40 Vorsteuerabzug

Nach dem Umsatzsteuersystem können Sie von der geschuldeten Umsatzsteuer die bereits an andere Unternehmer gezahlte Umsatzsteuer (Vorsteuer) abziehen. Ohne eine ordnungsmäßige Rechnung des anderen Unternehmers mit ausgewiesener Umsatzsteuer gibt es allerdings keinen Vorsteuerabzug.

Wie sieht eine ordnungsmäßige Rechnung aus, die in den Augen des Finanzamts Bestand hat?

- Name und Anschrift des leistenden Unternehmers, Menge und handelsübliche Bezeichnung des gelieferten Gegenstandes oder der erbrachten Leistung
- Bruttoentgelt (inklusive der USt)
- Steuersatz („Der Rechnungsbetrag enthält 19 % MwSt")

Rechnungen über 150 € müssen zusätzlich noch Folgendes beinhalten:
- Name und Anschrift des Leistungsempfängers
- Steuernummer oder USt-Id Nr. des leistenden Unternehmers
- Rechnungsnummer
- ggf. die Vorschrift der Steuerbefreiung
- ggf. Hinweis auf Vereinbarungen zum Skontoabzug oder Rabatt
- Zeitpunkt der Lieferung/Leistung
- Nettoentgelt ohne Umsatzsteuer
- Umsatzsteuer im Betrag ausgewiesen und Steuersatz in Prozent (z. B. „Nettobetrag + USt = Bruttobetrag" oder „Der Rechnungsbetrag enthält 19 % MwSt = 325,20 €")

Der Bruttobetrag ist zwar aus steuerlichen Gründen nicht auszuweisen. Dies empfiehlt sich aber, denn dieser „Rechnungsbetrag" soll schließlich gezahlt werden. Wenn fehlende Angaben im Nachhinein vom Finanzamt bemängelt werden, dann dürfen sie nachgetragen werden. Allerdings nur vom ausstellenden Unternehmer, nicht von Ihnen. Mehr zur Ordnungsmäßigkeit von **Belegen** im Glossar-Stichwort.

Ob eine Ausgabenrechnung Vorsteuer enthält oder nicht, sehen Sie demnach am MwSt-Ausweis in € und ausgewiesenen MwSt-Prozentsatz. Eine Ausnahme zum Vorsteuerabzug auch ohne MwSt-Ausweis gilt bei der Vorsteuer nach Durchschnittssätzen.

41 Vorsteuer nach Durchschnittssätzen

Zur Vereinfachung können bestimmte Berufsgruppen (bis zum Jahresumsatz 61.356 € – und sofern nicht buchführungspflichtig) sowie gemeinnützige Vereine (bis Jahresumsatz 30.678 €; Erklärung gegenüber dem Finanzamt bis spätestens 10. April eines Jahres) statt der aus Rechnungen sich tatsächlich ergebenden Vorsteuer eine Pauschale abziehen. Dabei wird ein entsprechender Prozentsatz der Umsätze als Vorsteuer nach allgemeinen Durchschnittssätzen geltend gemacht. Tragen Sie die Vorsteuer in die Umsatzsteuervoranmeldung in die Kz. 63 ein. An die Durchschnittssätze sind Sie allerdings fünf Jahre gebunden.

Durchschnittssätze	% vom Umsatz
Bäckereien	5,4 %
Bau- und Möbeltischler	9,0 %
Blumen- und Pflanzenhandel	5,7 %
Buchbindereien	5,2 %
Drogerien	10,9 %
Druckereien	6,4 %
Elektroinstallation	9,1 %
Elektrotechnische Erzeugnisse, Handel	11,7 %
Fahrrad- und Mopedhandel	12,2 %
Fliesen- und Plattenleger	8,6 %
Friseure	4,5 %
Gastwirtschaft	8,7 %
Gebäude-/Fensterreinigung	1,6 %
Gemüse- und Obsthandel	6,4 %
Journalisten	4,8 %
Kfz-Reparatur	9,1 %
Klempner, Gas- und Wasserinstallation	8,4 %
Maler, Lackierer	3,7 %
Oberbekleidung Textilien, Handel	12,3 %
Schlosserei	7,9 %
Schneider	6,0 %
Schriftsteller	2,6 %
Schuhmacher	6,5 %
Schuhhandel	11,8 %
Taxiunternehmen	6,0 %
Vereine, gemeinnützig	7,0 %
Zeitschriftenhandel	6,3 %

Beispiel:
Schreiner Säger erzielte in 2015 einen Gewinn von 20.000 € bei 50.000 € Umsatz. Überschlägig die Hälfte der Betriebsausgaben von 30.000 € lässt keinen Vorsteuerabzug zu (Miete, Aushilfslöhne, Versicherung).
Anstelle der tatsächlich maximal 2.850 € abziehbaren Vorsteuer (15.000 € × 19 %) wird der Durchschnittssatz 9 % vom Umsatz gewählt (50.000 € × 9 % = 4.500 €).

Umsatz	GegenKto	Konto	Text
4.500,00	1583/1483	1587/1484	9 % Vorsteuer v. 50.000 €

SKR03	SKR04	Kontenbezeichnung (SKR)
1587	1484	VSt allgemeine Durchschnittssätze
1583	1483	Gegenkonto VSt allgemeine Durchschnittssätze

42 Wareneinsatz, tatsächliche Ermittlung

Eine wesentlich genauere, wenn auch zeitaufwändigere Methode als die Fiktion Wareneinkauf = Wareneinsatz besteht in der Erfassung des tatsächlichen Warenumsatzes zu Einkaufspreisen.

Jeder Wareneingang wird hier zunächst aufwandsneutral als Bestandserhöhung behandelt. Innerhalb der Buchführung ist zu beachten, dass dem Wareneinkaufskonto diesmal nicht die Funktion eines Aufwandskontos, sondern die eines Bestandskontos zugeordnet wird.

SKR03	SKR04	Kontenbezeichnung (SKR)
3980	1140	Waren

Einmal monatlich wird dann der tatsächliche Wareneinsatz ermittelt und als Aufwand verbucht.

SKR03	SKR04	Kontenbezeichnung (SKR)
4000	5000	Aufwendungen f. RHB und bezogene Waren
3990	5860	Verrechnete Stoffkosten

Wareneinsatz, tatsächliche Ermittlung **H**

Beispiel:

Umsatz	GegenKto	Datum	Konto	
20.000,00+	3990/5860	31.07.	4000/5000	Wareneinsatz Juli

Wenn die Zahlen der tatsächlichen Warenausgänge nicht ohnehin bei einer Lagerbuchhaltung oder Registrierkasse „abfallen", kann hierbei der zusätzliche Erfassungsaufwand für das Unternehmen ziemlich groß sein.

Wählt man die Buchungsmethode nach dem tatsächlichen Verbrauch, müssen Sie eventuelle Schätzungen Dritten gegenüber erläutern, um diese nicht zu täuschen.

Beispiel:
Der Spielzeugwarenhändler S entschließt sich schon zu Beginn des Jahres, den tatsächlichen Verbrauch auf Grund von Erfahrungswerten abzuschätzen und einzubuchen.

Nach seiner Erfahrung entspricht – abgesehen von der Saisonware – der Wareneingang der ersten zehn Monate des Jahres dem jeweiligen monatlichen Wareneinsatz. Der Verbrauch der Weihnachtsware wird – gesondert aufgeschlüsselt – auf die Monate November und Dezember verteilt. S wählt die Methode der Wareneinsatzermittlung durch Umbuchung und bucht jeden Monat den so geschätzten Wareneinsatz ein.

Auf der Betriebswirtschaftlichen Auswertung Oktober, die einen geringen vorläufigen Gewinn ausweist, vermerkt S gegenüber seiner Hausbank, dass er in seiner Buchhaltung saisonale Bestandsveränderungen berücksichtigt habe.

Kombinieren Sie die Verfahren für den monatlichen Wareneinsatz dadurch, indem Sie Warengruppen mit und ohne größere Bestandsveränderungen bilden. Für Waren ohne große Schwankungen im Wareneinkauf und -verbrauch bestimmen Sie:

Wareneinsatz = Wareneingang.

Bei allen anderen Waren wird der Verbrauch erfasst oder geschätzt. Hier ist monatlich der Wareneingang so einzubuchen, als sei er tatsächlich ermittelt worden.

43 Wareneinsatz durch Handelsspanne

Bei Einzelhändlern, die ihre Verkaufspreise durch Aufschlagskalkulation festlegen, lässt sich der Wareneinsatz auch aus ihren monatlichen Umsätzen ermitteln. Hier legt man die durchschnittliche Handelsspanne der letzten Jahre zugrunde. Der zu buchende Wareneinsatz bemisst sich jeweils am Warenumsatz des betreffenden Monats, auch wenn der entsprechende Wareneinkauf bereits Monate zurückliegt.

Beispiel:
Einzelhändler M ermittelt für das laufende Jahr auf Grund der Vorjahreswerte und der Preisentwicklung seiner Branche eine durchschnittliche Handelsspanne von 50 % (entspricht Rohaufschlag von 100 %). Sein aufgezeichneter Wareneinkauf spielt bei Ermittlung des Wareneinsatzes keine Rolle. Der Warenumsatz und der daraus resultierende Wareneinsatz betragen in Euro um die Mitte des Jahres:

	April	Mai	Juni
Wareneinkauf	30.000 €	1.000 €	80.000 €
Warenumsatz	50.000 €	10.000 €	60.000 €
somit Wareneinsatz (50 % des Umsatzes)	25.000 €	5.000 €	30.000 €

Auch hier erfasst man jeden Wareneinkauf erfolgsneutral über ein Bestandskonto. Der Wareneinsatz wird monatlich anhand der Umsätze von der EDV errechnet und verbucht.

44 Wechsel

Es gibt wohl kein Lehrbuch zum Thema Buchführung, das nicht auf die Besonderheiten von Wechseln eingeht. Tatsächlich sind Wechsel als Finanzierungsmittel kaum noch gebräuchlich und erregen bei den Buchhaltern eher Misstrauen als Interesse, zumal die Rediskontierung bei der Bundesbank seit Ende 98 weggefallen ist. So ist es deshalb eine Spur Aberglaube, weshalb hier last and least doch noch Wechselbuchungen behandelt werden sollen.

Wechsel H

Wenn Schuldwechsel ausgestellt wurden, so ist die richtige Erfassung im Wechselbuch und in der Buchhaltung aus rechtlichen Gründen äußerst wichtig (**Aufzeichnungspflichten**). Da Schuldwechsel anders als Besitzwechsel bei Ihnen nicht mehr vorliegen und auch der Wechselbetrag nicht auf der Bank diskontiert wurde, können sie in der Buchhaltung leicht „verloren" gehen. Als Folge rechnen Sie sich reich und versteuern Scheingewinne.

Als Ausgleich von Lieferantenverbindlichkeiten sind akzeptierte Schuldwechsel unbedingt einzubuchen:

Umsatz	GegenKto	Beleg	Datum	Konto	Text
30.000,00-	77300		15.06.	1660/3350	Wechsel Schröder

Die vom Aussteller des Wechsels (Lieferanten) in Rechnung gestellten Diskontspesen sind als Aufwand zu buchen:

Umsatz	GegenKto	Beleg	Datum	Konto	Text
100,00-	2130/7340		15.06.	77300	Wechsel Schröder

Eine Prolongation bedeutet, dass der fällige Wechsel (üblicherweise nach 3 Monaten) durch einen neuen ersetzt wird.
Die Einlösung des vorgelegten Wechsels durch die Bank wird wie folgt gebucht:

Umsatz	GegenKto	Beleg	Datum	Konto	Text
30.000,00-	1660/3350		15.09.	1210/1810	Wechsel Schröder

Verbindlichkeiten aus der Annahme gezogener Wechsel und der Ausstellung eigener Wechsel (Schuldwechsel) sind auf folgenden Konten zu erfassen:

SKR03	SKR04	Kontenbezeichnung
1660	3350	Wechselverbindlichkeiten
1661	3351	Wechselverbindlichkeiten (b. 1 J.)
1680	3380	Wechselverbindlichkeiten (1–5 J.)
1690	3390	Wechselverbindlichkeiten (g. 5 J.)
2130	7340	Diskontaufwendungen

H

Glossar

Für Besitzwechsel verwenden Sie die Konten:

SKR03	SKR04	Kontenbezeichnung
1300	1230	Wechsel aus Lieferung und Leistung
1301	1231	Wechsel a. Lieferungen/Leistungen (b.1 J.)
1302	1232	Wechsel a. Lieferungen/Leistungen (g. 1 J.)
1305	1235	Wechsel a. Lieferungen/Leistungen bundesbankfähig

Beachten Sie besondere Konten bei Schuld- und Besitzwechseln von verbundenen Unternehmen und sonstigen Beteiligungen.

DATEV-Kontenrahmen nach dem Bilanzrichtlinien-Gesetz Standardkontenrahmen (SKR) 03 – (Abschlussgliederungsprinzip) mit Positionen der HGB- und E-Bilanz Gültig ab 2015

Kontenfunktionen

Automatische Umsatzsteuerfunktionen

Vom DATEV-System sind bereits etliche Konten im SKR mit Automatikfunktionen zu Umsatzsteuerberechnungen ausgestattet. Wenn Sie den Kontenrahmen zur Hand nehmen, sehen Sie zu Beginn etlicher Kontenklassen eine Box mit Kontenbereichen, markiert durch KU, M oder V. Unmittelbar vor den einzelnen Kontennummern stehen die Buchstaben AM und AV.

Das Kürzel AV vor der Kontonummer bedeutet, dass die Vorsteuer aus dem auf diesem Konto gebuchten Bruttobetrag herausgerechnet und automatisch auf dem Vorsteuerkonto verbucht wird. Das Kürzel AM steht für die automatische Verbuchung der Mehrwertsteuer, wenn Sie die so gekennzeichneten Erlöskonten ansprechen.

Als weitere Kontenfunktionen, eingearbeitet in den DATEV-Kontenrahmen, sind hier zu erwähnen:
USt-Zusatzfunktionen:
        KU = Keine Umsatzsteuer
        V = Nur Vorsteuerabzug/Korrektur möglich
        M = Nur Mehrwertsteuer/Korrektur möglich

Eine Sonderrolle bilden die mit S gekennzeichneten Konten Verbindlichkeiten bzw. Forderungen aus Lieferungen und Leistungen. Da auf diesen Konten automatisch die Salden der Personenkonten erscheinen, können sie als einzige Sammelkonten nicht direkt bebucht werden. Dieser Schutz verhindert eventuelle Differenzen zwischen dem Sachkonto und den entsprechenden Personenkonten.

Ebenfalls nicht bebucht werden können die mit R reservierten Konten. Hier behält sich die DATEV vor, zukünftig Konten mit neuen Merkmalen festzulegen. Beispielsweise wurden viele Konten mit 15 % und 16 % USt für die Umsatzsteuererhöhung in 2007 gesperrt und neu belegt.

Konten mit dem Kürzel F machen auf spezielle Funktionen, z. B. die Abfrage und das Einsteuern in die USt-Voranmeldung oder die Zusammenfassende Meldung aufmerksam.

0 Anlagevermögenskonten

HGB-Posten nach § 266 u. § 275 HGB	E-Bilanz Taxonomie	SKR03 2015		
		Funktionen	Konto	Beschriftung
Aufwendungen für die Ingangsetzung und Erweiterung des Geschäftsbetriebs	Aufwendungen für die Ingangsetzung und Erweiterung des Geschäftsbetriebs		0001	Aufwendungen für die Ingangsetzung und Erweiterung des Geschäftsbetriebs
	Rückständige fällige Einzahlungen auf Geschäftsanteile		0005	Rückständige fällige Einzahlungen auf Geschäftsanteile
				Immaterielle Vermögensgegenstände
				Entgeltlich erworbene immaterielle Vermögensgegenstände
Entgeltlich erworbene Konzessionen, gewerbliche Schutzrechte und ähnliche Rechte und Werte sowie Lizenzen an solchen Rechten und Werten	Entgeltlich erworbene Konzessionen, gewerbliche Schutz- und ähnliche Rechte und Werte sowie Lizenzen an solchen Rechten und Werten		0010	Entgeltlich erworbene Konzessionen, gewerbliche Schutzrechte und ähnliche Rechte und Werte sowie Lizenzen an solchen Rechten und Werten
			0015	Konzessionen
			0020	Gewerbliche Schutzrechte
			0025	Ähnliche Rechte und Werte
			0027	EDV-Software
			0030	Lizenzen an gewerblichen Schutzrechten und ähnlichen Rechten und Werten
Geschäfts- oder Firmenwert	Geschäfts-, Firmen- oder Praxiswert		0035	Geschäfts- oder Firmenwert
Geleistete Anzahlungen	Geleistete Anzahlungen (immaterielle Vermögensgegenstände)		0038	Anzahlungen auf Geschäfts- oder Firmenwert
			0039	Geleistete Anzahlungen auf immaterielle Vermögensgegenstände
Geschäfts- oder Firmenwert	Geschäfts-, Firmen- oder Praxiswert		0040	Verschmelzungsmehrwert
Selbst geschaffene gewerbliche Schutzrechte und ähnliche Rechte und Werte	Selbst geschaffene gewerbliche Schutzrechte und ähnliche Rechte und Werte		0043	Selbstgeschaffene immaterielle Vermögensgegenstände
			0044	EDV-Software
			0045	Lizenzen und Franchiseverträge
			0046	Konzessionen und gewerbliche Schutzrechte
			0047	Rezepte, Verfahren, Prototypen
			0048	Immaterielle Vermögensgegenstände in Entwicklung
				Sachanlagen
Grundstücke, grundstücksgleiche Rechte und Bauten einschließlich der Bauten auf fremden Grundstücken	Übrige Grundstücke, nicht zuordenbar		0050	Grundstücke, grundstücksgleiche Rechte und Bauten einschließlich der Bauten auf fremden Grundstücken
	Bauten auf eigenen Grundstücken und grundstücksgleichen Rechten		0059	Grundstücksanteile des häuslichen Arbeitszimmers
	Grundstücksgleiche Rechte ohne Bauten		0060	Grundstücksgleiche Rechte ohne Bauten
	Unbebaute Grundstücke		0065	Unbebaute Grundstücke
	Grundstücksgleiche Rechte ohne Bauten		0070	Grundstücksgleiche Rechte (Erbbaurecht, Dauerwohnrecht, unbebaute Grundstücke)
	Unbebaute Grundstücke		0075	Grundstücke mit Substanzverzehr
Geleistete Anzahlungen und Anlagen im Bau	Geleistete Anzahlungen und Anlagen im Bau		0079	Anzahlungen auf Grundstücke und grundstücksgleiche Rechte ohne Bauten
Grundstücke, grundstücksgleiche Rechte und Bauten einschließlich der Bauten auf fremden Grundstücken	Bauten auf eigenen Grundstücken und grundstücksgleichen Rechten		0080	Bauten auf eigenen Grundstücken und grundstücksgleichen Rechten
			0085	Grundstückswerte eigener bebauter Grundstücke
			0090	Geschäftsbauten
			0100	Fabrikbauten
			0110	Garagen

DATEV Kontenrahmen SKR03

0 Anlagevermögenskonten

HGB-Posten nach § 266 u. § 275 HGB	E-Bilanz Taxonomie	SKR03 2015		
		Funktionen	Konto	Beschriftung
Grundstücke, grundstücksgleiche Rechte und Bauten einschließlich der Bauten auf fremden Grundstücken	Bauten auf eigenen Grundstücken und grundstücksgleichen Rechten		0111	Außenanlagen für Geschäfts-, Fabrik- und andere Bauten
			0112	Hof- und Wegebefestigungen
			0113	Einrichtungen für Geschäfts-, Fabrik- und andere Bauten
			0115	Andere Bauten
Geleistete Anzahlungen und Anlagen im Bau			0120	Geschäfts-, Fabrik- und andere Bauten im Bau auf eigenen Grundstücken
			0129	Anzahlungen auf Geschäfts-, Fabrik- und andere Bauten auf eigenen Grundstücken und grundstücksgleichen Rechten
Grundstücke, grundstücksgleiche Rechte und Bauten einschließlich der Bauten auf fremden Grundstücken			0140	Wohnbauten
			0145	Garagen
			0146	Außenanlagen
			0147	Hof- und Wegebefestigungen
			0148	Einrichtungen für Wohnbauten
			0149	Gebäudeteil des häuslichen Arbeitszimmers
Geleistete Anzahlungen und Anlagen im Bau	Geleistete Anzahlungen und Anlagen im Bau		0150	Wohnbauten im Bau auf eigenen Grundstücken
			0159	Anzahlungen auf Wohnbauten auf eigenen Grundstücken und grundstücksgleichen Rechten
Grundstücke, grundstücksgleiche Rechte und Bauten einschließlich der Bauten auf fremden Grundstücken	Bauten auf fremden Grundstücken		0160	Bauten auf fremden Grundstücken
			0165	Geschäftsbauten
			0170	Fabrikbauten
			0175	Garagen
			0176	Außenanlage
			0177	Hof- und Wegebefestigungen
			0178	Einrichtungen für Geschäfts-, Fabrik- und andere Bauten
			0179	Andere Bauten
Geleistete Anzahlungen und Anlagen im Bau	Geleistete Anzahlungen und Anlagen im Bau		0180	Geschäfts-, Fabrik- und andere Bauten im Bau auf fremden Grundstücken
			0189	Anzahlungen auf Geschäfts-, Fabrik- und andere Bauten auf fremden Grundstücken
Grundstücke, grundstücksgleiche Rechte und Bauten einschließlich der Bauten auf fremden Grundstücken	Bauten auf fremden Grundstücken		0190	Wohnbauten
			0191	Garagen
			0192	Außenanlagen
			0193	Hof- und Wegebefestigungen
			0194	Einrichtungen für Wohnbauten
Geleistete Anzahlungen und Anlagen im Bau	Geleistete Anzahlungen und Anlagen im Bau		0195	Wohnbauten im Bau auf fremden Grundstücken
			0199	Anzahlungen auf Wohnbauten auf fremden Grundstücken
Technische Anlagen und Maschinen	Technische Anlagen und Maschinen		**0200**	**Technische Anlagen und Maschinen**
			0210	Maschinen
			0220	Maschinengebundene Werkzeuge
			0240	Technische Anlagen
			0260	Transportanlagen und Ähnliches
			0280	Betriebsvorrichtungen
Geleistete Anzahlungen und Anlagen im Bau	Geleistete Anzahlungen und Anlagen im Bau		0290	Technische Anlagen und Maschinen im Bau

DATEV Kontenrahmen SKR03

0 Anlagevermögenskonten

HGB-Posten nach § 266 u. § 275 HGB	E-Bilanz Taxonomie	SKR03 2015		
		Funktionen	Konto	Beschriftung
Geleistete Anzahlungen und Anlagen im Bau	Geleistete Anzahlungen und Anlagen im Bau		0299	Anzahlungen auf technische Anlagen und Maschinen
Andere Anlagen, Betriebs- und Geschäftsausstattung	Andere Anlagen, Betriebs- und Geschäftsausstattung		**0300**	**Andere Anlagen, Betriebs- und Geschäftsausstattung im Bau**
			0310	Andere Anlagen
			0320	PKW
			0350	LKW
			0380	Sonstige Transportmittel
			0400	**Betriebsausstattung**
			0410	Geschäftsausstattung
			0420	Büroeinrichtung
			0430	Ladeneinrichtung
			0440	Werkzeuge
			0450	Einbauten
			0460	Gerüst- und Schalungsmaterial
			0480	Geringwertige Wirtschaftsgüter
			0485	Wirtschaftsgüter größer 150 bis 1.000 Euro (Sammelposten)
			0490	Sonstige Betriebs- und Geschäftsausstattung
Geleistete Anzahlungen und Anlagen im Bau	Geleistete Anzahlungen und Anlagen im Bau		0498	Andere Anlagen, Betriebs- und Geschäftsausstattung im Bau
			0499	Anzahlungen auf andere Anlagen, Betriebs- und Geschäftsausstattung
				Finanzanlagen
Anteile an verbundenen Unternehmen	Anteile an verbundenen Unternehmen, nach Rechtsform nicht zuordenbar		0500	Anteile an verbundenen Unternehmen (Anlagevermögen)
	Anteile an Personengesellschaften		0501	Anteile an verbundenen Unternehmen, Personengesellschaften
	Anteile an Kapitalgesellschaften		0502	Anteile an verbundenen Unternehmen, Kapitalgesellschaften
			0503	Anteile an herrschender oder mehrheitlich beteiligter Gesellschaft, KapG
	Anteile an verbundenen Unternehmen, nach Rechtsform nicht zuordenbar		0504	Anteile an herrschender oder mehrheitlich beteiligter Gesellschaft
Ausleihungen an verbundene Unternehmen	Ausleihungen an verbundene Unternehmen nach Rechtsform nicht zuordenbar		0505	Ausleihungen an verbundene Unternehmen
	Ausleihungen an verbundene Unternehmen, soweit Personengesellschaften		0506	Ausleihungen an verbundene Unternehmen, Personengesellschaften
	Ausleihungen an verbundene Unternehmen, soweit Kapitalgesellschaften		0507	Ausleihungen an verbundene Unternehmen, Kapitalgesellschaften
	Ausleihungen an verbundene Unternehmen, soweit Einzelunternehmen		0508	Ausleihungen an verbundene Unternehmen, Einzelunternehmen
Anteile an verbundenen Unternehmen	Anteile an Personengesellschaften		0509	Anteile an herrschender oder mehrheitlich beteiligter Gesellschaft, Personengesellschaften
Beteiligungen	Sonstige Beteiligungen, nicht zuordenbar		0510	Beteiligungen
	Typisch stille Beteiligungen		0513	Typisch stille Beteiligungen
	Atypische stille Beteiligungen		0516	Atypische stille Beteiligungen
	Beteiligungen an Kapitalgesellschaften		0517	Beteiligungen an Kapitalgesellschaften
	Beteiligungen an Personengesellschaften		0518	Beteiligungen an Personengesellschaften
	Beteiligungen an Kapitalgesellschaften		0519	Beteiligung einer GmbH & Co. KG an einer Komplementär GmbH

0 Anlagevermögenskonten

HGB-Posten nach § 266 u. § 275 HGB	E-Bilanz Taxonomie	Funktionen	Konto	SKR03 2015 Beschriftung
Ausleihungen an Unternehmen, mit denen Beteiligungsverhältnis besteht	Ausleihungen an Unternehmen, mit denen Beteiligungsverhältnis besteht, nicht nach Rechtsform zuordenbar		0520	Ausleihungen an Unternehmen, mit denen Beteiligungsverhältnis besteht
	Ausleihungen an Personengesellschaften		0523	Ausleihungen an Unternehmen mit denen Beteiligungsverhältnis besteht, PerG
	Ausleihungen an Kapitalgesellschaften		0524	Ausleihungen an Unternehmen mit denen Beteiligungsverhältnis besteht, KapG
Wertpapiere des Anlagevermögens	Wertpapiere des Anlagevermögens		0525	Wertpapiere des Anlagevermögens
			0530	Wertpapiere mit Gewinnbeteiligungsansprüchen, die dem Teileinkünfteverfahren unterliegen
			0535	Festverzinsliche Wertpapiere
Sonstige Ausleihungen	Sonstige Ausleihungen		0540	Sonstige Ausleihungen
			0550	Darlehen
Genossenschaftsanteile	Genossenschaftsanteile (langfristiger Verbleib)		0570	Genossenschaftsanteile zum langfristigen Verbleib
Sonstige Ausleihungen	--- (aufzulösender Auffangposten lt. DATEV-E-Bilanz-Zuordnungstabelle)		0580	Ausleihungen an Gesellschafter
	Ausleihungen an GmbH-Gesellschafter und stille Gesellschafter		0582	Ausleihungen an GmbH-Gesellschafter
			0583	Ausleihungen an stille Gesellschafter
	Ausleihungen an persönlich haftende Gesellschafter		0584	Ausleihungen an persönlich haftende Gesellschafter
	Ausleihungen an Kommanditisten		0586	Ausleihungen an Kommanditisten
	Sonstige Ausleihungen		0590	Ausleihungen an nahe stehende Personen
Rückdeckungsansprüche aus Lebensversicherungen	Rückdeckungsansprüche aus Lebensversicherungen (langfristigen Verbleib)		0595	Rückdeckungsansprüche aus Lebensversicherungen zum langfristigen Verbleib
				Verbindlichkeiten
Anleihen	Anleihen	KU	0600	Anleihen nicht konvertibel
		KU	0601	– Restlaufzeit bis 1 Jahr
		KU	0605	– Restlaufzeit 1 bis 5 Jahre
		KU	0610	– Restlaufzeit größer 5 Jahre
		KU	0615	Anleihen konvertibel
		KU	0616	– Restlaufzeit bis 1 Jahr
		KU	0620	– Restlaufzeit 1 bis 5 Jahre
		KU	0625	– Restlaufzeit größer 5 Jahre
Verbindlichkeiten gegenüber Kreditinstituten oder Kassenbestand, Bundesbankguthaben, Guthaben bei Kreditinstituten und Schecks	Verbindlichkeiten gegenüber Kreditinstituten	KU	0630	Verbindlichkeiten gegenüber Kreditinstituten
		KU	0631	– Restlaufzeit bis 1 Jahr
		KU	0640	– Restlaufzeit 1 bis 5 Jahre
		KU	0650	– Restlaufzeit größer 5 Jahre
		KU	0660	Verbindlichkeiten gegenüber Kreditinstituten aus Teilzahlungsverträgen
		KU	0661	– Restlaufzeit bis 1 Jahr
		KU	0670	– Restlaufzeit 1 bis 5 Jahre
		KU	0680	– Restlaufzeit größer 5 Jahre
		KU	0690 –0698	(Frei, in Bilanz kein Restlaufzeitvermerk)
Verbindlichkeiten gegenüber Kreditinstituten		KU	0699	Gegenkonto 0630-0689 bei Aufteilung der Konten 0690-0698
Verbindlichkeiten gegenüber verbundenen Unternehmen oder Forderungen gegen verbundene Unternehmen	Verbindlichkeiten gegenüber verbundenen Unternehmen	KU	0700	Verbindlichkeiten gegenüber verbundenen Unternehmen
		KU	0701	– Restlaufzeit bis 1 Jahr
		KU	0705	– Restlaufzeit 1 bis 5 Jahre

0 Anlagevermögenskonten

HGB-Posten nach § 266 u. § 275 HGB	E-Bilanz Taxonomie	SKR03 2015		
		Funktionen	Konto	Beschriftung
Verbindlichkeiten gegenüber verbundenen Unternehmen oder Forderungen gegen verbundene Unternehmen	Verbindlichkeiten gegenüber verbundenen Unternehmen	KU	0710	– Restlaufzeit größer 5 Jahre
Verbindlichkeiten gegenüber verbundenen Unternehmen, mit denen ein Beteiligungsverhältnis besteht oder Forderungen gegen Unternehmen, mit denen ein Beteiligungsverhältnis besteht	Verbindlichkeiten gegenüber verbundenen Unternehmen, mit denen ein Beteiligungsverhältnis besteht	KU	0715	Verbindlichkeiten gegenüber verbundenen Unternehmen, mit denen ein Beteiligungsverhältnis besteht
		KU	0716	– Restlaufzeit bis 1 Jahr
		KU	0720	– Restlaufzeit 1 bis 5 Jahre
		KU	0725	– Restlaufzeit größer 5 Jahre
Sonstige Verbindlichkeiten	Sonstige Verbindlichkeiten gegenüber Gesellschaftern	KU	0730	Verbindlichkeiten gegenüber Gesellschaftern
		KU	0731	– Restlaufzeit bis 1 Jahr
		KU	0740	– Restlaufzeit 1 bis 5 Jahre
		KU	0750	– Restlaufzeit größer 5 Jahre
		KU	0755	Verbindlichkeiten gegenüber Gesellschaftern für offene Ausschüttungen
	Übrige sonstige Verbindlichkeiten	KU	0760	Darlehen typisch stiller Gesellschafter
		KU	0761	– Restlaufzeit bis 1 Jahr
		KU	0764	– Restlaufzeit 1 bis 5 Jahre
		KU	0767	– Restlaufzeit größer 5 Jahre
		KU	0770	Darlehen atypisch stiller Gesellschafter
		KU	0771	– Restlaufzeit bis 1 Jahr
		KU	0774	– Restlaufzeit 1 bis 5 Jahre
		KU	0777	– Restlaufzeit größer 5 Jahre
	Sonstige Verbindlichkeiten aus partiarischen Darlehen	KU	0780	Partiarische Darlehen
		KU	0781	– Restlaufzeit bis 1 Jahr
		KU	0784	– Restlaufzeit 1 bis 5 Jahre
		KU	0787	– Restlaufzeit größer 5 Jahre
	Übrige sonstige Verbindlichkeiten	KU	0790 –0798	(frei, in Bilanz kein Restlaufzeitvermerk)
		KU	0799	Gegenkonto 0730-0789 und 1665–1678 und 1695–1698 bei Aufteilung der Konten 0790-0798
				Kapital Kapitalgesellschaft
Gezeichnetes Kapital	Gezeichnetes Kapital (Kapitalgesellschaften)	KU	0800	Gezeichnetes Kapital
Ausstehende Einlagen auf das gezeichnete Kapital	Rückständige Einzahlungen	KU R	0801 –0808	Buchungssperre
Gezeichnetes Kapital	Gezeichnetes Kapital (Kapitalgesellschaften)	KU	0809	Kapitalerhöhung aus Gesellschaftsmittel
	Geschäftsguthaben der Genossen, davon Geschäftsguthaben der verbleibenden Mitglieder		0810	Geschäftsguthaben der verbleibenden Mitglieder
	Geschäftsguthaben der Genossen, davon Geschäftsguthaben der mit Ablauf des Geschäftsjahres ausgeschiedenen Mitglieder		0811	Geschäftsguthaben der ausscheidenden Mitglieder
	Geschäftsguthaben der Genossen, davon Geschäftsguthaben aus gekündigten Geschäftsanteilen		0812	Geschäftsguthaben aus gekündigten Geschäftsanteilen
	Geschäftsguthaben der Genossen, davon rückständige fällige Einzahlungen auf Geschäftsanteile, vermerkt		0813	Rückständige fällige Einzahlungen auf Geschäftsanteile, vermerkt

0 Anlagevermögenskonten

HGB-Posten nach § 266 u. § 275 HGB	E-Bilanz Taxonomie	SKR03 2015 Funktionen	Konto	Beschriftung
Ausstehende Einlagen auf das gezeichnete Kapital		KU R	0814	Buchungssperre
	Geschäftsguthaben, Zuführungen/ Minderungen lfd. Jahr		0815	Gegenkonto Rückständige fällige Einzahlungen auf Geschäftsanteile, vermerkt
		KU R	0816 –0818	Buchungssperre
Eigene Anteile	Eigene Anteile – offen vom Gezeichneten Kapital abgesetzt	KU	0819	Erworbene eigene Anteile
Nicht eingeforderte ausstehende Einlagen	Nicht eingeforderte ausstehende Einlagen (offen passivisch abgesetzt)	KU	0820 –0829	Ausstehende Einlagen auf das gezeichnete Kapital, nicht eingefordert (Passivausweis, vom gezeichneten Kapital offen abgesetzt; eingeforderte ausstehende Einlagen s. Konten 0830-0838)
Eingeforderte, noch ausstehende Kapitaleinlagen	Eingeforderte, noch ausstehende Kapitaleinlagen	KU	0830 –0838	Ausstehende Einlagen auf das gezeichnete Kapital, eingefordert (Forderungen, nicht eingeforderte ausstehende Einlagen s. Konten 0820-0829)
Eingeforderte Nachschüsse	Übrige sonstige Vermögensgegenstände/ nicht zuordnare sonstige Vermögensgegenstände	KU	0839	Nachschüsse (Forderungen, Gegenkonto 0845)
				Kapitalrücklage
Kapitalrücklage	Kapitalrücklage	KU	0840	Kapitalrücklage
		KU	0841	Kapitalrücklage durch Ausgabe von Anteilen über Nennbetrag
		KU	0842	Kapitalrücklage/Ausgabe Schuldverschreibung für Wandlungsrechte und Optionsrechte zum Erwerb von Anteilen
		KU	0843	Kapitalrücklage durch Zuzahlungen gegen Gewährung eines Vorzugs f. Anteile
		KU	0844	Kapitalrücklage durch andere Zuzahlungen in das Eigenkapital
		KU	0845	Nachschusskapital (Gegenkonto 0839)
				Gewinnrücklagen
Gesetzliche Rücklage	Gesetzliche Rücklage	KU	0846	Gesetzliche Rücklage
Andere Gewinnrücklagen	Andere Gewinnrücklagen	KU	0848	Andere Gewinnrücklagen aus dem Erwerb eigener Anteile
Rücklage für Anteile an einem herrschenden oder mehrheitlich beteiligten Unternehmen	Rücklage für Anteile an einem herrschenden oder mehrheitlich beteiligten Unternehmen		0849	Rücklage für Anteile an einem herrschenden oder mehrheitlich beteiligten Unternehmen
Rücklage für eigene Anteile	Rücklage für eigene Anteile (nur Kapitalgesellschaften)	KU R	0850	Buchungssperre
Satzungsmäßige Rücklagen	Satzungsmäßige Rücklagen	KU	0851	Satzungsmäßige Rücklagen
Andere Gewinnrücklagen	Andere Gewinnrücklagen	KU	0852	Andere Ergebnisrücklagen
			0853	Gewinnrücklagen aus den Übergangsvorschriften BilMoG
			0854	Gewinnrücklagen aus den Übergangsvorschriften BilMoG (Zuschreibung Sachanlagevermögen)
		KU	0855	Andere Gewinnrücklagen
		KU	0856	Eigenkapitalanteil von Wertaufholungen

0 Anlagevermögenskonten

HGB-Posten nach § 266 u. § 275 HGB	E-Bilanz Taxonomie	Funktionen	SKR03 2015 Konto	Beschriftung
Andere Gewinnrücklagen	Andere Gewinnrücklagen		0857	Gewinnrücklagen aus den Übergangsvorschriften BilMoG (Zuschreibung Finanzanlagevermögen)
			0858	Eigenkapitalanteil von Wertaufholungen Gewinnrücklagen aus den Übergangsvorschriften BilMoG (Auflösung der Sonderposten mit Rücklageanteil)
			0859	Latente Steuern (Gewinnrücklage Haben) aus erfolgsneutralen Verrechnung
Gewinn-/Verlustvortrag	Gewinn-/Verlustvortrag – bei Kapitalgesellschaften	KU	0860	Gewinnvortrag vor Verwendung
		NEU KU F	0865	Gewinnvortrag vor Verwendung (Kapitalkontenentwicklung)
		NEU KU F	0867	Verlustvortrag vor Verwendung (Kapitalkontenentwicklung)
		KU	0868	Verlustvortrag vor Verwendung
Vortrag auf neue Rechnung	Aufzulösender Auffangposten: Bilanzgewinn/Bilanzverlust (Bilanz) - bei Kapitalgesellschaften	KU	0869	Vortrag auf neue Rechnung (Bilanz)
				Kapital
				Eigenkapital
				Vollhafter/Einzelunternehmer
Kapitalanteil persönlich haftende Gesellschafter (KapCo)	Kapitalanteil persönlich haftende Gesellschafter	KU F	0870 –0879	Festkapital
		KU F	0880 –0889	Variables Kapital
				Fremdkapital
				Vollhafter
Verbindlichkeiten gegenüber persönlich haftenden Gesellschaftern oder Forderungen gegen persönlich haftende Gesellschafter	Verbindlichkeiten gegenüber persönlich haftenden Gesellschaftern	KU F	0890 –0899	Gesellschafter-Darlehen
				Eigenkapital
				Teilhafter
Kapitalanteil Kommanditisten (KapCo)	Kapitalanteile der Kommanditisten	KU F	0900 –0909	Kommandit-Kapital
		KU F	0910 –0919	Verlustausgleich
				Fremdkapital
				Teilhafter
Verbindlichkeiten gegenüber Kommanditisten oder Forderungen gegen Kommanditisten und atypisch stille Gesellschafter	Verbindlichkeiten gegenüber Kommanditisten	KU F	0920 –0929	Gesellschafter-Darlehen
				Sonderposten mit Rücklageanteil
Sonderposten mit Rücklageanteil	Übrige steuerfreie Rücklagen/nicht zuordnenbare steuerfreie Rücklagen	KU	0930	Sonderposten mit Rücklageanteil, steuerfreie Rücklagen
	Rücklage für Veräußerungsgewinne	KU	0931	Sonderposten mit Rücklageanteil, nach § 4g EStG

0 Anlagevermögenskonten

HGB-Posten nach § 266 u. § 275 HGB	E-Bilanz Taxonomie	Funktionen	SKR03 2015 Konto	Beschriftung
Sonderposten mit Rücklageanteil	Rücklage für Ersatzbeschaffung	KU	0932	Sonderposten mit Rücklageanteil, nach EStR R 6.6
	Rücklage nach dem Steuerentlastungsgesetz	KU	0939	Sonderposten mit Rücklageanteil, nach § 52 Abs. 16 EStG
	Steuerrechtliche Sonderabschreibungen	KU	0940	Sonderposten mit Rücklageanteil, Sonderabschreibungen
		KU	0943	Sonderposten mit Rücklageanteil, nach § 7g Abs. 2 EStG n. F.
	Andere Sonderposten	KU	0945	Ausgleichsposten bei Entnahmen § 4g EStG
	Rücklage für Zuschüsse	KU	0946	Rücklage für Zuschüsse
	Steuerrechtliche Sonderabschreibungen	KU	0947	Sonderposten mit Rücklageanteil, nach § 7g Abs. 5 EStG
	Rücklage durch Vornahme von Ansparabschreibungen	KU	0948	Sonderposten mit Rücklageanteil, § 7g Abs. 3 und 7 EStG a. F.
Sonderposten für Zuschüsse und Zulagen	Sonderposten für Investitionszulagen und für Zuschüsse Dritter	KU	0949	Sonderposten für Zuschüsse uud Zulagen
				Rückstellungen
Rückstellungen für Pensionen und ähnliche Verpflichtungen	Rückstellung für Direktzusagen	KU	0950	Rückstellungen für Pensionen und ähnliche Verpflichtungen
Rückstellungen für Pensionen und ähnliche Verpflichtungen oder Aktiver Unterschiedsbetrag aus der Vermögensverrechnung		KU	0951	Rückstellungen für Pensionen und ähnliche Verpflichtungen zur Saldierung mit Vermögensgegenständen zum langfristigen Verbleib nach § 246 Abs. 2 HGB
Rückstellungen für Pensionen und ähnliche Verpflichtungen	Davon Rückstellungen für Pensionen ähnliche Verpflichtungen gegenüber Gesellschaftern oder nahestehenden Personen	KU	0952	Rückstellungen für Pensionen und ähnliche Verpflichtungen gegenüber Gesellschaftern oder nahestehenden Personen (10 % Beteiligung am Kapital)
	Rückstellung für Direktzusagen	KU	0953	Rückstellungen für Direktzusagen
	Rückstellungen für Zuschussverpflichtung. für Pensionskasse und Lebensversicherungen (bei Unterdeckung o. Aufstockung)	KU	0954	Rückstellungen für Zuschussverpflichtung. für Pensionskasse und Lebensversicherungen
Steuerrückstellungen	Steuerrückstellungen	KU	0955	Steuerrückstellungen
	Gewerbesteuerrückstellung	KU	0956	Gewerbesteuerrückstellung § 4 Abs. 5b EStG
		KU	0957	Gewerbesteuerrückstellung
Sonstige Rückstellungen	Sonstige Rückstellungen	NEU KU	0961	Urlaubsrückstellungen
Steuerrückstellungen	Körperschaftsteuerrückstellung		0962	Körperschaftsteuerrückstellung
	Rückstellung für sonstige Steuern	KU	0963	Steuerrückstellung aus Steuerstundung (BStBK)
Sonstige Rückstellungen	Sonstige Rückstellungen		0964	Rückstellungen für mit der Altersversorgung vergleichbaren langfristigen Verpflichtungen zum langfristigen Verbleib
			0965	Rückstellungen für Personalkosten
			0966	Rückstellungen zur Erfüllung der Aufbewahrungspflichten
Sonstige Rückstellungen oder Aktiver Unterschiedsbetrag aus der Vermögensverrechnung	Rückstellungen für Pensionen und ähnliche Verpflichtungen, davon verrechnete Vermögensgegenstände nach §246 Abs. 2 HGB		0967	Rückstellungen für mit der Altersversorgung vergleichbaren langfristigen Verpflichtungen zur Saldierung mit Vermögensgegenständen zum langfristigen Verbleib nach § 246 Abs.2 HGB
Passive latente Steuern	Passive latente Steuern		0968	Passive latente Steuern
Rückstellungen für latente Steuern	Rückstellungen für latente Steuern	KU	0969	Rückstellungen für latente Steuern

0 Anlagevermögenskonten

HGB-Posten nach § 266 u. § 275 HGB	E-Bilanz Taxonomie	Funktionen	SKR03 2015 Konto	Beschriftung
Sonstige Rückstellungen	Sonstige Rückstellungen		0970	Sonstige Rückstellungen
			0971	Rückstellungen für unterlassene Aufwendungen für Instandhaltung, Nachholung in den ersten drei Monaten
		R	0972	Buchungssperre
			0973	Rückstellungen Abraum- und Abfallbeseitigung
			0974	Rückstellungen für Gewährleistungen (Gegenkonto 4790)
			0976	Rückstellungen für drohende Verluste aus schwebenden Geschäften
			0977	Rückstellungen für Abschluss und Prüfungskosten
			0978	Aufwandsrückstellungen gemäß § 249 Abs. 2 HGB a. F.
			0979	Rückstellungen für Umweltschutz
				Abgrenzungsposten
Aktiver Rechnungsabgrenzungsposten	Aktive Rechnungsabgrenzungsposten		0980	**Aktive Rechnungsabgrenzung**
Aktive latente Steuern	Aktive latente Steuern		0983	Aktive latente Steuern
Aktiver Rechnungsabgrenzungsposten	Aktive Rechnungsabgrenzungsposten		0984	Als Aufwand berücksichtigte Zölle und Verbrauchsteuern auf Vorräte
			0985	Als Aufwand berücksichtigte Umsatzsteuer auf Anzahlungen
			0986	Damnum/Disagio
Andere Gewinnrücklagen	Andere Gewinnrücklagen		0987	Rechnungsabgrenzungsposten (Gewinnrücklage Soll) aus erfolgsneutralen Verrechnungen
			0988	Latente Steuern (Gewinnrücklage Soll) aus erfolgsneutralen Verrechnungen
	Rücklagen (gesamthänderisch gebunden)	NEU F	0989	Gesamthänderisch gebundene Rücklagen
Passiver Rechnungsabgrenzungsposten	Passive Rechnungsabgrenzungsposten		0990	**Passive Rechnungsabgrenzung**
			0992	Abgrenzungen unterjährig pauschal gebuchter Abschlusskosten für BWA
Forderungen aus Lieferungen und Leistungen	Forderungen aus Lieferungen und Leistungen	KU	0996	Pauschalwertberichtigung auf Forderungen mit einer Restlaufzeit bis zu 1 Jahr
		KU	0997	Pauschalwertberichtigung auf Forderungen mit einer Restlaufzeit von mehr als 1 Jahr
		KU	0998	Einzelwertberichtigungen auf Forderungen mit einer Restlaufzeit bis zu 1 Jahr
		KU	0999	Einzelwertberichtigungen auf Forderungen mit einer Restlaufzeit von mehr als 1 Jahr

1 Finanz- und Privatkonten

HGB-Posten nach § 266 u. § 275 HGB	E-Bilanz Taxonomie	Funktionen	SKR03 2015 Konto	Beschriftung
				Kassenbestand, Bundesbank- und Postbankguthaben, Guthaben bei Kreditinstituten und Schecks
Kassenbestand, Bundesbankguthaben, Guthaben bei Kreditinstituten und Schecks	Kasse	KU F	1000	**Kasse**
		KU F	1010	Nebenkasse 1
		KU F	1020	Nebenkasse 2

1 Finanz- und Privatkonten

HGB-Posten nach § 266 u. § 275 HGB	E-Bilanz Taxonomie	SKR03 2015		
		Funktionen	Konto	Beschriftung
Kassenbestand, Bundesbankguthaben, Guthaben bei Kreditinstituten und Schecks oder Verbindlichkeiten gegenüber Kreditinstituten	Guthaben bei Kreditinstituten	**KU** **F**	**1100**	**Postbank**
		KU F	1110	Postbank 1
		KU F	1120	Postbank 2
		KU F	1130	Postbank 3
	Bundesbankguthaben	KU F	1190	LZB-Guthaben
		KU F	1195	Bundesbankguthaben
Kassenbestand, Bundesbankguthaben, Guthaben bei Kreditinstituten und Schecks oder Verbindlichkeiten gegenüber Kreditinstituten	Guthaben bei Kreditinstituten	**KU** **F**	**1200**	**Bank**
		KU F	1210	Bank 1
		KU F	1220	Bank 2
		KU F	1230	Bank 3
		KU F	1240	Bank 4
		KU F	1250	Bank 5
		R	1289	Buchungssperre
		KU	1290	Finanzmittelanlagen im Rahmen der kurzfristigen Finanzdisposition (nicht im Finanzmittelfonds enthalten)
Verbindlichkeiten gegenüber Kreditinstituten oder Kassenbestand, Bundesbankguthaben, Guthaben bei Kreditinstituten und Schecks	Verbindlichkeiten gegenüber Kreditinstituten	KU	1295	Verbindlichkeiten gegenüber Kreditinstituten (nicht im Finanzmittelfonds enthalten)
Forderungen aus Lieferungen und Leistungen o. Sonstige Verbindlichkeiten	Forderungen aus Lieferungen und Leistungen	KU F	1300	Wechsel aus Lieferungen und Leistungen
		KU F	1301	– Restlaufzeit bis 1 Jahr
		KU F	1302	– Restlaufzeit größer 1 Jahr
		KU F	1305	Wechsel aus Lieferungen und Leistungen, bundesbankfähig
Forderungen gegen verbundene Unternehmen oder Verbindlichkeiten gegenüber verbundenen Unternehmen	Forderungen gegen verbundene Unternehmen	KU	1310	Besitzwechsel gegen verbundene Unternehmen
		KU	1311	– Restlaufzeit bis 1 Jahr
		KU	1312	– Restlaufzeit größer 1 Jahr
		KU	1315	Besitzwechsel gegen verbundene Unternehmen, bundesbankfähig
Forderungen gegen verbundene Unternehmen, mit denen ein Beteiligungsverhältnis besteht oder Verbindlichkeiten gegenüber Unternehmen, mit denen ein Beteiligungsverhältnis besteht	Forderungen gegen verbundene Unternehmen, mit denen ein Beteiligungsverhältnis besteht	KU	1320	Besitzwechsel gegen Unternehmen, mit denen ein Beteiligungsverhältnis besteht
		KU	1321	– Restlaufzeit bis 1 Jahr
		KU	1322	– Restlaufzeit größer 1 Jahr
		KU	1325	Besitzwechsel gegen Unternehmen, mit denen ein Beteiligungsverhältnis besteht, bundesbankfähig
Sonstige Wertpapiere	Sonstige/nicht zuordenbare Wertpapiere des Umlaufvermögens	KU	1327	Finanzwechsel
		KU	1329	Andere Wertpapiere mit unwesentlichen Wertschwankungen im Sinne Textziffer 18 DRS 2
Kassenbestand, Bundesbankguthaben, Guthaben bei Kreditinstituten u. Schecks	Schecks	KU F	1330	Schecks
				Wertpapiere
Anteile an verbundenen Unternehmen	Anteile an verbundenen Unternehmen (Umlaufvermögen)	KU	1340	Anteile an verbundenen Unternehmen (Umlaufvermögen)
		KU	1344	Anteile an herrschender oder mit Mehrheit beteiligter Gesellschaft
		KU R	1345	Buchungssperre
Sonstige Wertpapiere	Sonstige/nicht zuordenbare Wertpapiere des Umlaufvermögens	KU	1348	Sonstige Wertpapiere
		KU	1349	Wertpapieranlagen im Rahmen der kurzfristigen Finanzdisposition

1 Finanz- und Privatkonten

HGB-Posten nach § 266 u. § 275 HGB	E-Bilanz Taxonomie	Funktionen	SKR03 2015 Konto	SKR03 2015 Beschriftung
				Forderungen und sonstige Vermögensgegenstände
Sonstige Vermögensgegenstände	Übrige sonstige Vermögensgegenstände/ nicht zuordenbare sonstige Vermögensgegenstände	KU	1350	GmbH-Anteile zum kurzfristigen Verbleib
Sonstige Vermögensgegenstände	Genossenschaftsanteile (kurzfristiger Verbleib)	KU	1352	Genossenschaftsanteile zum kurzfristigen Verbleib
	Übrige sonstige Vermögensgegenstände/ nicht zuordenbare sonstige Vermögensgegenstände	KU	1353	Vermögensgegenstände zur Erfüllung von mit der Altersversorgung vergleichbaren langfristigen Verpflichtungen
Aktiver Unterschiedsbetrag aus der Vermögensverrechnung oder Sonstige Rückstellungen	Aktiver Unterschiedsbetrag aus der Vermögensverrechnung	KU	1354	Vermögensgegenstände zur Saldierung mit der Altersversorgung vergleichbaren langfristigen Verpflichtungen nach § 246 Abs. 2 HGB
Sonstige Vermögensgegenstände	Rückdeckungsansprüche aus Lebensversicherungen (kurzfristiger Verbleib)	KU	1355	Ansprüche aus Rückdeckungsversicherungen
	Übrige sonstige Vermögensgegenstände/ nicht zuordenbare sonstige Vermögensgegenstände	KU	1356	Vermögensgegenstände zur Erfüllung von Pensionsrückstellungen und ähnl. Verpflichtungen zum langfristigen Verbleib
Aktiver Unterschiedsbetrag aus der Vermögensverrechnung oder Rückstellungen für Pensionen und ähnliche Verpflichtungen	Aktiver Unterschiedsbetrag aus der Vermögensverrechnung	KU	1357	Vermögensgegenstände zur Saldierung mit Pensionsrückstellungen und ähnl. Verpflichtungen zum langfristigen Verbleib nach § 246 Abs. 2 HGB
		KU F	1358 –1359	Freies Konto
Sonstige Vermögensgegenstände oder Sonstige Verbindlichkeiten	Übrige sonstige Vermögensgegenstände	KU F	1360	Geldtransit
	EÜR – keine E-Bilanz	KU F	1370	Verrechnungskonto für Gewinnmittlung § 4/3 EStG, ergebniswirksam
		KU F	1371	Verrechnungskonto für Gewinnmittlung § 4/3 EStG, nicht ergebniswirksam
		V	1372	Wirtschaftsgüter des Umlaufvermögens gemäß § 4 Abs. 3 Satz 4 EStG
Forderungen gegen Kommanditisten und atypisch stille Gesellschafter oder Verbindlichkeiten gegenüber Kommanditisten	Forderungen gegen Kommanditisten und atypisch stille Gesellschafter	KU	1373	Forderungen gegen Kommanditisten und atypisch stille Gesellschafter
		KU	1374	– Restlaufzeit bis 1 Jahr
		KU	1375	– Restlaufzeit größer 1 Jahr
Sonstige Vermögensgegenstände		KU	1376	Forderungen gegen typisch stille Gesellschafter
		KU	1377	– Restlaufzeit bis 1 Jahr
		KU	1378	– Restlaufzeit größer 1 Jahr
Sonstige Vermögensgegenstände oder Sonstige Verbindlichkeiten		KU F	1380	Überleitungskonto Kostenstelle
Sonstige Vermögensgegenstände	Sonstige Vermögensgegenstände, gegenüber Gesellschafter	KU	1381	Forderungen gegen GmbH-Gesellschafter
		KU	1382	– Restlaufzeit bis 1 Jahr
		KU	1383	– Restlaufzeit größer 1 Jahr
	Forderungen gegen persönlich haftende Gesellschafter	KU	1385	Forderungen gegen persönlich haftende Gesellschafter
		KU	1386	– Restlaufzeit bis 1 Jahr
		KU	1387	– Restlaufzeit größer 1 Jahr
Sonstige Vermögensgegenstände oder Sonstige Verbindlichkeiten	Übrige sonstige Vermögensgegenstände/ nicht zuordenbare sonstige Vermögensgegenstände	KU F	1390	Verrechnungskonto Ist-Versteuerung

1 Finanz- und Privatkonten

HGB-Posten nach § 266 u. § 275 HGB	E-Bilanz Taxonomie	SKR03 2015		
		Funktionen	Konto	Beschriftung
Forderungen aus Lieferungen und Leistungen o. Sonstige Verbindlichkeiten	Forderungen aus Lieferungen und Leistungen	KU S	1400	Forderungen aus Lieferungen und Leistungen
		KU R	1401 –1406	Forderungen aus Lieferungen und Leistungen
		KU F	1410 –1444	Forderungen aus Lieferungen und Leistungen ohne Kontokorrent
	EÜR – keine E-Bilanz	KU F	1445	Forderungen aus Lieferungen und Leistungen zum allgemeinen Umsatzsteuersatz oder eines Kleinunternehmers (EÜR)
		KU F	1446	Forderungen aus Lieferungen und Leistungen zum ermäßigten Umsatzsteuersatz (EÜR)
		KU F	1447	Forderungen aus steuerfreien oder nicht steuerbaren Lieferungen und Leistungen (EÜR)
		KU F	1448	Forderungen aus Lieferungen und Leistungen nach Durchschnittssätzen gemäß § 24 UStG (EÜR)
		KU F	1449	Gegenkonto 1445-1448 bei Aufteilung der Forderungen nach Steuersätzen (EÜR)
		KU F	1450	Forderungen n. § 11 Abs. 1 Satz 2 EStG für § 4/3 EStG
Forderungen aus Lieferungen und Leistungen	Forderungen aus Lieferungen und Leistungen	KU F	1451	Forderungen aus Lieferungen und Leistungen ohne Kontokorrent – Restlaufzeit bis 1 Jahr
		KU F	1455	– Restlaufzeit größer 1 Jahr
		KU F	1460	Zweifelhafte Forderungen
		KU F	1461	– Restlaufzeit bis 1 Jahr
		KU F	1465	– Restlaufzeit größer 1 Jahr
Forderungen gegen verbundene Unternehmen	Forderungen gegen verbundene Unternehmen	KU F	1470	Forderungen aus Lieferungen und Leistungen gegen verbundene Unternehmen
		KU F	1471	– Restlaufzeit bis 1 Jahr
		KU F	1475	– Restlaufzeit größer 1 Jahr
		KU	1478	Wertberichtigungen auf Forderungen mit einer Restlaufzeit bis zu 1 Jahr gegen verbundene Unternehmen
		KU	1479	Wertberichtigungen auf Forderungen mit einer Restlaufzeit von mehr als 1 Jahr gegen verbundene Unternehmen
Forderungen gegen Unternehmen, mit denen ein Beteiligungsverhältnis besteht	Forderungen gegen Unternehmen, mit denen ein Beteiligungsverhältnis besteht	KU F	1480	Forderungen aus Lieferungen und Leistungen gegen Unternehmen, mit denen ein Beteiligungsverhältnis besteht
		KU F	1481	– Restlaufzeit bis 1 Jahr
		KU F	1485	– Restlaufzeit größer 1 Jahr
		KU	1488	Wertberichtigungen auf Forderungen mit einer Restlaufzeit bis zu 1 Jahr gegen Unternehmen, mit denen ein Beteiligungsverhältnis besteht
		KU	1489	Wertberichtigungen auf Forderungen mit einer Restlaufzeit von mehr als 1 Jahr gegen Unternehmen, mit denen ein Beteiligungsverhältnis besteht

1 Finanz- und Privatkonten

HGB-Posten nach § 266 u. § 275 HGB	E-Bilanz Taxonomie	SKR03 2015		
		Funktionen	Konto	Beschriftung
Forderungen aus Lieferungen und Leistungen	Aufzulösender Auffangposten: Forderungen gegen Gesellschafter	KU F	1490	Forderungen aus Lieferungen und Leistungen gegen Gesellschafter
		KU F	1491	– Restlaufzeit bis 1 Jahr
		KU F	1495	– Restlaufzeit größer 1 Jahr
Forderungen aus Lieferungen und Leistungen	Aufzulösender Auffangposten: Forderungen gegen Gesellschafter	KU	1498	Gegenkonto zu sonstigen Vermögensgegenständen bei Buchungen über Debitorenkonto
		KU	1499	Gegenkonto 1451-1497 bei Aufteilung Debitorenkonto
Sonstige Vermögensgegenstände	Übrige sonstige Vermögensgegenstände/ nicht zuordnenbare sonstige Vermögensgegenstände	**KU**	**1500**	**Sonstige Vermögensgegenstände**
		KU	1501	– Restlaufzeit bis 1 Jahr
		KU	1502	– Restlaufzeit größer 1 Jahr
	Forderungen und Darlehen an Organmitglieder	KU	1503	Forderungen gegen Vorstandsmitglieder und Geschäftsführer
				– Restlaufzeit bis 1 Jahr
		KU	1504	Forderungen gegen Vorstandsmitglieder und Geschäftsführer
				– Restlaufzeit größer 1 Jahr
		KU	1505	Forderungen gegen Aufsichtsrats- und Beiratsmitglieder
				– Restlaufzeit bis 1 Jahr
		KU	1506	Forderungen gegen Aufsichtsrats- und Beiratsmitglieder
				– Restlaufzeit größer 1 Jahr
Andere Forderungen gegen Gesellschafter	Forderungen gegen sonstige Gesellschafter	KU	1507	Forderungen gegen sonstige Gesellschafter
				– Restlaufzeit bis 1 Jahr
		KU	1508	Forderungen gegen sonstige Gesellschafter
				– Restlaufzeit größer 1 Jahr
Geleistete Anzahlungen	Geleistete Anzahlungen (Vorräte)	**V**	**1510**	**Geleistete Anzahlungen auf Vorräte**
		V AV	1511	Geleistete Anzahlungen, 7 % Vorsteuer
		V R	1512 –1515	Buchungssperre
		V AV	1516	Geleistete Anzahlungen, 15 % Vorsteuer
		V AV	1517	Geleistete Anzahlungen, 16 % Vorsteuer
		V AV	1518	Geleistete Anzahlungen, 19 % Vorsteuer
Sonstige Vermögensgegenstände	Forderungen gegen Arbeitsgemeinschaften	KU	1519	Forderungen gegen Arbeitsgemeinschaften
	Übrige sonstige Vermögensgegenstände/ nicht zuordnenbare sonstige Vermögensgegenstände	KU	1520	Forderungen gegenüber Krankenkassen aus Aufwendungsausgleichsgesetz
		KU	1521	Agenturwarenabrechnung
	Genussrechte	KU	1522	Genussrechte
	Einzahlungsansprüche zu Nebenleistungen oder Zuzahlungen	KU	1524	Einzahlungsansprüche zu Nebenleistungen oder Zuzahlungen
	Übrige sonstige Vermögensgegenstände/ nicht zuordnenbare sonstige Vermögensgegenstände	KU	1525	Kautionen
		KU	1526	– Restlaufzeit bis 1 Jahr
		KU	1527	– Restlaufzeit größer 1 Jahr
Sonstige Vermögensgegenstände oder Sonstige Verbindlichkeiten	Umsatzsteuerforderungen	KU F	1528	Nachträglich abziehbare Vorsteuer, § 15a Abs. 2 UStG
		KU F	1529	Zurückzuzahlende Vorsteuer, § 15a Abs. 2 UStG
Sonstige Vermögensgegenstände	Forderungen und Darlehen an Mitarbeiter	KU	1530	Forderungen gegen Personal aus Lohn- und Gehaltsabrechnung

1 Finanz- und Privatkonten

HGB-Posten nach § 266 u. § 275 HGB	E-Bilanz Taxonomie	SKR03 2015		
		Funktionen	Konto	Beschriftung
Sonstige Vermögensgegenstände	Forderungen und Darlehen an Mitarbeiter	KU	1531	– Restlaufzeit bis 1 Jahr
		KU	1537	– Restlaufzeit größer 1 Jahr
	Körperschaftsteuerguthaben nach § 37 KStG	KU	1538	Körperschaftsteuerguthaben nach § 37 KStG – Restlaufzeit bis 1 Jahr
		KU	1539	– Restlaufzeit größer 1 Jahr
	Gewerbesteuerüberzahlungen	KU	1540	Forderungen aus Gewerbesteuerüberzahlungen
	Übrige sonstige Vermögensgegenstände/ nicht zuordnabre sonstige Vermögensgegenstände	KU	1542	Steuererstattungsansprüche gegenüber anderen Ländern
	Andere Forderungen gegen Finanzbehörden	KU F	1543	Forderungen an das Finanzamt aus abgeführtem Bauabzugsbetrag
	Übrige sonstige Vermögensgegenstände/ nicht zuordnabre sonstige Vermögensgegenstände	KU	1544	Forderung gegenüber Bundesagentur für Arbeit
	Umsatzsteuerforderungen	KU	1545	Umsatzsteuerforderungen
	Andere Forderungen gegen Finanzbehörden	KU	1547	Forderungen aus entrichteten Verbrauchssteuern
Sonstige Vermögensgegenstände oder Sonstige Verbindlichkeiten	Umsatzsteuerforderungen	KU	1548	Vorsteuer im Folgejahr abziehbar
Sonstige Vermögensgegenstände	Körperschaftsteuerüberzahlungen	KU	1549	Körperschaftsteuerrückforderung
	Übrige sonstige Vermögensgegenstände/ nicht zuordnabre sonstige Vermögensgegenstände	KU	1550	Darlehen
		KU	1551	– Restlaufzeit bis 1 Jahr
		KU	1555	– Restlaufzeit größer 1 Jahr
Sonstige Vermögensgegenstände oder Sonstige Verbindlichkeiten	Umsatzsteuerforderungen	KU F	1556	Nachträglich abziehbare Vorsteuer, § 15a Abs. 1 UStG, bewegliche Wirtschaftsgüter
		KU F	1557	Zurückzuzahlende Vorsteuer, § 15a Abs. 1 UStG, bewegliche Wirtschaftsgüter
		KU F	1558	Nachträglich abziehbare Vorsteuer, § 15a Abs. 1 UStG, unbewegliche Wirtschaftsgüter
		KU F	1559	Zurückzuzahlende Vorsteuer, § 15a Abs. 1 UStG, unbewegliche Wirtschaftsgüter
		KU S	1560	Aufzuteilende Vorsteuer
		KU S	1561	Aufzuteilende Vorsteuer 7 %
		KU S	1562	Aufzuteilende Vorsteuer aus innergemeinschaftlichem Erwerb
		KU S	1563	Aufzuteilende Vorsteuer aus innergemeinschaftlichem Erwerb 19 %
		KU R	1564 –1565	Buchungssperre
		KU S	1566	Aufzuteilende Vorsteuer 19 %
		KU S	1567	Aufzuteilende Vorsteuer nach §§ 13a/13b UStG
		KU R	1568	Buchungssperre
		KU S	1569	Aufzuteilende Vorsteuer nach §§ 13a/13b UStG 19 %
		KU S	1570	Abziehbare Vorsteuer
		KU S	1571	Abziehbare Vorsteuer 7 %
		KU S	1572	Abziehbare Vorsteuer aus innergemeinschaftlichem Erwerb

1 Finanz- und Privatkonten

HGB-Posten nach § 266 u. § 275 HGB	E-Bilanz Taxonomie	SKR03 2015		
		Funktionen	Konto	Beschriftung
Sonstige Vermögensgegenstände oder Sonstige Verbindlichkeiten	Umsatzsteuerforderungen	KU S	1573	Vorsteuer aus Erwerb als letzter Abnehmer innerhalb eines Dreiecksgeschäfts
		KU S	1574	Abziehbare Vorsteuer aus innergemeinschaftlichem Erwerb 19 %
		KU R	1575	Buchungssperre
		KU S	1576	Abziehbare Vorsteuer 19 %
		KU S	1577	Abziehbare Vorsteuer nach § 13b UStG 19 %
		KU S	1578	Abziehbare Vorsteuer nach § 13b UStG
		KU R	1579	Buchungssperre
	EÜR – keine E-Bilanz	KU	1580	Gegenkonto Vorsteuer § 4/3 EStG
		KU	1581	Auflösung Vorsteuer aus Vorjahr § 4/3 EStG
		KU	1582	Vorsteuer aus Investitionen § 4/3 EStG
		KU	1583	Gegenkonto für Vorsteuer nach Durchschnittssätzen für § 4 Abs. 3 EStG
	Umsatzsteuerforderungen	KU S	1584	Abziehbare Vorsteuer aus innergemeinschaftlichem Erwerb von Neufahrzeugen von Lieferanten ohne USt-Id-Nr.
		KU S	1585	Abziehbare Vorsteuer aus der Auslagerung von Gegenständen aus einem Umsatzsteuerlager
	Übrige sonstige Vermögensgegenstände/ nicht zuordenbare sonstige Vermögensgegenstände	KU F	1587	Vorsteuer nach allgemeinen Durchschnittssätzen UStVA Kz. 63
		KU F	1588	Bezahlte Einfuhrumsatzsteuer
		KU R	1589	Buchungssperre
		KU	1590	Durchlaufende Posten
		KU	1592	Fremdgeld
Sonstige Verbindlichkeiten	Übrige sonstige Verbindlichkeiten	KU F	1593	Verrechnungskonto erhaltene Anzahlungen bei Buchung über Debitorenkonto
Forderungen gegen verbundene Unternehmen oder Verbindlichkeiten gegenüber verbundenen Unternehmen	Forderungen gegen verbundene Unternehmen	KU	1594	Forderungen gegen verbundene Unternehmen
		KU	1595	– Restlaufzeit bis 1 Jahr
		KU	1596	– Restlaufzeit größer 1 Jahr
Forderungen gegen Unternehmen, mit denen ein Beteiligungsverhältnis besteht oder Verbindlichkeiten gegenüber Unternehmen, mit denen ein Beteiligungsverhältnis besteht	Forderungen gegen Unternehmen, mit denen ein Beteiligungsverhältnis besteht	KU	1597	Forderungen gegen Unternehmen, mit denen ein Beteiligungsverhältnis besteht
		KU	1598	– Restlaufzeit bis 1 Jahr
		KU	1599	– Restlaufzeit größer 1 Jahr
				Verbindlichkeiten
Verbindlichkeiten aus Lieferungen und Leistungen oder Sonstige Vermögensgegenstände	Verbindlichkeiten aus Lieferungen und Leistungen	KU S	1600	Verbindlichkeiten aus Lieferungen und Leistungen
		KU R	1601 –1603	Verbindlichkeiten aus Lieferungen und Leistungen
	EÜR – keine E-Bilanz	KU F	1605	Verbindlichkeiten aus Lieferungen und Leistungen, allgem. Steuersatz (EÜR)
		KU F	1606	Verbindlichkeiten aus Lieferungen u. Leistungen, ermäßigter Steuersatz (EÜR)
		KU F	1607	Verbindlichkeiten aus Lieferungen u. Leistungen, ohne Vorsteuer (EÜR)
		KU F	1609	Gegenkto 1605–1607 bei Aufteilung der Verbindlichkeiten n. Steuersätzen (EÜR)

1 Finanz- und Privatkonten

HGB-Posten nach § 266 u. § 275 HGB	E-Bilanz Taxonomie	SKR03 2015 Funktionen		Konto	Beschriftung
Verbindlichkeiten aus Lieferungen und Leistungen oder Sonstige Vermögensgegenstände	EÜR – keine E-Bilanz	KU	F	1610 –1623	Verbindlichkeiten aus Lieferungen und Leistungen ohne Kontokorrent
		KU	F	1624	Verbindlichkeiten aus Lieferungen und Leistungen für Investitionen § 4/3 EStG
	Verbindlichkeiten aus Lieferungen und Leistungen	KU	F	1625	Verbindlichkeiten aus Lieferungen und Leistungen ohne Kontokorrent – Restlaufzeit bis 1 Jahr
		KU	F	1626	– Restlaufzeit 1 bis 5 Jahre
		KU	F	1628	– Restlaufzeit größer 5 Jahre
Verbindlichkeiten gegenüber verbundenen Unternehmen oder Forderungen gegen verbundene Unternehmen	Verbindlichkeiten gegenüber verbundenen Unternehmen	KU	F	1630	Verbindlichkeiten aus Lieferungen und Leistungen gegenüber verbundenen Unternehmen
		KU	F	1631	– Restlaufzeit bis 1 Jahr
		KU	F	1635	– Restlaufzeit 1 bis 5 Jahre
		KU	F	1638	– Restlaufzeit größer 5 Jahre
Verbindlichkeiten gegenüber Unternehmen, mit denen ein Beteiligungsverhältnis besteht oder Forderungen gegen Unternehmen, mit denen ein Beteiligungsverhältnis besteht	Verbindlichkeiten gegenüber Unternehmen, mit denen ein Beteiligungsverhältnis besteht	KU	F	1640	Verbindlichkeiten aus Lieferungen und Leistungen gegenüber Unternehmen, mit denen ein Beteiligungsverhältnis besteht
		KU	F	1641	– Restlaufzeit bis 1 Jahr
		KU	F	1645	– Restlaufzeit 1 bis 5 Jahre
		KU	F	1648	– Restlaufzeit größer 5 Jahre
Verbindlichkeiten aus Lieferungen und Leistungen oder Sonstige Vermögensgegenstände	Aufzulösender Auffangposten: Verbindlichkeiten gegenüber Gesellschaftern	KU	F	1650	Verbindlichkeiten aus Lieferungen u. Leistungen gegenüber Gesellschaftern
		KU	F	1651	– Restlaufzeit bis 1 Jahr
		KU	F	1655	– Restlaufzeit 1 bis 5 Jahre
		KU	F	1658	– Restlaufzeit größer 5 Jahre
		KU		1659	Gegenkonto 1625-1658 bei Aufteilung Kreditorenkonto
Verbindlichkeiten aus der Annahme gezogener Wechsel und der Ausstellung eigener Wechsel	Verbindlichkeiten aus der Annahme gezogener Wechsel und der Ausstellung eigener Wechsel	KU	F	1660	Wechselverbindlichkeiten
		KU	F	1661	– Restlaufzeit bis 1 Jahr
		KU	F	1662	– Restlaufzeit 1 bis 5 Jahre
		KU	F	1663	– Restlaufzeit größer 5 Jahre
Sonstige Verbindlichkeiten	Sonstige Verbindlichkeiten gegenüber Gesellschaftern	KU		1665	Verbindlichkeiten gegenüber GmbH-Gesellschaftern
				1666	– Restlaufzeit bis 1 Jahr
				1667	– Restlaufzeit 1 bis 5 Jahre
				1668	– Restlaufzeit größer 5 Jahre
	Verbindlichkeiten gegenüber persönlich haftenden Gesellschaftern			1670	Verbindlichkeiten gegenüber persönlich haftenden Gesellschaftern
				1671	– Restlaufzeit bis 1 Jahr
				1672	– Restlaufzeit 1 bis 5 Jahre
				1673	– Restlaufzeit größer 5 Jahre
	Verbindlichkeiten gegenüber Kommanditisten			1675	Verbindlichkeiten gegenüber Kommanditisten
				1676	– Restlaufzeit bis 1 Jahr
				1677	– Restlaufzeit 1 bis 5 Jahre
				1678	– Restlaufzeit größer 5 Jahre
			R	1680	Buchungssperre
			R	1690	Buchungssperre
	Sonstige Verbindlichkeiten gegenüber Arbeitsgemeinschaften			1691	Verbindlichkeiten gegenüber Arbeitsgemeinschaften
	Übrige sonstige Verbindlichkeiten			1695	Verbindlichkeiten gegenüber stillen Gesellschaftern

1 Finanz- und Privatkonten

HGB-Posten nach § 266 u. § 275 HGB	E-Bilanz Taxonomie	SKR03 2015 Funktionen		Konto	Beschriftung
Sonstige Verbindlichkeiten	Übrige sonstige Verbindlichkeiten			1696	– Restlaufzeit bis 1 Jahr
				1697	– Restlaufzeit 1 bis 5 Jahre
				1698	– Restlaufzeit größer 5 Jahre
		KU		**1700**	**Sonstige Verbindlichkeiten**
		KU		1701	– Restlaufzeit bis 1 Jahr
		KU		1702	– Restlaufzeit 1 bis 5 Jahre
		KU		1703	– Restlaufzeit größer 5 Jahre
	EÜR – keine E-Bilanz	KU		1704	Sonstige Verbindlichkeiten z. B. nach § 11 Abs. 2 Satz 2 EStG für § 4/3 EStG
	Übrige sonstige Verbindlichkeiten	KU		1705	Darlehen
		KU		1706	– Restlaufzeit bis 1 Jahr
		KU		1707	– Restlaufzeit 1 bis 5 Jahre
		KU		1708	– Restlaufzeit größer 5 Jahre
Sonstige Verbindlichkeiten oder Sonstige Vermögensgegenstände		KU		1709	Gewinnverfügung stiller Gesellschafter
Erhaltene Anzahlungen auf Bestellungen (Passiva)	Erhaltene Anzahlungen auf Bestellungen	M		1710	Erhaltene Anzahlungen auf Bestellungen (Verbindlichkeiten)
		M	AM	1711	Erhaltene, versteuerte Anzahlungen 7 % USt (Verbindlichkeiten)
		M	R	1712 –1715	Buchungssperre
		M	AM	1716	Erhaltene, versteuerte Anzahlungen 15 % USt (Verbindlichkeiten)
		M	AM	1717	Erhaltene, versteuerte Anzahlungen 16 % USt (Verbindlichkeiten)
		M	AM	1718	Erhaltene, versteuerte Anzahlungen 19 % USt (Verbindlichkeiten)
		M		1719	Erhaltene Anzahlungen – Restlaufzeit bis 1 Jahr
		M		1720	– Restlaufzeit 1 bis 5 Jahre
		M		1721	– Restlaufzeit größer 5 Jahre
Erhaltene Anzahlungen auf Bestellungen (Aktiva)	Erhaltene Anzahlungen auf Bestellungen (offen aktivisch abgesetzt)	M		1722	Erhaltene Anzahlungen auf Bestellungen (von Vorräten offen abgesetzt)
Sonstige Verbindlichkeiten	Übrige sonstige Verbindlichkeiten	NEU KU	S	1728	Umsatzsteuer aus im anderen EG-Land steuerpflichtige elektr. Dienstleistungen
		NEU KU		1729	Umsatzsteuer aus im anderen EG-Land steuerpflichtige elektr. Dienstleistungen, an kleine einzige Anlaufstelle, MOSS/KEA
		KU		1730	Kreditkartenabrechnung
		KU		1731	Agenturwarenabrechnung
		KU		1732	Erhaltene Kautionen
		KU		1733	– Restlaufzeit bis 1 Jahr
		KU		1734	– Restlaufzeit 1 bis 5 Jahre
		KU		1735	– Restlaufzeit größer 5 Jahre
	Sonstige Verbindlichkeiten aus Steuern	KU		1736	Verbindlichkeiten aus Steuern und Abgaben
		KU		1737	– Restlaufzeit bis 1 Jahr
		KU		1738	– Restlaufzeit 1 bis 5 Jahre
		KU		1739	– Restlaufzeit größer 5 Jahre
	Sonstige Verbindlichkeiten gegenüber Mitarbeitern	KU		1740	Verbindlichkeiten aus Lohn und Gehalt
Sonstige Verbindlichkeiten oder Sonstige Vermögensgegenstände	Sonstige Verbindlichkeiten aus Steuern	KU		1741	Verbindlichkeiten aus Lohn- und Kirchensteuer

1 Finanz- und Privatkonten

HGB-Posten nach § 266 u. § 275 HGB	E-Bilanz Taxonomie	SKR03 2015 Funktionen	Konto	Beschriftung
Sonstige Verbindlichkeiten oder Sonstige Vermögensgegenstände	Sonstige Verbindlichkeiten im Rahmen der sozialen Sicherheit	KU	1742	Verbindlichkeiten im Rahmen der sozialen Sicherheit
		KU	1743	– Restlaufzeit bis 1 Jahr
		KU	1744	– Restlaufzeit 1 bis 5 Jahre
		KU	1745	– Restlaufzeit größer 5 Jahre
Sonstige Verbindlichkeiten	Sonstige Verbindlichkeiten aus Steuern	KU	1746	Verbindlichkeiten aus Einbehaltungen (KapESt und SolZ auf KapESt) für offene Ausschüttungen
		KU	1747	Verbindlichkeiten für Verbrauchsteuern
	Sonstige Verbindlichkeiten gegenüber Mitarbeitern	KU	1748	Verbindlichkeiten für Einbehaltungen von Arbeitnehmern
	Sonstige Verbindlichkeiten aus Steuern	KU	1749	Verbindlichkeiten an das Finanzamt aus abzuführendem Bauabzugsbetrag
	Sonstige Verbindlichkeiten im Rahmen der sozialen Sicherheit	KU	1750	Verbindlichkeiten aus Vermögensbildung
		KU	1751	– Restlaufzeit bis 1 Jahr
		KU	1752	– Restlaufzeit 1 bis 5 Jahre
		KU	1753	– Restlaufzeit größer 5 Jahre
	Sonstige Verbindlichkeiten aus Steuern	KU	1754	Steuerzahlungen an andere Länder
Sonstige Verbindlichkeiten oder Sonstige Vermögensgegenstände	Übrige sonstige Verbindlichkeiten	KU	1755	Lohn- und Gehaltsverrechnungen
	EÜR – keine E-Bilanz	KU	1756	Lohn- und Gehaltsverrechnungen § 11 Abs. 2 EStG für § 4/3 EStG
	Sonstige Verbindlichkeiten aus genossenschaftlicher Rückvergütung	K	1758	Sonstige Verbindlichkeiten aus genossenschaftlicher Rückvergütung
	Sonstige Verbindlichkeiten im Rahmen der sozialen Sicherheit	KU	1759	Voraussichtliche Beitragsschuld gegenüber den Sozialversicherungsträgern
Steuerrückstellungen oder Sonstige Vermögensgegenstände	Steuerrückstellungen	KU S	1760	Umsatzsteuer nicht fällig
		KU S	1761	Umsatzsteuer nicht fällig, 7 %
		KU S	1762	Umsatzsteuer nicht fällig aus im Inland steuerpflichtigen EU-Lieferungen
		KU R	1763	Buchungssperre
		KU S	1764	Umsatzsteuer nicht fällig aus im Inland steuerpflichtigen EU-Lieferungen 19 %
		KU R	1765	Buchungssperre
		KU S	1766	Umsatzsteuer nicht fällig, 19 %
Sonstige Verbindlichkeiten	Sonstige Verbindlichkeiten aus Steuern	KU S	1767	Umsatzsteuer aus im anderen EU-Land steuerpflichtigen Lieferungen
		KU S	1768	Umsatzsteuer aus im anderen EU-Land steuerpflichtigen sonstigen Leistungen/ Werklieferungen
Sonstige Verbindlichkeiten oder Sonstige Vermögensgegenstände		KU S	1769	Umsatzsteuer aus der Auslagerung von Gegenständen aus einem Umsatzsteuerlager
		KU S	1770	Umsatzsteuer
		KU S	1771	Umsatzsteuer 7 %
		KU S	1772	Umsatzsteuer aus innergemeinschaftlichem Erwerb
		KU R	1773	Buchungssperre
		KU S	1774	Umsatzsteuer aus innergemeinschaftlichem Erwerb 19 %
		KU R	1775	Buchungssperre
		KU S	1776	Umsatzsteuer 19 %
		KU S	1777	Umsatzsteuer aus im Inland steuerpflichtigen EU-Lieferungen

1 Finanz- und Privatkonten

HGB-Posten nach § 266 u. § 275 HGB	E-Bilanz Taxonomie	SKR03 2015		
		Funktionen	Konto	Beschriftung
Sonstige Verbindlichkeiten oder Sonstige Vermögensgegenstände	Sonstige Verbindlichkeiten aus Steuern	KU S	1778	Umsatzsteuer aus im Inland steuerpflichtigen EU-Lieferungen 19 %
		KU S	1779	Umsatzsteuer aus innergemeinschaftlichem Erwerb ohne Vorsteuerabzug
		KU F	1780	Umsatzsteuervorauszahlungen
		KU F	1781	Umsatzsteuervorauszahlungen 1/11
		KU F	1782	Nachsteuer, UStVA Kz. 65
		KU F	1783	In Rechnung unrichtig oder unberechtigt ausgewiesene Steuerbeträge, UStVA Kz. 69
		KU S	1784	Umsatzsteuer aus innergemeinschaftlichem Erwerb von Neufahrzeugen von Lieferanten ohne Umsatzsteuer-Identifikationsnummer
		KU S	1785	Umsatzsteuer nach § 13b UStG
		KU R	1786	Buchungssperre
		KU S	1787	Umsatzsteuer nach § 13b UStG 19 %
		KU	1788	Einfuhrumsatzsteuer aufgeschoben bis …
		KU	1789	Umsatzsteuer laufendes Jahr
		KU	1790	Umsatzsteuer Vorjahr
		KU	1791	Umsatzsteuer frühere Jahre
	Übrige sonstige Verbindlichkeiten	KU	1792	Sonstige Verrechnungskonten (Interimskonten)
Sonstige Vermögensgegenstände	Übrige sonstige Vermögensgegenstände/ nicht zuordenbare sonstige Vermögensgegenstände	KU	1793	Verrechnungskonto geleistete Anzahlungen bei Buchung über Kreditorenkonto
Sonstige Verbindlichkeiten oder Sonstige Vermögensgegenstände	Sonstige Verbindlichkeiten aus Steuern	KU S	1794	Umsatzsteuer aus Erwerb als letzter Abnehmer innerhalb eines Dreiecksgeschäfts
Sonstige Verbindlichkeiten	EÜR – keine E-Bilanz	KU	1795	Verbindlichkeiten im Rahmen der sozialen Sicherheit (für § 4/3 EStG)
	Übrige sonstige Verbindlichkeiten	KU	1796	Ausgegebene Geschenkgutscheine
	Verbindlichkeiten aus Umsatzsteuer	KU	1797	Verbindlichkeiten aus Umsatzsteuer
		KU F	1799	
		Privat (Eigenkapital) Vollhafter/Einzelunternehmer		
Kapitalanteil persönlich haftende Gesellschafter (KapCo)	Kapitalanteile der persönlich haftenden Gesellschafter	KU F	1800 –1809	Privatentnahmen allgemein
		KU F	1810 –1819	Privatsteuern
		KU F	1820 –1829	Sonderausgaben beschränkt abzugsfähig
		KU F	1830 –1839	Sonderausgaben unbeschränkt abzugsfähig
		KU F	1840 –1849	Zuwendungen, Spenden
		KU F	1850 –1859	Außergewöhnliche Belastungen
		KU F	1860 –1868	Grundstücksaufwand
		V	1869	Grundstücksaufwand (Umsatzsteuerschlüssel möglich)

1 Finanz- und Privatkonten

HGB-Posten nach § 266 u. § 275 HGB	E-Bilanz Taxonomie	SKR03 2015 Funktionen		Konto	Beschriftung
Kapitalanteil persönlich haftende Gesellschafter (KapCo)	Kapitalanteile der persönlich haftenden Gesellschafter	KU	F	1870 –1878	Grundstücksertrag
		M		1879	Grundstücksertrag (Umsatzsteuerschlüssel möglich)
		KU	F	1880 –1889	Unentgeltliche Wertabgaben
		KU	F	1890 –1899	Privateinlagen
					Privat (Fremdkapital) Teilhafter
Verbindlichkeiten gegenüber Kommanditisten oder Forderungen gegen Kommanditisten und atypisch stille Gesellschafter	Verbindlichkeiten gegenüber Kommanditisten	KU	F	**1900** –1909	**Privatentnahmen allgemein**
		KU	F	1910 –1919	Privatsteuern
Sonstige Verbindlichkeiten		KU	F	1920 –1929	Sonderausgaben beschränkt abzugsfähig
		KU	F	1930 –1939	Sonderausgaben unbeschränkt abzugsfähig
		KU	F	1940 –1949	Zuwendungen, Spenden
		KU	F	1950 –1959	Außergewöhnliche Belastungen
		KU	F	1960 –1969	Grundstücksaufwand
		KU	F	1970 –1979	Grundstücksertrag
		KU	F	1980 –1989	Unentgeltliche Wertabgaben
		KU	F	1990 –1999	Privateinlagen

2 Abgrenzungskonten

				Außerordentliche Aufwendungen
Außerordentliche Aufwendungen	Andere außerordentliche Aufwendungen, nicht zuordenbar		2000	**Außerordentliche Aufwendungen**
			2001	Außerordentliche Aufwendungen finanzwirksam
	Verluste durch Verschmelzung und Umwandlung		2004	Verluste durch Verschmelzung und Umwandlung
	Andere außerordentliche Aufwendungen, nicht zuordenbar		2005	Außerordentliche Aufwendungen nicht finanzwirksam
	Verluste durch außergewöhnliche Schadensfälle		2006	Verluste durch außergewöhnliche Schadensfälle
	Aufwendungen für Restrukturierungs- und Sanierungsmaßnahmen		2007	Aufwendungen für Restrukturierungs- und Sanierungsmaßnahmen
	Verluste durch Stilllegung von Betriebsteilen		2008	Verluste aus der Veräußerung oder der Aufgabe von Geschäftsaktivitäten nach Steuern
				Betriebsfremde und periodenfremde Aufwendungen
Sonstige betriebliche Aufwendungen	Andere sonstige betriebliche Aufwendungen (GKV)		2010	Betriebsfremde Aufwendungen (soweit nicht außerordentlich)
			2020	Periodenfremde Aufwendungen (soweit nicht außerordentlich)

DATEV Kontenrahmen SKR03

2 Abgrenzungskonten

HGB-Posten nach § 266 u. § 275 HGB	E-Bilanz Taxonomie	SKR03 2015		
		Funktionen	Konto	Beschriftung
Außerordentliche Aufwendungen	Außerordentliche Aufwendungen aus der Anwendung des EGHGB			Außerordentliche Aufwendungen aus der Anwendung von Übergangsvorschriften i. S. d. BilMoG
			2090	Außerordentliche Aufwendungen aus der Anwendung von Übergangsvorschriften
			2091	Außerordentliche Aufwendungen aus der Anwendung von Übergangsvorschriften (Pensionsrückstellungen)
			2092	Außerordentliche Aufwendungen aus der Anwendung von Übergangsvorschriften (Bilanzierungshilfen)
			2094	Außerordentliche Aufwendungen aus der Anwendung von Übergangsvorschriften (latente Steuern)
Zinsen und ähnliche Aufwendungen	Zinsen			Zinsen und ähnliche Aufwendungen
			2100	Zinsen und ähnliche Aufwendungen
			2102	Steuerlich nicht abzugsfähige, andere Nebenleistungen zu Steuern § 4 Abs. 5b EStG
			2103	Steuerlich abzugsfähige, andere Nebenleistungen zu Steuern
			2104	Steuerlich nicht abzugsfähige, andere Nebenleistungen zu Steuern
			2105	Zinsaufwendungen § 233a AO, § 4 Abs. 5b EStG
	Sonstige Zinsen und ähnliche Aufwendungen aus Abzinsung		2106	Zinsen aus Abzinsung d. KSt-Erhöhungsbetrags § 38 KStG
	Zinsen		2107	Zinsaufwendungen § 233a AO, betriebliche Steuern
			2108	Zinsaufwendungen §§ 233a bis 237 AO Personensteuern
			2109	Zinsaufwendungen an verbundene Unternehmen
			2110	Zinsaufwendungen für kurzfristige Verbindlichkeiten
			2113	Nicht abzugsfähige Schuldzinsen gemäß § 4 Abs. 4a EStG (Hinzurechnungsbetrag)
			2114	Zinsen für Gesellschafterdarlehen
			2115	Zinsen und ähnliche Aufwendungen §§ 3 Nr. 40, 3c EStG/§ 8b Abs. 1 KStG (inländische Kap.Ges.)
			2116	Zinsen und ähnliche Aufwendungen an verbundene Unternehmen §§ 3 Nr. 40, 3c EStG/§ 8b Abs. 1 KStG (inländische Kap.Ges.)
			2117	Zinsen an Gesellschafter mit einer Beteiligung von mehr als 25 % bzw. diesen nahe stehenden Personen
			2118	Zinsen auf Kontokorrentkonten
			2119	Zinsaufwendungen für kurzfristige Verbindlichkeiten an verbund. Unternehmen

2 Abgrenzungskonten

HGB-Posten nach § 266 u. § 275 HGB	E-Bilanz Taxonomie	SKR03 2015 Funktionen	Konto	Beschriftung
Zinsen und ähnliche Aufwendungen	Zinsen		2120	Zinsaufwendungen für langfristige Verbindlichkeiten
	Abschreibungen auf ein Agio, Disagio oder Damnum		2123	Abschreibung auf Disagio/Damnum zur Finanzierung
			2124	Abschreibung auf Disagio/Damnum zur Finanzierung des Anlagevermögens
	Zinsen		2125	Zinsaufwendungen für Gebäude, die zum Betriebsvermögen gehören
			2126	Zinsen zur Finanzierung des Anlagevermögens
			2127	Renten und dauernde Lasten
			2128	Zinsaufwendungen an Mitunternehmer für die Hingabe von Kapital § 15 EStG
			2129	Zinsaufwendungen für langfristige Verbindlichkeiten an verbund. Unternehmen
	Diskontaufwendungen		2130	Diskontaufwendungen
			2139	Diskontaufwendungen an verbundene Unternehmen
	Übrige/nicht zuordenbare sonstige Zinsen und ähnliche Aufwendungen		2140	Zinsähnliche Aufwendungen
	Kreditprovisionen und Verwaltungskostenbeiträge		2141	Kreditprovisionen und Verwaltungskostenbeiträge
	Zinsanteil der Zuführungen zu Pensionsrückstellungen		2142	Zinsanteil der Zuführungen zu Pensionsrückstellungen
	Sonstige Zinsen und ähnliche Aufwendungen aus Abzinsung		2143	Zinsaufwendungen aus der Abzinsung von Verbindlichkeiten
			2144	Zinsaufwendungen aus der Abzinsung von Rückstellungenn
			2145	Zinsaufwendungen aus der Abzinsung von Pensionsrückstellungen und ähnlichen/vergleichbaren Verpflichtungen
Zinsen und ähnliche Aufwendungen oder Sonstige Zinsen und ähnliche Erträge			2146	Zinsaufwendungen aus der Abzinsung von Pensionsrückstellungen und ähnlichen/vergleichbaren Verpflichtungen zur Verrechnung nach § 246 Abs. 2 HGB
			2147	Aufwendungen aus Vermögensgegenständen zur Verrechnung nach § 246 Abs. 2 HGB
Zinsen und ähnliche Aufwendungen			2148	Steuerlich nicht abzugsfähige Zinsaufwendungen aus der Abzinsung von Rückstellungen
	Übrige/nicht zuordenbare sonstige Zinsen und ähnliche Aufwendungen		2149	Zinsähnliche Aufwendungen an verbundene Unternehmen
Sonstige betriebliche Aufwendungen	Kurs-/Währungsverluste		2150	Aufwendungen aus der Währungsumrechnung
			2151	Aufwendungen aus der Währungsumrechnung (nicht § 256a HGB)
			2166	Aufwendungen aus Bewertung Finanzmittelfonds
	Andere ordentliche sonstige betriebliche Aufwendungen		2170	Nicht abziehbare Vorsteuer
			2171	Nicht abziehbare Vorsteuer 7 %
		KU R	2174 –2175	Buchungssperre
			2176	Nicht abziehbare Vorsteuer 19 %

DATEV Kontenrahmen SKR03

2 Abgrenzungskonten

HGB-Posten nach § 266 u. § 275 HGB	E-Bilanz Taxonomie	Funktionen	SKR03 2015 Konto	Beschriftung
				Steuern vom Einkommen und Ertrag
Steuern vom Einkommen und Ertrag	Steuern vom Einkommen und Ertrag		2200	Körperschaftsteuer
			2203	Körperschaftsteuer für Vorjahre
			2204	Körperschaftsteuererstattungen f. Vorjahre
			2208	Solidaritätszuschlag
			2209	Solidaritätszuschlag für Vorjahre
			2210	Solidaritätszuschlagerstattung. f. Vorjahre
		R	2212	Buchungssperre
			2213	Kapitalertragsteuer 25 %
			2216	Anrechenbarer Solidaritätszuschlag auf Kapitalertragsteuer 25 %
			2219	Anzurechnende ausländische Quellensteuer
			2250	Aufwendungen aus der Zuführung und Auflösung von latenten Steuern
			2255	Erträge aus der Zuführung und Auflösung von latenten Steuern
			2260	Aufwendungen aus der Zuführung zu Steuerrückstellungen für Steuerstundung (BStBK)
			2265	Erträge aus der Auflösung von Steuerrückstellungen f. Steuerstundung (BStBK)
			2280	Gewerbesteuernachzahlungen Vorjahre
			2282	Gewerbesteuernachzahlungen und Gewerbesteuererstattungen für Vorjahre, § 4 Abs. 5b EStG
			2283	Erträge aus der Auflösung von Gewerbesteuerrückstellungen, § 4 Abs. 5b EStG
			2284	Erträge aus der Auflösung von Gewerbesteuerrückstellungen
			2285	Steuernachzahlungen Vorjahre für sonstige Steuern
			2287	Steuererstattungen Vorjahre für sonstige Steuern
Sonstige Steuern	Sonstige Steuern		2289	Erträge aus der Auflösung von Rückstellungen für sonstige Steuern
				Sonstige Aufwendungen
Sonstige betriebliche Aufwendungen	Andere ordentliche sonstige betriebliche Aufwendungen		2300	Sonstige Aufwendungen
	Andere sonstige betriebliche Aufwendungen (GKV)		2307	Sonstige Aufwendungen betriebsfremd und regelmäßig
			2308	Sonstige nicht abziehbare Aufwendungen
			2309	Sonstige Aufwendungen unregelmäßig
			2310	Anlagenabgänge Sachanlagen (Restbuchwert bei Buchverlust)
	Verluste aus dem Abgang von Vermögensgegenständen des Anlagevermögens		2311	Anlagenabgänge immaterielle Vermögensgegenstände (Restbuchwert bei Buchverlust)
			2312	Anlagenabgänge Finanzanlagen (Restbuchwert bei Buchverlust)

2 Abgrenzungskonten

HGB-Posten nach § 266 u. § 275 HGB	E-Bilanz Taxonomie	SKR03 2015		
		Funktionen	Konto	Beschriftung
Sonstige betriebliche Aufwendungen	Verluste aus dem Abgang von Vermögensgegenständen des Anlagevermögens		2313	Anlagenabgänge Finanzanlagen § 3 Nr. 40 EStG/§ 8b Abs. 3 KStG (inländische Kap.Ges.) (Restbuchwert bei Buchverlust)
Sonstige betriebliche Erträge	Erträge aus Abgängen d. Anlagevermögens		2315	Anlagenabgänge Sachanlagen (Restbuchwert bei Buchgewinn)
			2316	Anlagenabgänge immaterielle Vermögensgegenstände (Restbuchwert bei Buchgewinn)
			2317	Anlagenabgänge Finanzanlagen (Restbuchwert bei Buchgewinn)
			2318	Anlagenabgänge Finanzanlagen § 3 Nr. 40 EStG/§ 8b Abs. 2 KStG (inländische Kap.Ges.) (Restbuchwert bei Buchverlust)
Sonstige betriebliche Aufwendungen	Verluste aus dem Abgang von Vermögensgegenständen des Anlagevermögens		2320	Verluste aus dem Abgang von Gegenständen des Anlagevermögens
			2323	Verluste aus der Veräußerung von Anteilen an Kapitalgesellschaften (Finanzanlagevermögen) § 3 Nr. 40 EStG/ § 8b Abs. 3 KStG (inländische Kap.Ges.)
	Verluste aus dem Abgang von Vermögensgegenständen des Umlaufvermögens		2325	Verluste aus dem Abgang von Gegenständen des Umlaufvermögens (außer Vorräte)
			2326	Verluste aus dem Abgang von Gegenständen des Umlaufvermögens (außer Vorräte) § 3 Nr. 40 EStG/§ 8b Abs. 3 KStG (inländische Kap.Ges.)
	EÜR – keine E-Bilanz		2327	Abgang von Wirtschaftsgütern des Umlaufvermögens n. § 4 Abs. 3 Satz 4 EStG
			2328	Abgang von Wirtschaftsgütern des Umlaufvermögens § 3 Nr. 40 EStG/ § 8b Abs. 3 KStG (inländische Kap.Ges.) nach § 4 Abs. 3 Satz 4 EStG
	§ 4g EStG (Einstellungen in die steuerliche Rücklage)		2339	Einstellungen in die steuerliche Rücklage nach § 4g EStG
	Übrig/nicht zuordnabare Einstellung in steuerliche Rücklagen	R	2340 −2341	Buchungssperre
	§ 6b Abs. 10 EStG		2342	Einstellungen in die steuerliche Rücklage nach § 6b Abs. 3 EStG
			2343	Einstellungen in die steuerliche Rücklage nach § 6b Abs. 10 EStG
	Rücklage f. Ersatzbeschaffung, R 6.6 EStR		2344	Einstellungen in die steuerliche Rücklage für Ersatzbeschaffung nach R 6.6 EStR
	Übrig/nicht zuordnabare Einstellung in steuerliche Rücklagen		2345	Einstellungen in die steuerliche Rücklagen
	Andere sonstige betriebliche Aufwendungen (GKV)		2347	Aufwendungen aus dem Erwerb eigener Anteile
		R	2348 −2349	Buchungssperre
			2350	Sonstige Grundstücksaufwendungen (neutral)
Sonstige Steuern	Sonstige Steuern		2375	Grundsteuer

2 Abgrenzungskonten

HGB-Posten nach § 266 u. § 275 HGB	E-Bilanz Taxonomie	SKR03 2015		
		Funktionen	Konto	Beschriftung
Sonstige betriebliche Aufwendungen	Sonstige beschränkt abziehbare Betriebsausgaben		2380	Zuwendungen, Spenden, steuerlich nicht abziehbar
			2381	Zuwendungen, Spenden für wissenschaftliche und kulturelle Zwecke
			2382	Zuwendungen, Spenden für mildtätige Zwecke
			2383	Zuwendungen, Spenden für kirchliche, religiöse und gemeinnützige Zwecke
			2384	Zuwendungen, Spenden an politische Parteien
			2385	Nicht abziehbare Hälfte der Aufsichtsratsvergütungen
			2386	Abziehbare Aufsichtsratsvergütungen
			2387	Zuwendungen, Spenden an Stiftungen für gemeinnützige Zwecke i. S. d. § 52 Abs. 2 Nr. 1-3 AO
			2388	Zuwendungen, Spenden an Stiftungen für gemeinnützige Zwecke i. S. d. i. S. d. § 52 Abs. 2 Nr. 4 AO
			2389	Zuwendungen, Spenden an Stiftungen für kirchliche, religiöse und gemeinnützige Zwecke
			2390	Zuwendungen, Spenden an Stiftungen für wissenschaftliche, mildtätige, kulturelle Zwecke
	Übliche Abschreibungen auf Forderungen	M	2400	**Forderungsverluste (übliche Höhe)**
		M AM	2401	Forderungsverluste 7 % USt (übliche Höhe)
		M AM	2402	Forderungsverluste aus steuerfreien EU-Lieferungen (übliche Höhe)
		M AM	2403	Forderungsverluste aus im Inland steuerpflichtigen EU-Lieferungen 7 % USt (übliche Höhe)
		M AM	2404	Forderungsverluste aus im Inland steuerpflichtigen EU-Lieferungen 16 % USt (übliche Höhe)
		M AM	2405	Forderungsverluste 16 % USt (übliche Höhe)
		M AM	2406	Forderungsverluste 19 % USt (übliche Höhe)
		M AM	2407	Forderungsverluste 15% USt (übliche Höhe)
		M AM	2408	Forderungsverluste aus im Inland steuerpflichtigen EU-Lieferungen 19 % USt (übliche Höhe)
		M AM	2409	Forderungsverluste aus im Inland steuerpflichtigen EU-Lieferungen 15 % USt (übliche Höhe)
Abschreibung auf Vermögensgegenstände des Umlaufvermögens, soweit diese die üblichen Abschreibungen überschreiten	Abschreibungen auf Forderungen und sonstige Vermögensgegenstände	M	2430	Forderungsverluste, unüblich hoch
		M AM	2431	Forderungsverluste 7 % USt (soweit unüblich hoch)
		M R	2432 –2434	Buchungssperre

2 Abgrenzungskonten

HGB-Posten nach § 266 u. § 275 HGB	E-Bilanz Taxonomie	SKR03 2015		
		Funktionen	Konto	Beschriftung
Abschreibung auf Vermögensgegenstände des Umlaufvermögens, soweit diese die üblichen Abschreibungen überschreiten	Abschreibungen auf Forderungen und sonstige Vermögensgegenstände	M AM	2435	Forderungsverluste 16 % USt (soweit unüblich hoch)
		M AM	2436	Forderungsverluste 19 % USt (soweit unüblich hoch)
		M AM	2437	Forderungsverluste 15 % USt (soweit unüblich hoch)
		M R	2438	Buchungssperre
		M	2440	Abschreibungen auf Forderungen gegenüber Kapitalgesellschaften, an denen eine Beteiligung besteht (soweit unüblich hoch), § 3c EStG/ § 8b Abs. 3 KStG
		M	2441	Abschreibungen auf Forderungen gegenüber Gesellschaftern und nahe stehenden Personen (soweit unüblich hoch), § 8b Abs. 3 KStG
Sonstige betriebliche Aufwendungen	Pauschalwertberichtigungen des lfd. Jahres		2450	Einstellungen in die Pauschalwertberichtigung auf Forderungen
	Einzelwertberichtigungen des lfd. Jahres		2451	Einstellungen in die Einzelwertberichtigung auf Forderungen
Einstellungen in die Rücklage für Anteile an einem herrschenden oder mehrheitlich beteiligten Unternehmen	Einstellungen in die Rücklage für Anteile an einem herrschenden oder mehrheitlich beteiligten Unternehmen		2480	Einstellungen in die Rücklage für Anteile an einem herrschenden odermehrheitlich beteiligten Unternehmen
	Rücklage (gesamthänderisch gebunden) Zuführungen/Minderungen lfd. Jahr	NEU KU F	2481	Einstellung in gesamthänderische Rücklagen
Einstellungen in andere Gewinnrücklagen	Einstellungen in andere Gewinnrücklagen		2485	Einstellung in andere Ergebnisrücklagen
Aufwendungen aus Verlustübernahmen	Aufwendungen aus Verlustübernahmen (Mutter)		2490	Aufwendungen aus Verlustübernahme
Auf Grund einer Gewinngemeinschaft, eines Gewinn- o. Teilgewinnabführungsvertrags abgeführte Gewinne	Auf Grund einer Gewinngemeinschaft, eines Gewinnabführungs- o. Teilgewinnabführungsvertrags abgeführte Gewinne		2492	Abgeführte Gewinne auf Grund einer Gewinngemeinschaft
			2493	Abgeführte Gewinnanteile an stille Gesellschafter § 8 GewStG
			2494	Abgeführte Gewinne auf Grund eines Gewinn- oder Teilgewinnabführungsvertrags
Einstellungen in die Kapitalrücklage nach den Vorschriften über die vereinfachte Kapitalherabsetzung	Einstellungen in die Kapitalrücklage nach den Vorschriften über die vereinfachte Kapitalherabsetzung		2495	Einstellungen in die Kapitalrücklage nach den Vorschriften über die vereinfachte Kapitalherabsetzung
Einstellungen in die gesetzliche Rücklage	Einstellungen in die gesetzliche Rücklage		2496	Einstellungen in die gesetzliche Rücklage
Einstellungen in satzungsmäßige Rücklagen	Einstellungen in satzungsmäßige Rücklagen		2497	Einstellungen in satzungsmäßige Rücklagen
Einstellungen in die Rücklage für eigene Anteile	Einstellungen in die Rücklage für eigene Anteile		2498	Einstellungen in die Rücklage für aktivierte eigene Anteile
Einstellungen in andere Gewinnrücklagen	Einstellungen in andere Gewinnrücklagen		2499	Einstellungen in andere Gewinnrücklagen
				Außerordentliche Erträge
Außerordentliche Erträge	Andere außerordentliche Erträge		2500	Außerordentliche Erträge
			2501	Außerordentliche Erträge finanzwirksam
	Erträge durch Verschmelzung und Umwandlung		2504	Erträge durch Verschmelzung und Umwandlung
	Andere außerordentliche Erträge		2505	Außerordentliche Erträge nicht finanzwirksam
	Erträge durch den Verkauf von bedeutenden Beteiligungen		2506	Erträge durch den Verkauf von bedeutenden Beteiligungen

2 Abgrenzungskonten

HGB-Posten nach § 266 u. § 275 HGB	E-Bilanz Taxonomie	SKR03 2015	
		Funktionen / Konto	Beschriftung
Außerordentliche Erträge	Erträge durch den Verkauf von bedeutenden Grundstücken	2507	Erträge durch den Verkauf von bedeutenden Grundstücken
	Erträge durch Stilllegung von Betriebsteilen	2508	Gewinn aus der Veräußerung oder der Aufgabe von Geschäftsaktivitäten nach Steuern
			Betriebsfremde und periodenfremde Erträge
Sonstige betriebliche Erträge	Andere sonstige betriebliche Erträge (GKV), nicht zuordenbar	2510	Sonstige betriebsfremde Erträge
		2520	Periodenfremde Erträge (soweit nicht außerordentlich)
			Außerordentliche Erträge aus der Anwendung von Übergangsvorschriften i. S. d. BilMoG
Außerordentliche Erträge	Außerordentliche Erträge aus der Anwendung des EGHGB	2590	Außerordentliche Erträge aus der Anwendung von Übergangsvorschriften
		2591	Außerordentliche Erträge aus der Anwendung von Übergangsvorschriften (Zuschreibung für Sachanlagevermögen)
		2592	Außerordentliche Erträge aus der Anwendung von Übergangsvorschriften (Zuschreibung für Finanzanlagevermögen)
		2593	Außerordentliche Erträge aus der Anwendung von Übergangsvorschriften (Wertpapiere im Umlaufvermögen)
		2594	Außerordentliche Erträge aus der Anwendung von Übergangsvorschriften (latente Steuern)
			Zinserträge
Erträge aus Beteiligungen	Erträge aus Beteiligungen, nach Rechtsform der Beteiligung nicht zuordenbar	2600	**Erträge aus Beteiligungen**
	Erträge aus Beteiligungen an Personengesellschaften	2603	Erträge aus Beteiligungen an Personengesellschaften (verbundene Unternehmen), § 9 GewStG bzw. § 18 EStG
	Erträge aus Beteiligungen an Kapitalgesellschaften	2615	Erträge aus Anteilen an Kapitalgesellschaften (Beteiligung) § 3 Nr. 40 EStG/ 8b Abs. 1 KStG (inländische Kap.Ges.)
		2616	Erträge aus Anteilen an Kapitalgesellschaften (verbundene Unternehmen) § 3 Nr. 40 EStG/§ 8b Abs. 1 KStG (inländische Kap.Ges.)
	Erträge aus Beteiligungen an Personengesellschaften	2618	Gewinnanteile aus gewerblichen und selbständigen Mitunternehmerschaften, § 9 GewStG bzw. § 18 EStG
	Erträge aus Beteiligungen, nach Rechtsform der Beteiligung nicht zuordenbar	2619	Erträge aus Beteiligungen an verbundenen Unternehmen
Erträge aus anderen Wertpapieren u. Ausleihungen des Finanzanlagevermögens	Erträge aus Ausleihungen an Gesellschaften und Gesellschafter [KapG/Mitunternehmer (PersG)]	2620	Erträge aus anderen Wertpapieren und Ausleihungen d. Finanzanlagevermögens
		2621	Erträge aus Ausleihungen des Finanzanlagevermögens
	Erträge aus Ausleihungen an Gesellschaften und Gesellschafter	2622	Erträge aus Ausleihungen des Finanzanlagevermögens an verbundenen

2 Abgrenzungskonten

HGB-Posten nach § 266 u. § 275 HGB	E-Bilanz Taxonomie	SKR03 2015		
		Funktionen	Konto	Beschriftung
Erträge aus anderen Wertpapieren u. Ausleihungen des Finanzanlagevermögens	[KapG/Mitunternehmer (PersG)]			Unternehmen
	Erträge aus Beteiligungen an Personengesellschaften		2623	Erträge aus Anteilen an Personengesellschaften (Finanzanlagevermögen)
	Erträge aus Beteiligungen an Kapitalgesellschaften		2625	Erträge aus Anteilen an Kapitalgesellschaften (Finanzanlagevermögen) § 3 Nr. 40 EStG/§ 8b Abs. 1 KStG (inländische Kap.Ges.)
			2626	Erträge aus Anteilen an Kapitalgesellschaften (verbundene Unternehmen) § 3 Nr. 40 EStG/§ 8b Abs. 1 KStG (inländische Kap.Ges.)
	Zins- und Dividendenerträge		2640	Zins- und Dividendenerträge
	Erhaltene Ausgleichszahlungen (als außenstehender Aktionär)		2641	Erhaltene Ausgleichszahlungen (als außenstehender Aktionär)
	Erträge aus Beteiligungen an Personengesellschaften		2646	Erträge aus Anteilen an Personengesellschaften (verbundene Unternehmen)
	Erträge aus Beteiligungen an Kapitalgesellschaften		2647	Erträge aus anderen Wertpapieren des Finanzanlagevermögens an Kapitalgesellschaften (verbundene Unternehmen)
	Erträge aus Beteiligungen an Personengesellschaften		2648	Erträge aus anderen Wertpapieren des Finanzanlagevermögens an Personengesellschaften (verbundene Unternehmen)
	Erträge aus Ausleihungen an Gesellschaften und Gesellschafter [KapG/Mitunternehmer (PersG)]		2649	Erträge aus anderen Wertpapieren und Ausleihungen des Finanzanlagevermögens aus verbundenen Unternehmen
Sonstige Zinsen und ähnliche Erträge	Zinsen auf Einlagen bei Kreditinstituten und auf Forderungen an Dritte		2650	Sonstige Zinsen und ähnliche Erträge
	Übrige/nicht zuordenbare sonstige Zinsen und ähnliche Erträge		2652	Steuerfreie Aufzinsung des Körperschaftsteuerguthabens nach § 37 KStG
	Zinsen auf Einlagen bei Kreditinstituten und auf Forderungen an Dritte		2653	Zinserträge § 233a AO, § 4 Abs. 5b EStG, steuerfrei
	Zins- und Dividendenerträge aus Wertpapieren des Umlaufvermögens		2654	Erträge aus anderen Wertpapieren und Ausleihungen des Umlaufvermögens
			2655	Erträge aus Anteilen an Kapitalgesellschaften (Umlaufvermögens) § 3 Nr. 40 EStG//§ 8b Abs. 1 KStG (inländ. Kap.Ges.)
			2656	Erträge aus Anteilen an Kapitalgesellschaften (verbundene Unternehmen) § 3 Nr. 40 EStG/§ 8b Abs. 1 KStG (inländische Kap.Ges.)
	Zinsen auf Einlagen bei Kreditinstituten und auf Forderungen an Dritte		2657	Zinserträge § 233a AO, steuerpflichtig
Sonstige Zinsen und ähnliche Erträge	Zinsen auf Einlagen bei Kreditinstituten und auf Forderungen an Dritte		2658	Zinserträge § 233a AO, steuerfrei (Anlage A KSt)
			2659	Sonstige Zinsen und ähnliche Erträge aus verbundenen Unternehmen
Sonstige betriebliche Erträge	Kurs-/Währungsgewinne		2660	Erträge aus der Währungsumrechnung
			2666	Erträge aus der Währungsumrechnung (nicht § 256a HGB)
Sonstige Zinsen und ähnliche Erträge	Diskonterträge		2670	Diskonterträge
			2679	Diskonterträge aus verbundenen Unternehmen

2 Abgrenzungskonten

HGB-Posten nach § 266 u. § 275 HGB	E-Bilanz Taxonomie	SKR03 2015 Funktionen	Konto	Beschriftung
Sonstige Zinsen und ähnliche Erträge	Zinsen auf Einlagen bei Kreditinstituten und auf Forderungen an Dritte		2680	Zinsähnliche Erträge
	Sonstige Zinsen und ähnliche Erträge aus Abzinsung		2682	Steuerfreie Zinserträge aus der Abzinsung von Rückstellungen
			2683	Zinserträge aus der Abzinsung von Verbindlichkeiten
			2684	Zinserträge aus der Abzinsung von Rückstellungen
			2685	Zinserträge aus der Abzinsung von Pensionsrückstellungen und ähnlichen/ vergleichbaren Verpflichtungen
Sonstige Zinsen und ähnliche Erträge oder Zinsen und ähnliche Aufwendungen	Sonstige Zinsen und ähnliche Erträge oder Zinsen und ähnliche Aufwendungen		2686	Zinserträge aus der Abzinsung von Pensionsrückstellungen und ähnlichen vergleichbaren Verpflichtungen nach § 246 Abs. 2 HGB
			2687	Erträge aus Vermögensgegenständen zur Verrechnung nach § 246 Abs. 2 HGB
Sonstige Zinsen und ähnliche Erträge	Sonstige Zinsen und ähnliche Erträge aus Abzinsung		2688	Zinsertrag aus vorzeitiger Rückzahlung des Körperschaftsteuer-Erhöhungbetrages § 38 KStG
	Zinsen auf Einlagen bei Kreditinstituten und auf Forderungen an Dritte		2689	Zinsähnliche Erträge aus verbundenen Unternehmen
				Sonstige Erträge
Sonstige betriebliche Erträge	Andere sonstige betriebliche Erträge (GKV), nicht zuordenbar		**2700**	**Andere betriebs- und/oder periodenfremde (neutrale) sonstige Erträge**
			2705	Sonstige betriebliche und regelmäßige Erträge (neutral)
		M	2707	Sonstige Erträge betriebsfremd und regelmäßig
		M	2709	Sonstige Erträge unregelmäßig
	Erträge aus Zuschreibungen des Anlagevermögens	M	2710	Erträge aus Zuschreibungen des Sachanlagevermögens
		M	2711	Erträge aus Zuschreibungen des immateriellen Anlagevermögens
		M	2712	Erträge aus Zuschreibungen des Finanzanlagevermögens
			2713	Erträge aus Zuschreibungen des Finanzanlagevermögens § 3 Nr. 40 EStG/ § 8b Abs. 3 Satz 8 KStG (inländ.Kap.Ges.)
			2714	Erträge aus Zuschreibungen § 3 Nr. 40 EStG/§ 8b Abs. 2 KStG (inländ Kap.Ges.)
	Erträge aus Zuschreibungen des Umlaufvermögens	M	2715	Erträge aus Zuschreibungen des Umlaufvermögens (außer Vorräte)
	Erträge aus Zuschreibungen des Umlaufvermögens		2716	Erträge aus Zuschreibungen des Umlaufvermögens § 3 Nr. 40 EStG/ § 8b Abs. 3 Satz 8 KStG (inländ.Kap.Ges.)
	Erträge aus Abgängen des Anlagevermögens	M	2720	Erträge aus dem Abgang von Gegenständen des Anlagevermögens
			2723	Erträge aus der Veräußerung von Anteilen an Kapitalgesellschaften (Finanzanlagevermögen) § 3 Nr. 40 EStG/§ 8b Abs. 2 KStG (inländische Kap.Ges.)

2 Abgrenzungskonten

HGB-Posten nach § 266 u. § 275 HGB	E-Bilanz Taxonomie	SKR03 2015		
		Funktionen	Konto	Beschriftung
Sonstige betriebliche Erträge	Erträge aus Abgängen des Umlaufvermögens	M	2725	Erträge aus dem Abgang von Gegenständen des Umlaufvermögens (außer Vorräte)
	Erträge aus Abgängen des Umlaufvermögens	M	2726	Erträge aus dem Abgang von Gegenständen des Umlaufvermögens (außer Vorräte) § 3 Nr. 40 EStG/§ 8b Abs. 2 KStG (inländische Kap.Ges.)
	§ 6b Abs. 3 EStG		2727	Erträge aus der Auflösung einer steuerlichen Rücklage nach § 6b Abs. 3 EStG
	§ 6b Abs. 10 EStG		2728	Erträge aus der Auflösung einer steuerlichen Rücklage nach § 6b Abs. 10 EStG
	Rücklage für Ersatzbeschaffung, R 6.6 EStR		2729	Erträge aus der Auflösung der Rücklage für Ersatzbeschaffung R 6.6 EStR
	Pauschalwertberichtigungen		2730	Erträge aus der Herabsetzung der Pauschalwertberichtigung auf Forderungen
	Einzelwertberichtigungen		2731	Erträge aus der Herabsetzung der Einzelwertberichtigung auf Forderungen
	Zahlungseingänge auf in früheren Perioden abgeschriebene Forderungen	M	2732	Erträge aus abgeschriebenen Forderungen
	§ 7g Abs. 7 EStG	R	2733 –2734	Buchungssperre
	Erträge aus der Auflösung von Rückstellungen		2735	Erträge aus der Auflösung von Rückstellungen
	Erträge aus der Herabsetzung von Verbindlichkeiten	V	2736	Erträge aus der Herabsetzung von Verbindlichkeiten
	§ 4g EStG		2737	Erträge aus der Auflösung einer steuerlichen Rücklage nach § 4g EStG
	Sonstige/nicht zuordenbare Erträge aus Auflösung eines Sonderpostens mit Rücklageanteil		2738	Erträge aus der Auflösung von steuerlichen Rücklagen nach § 52 Abs. 16 EStG
			2739	Erträge aus der Auflösung von steuerlichen Rücklagen (Ansparabschreibung nach § 7g Abs. 2 EStG)
			2740	Erträge aus der Auflösung einer steuerlichen Rücklage
			2741	Erträge aus der Auflösung steuerrechtlicher Sonderabschreibungen
	Versicherungsentschädigungen und Schadensersatzleistungen		2742	Versicherungsentschädigungen und Schadenersatzleistungen
	Zuschüsse und Zulagen		2743	Investitionszuschüsse (steuerpflichtig)
			2744	Investitionszulagen (steuerfrei)
Erträge aus Kapitalherabsetzung	Erträge aus Kapitalherabsetzung		2745	Erträge aus Kapitalherabsetzung
Sonstige betriebliche Erträge	Sonstige/nicht zuordenbare Erträge aus Auflösung eines Sonderpostens mit Rücklageanteil		2746	Steuerfreie Erträge aus der Auflösung von steuerlichen Rücklagen
	Andere sonstige betriebliche Erträge (GKV), nicht zuordenbar		2747	Sonstige steuerfreie Betriebseinnahmen
	Versicherungsentschädigungen und Schadensersatzleistungen		2749	Erstattungen Aufwendungsausgleichsgesetz
	Nebenerlöse aus Vermietung und Verpachtung		2750	Grundstückserträge
		M AM	2751	Erlöse aus Vermietung und Verpachtung, umsatzsteuerfrei § 4 Nr. 12 UStG

2 Abgrenzungskonten

HGB-Posten nach § 266 u. § 275 HGB	E-Bilanz Taxonomie	Funktionen			SKR03 2015 Konto	Beschriftung
Sonstige betriebliche Erträge	Nebenerlöse aus Vermietung und Verpachtung	M	AM		2752	Erlöse aus Vermietung und Verpachtung 19 % USt
			R		2753	Buchungssperre −54
	Erträge aus der Aktivierung unentgeltlich erworbener Vermögensgegenstände				2760	Erträge aus der Aktivierung unentgeltlich erworbener Vermögensgegenstände
	Kostenerstattungen, Rückvergütungen und Gutschriften für frühere Jahre				2762	Kostenerstattungen, Rückvergütungen und Gutschriften für frühere Jahre
	Erträge aus Verwaltungskostenumlagen				2764	Erträge aus Verwaltungskostenumlagen
Erträge aus Verlustübernahme	Erträge aus Verlustübernahme				2790	Erträge aus Verlustübernahme
Auf Grund einer Gewinngemeinschaft, eines Gewinn- oder Teilgewinnabführungsvertrags erhaltene Gewinne	Auf Grund einer Gewinngemeinschaft, eines Gewinnabführungs- o. Teilgewinnabführungsvertrags erhaltene Gewinne (Mutter)				2792	Erhaltene Gewinne auf Grund einer Gewinngemeinschaft
					2794	Erhaltene Gewinne auf Grund eines Gewinn- o. Teilgewinnabführungsvertrags
Entnahmen aus der Kapitalrücklage	Entnahmen aus der Kapitalrücklage				2795	Entnahmen aus der Kapitalrücklage
Entnahmen aus der gesetzlichen Rücklage	Entnahmen aus der gesetzlichen Rücklage				2796	Entnahmen aus der gesetzlichen Rücklage
Entnahmen aus satzungsmäßigen Rücklage	Entnahmen aus satzungsmäßigen Rücklage				2797	Entnahmen aus satzungsmäßigen Rücklage
Entnahmen aus der Rücklage für eigene Anteile	Entnahmen aus der Rücklage für eigene Anteile				2798	Entnahmen aus der Rücklage für aktivierte eigene Anteile
Entnahmen aus anderen Gewinnrücklagen	Entnahmen aus anderen Gewinnrücklagen				2799	Entnahmen aus anderen Gewinnrücklagen
Entnahmen aus der Rücklage für Anteile an einem herrschenden oder mehrheitlich beteiligten Unternehmen	Entnahmen aus der Rücklage für Anteile an einem herrschenden oder mehrheitlich beteiligten Unternehmen				2840	Entnahmen aus der Rücklage für Anteile an einem herrschenden oder mehrheitlich beteiligten Unternehmen
	Rücklage (gesamthänderisch gebunden) Zuführungen/Minderungen lfd. Jahr	NEU	KU	F	2841	Entnahmen aus gesamthänderischen Rücklagen (Kapitalkonten)
Entnahmen aus anderen Gewinnrücklagen	Entnahmen aus anderen Gewinnrücklagen				2850	Entnahmen aus anderen Ergebnisrücklagen
Gewinn-/Verlustvortrag	Gewinnvortrag aus dem Vorjahr				2860	Gewinnvortrag nach Verwendung
		NEU	KU	F	2865	Gewinnvortrag nach Verwendung (Kapitalkontenentwicklung)
		NEU	KU	F	2867	Verlustvortrag nach Verwendung (Kapitalkontenentwicklung)
					2868	Verlustvortrag nach Verwendung
Vortrag auf neue Rechnung	Gewinnvortrag auf neue Rechnung (soweit nicht Aktiengesellschaft)				2869	Vortrag auf neue Rechnung (GuV)
Ausschüttung	Vorabausschüttung/beschlossene Ausschüttung GJ				2870	Vorabausschüttung
						Verrechnete kalkulatorische Kosten
Sonstige betriebliche Aufwendungen	Kalkulatorische Kosten – Keine E-Bilanz Taxonomie				2890	Verrechneter kalkulatorischer Unternehmerlohn
Sonstige betriebliche Aufwendungen	Kalkulatorische Kosten – Keine E-Bilanz Taxonomie				2891	Verrechnete kalkulatorische Miete und Pacht
					2892	Verrechnete kalkulatorische Zinsen
					2893	Verrechnete kalkulatorische Abschreibung
					2894	Verrechnete kalkulatorische Wagnisse
					2895	Verrechneter kalkulatorischer Lohn für unentgeltliche Mitarbeiter
			KU	R	2900	Buchungssperre

3 Wareneingangs- und Bestandskonten

HGB-Posten nach § 266 u. § 275 HGB	E-Bilanz Taxonomie	SKR03 2015		
		Funktionen	Konto	Beschriftung
				Materialaufwand
Aufwendungen für Roh-, Hilfs- und Betriebsstoffe und für bezogene Waren	Aufwendungen ohne Zuordnung nach Umsatzsteuertatbeständen	V	3000	Roh-, Hilfs- und Betriebsstoffe
	Aufwand zum ermäßigten Steuersatz	V AV	3010 –3019	Einkauf Roh-, Hilfs- und Betriebsstoffe 7 % Vorsteuer
		V R V	3020 –3029	Einkauf Roh-, Hilfs- und Betriebsstoffe 19 % Vorsteuer
Aufwendungen für Roh-, Hilfs- und Betriebsstoffe und für bezogene Waren	Aufwand zum Regelsteuersatz	V AV	3030 –3039	Einkauf Roh-, Hilfs- und Betriebsstoffe 19 % Vorsteuer
		V R V	3040 –3059	Buchungssperre
	Innergemeinschaftliche Erwerbe	V AV	3060	Einkauf Roh-, Hilfs- und Betriebsstoffe innergemeinschaftlicher Erwerb 7 % Vorsteuer und 7 % Umsatzsteuer
		V R	3061	Buchungssperre
		V AV	3062 –3063	Einkauf Roh-, Hilfs- und Betriebsstoffe innergemeinschaftlicher Erwerb 19 % Vorsteuer und 19 % Umsatzsteuer
		V R	3064 –3065	Buchungssperre
		V AV	3066	Einkauf Roh-, Hilfs- und Betriebsstoffe innergemeinschaftlicher Erwerb ohne Vorsteuer und 7 % Umsatzsteuer
		V AV	3067	Einkauf Roh-, Hilfs- und Betriebsstoffe innergemeinschaftlicher Erwerb ohne Vorsteuer und 19 % Umsatzsteuer
		V R	3068 –3069	Buchungssperre
	Aufwendungen ohne Zuordnung nach Umsatzsteuertatbeständen	V AV	3070	Einkauf Roh-, Hilfs- und Betriebsstoffe 5,5 % Vorsteuer
		V AV	3071	Einkauf Roh-, Hilfs- und Betriebsstoffe 10,7 % Vorsteuer
		V R	3072 –3074	Buchungssperre
	Aufwand zum ermäßigten Steuersatz	V AV	3075	Einkauf Roh-, Hilfs- und Betriebsstoffe aus einem USt-Lager § 13a UStG 7 % Vorsteuer und 7 % Umsatzsteuer
	Aufwand zum Regelsteuersatz	V AV	3076	Einkauf Roh-, Hilfs- und Betriebsstoffe aus einem USt-Lager § 13a UStG 19 % Vorsteuer und 19 % Umsatzsteuer
		V R	3077 –3088	Buchungssperre
	Innergemeinschaftliche Erwerbe	V AV	3089	Einkauf Roh-, Hilfs- und Betriebsstoffe als letzter Abnehmer innerhalb Dreiecksgeschäft 19 % VSt und 19 % USt
	Aufwendungen ohne Zuordnung nach Umsatzsteuertatbeständen	V	3090	Energiestoffe (Fertigung)
	Aufwand zum ermäßigten Steuersatz	V AV	3091	Energiestoffe (Fertigung) 7 % Vorsteuer
	Aufwand zum Regelsteuersatz	V AV	3092	Energiestoffe (Fertigung) 19 % Vorsteuer
Aufwendungen für Roh-, Hilfs- und Betriebsstoffe und für bezogene Waren	Aufwand zum Regelsteuersatz	V R	3093 –3098	Buchungssperre
Aufwendungen für bezogene Leistungen	Übrige Leistungen ohne Zuordnung nach Umsatzsteuertatbeständen	V	3100	**Fremdleistungen**

3 Wareneingangs- und Bestandskonten

HGB-Posten nach § 266 u. § 275 HGB	E-Bilanz Taxonomie	SKR03 2015		
		Funktionen	Konto	Beschriftung
Aufwendungen für bezogene Leistungen	Übrige Leistungen mit Vorsteuerabzug	V AV	3106	Fremdleistungen 19 % Vorsteuer
		KU R	3107	Buchungssperre
		V AV	3108	Fremdleistungen 7 % Vorsteuer
		V	3109	Fremdleistungen ohne Vorsteuer
				Umsätze, für die als Leistungsempfänger die Steuer nach § 13b Abs. 2 UStG geschuldet wird
Aufwendungen für bezogene Leistungen	Leistungen nach § 13b UStG mit Vorsteuerabzug	V AV	3110	Bauleistungen eines im Inland ansässigen Unternehmers 7 % VSt und 7 % USt
	Leistungen nach § 13b UStG mit Vorsteuerabzug	V R	3111 –3112	Buchungssperre
		V AV	3113	Sonstige Leistungen eines im anderen EU-Land ansässigen Unternehmers 7 % Vorsteuer und 7 % Umsatzsteuer
		V R	3114	Buchungssperre
		V AV	3115	Leistungen eines im Ausland ansässigen Unternehmers 7 % VSt und 7 % USt
		V R	3116 –3119	Buchungssperre
		V AV	3120 –3121	Bauleistungen eines im Inland ansässigen Unternehmers 19 % VSt und 19 % USt
		V R	3122	Buchungssperre
		V AV	3123	Sonstige Leistungen eines im anderen EU-Land ansässigen Unternehmers 7 % Vorsteuer und 7 % Umsatzsteuer
		R	3124	Buchungssperre
		V AV	3125 –3126	Leistungen eines im Ausland ansässigen Unternehmers 19 % VSt und 19 % USt
		V R	3127 –3129	Buchungssperre
	Leistungen nach § 13b UStG ohne Vorsteuerabzug	V AV	3130	Bauleistungen eines im Inland ansässigen Unternehmers ohne VSt und 7 % USt
		V R	3131 –3132	Buchungssperre
		V AV	3133	Sonstige Leistungen eines im anderen EU-Land ansässigen Unternehmers ohne Vorsteuer und 7 % Umsatzsteuer
		V R	3134	Buchungssperre
		V AV	3135	Leistungen eines im Ausland ansässigen Unternehmers ohne VSt und 7 % USt
		V R	3136 –3139	Buchungssperre
		V AV	3140 –3141	Bauleistungen eines im Inland ansässigen Unternehmers ohne VSt und 19 % USt
		V R	3142	Buchungssperre
		V AV	3143	Sonstige Leistungen eines im anderen EU-Land ansässigen Unternehmers ohne Vorsteuer und 19 % Umsatzsteuer
		V R	3144	Buchungssperre
	Leistungen nach § 13b UStG ohne Vorsteuerabzug	V AV	3145 –3146	Leistungen eines im Ausland ansässigen Unternehmers ohne VSt und 19 % USt
		V R	3147 –3149	Buchungssperre

3 Wareneingangs- und Bestandskonten

HGB-Posten nach § 266 u. § 275 HGB	E-Bilanz Taxonomie	SKR03 2015		
		Funktionen	Konto	Beschriftung
Aufwendungen für bezogene Leistungen	Leistungen nach § 13b UStG mit Vorsteuerabzug	V S	3150	Erhaltene Skonti aus Leistungen, für die als Leistungsempfänger die Steuer nach § 13b UStG geschuldet wird
		V S/AV	3151	Erhaltene Skonti aus Leistungen, für die als Leistungsempfänger die Steuer nach § 13b UStG geschuldet wird 19 % Vorsteuer und 19 % Umsatzsteuer
		V R	3152	Buchungssperre
	Leistungen nach § 13b UStG ohne Vorsteuerabzug	V S	3153	Erhaltene Skonti aus Leistungen, für die als Leistungsempfänger die Steuer nach § 13b UStG geschuldet wird ohne Vorsteuer aber mit Umsatzsteuer
		V S	3154	Erhaltene Skonti aus Leistungen, für die als Leistungsempfänger die Steuer nach § 13b UStG geschuldet wird ohne Vorsteuer, mit 19 % Umsatzsteuer
		V R	3155 –3159	Buchungssperre
	Leistungen nach § 13b UStG mit Vorsteuerabzug	V	3160	Leistungen nach § 13b UStG mit Vorsteuerabzug
	Leistungen nach § 13b UStG ohne Vorsteuerabzug	V E	3165	Leistungen nach § 13b UStG ohne Vorsteuerabzug
Aufwendungen für Roh-, Hilfs- und Betriebsstoffe und für bezogene Waren	Wareneinkauf ohne Zuordnung nach Umsatzsteuertatbeständen	V	3200	**Wareneingang**
	Wareneinkauf zum ermäßigten Steuersatz	V AV	3300 –3309	Wareneingang 7 % Vorsteuer
		V R	3310 –3349	Buchungssperre
	Wareneinkauf zum Regelsteuersatz	V AV	3400 –3409	Wareneingang 19 % Vorsteuer
		V R	3410 –3419	Buchungssperre
	Innergemeinschaftliche Erwerbe	V AV	3420 –3424	Innergemeinschaftlicher Erwerb 7 % Vorsteuer und 7 % Umsatzsteuer
		V AV	3425 –3429	Innergemeinschaftlicher Erwerb 19 % Vorsteuer und 19 % Umsatzsteuer
		V AV	3430	Innergemeinschaftlicher Erwerb ohne Vorsteuer und 7 % Umsatzsteuer
		V R	3431 –3434	Buchungssperre
		V AV	3435	Innergemeinschaftlicher Erwerb ohne Vorsteuer und 19 % Umsatzsteuer
		V R	3436 –3439	Buchungssperre
		V AV	3440	Innergemeinschaftlicher Erwerb von Neufahrzeugen von Lieferanten ohne ohne USt-Id-Nr. 19 % Vorsteuer und 19 % Umsatzsteuer
		V R	3441 –3449	Buchungssperre
	Innergemeinschaftliche Erwerbe	V R	3500 –3504	**Buchungssperre**
	Wareneinkauf ohne Zuordnung nach Umsatzsteuertatbeständen	V AV	3505 –3509	Wareneingang 5,5 % Vorsteuer

3 Wareneingangs- und Bestandskonten

HGB-Posten nach § 266 u. § 275 HGB	E-Bilanz Taxonomie	SKR03 2015		
		Funktionen	Konto	Beschriftung
Aufwendungen für Roh-, Hilfs- und Betriebsstoffe und für bezogene Waren	Wareneinkauf ohne Zuordnung nach Umsatzsteuertatbeständen	V R	3510 –3539	Buchungssperre
		V AV	3540 –3549	Wareneingang 10,7 % Vorsteuer
	Innergemeinschaftliche Erwerbe	V AV	3550	Steuerfreier innergemeinschaftlicher Erwerb
	Wareneinkauf ohne Zuordnung	V	3551	Wareneingang, im Drittland steuerbar
	Innergemeinschaftliche Erwerbe	V	3552	Erwerb 1. Abnehmer innerhalb eines Dreiecksgeschäftes
		V AV	3553	Erwerb Waren als letzter Abnehmer innerhalb Dreiecksgeschäft 19 % Vorsteuer und 19 % Umsatzsteuer
		V R	3554 –3557	Buchungssperre
	Wareneinkauf ohne Zuordnung nach Umsatzsteuertatbeständen	V	3558	Wareneingang im anderen EU-Land steuerbar
		V	3559	Steuerfreie Einfuhren
	Wareneinkauf zum ermäßigten Steuersatz	V AV	3560	Waren aus einem Umsatzsteuerlager, § 13a UStG 7 % VSt und 7 % USt
		V R	3561 –3564	Buchungssperre
	Wareneinkauf zum Regelsteuersatz	V AV	3565	Waren aus einem Umsatzsteuerlager, § 13a UStG 19 % VSt und 19 % USt
		V R	3566 –3569	Buchungssperre
	Aufzulösender Auffangposten: Aufwendungen für Roh-, Hilfs- und Betriebsstoffe und für bezogene Waren		**3600 –3609**	**Nicht abziehbare Vorsteuer**
			3610 –3619	Nicht abziehbare Vorsteuer 7 %
		R	3620 –3629	Buchungssperre
		R	3650 –3659	Buchungssperre
			3660 –3669	Nicht abziehbare Vorsteuer 19 %
	Wareneinkauf ohne Zuordnung nach Umsatzsteuertatbeständen	V	3700	Nachlässe
		V E	3701	Nachlässe aus Einkauf Roh-, Hilfs- und Betriebsstoffe
	Wareneinkauf zum ermäßigten Steuersatz	V AV	3710 –3711	Nachlässe 7 % Vorsteuer
		KU R	3712 –3713	Buchungssperre
	Aufwand zum ermäßigten Steuersatz	V AV	3714	Nachlässe aus Einkauf Roh-, Hilfs- und Betriebsstoffe 7 % Vorsteuer
	Aufwand zum Regelsteuersatz	V AV	3715	Nachlässe aus Einkauf Roh-, Hilfs- und Betriebsstoffe 19 % Vorsteuer
		V R	3716	Buchungssperre
	Innergemeinschaftliche Erwerbe	V AV	3717	Nachlässe aus Einkauf Roh-, Hilfs- und Betriebsstoffe, innergemeinschaftlicher Erwerb 7 % VSt und 7 % Ust
		V AV	3718	Nachlässe aus Einkauf Roh-, Hilfs- und Betriebsstoffe, innergemeinschaftlicher Erwerb 19 % VSt und 19 % USt
		v R	3719	Buchungssperre

3 Wareneingangs- und Bestandskonten

HGB-Posten nach § 266 u. § 275 HGB	E-Bilanz Taxonomie	SKR03 2015		
		Funktionen	Konto	Beschriftung
Aufwendungen für Roh-, Hilfs- und Betriebsstoffe und für bezogene Waren	Wareneinkauf zum Regelsteuersatz	V AV	3720 –3721	Nachlässe 19 % Vorsteuer
	Wareneinkauf ohne Zuordnung nach Umsatzsteuertatbeständen	V AV	3722	Nachlässe 16 % Vorsteuer
		V AV	3723	Nachlässe 15 % Vorsteuer
	Innergemeinschaftliche Erwerbe	V AV	3724	Nachlässe aus innergemeinschaftlichem Erwerb 7 % VSt und 7 %USt
	Innergemeinschaftliche Erwerbe	V AV	3725	Nachlässe aus innergemeinschaftlichem Erwerb 19 % VSt und 19 %USt
		V AV	3726	Nachlässe aus innergemeinschaftlichem Erwerb 16 % VSt und 16 %USt
		V AV	3727	Nachlässe aus innergemeinschaftlichem Erwerb 15 % VSt und 15 %USt
		V R	3728 –3729	Buchungssperre
	Wareneinkauf ohne Zuordnung nach Umsatzsteuertatbeständen	V S	3730	Erhaltene Skonti
	Wareneinkauf zum ermäßigten Steuersatz	V S/AV	3731	Erhaltene Skonti 7 % Vorsteuer
		V R	3732	Buchungssperre
	Aufwendungen ohne Zuordnung nach Umsatzsteuertatbeständen	V S	3733	Erhaltene Skonti aus Einkauf Roh-, Hilfs- und Betriebsstoffe
	Aufwand zum ermäßigten Steuersatz	V S/AV	3734	Erhaltene Skonti aus Einkauf Roh-, Hilfs- und Betriebsstoffe 7 % Vorsteuer
		V R	3735	Buchungssperre
	Wareneinkauf zum Regelsteuersatz	V S/AV	3736	Erhaltene Skonti 19 % Vorsteuer
		V R	3737	Buchungssperre
	Aufwand zum Regelsteuersatz	S/AV	3738	Erhaltene Skonti aus Einkauf Roh-, Hilfs- und Betriebsstoffe 19 % Vorsteuer
		V R	3739 –3740	Buchungssperre
	Innergemeinschaftliche Erwerbe	V S/AV	3741	Erhaltene Skonti aus Einkauf Roh-, Hilfs- und Betriebsstoffe aus steuerpflichtigem innergemeinschaftlichem Erwerb 19 % Vorsteuer und 19 % Umsatzsteuer
		V R	3742	Buchungssperre
		V S/AV	3743	Erhaltene Skonti aus Einkauf Roh-, Hilfs- und Betriebsstoffe aus steuerpflichtigem innergemeinschaftlichem Erwerb 7 % Vorsteuer und 7 % Umsatzsteuer
		V S	3744	Erhaltene Skonti aus Einkauf Roh-, Hilfs- und Betriebsstoffe aus steuerpflichtigem innergemeinschaftlichem Erwerb
		V S	3745	Erhaltene Skonti aus steuerpflichtigem innergemeinschaftlichem Erwerb
		V S/AV	3746	Erhaltene Skonti aus steuerpflichtigem innergemeinschaftlichem Erwerb 7 % Vorsteuer und 7 % Umsatzsteuer
		V R	3747	Buchungssperre
		V S/AV	3748	Erhaltene Skonti aus steuerpflichtigem innergemeinschaftlichem Erwerb 19 % Vorsteuer und 19 % Umsatzsteuer
		V R	3749	Buchungssperre
	Wareneinkauf zum ermäßigten Steuersatz	V AV	3750 –3751	Erhaltene Boni 7 % Vorsteuer
		V R	3752	Buchungssperre

3 Wareneingangs- und Bestandskonten

HGB-Posten nach § 266 u. § 275 HGB	E-Bilanz Taxonomie	SKR03 2015 Funktionen	SKR03 2015 Konto	SKR03 2015 Beschriftung
Aufwendungen für Roh-, Hilfs- und Betriebsstoffe und für bezogene Waren	Aufwendungen ohne Zuordnung nach Umsatzsteuertatbeständen	E	3753	Erhaltene Boni aus Einkauf Roh-, Hilfs- und Betriebsstoffe
	Aufwand zum ermäßigten Steuersatz	V	AV	3754	Erhaltene Boni aus Einkauf Roh-, Hilfs- und Betriebsstoffe 7 % Vorsteuer
	Aufwand zum Regelsteuersatz		AV	3755	Erhaltene Boni aus Einkauf Roh-, Hilfs- und Betriebsstoffe 19 % Vorsteuer
	Aufwand zum Regelsteuersatz	V	R	3756 –3759	Buchungssperre
	Wareneinkauf zum Regelsteuersatz	V	AV	3760 –3761	Erhaltene Boni 19 % Vorsteuer
		V	R	3762 –3768	Buchungssperre
		V		3769	Erhaltene Boni
		V		3770	Erhaltene Rabatte
	Wareneinkauf zum ermäßigten Steuersatz	V	AV	3780 –3781	Erhaltene Rabatte 7 % Vorsteuer
		V	R	3782	Buchungssperre
	Aufwendungen ohne Zuordnung nach Umsatzsteuertatbeständen			3783	Erhaltene Rabatte aus Einkauf Roh-, Hilfs- und Betriebsstoffe
	Aufwand zum ermäßigten Steuersatz	V	AV	3784	Erhaltene Rabatte aus Einkauf Roh-, Hilfs- und Betriebsstoffe 7 % Vorsteuer
	Aufwand zum Regelsteuersatz	V	AV	3785	Erhaltene Rabatte aus Einkauf Roh-, Hilfs- und Betriebsstoffe 19 % Vorsteuer
		V	R	3786 –3787	Buchungssperre
	Aufwand zum ermäßigten Steuersatz		S/AV	3788	Erhaltene Skonti aus Einkauf Roh-, Hilfs- und Betriebsstoffe 10,7 % Vorsteuer
		V	R	3789	Buchungssperre
	Aufwand zum Regelsteuersatz	V	AV	3790 –3791	Erhaltene Rabatte 19 % Vorsteuer
	Innergemeinschaftliche Erwerbe	V	AV	3792	Erhaltene Skonti aus Erwerb Roh-, Hilfs- und Betriebsstoffe als letzter Abnehmer innerhalb Dreiecksgeschäft 19 % Vorsteuer und 19 % Umsatzsteuer
		V	AV	3793	Erhaltene Skonti aus Erwerb Waren als letzter Abnehmer innerhalb Dreiecksgeschäft 19 % VSt und 19 % USt
	Aufwand zum ermäßigten Steuersatz	V	S/AV	3794	Erhaltene Skonti 5,5 % Vorsteuer
			R	3795	Buchungssperre
		V	S/AV	3796	Erhaltene Skonti 10,7 % Vorsteuer
			R	3797	Buchungssperre
		V	S/AV	3798	Erhaltene Skonti aus Einkauf Roh-, Hilfs- und Betriebsstoffe 5,5 % Vorsteuer
		V	R	3799	Buchungssperre
	Anschaffungsnebenkosten	V		3800	**Bezugsnebenkosten**
		V		3830	Leergut
		V		3850	Zölle und Einfuhrabgaben
	Bestandsveränderungen	KU		3950 –3954	Bestandsveränderungen Waren
		KU		3955 –3959	Bestandsveränderungen Roh-, Hilfs- und Betriebsstoffe
	Aufzulösender Auffangposten: Aufwendungen für Roh-, Hilfs- und Betriebsstoffe und für bezogene Waren	KU		3960 –3969	Bestandsveränderungen Roh-, Hilfs- und Betriebsstoffe sowie bezogene Waren

3 Wareneingangs- und Bestandskonten

HGB-Posten nach § 266 u. § 275 HGB	E-Bilanz Taxonomie	Funktionen	SKR03 2015 Konto	Beschriftung
				Bestand an Vorräten
Roh-, Hilfs- und Betriebsstoffe	Roh-, Hilfs- und Betriebsstoffe	KU	3970 –3979	Roh-, Hilfs- und Betriebsstoffe (Bestand)
Fertige Erzeugnisse und Waren	Fertige Erzeugnisse und Waren	KU	3980 –3989	Bestand Waren (Bestand)
				Verrechnete Stoffkosten
Aufwendungen für Roh-, Hilfs- und Betriebsstoffe und für bezogene Waren	Wareneinkauf ohne Zuordnung nach Umsatzsteuertatbeständen	KU	3990 –3999	Verrechnete Stoffkosten (Gegenkonto zu 4000–99)

4 Betriebliche Aufwendungen

HGB-Posten nach § 266 u. § 275 HGB	E-Bilanz Taxonomie	Funktionen	SKR03 2015 Konto	Beschriftung
				Material- und Stoffverbrauch
Aufwendungen für Roh-, Hilfs- und Betriebsstoffe und für bezogene Waren	Wareneinkauf ohne Zuordnung nach Umsatzsteuertatbeständen	V	4000 –4099	Material- und Stoffverbrauch
				Personalaufwendungen
Löhne und Gehälter	Übrige Löhne und Gehälter		4100	Löhne und Gehälter
			4110	Löhne
			4120	Gehälter
	Vergütungen an Gesellschafter-Geschäftsführer		4124	Geschäftsführergehälter der GmbH-Gesellschafter
	Übrige Löhne und Gehälter		4125	Ehegattengehalt
	Vergütungen an Gesellschafter-Geschäftsführer		4126	Tantiemen Gesellschafter-Geschäftsführer
	Übrige Löhne und Gehälter		4127	Geschäftsführergehälter
	Vergütungen an angestellte Mitunternehmer § 15 EStG		4128	Vergütungen an angestellte Mitunternehmer § 15 EStG
	Übrige Löhne und Gehälter		4129	Tantiemen Arbeitnehmer
Soziale Abgaben und Aufwendungen für Altersversorgung und Unterstützung	Soziale Abgaben		4130	Gesetzliche Sozialaufwendungen
	Davon soziale Abgaben für angestellte Mitunternehmer § 15 EStG		4137	Gesetzliche Sozialaufwendungen für Mitunternehmer § 15 EStG
			4138	Beiträge zur Berufsgenossenschaft
Sonstige betriebliche Aufwendungen	Versicherungsprämien, Gebühren und Beiträge		4139	Ausgleichsabgabe i. S. d. Schwerbehindertengesetzes
Soziale Abgaben und Aufwendungen für Altersversorgung und Unterstützung	Soziale Abgaben		4140	Freiwillige soziale Aufwendungen, lohnsteuerfrei
			4141	Sonstige soziale Abgaben
			4144	Soziale Abgaben für Minijobber
Löhne und Gehälter	Übrige Löhne und Gehälter		4145	Freiwillige soziale Aufwendungen, lohnsteuerpflichtig
	Löhne für Minijobs		4146	Freiwillige Zuwendungen an Minijobber
	Vergütungen an Gesellschafter-Geschäftsführer		4147	Freiwillige Zuwendungen an Gesellschafter-Geschäftsführer
	Vergütungen an angestellte Mitunternehmer § 15 EStG		4148	Freiwillige Zuwendungen an angestellte Mitunternehmer § 15 EStG
	Übrige Löhne und Gehälter		4149	Pauschale Steuer auf sonstige Bezüge (z. B. Fahrtkostenzuschüsse)
			4150	Krankengeldzuschüsse
	Löhne für Minijobs		4151	Sachzuwendungen und Dienstleistungen an Minijobber
	Übrige Löhne und Gehälter		4152	Sachzuwendungen und Dienstleistungen an Arbeitnehmer

4 Betriebliche Aufwendungen

HGB-Posten nach § 266 u. § 275 HGB	E-Bilanz Taxonomie	Funktionen	SKR03 2015 Konto	Beschriftung
Löhne und Gehälter	Übrige Löhne und Gehälter		4153	Sachzuwendungen und Dienstleistungen Gesellschafter-Geschäftsführer
	Vergütungen an Gesellschafter-Geschäftsführer		4154	Sachzuwendungen und Dienstleistungen an angestellte Mitunternehmer § 15 EStG
	Übrige Löhne und Gehälter		4155	Zuschüsse der Agenturen für Arbeit (Haben)
		NEU	4156	Aufwendungen für Urlaubsrückstellungen
	Vergütungen an Gesellschafter-Geschäftsführer	NEU	4157	Aufwendungen für Urlaubsrückstellungen an Gesellschafter- Geschäftsführer
	Vergütungen an angestellte Mitunternehmer § 15 EStG	NEU	4158	Aufwendungen für Urlaubsrückstellungen an angestellte Mitunternehmer § 15 EStG
	Löhne für Minijobs	NEU	4159	Aufwendungen für Urlaubsrückstellungen an Minijobber
Soziale Abgaben und Aufwendungen für Altersversorgung und Unterstützung	Aufwendungen für Altersversorgung		4160	Versorgungskassen
			4165	Aufwendungen für Altersversorgung
			4166	Aufwendungen für Altersversorgung für Gesellschafter-Geschäftsführer
			4167	Pauschale Steuer auf sonstige Bezüge (z. B. Direktversicherungen)
			4168	Aufwendungen für Altersversorgung für Mitunternehmer § 15 EStG
	Aufwendungen für Unterstützung		4169	Aufwendungen für Unterstützung
Löhne und Gehälter	Übrige Löhne und Gehälter		4170	Vermögenswirksame Leistungen
			4175	Fahrtkostenerstattung – Wohnung/Arbeitsstätte
			4180	Bedienungsgelder
			4190	Aushilfslöhne
	Löhne für Minijobs		4194	Pauschale Steuern für Minijobber
			4195	Löhne für Minijobs
	Vergütungen an Gesellschafter-Geschäftsführer		4196	Pauschale Steuern für Gesellschafter-Geschäftsführer
	Vergütungen an angestellte Mitunternehmer § 15 EStG		4197	Pauschale Steuern für angestellte Mitunternehmer § 15 EStG
	Übrige Löhne und Gehälter		4198	Pauschale Steuern und Abgaben für Arbeitnehmer
			4199	Pauschale Steuer für Aushilfen
				Sonstige betriebliche Aufwendungen und Abschreibungen
Sonstige betriebliche Aufwendungen	Andere ordentliche sonstige betriebliche Aufwendungen	V	4200	Raumkosten
	Übrige/nicht zuordnenbare Miete und Pacht für unbewegliche Wirtschaftsgüter	V	4210	Miete (unbewegliche Wirtschaftsgüter)
		V	4211	Aufwendungen für gemietete oder gepachtete unbewegliche Wirtschaftsgüter, die gewerbesteuerl. hinzuzurechnen sind
	Übrige/nicht zuordnenbare Miete und Pacht für unbewegliche Wirtschaftsgüter	V	4212	Miete/Aufwendungen für doppelte Haushaltsführung
	Übrige Leasingaufwendungen	V	4215	Leasing (unbewegliche Wirtschaftsgüter)
	Miete und Pacht für unbewegliche Wirtschaftsgüter an Mitunternehmer	V	4219	Vergütungen an Mitunternehmer für die mietweise Überlassung ihrer unbeweglichen Wirtschaftsgüter § 15 EStG
	Übrige/nicht zuordnenbare Miete und Pacht für unbewegliche Wirtschaftsgüter	V	4220	Pacht (unbewegliche Wirtschaftsgüter)

4 Betriebliche Aufwendungen

HGB-Posten nach § 266 u. § 275 HGB	E-Bilanz Taxonomie	Funktionen	SKR03 2015 Konto	Beschriftung
Sonstige betriebliche Aufwendungen	Miete und Pacht für unbewegliche Wirtschaftsgüter an Mitunternehmer	V	4222	Vergütungen an Gesellschafter für die mietweise Überlassung ihrer unbeweglichen Wirtschaftsgüter
	Übrige/nicht zuordenbare Miete und Pacht für unbewegliche Wirtschaftsgüter	V	4228	Miet- und Pachtnebenkosten (gewerbesteuerlich nicht zu berücksichtigen)
	Miete und Pacht für unbewegliche Wirtschaftsgüter an Mitunternehmer	V	4229	Vergütungen an Mitunternehmer für die pachtweise Überlassung ihrer unbeweglichen Wirtschaftsgüter § 15 EStG
	Aufwendungen für Energie	V	4230	Heizung
		V	4240	Gas, Strom, Wasser
	Andere ordentliche sonstige betriebliche Aufwendungen	V	4250	Reinigung
	Aufwand für Fremdreparaturen u. Instandhaltung für Grundstücke und Gebäude	V	4260	Instandhaltung betrieblicher Räume
	Andere ordentliche sonstige betriebliche Aufwendungen	V	4270	Abgaben für betrieblich genutzten Grundbesitz
		V	4280	Sonstige Raumkosten
	Sonstige beschränkt abziehbare Betriebsausgaben	V	4288	Aufwendungen für ein häusliches Arbeitszimmer (abziehbarer Anteil)
		V	4289	Aufwendungen für ein häusliches Arbeitszimmer (nicht abziehbarer Anteil)
	Aufwand für Fremdreparaturen u. Instandhaltung für Grundstücke und Gebäude	V	4290	Grundstücksaufwendungen betrieblich
	Sonstige Steuern, soweit in den sonstigen Aufwendungen ausgewiesen		4300	Nicht abziehbare Vorsteuer
			4301	Nicht abziehbare Vorsteuer 7 %
		R	4304	Buchungssperre
			–4305	
			4306	Nicht abziehbare Vorsteuer 19 %
Steuern vom Einkommen und Ertrag	Steuern vom Einkommen und Ertrag		4320	Gewerbesteuer
Sonstige Steuern	Sonstige Steuern		4340	Sonstige Betriebssteuern
			4350	Verbrauchsteuer
			4355	Ökosteuer
Sonstige betriebliche Aufwendungen	Versicherungsprämien, Gebühren und Beiträge		4360	Versicherungen
			4366	Versicherung für Gebäude
			4370	Netto-Prämie für Rückdeckung künftiger Versorgungsleistungen
			4380	Beiträge
			4390	Sonstige Abgaben
	Sonstige beschränkt abziehbare Betriebsausgaben		4396	Steuerlich abzugsfähige Verspätungszuschläge und Zwangsgelder
			4397	Steuerlich nicht abzugsfähige Verspätungszuschläge und Zwangsgelder
	Andere ordentliche sonstige betriebliche Aufwendungen	V	4400	(zur freien Verfügung)
			–4499	
	Aufwendungen für den Fuhrpark	V	4500	Fahrzeugkosten
Sonstige Steuern	Sonstige Steuern	V	4510	Kfz-Steuern
Sonstige betriebliche Aufwendungen	Aufwendungen für den Fuhrpark	V	4520	Kfz-Versicherungen
		V	4530	Laufende Kfz-Betriebskosten
		V	4540	Kfz-Reparaturen
		V	4550	Garagenmieten
		V	4560	Mautgebühren
	Leasing für bewegliche Wirtschaftsgüter	V	4570	Mietleasing Kfz
	Aufwendungen für den Fuhrpark	V	4580	Sonstige Kfz-Kosten

4 Betriebliche Aufwendungen

HGB-Posten nach § 266 u. § 275 HGB	E-Bilanz Taxonomie	SKR03 2015		
		Funktionen	Konto	Beschriftung
Sonstige betriebliche Aufwendungen	Aufwendungen für den Fuhrpark	V	4590	Kfz-Kosten für betrieblich genutzte zum Privatvermögen gehörende Kraftfahrzeuge
		V	4595	Fremdfahrzeugkosten
	Werbeaufwand	V	4600	Werbekosten
		V	4605	Streuartikel
	Geschenke abziehbar	V	4630	Geschenke abzugsfähig ohne § 37b EStG
		V	4631	Geschenke abzugsfähig mit § 37b EStG
		V	4632	Pauschale Steuern für Geschenke und Zugaben abziehfähig
	Geschenke nicht abziehbar	V	4635	Geschenke nicht abzugsfähig ohne § 37b EStG
	Geschenke nicht abziehbar	V	4636	Geschenke nicht abzugsfähig mit § 37b EStG
		V	4637	Pauschale Steuern für Geschenke und Zugaben nicht abzugsfähig
	Geschenke abziehbar	V	4638	Geschenke ausschließlich betrieblich genutzt
	Werbeaufwand	V	4639	Zugaben mit § 37b EStG
	Andere ordentliche sonstige betriebliche Aufwendungen	V	4640	Repräsentationskosten
	Bewirtungskosten (gesamt)	V	4650	Bewirtungskosten
	Sonstige beschränkt abziehbare Betriebsausgaben	V	4651	Sonstige eingeschränkt abziehbare Betriebsausgaben (abziehbarer Anteil)
		V	4652	Sonstige eingeschränkt abziehbare Betriebsausgaben (nicht abziehbarer Anteil)
	Werbeaufwand	V	4653	Aufmerksamkeiten
	Bewirtungskosten (gesamt)	V	4654	Nicht abzugsfähige Bewirtungskosten
	Sonstige beschränkt abziehbare Betriebsausgaben	V	4655	Nicht abzugsfähige Betriebsausgaben aus Werbe- und Repräsentationskosten
	Reisekosten Arbeitnehmer	V	4660	Reisekosten Arbeitnehmer
		V R	4662	Buchungssperre
		V	4663	Reisekosten Arbeitnehmer Fahrtkosten
		V	4664	Reisekosten Arbeitnehmer Verpflegungsmehraufwand
		V	4666	Reisekosten Arbeitnehmer Übernachtungsmehraufwand
		V R	4667	Buchungssperre
		V	4668	Kilometergelderstattung Arbeitnehmer
	Reisekosten Unternehmer	V	4670	Reisekosten Unternehmer
		V	4672	Reisekosten Unternehmer (nicht abziehbarer Anteil)
		V	4673	Reisekosten Unternehmer Fahrtkosten
		V	4674	Reisekosten Unternehmer Verpflegungsmehraufwand
		V R	4675	Buchungssperre
		V	4676	Reisekosten Unternehmer Übernachtungsmehraufwand und Reisenebenkosten
		V R	4677	Buchungssperre
	Sonstige beschränkt abziehbare Betriebsausgaben	V	4678	Fahrten zwischen Wohnung und Betriebsstätte und Familienheimfahrten (abziehbarer Anteil)

4 Betriebliche Aufwendungen

HGB-Posten nach § 266 u. § 275 HGB	E-Bilanz Taxonomie	SKR03 2015 Funktionen	Konto	Beschriftung
Sonstige betriebliche Aufwendungen	Sonstige beschränkt abziehbare Betriebsausgaben	V	4679	Fahrten zwischen Wohnung und Betriebsstätte und Familienheimfahrten (nicht abziehbarer Anteil)
		V	4680	Fahrten zwischen Wohnung und Betriebsstätte und Familienheimfahrten (Haben)
		V	4681	Verpflegungsmehraufwendungen im Rahmen der doppelten Haushaltsführung
		V R	4685	Buchungssperre
	Frachten/Verpackung	V	4700	**Kosten Warenabgabe**
		V	4710	Verpackungsmaterial
		V	4730	Ausgangsfrachten
		V	4750	Transportversicherungen
	Provisionen	V	4760	Verkaufsprovisionen
	Andere ordentliche sonstige betriebliche Aufwendungen	V	4780	Fremdarbeiten (Vertrieb)
		V	4790	Aufwand für Gewährleistungen
	Aufwand für Fremdreparaturen u. Instandhaltung (ohne Grundstücke)	V	4800	**Reparaturen und Instandhaltungen von technischen Anlagen und Maschinen**
	Aufwand für Fremdreparaturen u. Instandhaltung für Grundstücke und Gebäude	V	4801	Reparaturen und Instandhaltung von Bauten
	Aufwand für Fremdreparaturen u. Instandhaltung (ohne Grundstücke)	V	4805	Reparaturen und Instandhaltung von anderen Anlagen und Betriebs- und Geschäftsausstattung
		V	4806	Wartungskosten für Hard- und Software
	Zuführungen zu Aufwandsrückstellungen	V	4808	Zuführung zu Aufwandsrückstellungen
	Aufwand für Fremdreparaturen u. Instandhaltung (ohne Grundstücke)	V	4809	Sonstige Reparaturen und Instandhaltungen
	Leasing für bewegliche Wirtschaftsgüter	V	4810	Mietleasing (bewegliche Wirtschaftsgüter)
Abschreibungen auf immaterielle Vermögensgegenstände des Anlagevermögens und Sachanlagen	Abschreibungen auf Sachanlagen	V	4815	Kaufleasing
	Auf Ingangsetzungsaufwendungen		4820	**Abschreibungen auf Aufwendungen für die Ingangsetzung und Erweiterung des Geschäftsbetriebs**
	Auf andere immaterielle Vermögensgegenstände		4822	Abschreibungen auf immaterielle Vermögensgegenstände
			4823	Abschreibungen auf selbst geschaffene immaterielle Vermögensgegenstände
	Auf Geschäfts-, Firmen- oder Praxiswert		4824	Abschreibungen auf den Geschäfts- oder Firmenwert
	Außerplanmäßige Abschreibungen auf Geschäfts-, Firmen- oder Praxiswert		4825	Außerplanmäßige Abschreibungen auf den Geschäfts- oder Firmenwert
			4826	Außerplanmäßige Abschreibungen auf immaterielle Vermögensgegenstände
	Außerplanmäßige Abschreibungen auf andere immaterielle Vermögensgegenstände		4827	Außerplanmäßige Abschreibungen auf selbst geschaffene immaterielle VermG
	Außerplanmäßige Abschreibungen auf Sachanlagen		4830	Abschreibungen auf Sachanlagen (ohne AfA auf Kfz und Gebäude)
			4831	Abschreibungen auf Gebäude
			4832	Abschreibungen auf Kfz
			4833	Abschreibungen auf Gebäudeanteil des häuslichen Arbeitszimmers
			4840	Außerplanmäßige Abschreibungen auf Sachanlagen

DATEV Kontenrahmen SKR03

4 Betriebliche Aufwendungen

HGB-Posten nach § 266 u. § 275 HGB	E-Bilanz Taxonomie	SKR03 2015		
		Funktionen	Konto	Beschriftung
Abschreibungen auf immaterielle Vermögensgegenstände des Anlagevermögens und Sachanlagen	Außerplanmäßige Abschreibungen auf Sachanlagen		4841	Absetzung für außergewöhnliche techn. und wirtschaftl. Abnutzung der Gebäude
			4842	Absetzung für außergewöhnliche techn. und wirtschaftl. Abnutzung des Kfz
			4843	Absetzung für außergewöhnliche techn. und wirtschaftl. Abnutzung sonstiger Wirtschaftsgüter
	Sonderabschreibungen		4850	Abschreibungen auf Sachanlagen auf Grund steuerlicher Sondervorschriften
			4851	Sonderabschreibungen nach § 7g Abs. 5 EStG (ohne Kfz)
			4852	Sonderabschreibungen nach § 7g Abs. 5 EStG (für Kfz)
	Sonderabschreibungen		4853	Kürzung der Anschaffungs- oder Herstellungskosten gemäß § 7g Abs. 2 EStG n. F. (ohne Kfz)
			4854	Kürzung der Anschaffungs- oder Herstellungskosten gemäß § 7g Abs. 2 EStG n. F. (für Kfz)
	Auf Sachanlagen		4855	Sofortabschreibung geringwertiger Wirtschaftsgüter
			4860	Abschreibungen auf aktivierte, geringwertige Wirtschaftsgüter
			4862	Abschreibungen auf den Sammelposten geringwertige Wirtschaftsgüter
	Außerplanmäßige Abschreibungen auf Sachanlagen		4865	Außerplanmäßige Abschreibungen auf aktivierte, geringwertige Wirtschaftsgüter
Abschreibungen auf Finanzanlagen und auf Wertpapiere des Umlaufvermögens	Außerplanmäßige Abschreibungen auf Finanzanlagen		4866	Abschreibungen auf Finanzanlagen (nicht dauerhaft)
	Abschreibungen auf Finanzanlagen		4870	Abschreibungen auf Finanzanlagen (dauerhaft)
			4871	Abschreibungen auf Finanzanlagen § 3 Nr. 40 EStG/§ 8b Abs. 3 KStG (inländ. Kap.Ges) (dauerhaft)
	Aufwendungen aufgrund von Verlustanteilen an Mitunternehmerschaften		4872	Aufwendungen auf Grund von Verlustanteilen an gewerblichen und selbständigen Mitunternehmerschaften, § 8 GewStG bzw. § 18 EStG
	Abschreibungen auf Finanzanlagen		4873	Abschreibungen auf Finanzanlagen auf Grund § 6b EStG-Rücklage, § 3 Nr. 40 EStG/§ 8b Abs. 3 KStG (inländische Kap.Ges.)
			4874	Abschreibungen auf Finanzanlagen auf Grund § 6b EStG-Rücklage
	Übliche und unübliche Abschreibungen auf Wertpapiere des Umlaufvermögens		4875	Abschreibungen auf Wertpapieren des Umlaufvermögens
			4876	Abschreibungen auf Wertpapiere des Umlaufvermögens § 3 Nr. 40 EStG / § 8b Abs. 3KStG (inländ. Kap.Ges.)
	Abschreibungen auf Finanzanlagen		4877	Abschreibungen auf Finanzanlagen – verbundene Unternehmen
	Übliche und unübliche Abschreibungen auf Wertpapiere des Umlaufvermögens		4878	Abschreibungen auf Wertpapiere des Umlaufvermögens – verbundene Unternehmen

4 Betriebliche Aufwendungen

HGB-Posten nach § 266 u. § 275 HGB	E-Bilanz Taxonomie	SKR03 2015 Funktionen	SKR03 2015 Konto	SKR03 2015 Beschriftung
		R	4879	Buchungssperre
Abschreibung auf Vermögensgegenstände des Umlaufvermögens, soweit diese die üblichen Abschreibungen überschreiten	Abschreibungen auf Forderungen und sonstige Vermögensgegenstände		4880	Abschreibungen auf sonstige Vermögensgegenstände des Umlaufvermögens (soweit unübliche Höhe)
			4882	Abschreibungen auf Umlaufvermögen, steuerrechtlich bedingt (soweit unübliche Höhe)
		R	4885	Buchungssperre
Sonstige betriebliche Aufwendungen	Übliche Abschreibungen auf Forderungen		4886	Abschreibungen auf Umlaufvermögen außer Vorräte und Wertpapiere des Umlaufvermögens (übliche Höhe)
	Übliche Abschreibungen auf Forderungen		4887	Abschreibungen auf Umlaufvermögen außer Vorräte und Wertpapiere des Umlaufvermögens steuerrechtlich bedingt (übliche Höhe)
		R	4890	Buchungssperre
Abschreibung auf Vermögensgegenstände des Umlaufvermögens, soweit diese die üblichen Abschreibungen überschreiten	Abschreibungen auf Vorräte		4892	Abschreibungen auf Roh-, Hilfs- und Betriebsstoffe/Waren (soweit unübliche Höhe)
			4893	Abschreibungen auf fertige und unfertige Erzeugnisse (soweit unübliche Höhe)
Sonstige betriebliche Aufwendungen	Andere ordentliche sonstige betriebliche Aufwendungen	V	4900	Sonstige betriebliche Aufwendungen
		V	4902	Interimskonto für Aufwendungen in einem anderen Land, bei denen eine Vorsteuervergütung möglich ist
		V	4905	Sonstige Aufwendungen betrieblich und regelmäßig
		V	4909	Fremdleistungen/Fremdarbeiten
	Aufwendungen für Kommunikation	V	4910	Porto
		V	4920	Telefon
		V	4925	Telefax und Internetkosten
	Andere ordentliche sonstige betriebliche Aufwendungen	V	4930	Bürobedarf
	Fortbildungskosten	V	4940	Zeitschriften, Bücher
		V	4945	Fortbildungskosten
	Sonstige Aufwendungen für Personal	V	4946	Freiwillige Sozialleistungen
	Andere ordentliche sonstige betriebliche Aufwendungen	V	4948	Vergütungen a. Mitunternehmer § 15 EStG
	Haftungsvergütung an Mitunternehmer § 15 EStG	V	4949	Haftungsvergütung an Mitunternehmer § 15 EStG
	Rechts- und Beratungskosten	V	4950	Rechts- und Beratungskosten
		V	4955	Buchführungskosten
		V	4957	Abschluss- und Prüfungskosten
	Miete und Pacht für bewegliche Wirtschaftsgüter an Gesellschafter	V	4958	Vergütungen an Gesellschafter für die miet- oder pachtweise Überlassung ihrer beweglichen Wirtschaftsgüter
	Miete und Pacht für bewegliche Wirtschaftsgüter an Mitunternehmer	V	4959	Vergütungen an Mitunternehmer für die miet- oder pachtweise Überlassung ihrer beweglichen Wirtschaftsgüter § 15 EStG
	Übrige/nicht zuordenbare Miete und Pacht für bewegliche Wirtschaftsgüter	V	4960	Mieten für Einrichtungen (bewegliche Wirtschaftsgüter)
		V	4961	Pacht (bewegliche Wirtschaftsgüter)

4 Betriebliche Aufwendungen

HGB-Posten nach § 266 u. § 275 HGB	E-Bilanz Taxonomie	Funktionen	SKR03 2015 Konto	Beschriftung
Sonstige betriebliche Aufwendungen	Übrige/nicht zuordenbare Miete und Pacht für bewegliche Wirtschaftsgüter	V	4963	Aufwendungen für gemietete oder gepachtete bewegliche Wirtschaftsgüter, die gewerbesteuerlich hinzuzurechnen sind
	Aufwendungen für Konzessionen und Lizenzen	V	4964	Aufwendungen für die zeitlich befristete Überlassung von Rechten (Lizenzen, Konzessionen)
	Leasing für bewegliche Wirtschaftsgüter	V	4965	Mietleasing (bewegliche Wirtschaftsgüter)
	Andere ordentliche sonstige betriebliche Aufwendungen	V	4969	Aufwendungen für Abraum- und Abfallbeseitigung
		V	4970	Nebenkosten des Geldverkehrs
		V	4975	Aufwendungen aus Anteilen an Kapitalgesellschaften §§ 3 Nr. 40, 3c EStG/ § 8b Abs. 1 KStG (inländische Kap.Ges.)
	Andere sonstige betriebliche Aufwendungen (GKV)	V	4976	Veräußerungskosten § 3 Nr. 40 EStG/ § 8b Abs. 2 KStG (inländische Kap.Ges.)
	Andere ordentliche sonstige betriebliche Aufwendungen	V	4980	Betriebsbedarf
	Genossenschaftliche Rückvergütung an Mitglieder		4984	Genossenschaftliche Rückvergütung an Mitglieder
	Aufwendungen	V	4985	Werkzeuge und Kleingeräte
	Kalkulatorische Kosten – Keine E-Bilanz Taxonomie			**Kalkulatorische Kosten**
Sonstige betriebliche Aufwendungen			4990	Kalkulatorischer Unternehmerlohn
			4991	Kalkulatorische Miete und Pacht
			4992	Kalkulatorische Zinsen
			4993	Kalkulatorische Abschreibungen
			4994	Kalkulatorische Wagnisse
			4995	Kalkulatorischer Lohn für unentgeltliche Mitarbeiter
				Kosten bei Anwendung des Umsatzkostenverfahrens
Sonstige betriebliche Aufwendungen	Andere ordentliche sonstige betriebliche Aufwendungen		4996	Herstellungskosten
			4997	Verwaltungskosten
			4998	Vertriebskosten
			4999	Gegenkonto 4996–4998

5 Sonstige betriebliche Aufwendungen

				Sonstige betriebliche Aufwendungen
Sonstige betriebliche Aufwendungen	Andere ordentliche sonstige betriebliche Aufwendungen		5000 –5999	

6 Sonstige betriebliche Aufwendungen

				Sonstige betriebliche Aufwendungen
Sonstige betriebliche Aufwendungen	Andere ordentliche sonstige betriebliche Aufwendungen		6000 –6999	

7 Bestände an Erzeugnissen

HGB-Posten nach § 266 u. § 275 HGB	E-Bilanz Taxonomie	SKR03 2015		
		Funktionen	Konto	Beschriftung
Unfertige Erzeugnisse, unfertige Leistungen	Unfertige Erzeugnisse, unfertige Leistungen	KU	7000	Unfertige Erzeugnisse, unfertige Leistungen (Bestand)
		KU	7050	Unfertige Erzeugnisse (Bestand)
		KU	7080	Unfertige Leistungen (Bestand)
In Ausführung befindliche Bauaufträge		KU	7090	In Ausführung befindliche Bauaufträge
In Arbeit befindliche Aufträge		KU	7095	In Arbeit befindliche Aufträge
Fertige Erzeugnisse und Waren	Fertige Erzeugnisse und Waren	KU	7100	Fertige Erzeugnisse und Waren (Bestand)
		KU	7110	Fertige Erzeugnisse (Bestand)
		KU	7140	Waren (Bestand)

8 Erlöskonten

HGB-Posten nach § 266 u. § 275 HGB	E-Bilanz Taxonomie	Funktionen		Konto	Beschriftung
					Umsatzerlöse
Umsatzerlöse	Umsatzerlöse ohne Zuordnung nach Umsatzsteuertatbeständen	M		8000 −8099	Umsatzerlöse (Zur freien Verfügung)
	Steuerfreie Umsätze nach § 4 Nr. 8 ff. UStG	M	AM	8100	Steuerfreie Umsätze § 4 Nr. 8 ff UStG
		M	AM	8105	Steuerfreie Umsätze nach § 4 Nr. 12 UStG (Vermietung und Verpachtung)
	Sonstige umsatzsteuerfreie Umsätze	M	AM	8110	Sonstige steuerfreie Umsätze Inland
	Steuerfreie Umsätze nach § 4 Nr. 1a UStG (Ausfuhr Drittland)	M	AM	8120	Steuerfreie Umsätze § 4 Nr. 1a UStG
	Steuerfreie EG-Lieferungen § 4 Nr. 1b UStG (Innergemeinschaftliche Lieferungen)	M	AM	8125	Steuerfreie innergemeinschaftliche Lieferungen § 4 Nr. 1b UStG
		M	R	8128	Buchungssperre
		M	AM	8130	Lieferungen des ersten Abnehmers bei innergemeinschaftlichen Dreiecksgeschäften § 25b Abs. 2 UStG
		M	AM	8135	Steuerfreie innergemeinschaftliche Lieferungen von Neufahrzeugen an Abnehmer ohne USt-Id-Nr.
	Sonstige umsatzsteuerfreie Umsätze	M	AM	8140	Steuerfreie Umsätze Offshore usw.
	Steuerfreie Umsätze nach § 4 Nr. 2-7 UStG	M	AM	8150	Sonstige steuerfreie Umsätze (z. B. § 4 Nr. 2-7 UStG)
	Sonstige umsatzsteuerfreie Umsätze	M	AM	8160	Steuerfreie Umsätze ohne Vorsteuerabzug zum Gesamtumsatz gehörend, § 4 UStG
		M		8165	Steuerfreie Umsätze ohne Vorsteuerabzug zum Gesamtumsatz gehörend
	Umsatzerlöse sonstige Umsatzsteuersätze	M		8190	Erlöse, die mit den Durchschnittssätzen des § 24 UStG versteuert werden
	Umsatzerlöse nach § 25 und § 25a UStG	M	AM	8191	Umsatzerlöse nach §§ 25 und 25a UStG 19 % USt
		KU	R	8192	Buchungssperre
		KU	E	8193	Umsatzerlöse nach §§ 25 u. 25a UStG ohne USt
		M	AM	8194	Umsatzerlöse aus Reiseleistungen § 25 Abs. 2 UStG, steuerfrei
	Sonstige umsatzsteuerfreie Umsätze	M		8195	Erlöse als Kleinunternehmer i. d. S. § 19 Abs. 1 UStG
	Umsatzerlöse Regelsteuersatz	M	AM	8196	Erlöse aus Geldspielautomaten 19 % USt
		M	R	8197 −8198	Buchungssperre
	Umsatzerlöse ohne Zuordnung	M		8200	Erlöse

8 Erlöskonten

HGB-Posten nach § 266 u. § 275 HGB	E-Bilanz Taxonomie	SKR03 2015		
		Funktionen	Konto	Beschriftung
Umsatzerlöse	Umsatzerlöse ermäßigter Steuersatz	M AM	8300 –8309	Erlöse 7 % USt
		M AM	8310 –8314	Erlöse aus im Inland steuerpflichtigen EU-Lieferungen 7 % USt
	Umsatzerlöse Regelsteuersatz	M AM	8315 –8319	Erlöse aus im Inland steuerpflichtigen EU-Lieferungen 19 % USt
	Sonstige Umsatzerlöse, nicht steuerbar	M	8320 –8329	Erlöse aus im anderen EU-Land steuerpflichtigen Lieferungen
	Umsatzerlöse sonstige Umsatzsteuersätze	M AM	8330	Erlöse aus im Inland steuerpflichtigen EU-Lieferungen 16 % USt
	Steuerfreie EG-Lieferungen § 4 Nr. 1b UStG (Innergemeinschaftliche Lieferungen)	NEU M	8331	Erlöse aus im anderen EU-Land stpfl. elektr. Dienstleistungen
		R	8332 –8334	Buchungssperre
	Erlöse aus Leistungen nach § 13b UStG	M AM	8335	Erlöse aus Lieferungen von Mobilfunkgeräten/Schaltkreisen für die der Leistungsempfänger die Umsatzsteuer nach § 13b UStG schuldet
	Sonstige Umsatzerlöse, nicht steuerbar	M AM	8336	Erlöse aus im anderen EU-Land steuerpflichtigen sonstigen Lieferungen, für die der Leistungsempfänger die Umsatzsteuer schuldet
	Erlöse aus Leistungen nach § 13b UStG	M AM	8337	Erlöse aus Leistungen, für die der Leistungsempfänger die Umsatzsteuer nach § 13b UStG schuldet
	Sonstige Umsatzerlöse, nicht steuerbar	M AM	8338	Erlöse aus im Drittland steuerbaren Leistungen, im Inland nicht steuerbare Umsätze
		M AM	8339	Erlöse aus im anderen EU-Land steuerbaren Leistungen, im Inland nicht steuerbare Umsätze
	Umsatzerlöse sonstige Umsatzsteuersätze	M AM	8340 –8349	Erlöse 16 % USt
	Umsatzerlöse Regelsteuersatz	M AM	8400 –8409	Erlöse 19 % USt
		M AM	8410	Erlöse 19 % USt
		M R	8411 –8449	Buchungssperre
		M R	8507	Buchungssperre
		M R	8509	Buchungssperre
	Umsatzerlöse ohne Zuordnung nach Umsatzsteuertatbeständen	M	8510	Provisionsumsätze
		M R	8511 –8513	Buchungssperre
	Steuerfreie Umsätze nach § 4 Nr. 8 ff. UStG	M AM	8414	Provisionsumsätze, steuerfrei § 4 Nr. 8 ff. UStG
	Steuerfreie Umsätze nach § 4 Nr. 5 UStG	M AM	8415	Provisionsumsätze, steuerfrei § 4 Nr. 5 UStG
	Umsatzerlöse ermäßigter Steuersatz	M AM	8516	Provisionsumsätze 7 % USt
		M R	8517 –8518	Buchungssperre
	Umsatzerlöse Regelsteuersatz	M AM	8519	Provisionsumsätze 19 % USt
	Umsatzerlöse ohne Zuordnung nach Umsatzsteuertatbeständen	M	8520	Erlöse Abfallverwertung
		M	8540	Erlöse Leergut

8 Erlöskonten

HGB-Posten nach § 266 u. § 275 HGB	E-Bilanz Taxonomie	SKR03 2015		
		Funktionen	Konto	Beschriftung
Sonstige betriebliche Erträge	Nebenerlöse aus Provisionen, Lizenzen und Patenten	M E	8570	Sonstige Erträge aus Provision, Lizenzen Patenten
		KU R	8571 –8573	Buchungssperre
		M AM	8574	Sonstige Erträge aus Provision, Lizenzen Patenten, steuerfrei (§ 4 Nr. 8 ff. UStG)
		M AM	8575	Sonstige Erträge aus Provision, Lizenzen Patenten, steuerfrei (§ 4 Nr. 5 UStG)
		M AM	8576	Sonstige Erträge aus Provision, Lizenzen Patenten, steuerfrei 7 % USt
		M R	8577 –8578	Buchungssperre
		M AM	8579	Sonstige Erträge aus Provision, Lizenzen Patenten, steuerfrei 19 % USt
				Statistische Konten EÜR
Umsatzerlöse	EÜR – keine E-Bilanz	M	8580	Statistisches Konto Erlöse zum allgemeinen Umsatzsteuersatz (EÜR)
		M	8581	Statistisches Konto Erlöse zum ermäßigten Umsatzsteuersatz (EÜR)
		M	8582	Statistisches Konto Erlöse steuerfrei und nicht steuerbar (EÜR)
		M	8589	Gegenkonto 8580–8582 bei Aufteilung der Erlöse nach Steuersätzen (EÜR)
Sonstige betriebliche Erträge	Sonstige Sachbezüge	M	8590	Verrechnete sonstige Sachbezüge (keine Waren)
		M AM	8591	Sachbezüge 7 % USt (Waren)
		M R	8594	Buchungssperre
		M AM	8595	Sachbezüge 19 % USt (Waren)
		M R	8596 –8597	Buchungssperre
	Andere sonstige betriebliche Erträge (GKV), nicht zuordenbar	M	8600	**Sonstige Erlöse betrieblich und regelmäßig**
		KU	8604	Erstattete Vorsteuer anderer Länder
		M	8605	Sonstige Erträge betrieblich und regelmäßig
		M E	8606	Sonstige betriebliche Erträge von verbundenen Unternehmen
	Andere Nebenerlöse	M E	8607	Andere Nebenerlöse
	Andere sonstige betriebliche Erträge (GKV), nicht zuordenbar	M AM	8609	Sonstige Erträge betrieblich und regelmäßig, steuerfrei § 4 Nr. 8 ff. UStG
	Sonstige Sachbezüge	M	8610	Verrechnete sonstige Sachbezüge
	Sachbezüge KFZ	M AM	8611	Verrechnete sonstige Sachbezüge aus Kfz-Gestellung 19 % USt
	Sonstige Sachbezüge	M R	8612	Buchungssperre
		M AM	8613	Verrechnete sonstige Sachbezüge 19 % USt
		KU	8614	Verrechnete sonstige Sachbezüge ohne Umsatzsteuer
	Andere sonstige betriebliche Erträge (GKV), nicht zuordenbar	M AM	8625 –8629	Sonstige betriebliche Erträge, steuerfrei z. B. § 4 Nr. 2-7 UStG
		M AM	8630 –8634	Sonstige Erlöse betrieblich und regelmäßig 7 % USt

8 Erlöskonten

HGB-Posten nach § 266 u. § 275 HGB	E-Bilanz Taxonomie	Funktionen	SKR03 2015 Konto	Beschriftung
Sonstige betriebliche Erträge	Andere sonstige betriebliche Erträge (GKV), nicht zuordenbar	M R	8635 –8639	Buchungssperre
		M AM	8640 –8644	Sonstige Erlöse betrieblich und regelmäßig 19 % USt
		M R	8645 –8648	Buchungssperre
		M AM	8649	Sonstige Erlöse betrieblich und regelmäßig 16 % USt
Sonstige Zinsen und ähnliche Erträge	Übrige/nicht zuordenbare sonstige Zinsen und ähnliche Erträge	M	8650	Erlöse Zinsen und Diskontspesen
		M	8660	Erlöse Zinsen und Diskontspesen aus verbundenen Unternehmen
Umsatzerlöse	In Umsatzerlöse (GKV) verrechnete Erlösschmälerungen	M	8700	Erlösschmälerungen
		M AM	8705	Erlösschmälerungen aus steuerfreien Umsätzen § 4 Nr. 1a UStG
		M AM	8710 –8711	Erlösschmälerungen 7 % USt
		M R	8712 –8719	Buchungssperre
	In Umsatzerlöse (GKV) verrechnete Erlösschmälerungen	M AM	8720 –8721	Erlösschmälerungen 19 % USt
		M R	8722	Buchungssperre
		M AM	8723	Erlösschmälerungen 16 % USt
		M AM	8724	Erlösschmälerungen aus steuerfreien innergemeinschaftlichen Lieferungen Erlösschmälerungen aus im Inland steuerpflichtigen EU-Lieferungen 7 % USt
		M AM	8725	Erlösschmälerungen aus im Inland steuerpflichtigen EU-Lieferungen 7 % USt
		M AM	8726	Erlösschmälerungen aus im Inland steuerpflichtigen EU-Lieferungen 19 % USt
		M	8727	Erlösschmälerungen aus im anderen EU-Land steuerpflichtigen Lieferungen
		M R	8728	Buchungssperre
		M AM	8729	Erlösschmälerungen aus im Inland steuerpflichtigen EU-Lieferungen 16 % USt
		M S	8730	Gewährte Skonti
		M S/AM	8731	Gewährte Skonti 7 % USt
		M R	8732 –8735	Buchungssperre
		M S/AM	8736	Gewährte Skonti 19 % USt
		M R	8737	Buchungssperre
		M S/AM	8738	Gewährte Skonti aus Lieferungen von Mobilfunkgeräten/Schaltkreisen für die der Leistungsempfänger die Umsatzsteuer nach § 13b UStG schuldet
		M S/AM	8741	Gewährte Skonti aus Leistungen, für die der Leistungsempfänger die Umsatzsteuer nach § 13b UStG schuldet
		M S/AM	8742	Gewährte Skonti aus Erlösen aus im anderen EU-Land steuerpflichtigen sonstigen Leistungen, für die der Leistungsempfänger die Umsatzsteuer schuldet

8 Erlöskonten

HGB-Posten nach § 266 u. § 275 HGB	E-Bilanz Taxonomie	SKR03 2015		
		Funktionen	Konto	Beschriftung
Umsatzerlöse	In Umsatzerlöse (GKV) verrechnete Erlösschmälerungen	M S/AM	8743	Gewährte Skonti aus steuerfreien innergemeinschaftlichen Lieferungen § 4 Nr. 1b UStG
		M R	8744	Buchungssperre
		M S/AM	8745	Gewährte Skonti aus im Inland steuerpflichtigen EU-Lieferungen
		M S/AM	8746	Gewährte Skonti aus im Inland steuerpflichtigen EU-Lieferungen 7 % USt
		M R	8747	Buchungssperre
		M S/AM	8748	Gewährte Skonti aus im Inland steuerpflichtigen EU-Lieferungen 19 % USt
		M R	8749	Buchungssperre
		M AM	8750 –8751	Gewährte Boni 7 % USt
		M R	8752 –8759	Buchungssperre
		M AM	8760 –8761	Gewährte Boni 19 % USt
		M R	8762 –8768	Buchungssperre
		M	8769	Gewährte Boni
		M	8770	Gewährte Rabatte
		M AM	8780 –8781	Gewährte Rabatte 7 % USt
		M R	8782 –8789	Buchungssperre
		M AM	8790 –8791	Gewährte Rabatte 19 % USt
		M R	8792 –8799	Buchungssperre
Sonstige betriebliche Aufwendungen	Verluste aus dem Abgang von gegenständen des Anlagevermögens	M	8800	Erlöse aus Verkäufen Sachanlagevermögen (bei Buchverlust)
		M AM	8801 –8806	Erlöse aus Verkäufen Sachanlagevermögen 19 % USt (bei Buchverlust)
		M AM	8807	Erlöse aus Verkäufen Sachanlagevermögen steuerfrei § 4 Nr. 1a UStG (bei Buchverlust)
		M AM	8808	Erlöse aus Verkäufen Sachanlagevermögen steuerfrei § 4 Nr. 1b UStG (bei Buchverlust)
		M R	8809 –8816	Buchungssperre
		M	8817	Erlöse aus Verkäufen immaterieller Vermögensgegenstände (bei Buchverlust)
		M	8818	Erlöse aus Verkäufen Finanzanlagen (bei Buchverlust)
			8819	Erlöse aus Verkäufen Finanzanlagen § 3 Nr. 40 EStG/§ 8b Abs. 3 KStG (inländische Kap.Ges.) (bei Buchverlust)
Sonstige betriebliche Erträge	Erträge aus Abgängen des Anlagevermögens	M AM	8820 –8825	Erlöse aus Verkäufen Sachanlagevermögen 19 % USt (bei Buchgewinn)
		M R	8826	Buchungssperre

8 Erlöskonten

HGB-Posten nach § 266 u. § 275 HGB	E-Bilanz Taxonomie	Funktionen		SKR03 2015 Konto	Beschriftung
Sonstige betriebliche Erträge	Erträge aus Abgängen des Anlagevermögens	M	AM	8827	Erlöse aus Verkäufen Sachanlagevermögen steuerfrei § 4 Nr. 1a UStG (bei Buchgewinn)
		M	AM	8828	Erlöse aus Verkäufen Sachanlagevermögen steuerfrei § 4 Nr. 1b UStG (bei Buchgewinn)
		M		8829	Erlöse aus Verkäufen Sachanlagevermögen (bei Buchgewinn)
		M	R	8830 –8836	Buchungssperre
		M		8837	Erlöse aus Verkäufen immaterieller Vermögensgegenstände (bei Buchgewinn)
		M		8838	Erlöse aus Verkäufen Finanzanlagen (bei Buchgewinn)
				8839	Erlöse aus Verkäufen Finanzanlagen § 3 Nr. 40 EStG/§ 8b Abs. 2 KStG (inländische Kap.Ges.) (bei Buchgewinn)
		M	AM	8850	Erlöse aus Verkäufen von Wirtschaftsgüter des Umlaufvermögens 19 % USt für § 4 Abs. 3 Satz 4 EStG
		M	AM	8851	Erlöse aus Verkäufen von Wirtschaftsgüter des Umlaufvermögens, umsatzsteuerfrei § 4 Nr. 8 ff. UStG i. V. m. § 4 Abs. 3 Satz 4 EStG
		M	AM	8852	Erlöse aus Verkäufen von Wirtschaftsgüter des Umlaufvermögens, umsatzsteuerfrei § 4 Nr. 8 ff. UStG i. V. m. § 4 Abs. 3 Satz 4 EStG, § 3 Nr. 40 § 8b Abs. 2 KStG (inländische Kap.Ges.)
		M		8853	Erlöse aus Verkäufen von Wirtschaftsgüter des Umlaufvermögens, umsatzsteuerfrei nach § 4 Abs. 3 Satz 4 EStG
Umsatzerlöse	Umsatzerlöse ohne Zuordnung nach Umsatzsteuertatbeständen	M		8900	**Unentgeltliche Wertabgaben**
	Steuerfreie Umsätze nach § 4 Nr. 8 ff. USt	KU		8905	Entnahme von Gegenständen ohne USt
Sonstige betriebliche Erträge	Sonstige Sach-, Nutzungs- und Leistungsentnahmen	KU		8906	Verwendung von Gegenständen für Zwecke außerhalb des Unternehmens ohne USt
		M	R	8908 –8909	Buchungssperre
Umsatzerlöse	Umsatzerlöse Regelsteuersatz	M	AM	8910 –8913	Entnahme durch den Unternehmer für Zwecke außerhalb des Unternehmens (Waren) 19 % USt
		M	R	8914	Buchungssperre
	Umsatzerlöse ermäßigter Steuersatz	M	AM	8915 –8917	Entnahme durch den Unternehmer für Zwecke außerhalb des Unternehmens (Waren) 7 % USt
Sonstige betriebliche Erträge	Sonstige Sach-, Nutzungs- und Leistungsentnahmen	KU		8918	Verwendung von Gegenständen für Zwecke außerhalb des Unternehmens ohne USt (Telefon-Nutzung)
Umsatzerlöse	Steuerfreie Umsätze nach § 4 Nr. 8 ff. UStG	KU		8919	Entnahme durch den Unternehmer für Zwecke außerhalb des Unternehmens (Waren) ohne USt

8 Erlöskonten

HGB-Posten nach § 266 u. § 275 HGB	E-Bilanz Taxonomie	SKR03 2015		
		Funktionen	Konto	Beschriftung
Sonstige betriebliche Erträge	Sonstige Sach-, Nutzungs- und Leistungsentnahmen	M AM	8920	Verwendung von Gegenständen für Zwecke außerhalb des Unternehmens 19 % USt
	Private KFZ-Nutzung (nicht Kapitalgesellschaften)	M AM	8921	Verwendung von Gegenständen für Zwecke außerhalb des Unternehmens 19 % USt (Kfz-Nutzung)
	Sonstige Sach-, Nutzungs- und Leistungsentnahmen	M AM	8922	Verwendung von Gegenständen für Zwecke außerhalb des Unternehmens 19 % USt (Telefon-Nutzung)
		M R	8923	Buchungssperre
	Private KFZ-Nutzung (nicht Kapitalgesellschaften)	KU	8924	Verwendung von Gegenständen für Zwecke außerhalb des Unternehmens ohne USt (Kfz-Nutzung)
	Sonstige Sach-, Nutzungs- und Leistungsentnahmen	M AM	8925 –8927	Unentgeltliche Erbringung einer sonstige Leistung 19 % USt
		M R	8928	Buchungssperre
		KU	8929	Unentgeltliche Erbringung einer sonstigen ohne USt
		M AM	8930 –8931	Verwendung von Gegenständen für Zwecke außerhalb des Unternehmens 7 % USt
		M AM	8932 –8933	Unentgeltliche Erbringung einer sonstigen 7 % USt
		M R	8934	Buchungssperre
		M AM	8935 –8937	Unentgeltliche Zuwendung von Gegenständen 19 % USt
		M R	8938	Buchungssperre
		KU	8939	Unentgeltliche Zuwendung von Gegenständen 19 % USt
Umsatzerlöse	Umsatzerlöse Regelsteuersatz	M AM	8940 –8943	Unentgeltliche Zuwendung von Waren 19 % USt
		M R	8944	Buchungssperre
	Umsatzerlöse ermäßigter Steuersatz	M AM	8945 –8947	Unentgeltliche Zuwendung von Waren 7 % USt
Sonstige betriebliche Erträge	Sonstige Sach-, Nutzungs- und Leistungsentnahmen	M R	8948	Buchungssperre
Umsatzerlöse	Steuerfreie Umsätze nach § 4 Nr. 8 ff. UStG	KU	8949	Unentgeltliche Zuwendung von Waren ohne USt
	Sonstige Umsatzerlöse, nicht steuerbar	KU	8950	Nicht steuerbare Umsätze (Innenumsätze)
	Umsatzerlöse sonstige Umsatzsteuersätze	KU	8955	Umsatzsteuervergütungen, z. B. nach § 24 UStG
Erhöhung oder Verminderung des Bestandes an fertigen und unfertigen Erzeugnissen	Erhöhung oder Verminderung des Bestandes an fertigen und unfertigen Erzeugnissen (GKV)	KU	8960	Bestandsveränderung – unfertige Erzeugnisse
		KU	8970	Bestandsveränderung – unfertige Leistung
Erhöhung oder Verminderung des Bestandes in Ausführung befindlicher Bauaufträge		KU	8975	Bestandsveränderung – in Ausführung befindliche Bauaufträge
Erhöhung oder Verminderung des Bestandes in Arbeit befindlicher Aufträge		KU	8977	Bestandsveränderung – in Aufträge befindliche Aufträge
Erhöhung oder Verminderung des Bestandesan fertigen und unfertigen Erzeugnissen	Erhöhung oder Verminderung des Bestandes an fertigen und unfertigen Erzeugnissen (GKV)	KU	8980	Bestandsveränderung – fertige Erzeugnisse

8 Erlöskonten

HGB-Posten nach § 266 u. § 275 HGB	E-Bilanz Taxonomie		SKR03 2015	
		Funktionen	Konto	Beschriftung
Andere aktivierte Eigenleistungen	Andere aktivierte Eigenleistungen (GKV)	KU	8990	Andere aktivierte Eigenleistungen
		KU	8995	Aktivierte Eigenleistungen zur Erstellung von selbst geschaffenen immateriellen Vermögensgegenständen

9 Vortrags-, Kapital- und statistische Konten

				Vortragskonten
		KU S	9000	Saldenvorträge, Sachkonten
		KU F	9001 –9007	Saldenvorträge, Sachkonten
		KU S	9008	Saldenvorträge, Debitoren
		KU S	9009	Saldenvorträge, Kreditoren
		KU F	9060	Offene Posten aus 1990
		KU F	9069	Offene Posten aus 1999
		KU F	9070	Offene Posten aus 2000
		KU F	9071	Offene Posten aus 2001
		KU F	9072	Offene Posten aus 2002
		KU F	9073	Offene Posten aus 2003
		KU F	9074	Offene Posten aus 2004
		KU F	9075	Offene Posten aus 2005
		KU F	9076	Offene Posten aus 2006
		KU F	9077	Offene Posten aus 2007
		KU F	9078	Offene Posten aus 2008
		KU F	9079	Offene Posten aus 2009
		KU F	9080	Offene Posten aus 2010
		KU F	9081	Offene Posten aus 2011
		KU F	9082	Offene Posten aus 2012
		KU F	9083	Offene Posten aus 2013
		KU F	9084	Offene Posten aus 2014
	Neu	KU F	9085	Offene Posten aus 2015
		KU F	9090	Summenvortrag
		KU F	9091	Offene Posten aus 1991
		KU F	9092	Offene Posten aus 1992
		KU F	9093	Offene Posten aus 1993
		KU F	9094	Offene Posten aus 1994
		KU F	9095	Offene Posten aus 1995
		KU F	9096	Offene Posten aus 1996
		KU F	9097	Offene Posten aus 1997
		KU F	9098	Offene Posten aus 1998
				Statistische Konten für Betriebswirtschaftliche Auswertungen (BWA)
		KU F	9101	Verkaufstage
		KU F	9102	Anzahl der Barkunden
		KU F	9103	Beschäftigte Personen
		KU F	9104	Unbezahlte Personen
		KU F	9105	Verkaufskräfte
		KU F	9106	Geschäftsraum qm
		KU F	9107	Verkaufsraum qm
		KU F	9116	Anzahl Rechnungen
		KU F	9117	Anzahl Kreditkunden monatlich
		KU F	9118	Anzahl Kreditkunden aufgelaufen
		KU	9120	Erweiterungsinvestitionen

9 Vortrags-, Kapital- und statistische Konten

HGB-Posten nach § 266 u. § 275 HGB	E-Bilanz Taxonomie	SKR03 2015		
		Funktionen	Konto	Beschriftung
		KU F	9130	BWA-Formen mit statistischen Mengeneinheiten; Umrechnungssperre,
		KU F	9130 –9131	BWA-Formen mit statistischen Mengeneinheiten; Umrechnungssperre, Funktion 18000
		KU	9135	Auftragseingang im Geschäftsjahr
		KU	9140	Auftragsbestand
				Variables Kapital Teilhafter
		NEU KU F	9141	Variables Kapital TH
		NEU KU F	9142	Variables Kapital - Anteil für Teilhafter
		KU R	9143 –9145	Buchungssperre
				Kapitaländerungen durch Übertragung einer § 6b EStG Rücklage
		NEU KU F	9146	Variables Kapital – Übertragung einer § 6b EStG- Rücklage VH
		NEU KU F	9147	Variables Kapital - Übertragung einer § 6b EStG- Rücklage TH
		KU R	9148 –9149	Buchungssperre
				Andere Kapitalkontenanpassungen: Vollhafter
		NEU KU F	9150	Festkapital - andere Kapitalkontenanpassungen VH
		NEU KU F	9151	Variables Kapital - andere Kapitalkontenanpassungen VH
		NEU KU F	9152	Verlust-/Vortragskonto - andere Kapitalkontenanpassungen VH
		NEU KU F	9153	Kapitalkonto III - andere Kapitalkontenanpassungen VH
		NEU KU F	9154	Ausstehende Einlagen auf das Komplementär-Kapital, nicht eingefordert – andere Kapitalkontenanpassungen VH
		NEU KU F	9155	Verrechnungskonto für Einzahlungsverpflichtungen – andere Kapitalkontenanpassungen VH
		KU R	9156 –9159	Buchungssperre
				Andere Kapitalkontenanpassungen: Teilhafter
		NEU KU F	9160	Kommandit-Kapital – andere Kapitalkontenanpassungen TH
		NEU KU F	9161	Variables Kapital – andere Kapitalkontenanpassungen TH
		NEU KU F	9162	Verlustausgleichskonto – andere Kapitalkontenanpassungen TH
		NEU KU F	9163	Kapitalkonto III – andere Kapitalkontenanpassungen TH

9 Vortrags-, Kapital- und statistische Konten

HGB-Posten nach § 266 u. § 275 HGB	E-Bilanz Taxonomie	SKR03 2015		
		Funktionen	Konto	Beschriftung
		NEU KU F	9164	Ausstehende Einlagen auf das Kommandit-Kapital, nicht eingefordert – andere Kapitalkontenanpassungen TH
		NEU KU F	9165	Verrechnungskonto für Einzahlungsverpflichtungen – andere Kapitalkontenanpassungen TH
		KU R	9166 –9166	Buchungssperre
				Umbuchungen auf andere Kapitalkonten: Vollhafter
		NEU KU F	9170	Festkapital - Umbuchungen VH
		NEU KU F	9171	Variables Kapital – Umbuchungen VH
		NEU KU F	9172	Verlust-/Vortragskonto – Umbuchungen VH
		NEU KU F	9173	Kapitalkonto III – Umbuchungen VH
		NEU KU F	9174	Ausstehende Einlagen auf das Komplementär-Kapital, nicht eingefordert – Umbuchungen VH
		NEU KU F	9175	Verrechnungskonto für Einzahlungsverpflichtungen – Umbuchungen VH
		KU R	9176 –9179	Buchungssperre
				Umbuchungen auf andere Kapitalkonten: Teilhafter
		NEU KU F	9180	Kommandit-Kapital – Umbuchungen TH
		NEU KU F	9181	Variables Kapital – Umbuchungen TH
		NEU KU F	9182	Verlustausgleichskonto – Umbuchungen TH
		NEU KU F	9183	Kapitalkonto III - Umbuchungen TH
		NEU KU F	9184	Ausstehende Einlagen auf das Kommandit-Kapital, nicht eingefordert – Umbuchungen TH
		NEU KU F	9185	Verrechnungskonto für Einzahlungsverpflichtungen - Umbuchungen TH
		KU R	9186 –9188	Buchungssperre
		NEU KU	9189	Verrechnungskonto für Umbuchungen zwischen Gesellschafter-Eigenkapitalkonten
		KU F	9190	Gegenkonto für statistische Mengeneinheiten Konten 9101-9107 und Konten 9116-9118
		KU	9199	Gegenkonto zu Konten 9120, 9135-9140
				Statistische Konten für den Kennzifferteil der Bilanz
		KU F	9200	Beschäftigte Personen
		KU F	9201 –9208	BWA-Formen mit statistischen Mengeneinheiten; Umrechnungssperre, Funktion 18000
		KU F	9209	Gegenkonto zu 9200
		KU	9210	Produktive Löhne

9 Vortrags-, Kapital- und statistische Konten

HGB-Posten nach § 266 u. § 275 HGB	E-Bilanz Taxonomie	SKR03 2015		
		Funktionen	Konto	Beschriftung
		KU	9219	Gegenkonto zu 9210
		\multicolumn{3}{l}{Statistische Konten zur informativen Angabe des gezeichneten Kapitals in anderer Währung}
		KU F	9220	Gezeichnetes Kapital in DM (Art. 42 Abs. 3 S. 1 EGHGB)
		KU F	9221	Gezeichnetes Kapital in Euro (Art. 42 Abs. 3 S. 2 EGHGB)
		KU F	9229	Gegenkonto zu 9220–9221
		\multicolumn{3}{l}{Passive Rechnungsabgrenzung}
		KU	9230	Baukostenzuschüsse
		KU	9232	Investitionszulagen
		KU	9234	Investitionszuschüsse
		KU	9239	Gegenkonto zu Konten 9230–9238
		KU	9240	Investitionsverbindlichkeiten bei den Leistungsverbindlichkeiten
		KU	9241	Investitionsverbindlichkeiten aus Sachanlagekäufen bei Leistungsverbindlichkeiten
		KU	9242	Investitionsverbindlichkeiten aus Käufen von immateriellen Vermögensgegenständen bei Leistungsverbindlichkeiten
		KU	9243	Investitionsverbindlichkeiten aus Käufen von Finanzanlagen bei Leistungsverbindlichkeiten
		KU	9244	Gegenkonto zu Konten 9240–9243
		KU	9245	Forderungen aus Sachanlageverkäufen bei sonstigen Vermögensgegenständen
		KU	9246	Forderungen aus Verkäufen immaterieller Vermögensgegenstände bei sonstigen Vermögensgegenständen
		KU	9247	Forderungen aus Verkäufen von Finanzanlagen bei sonstigen Vermögensgegenständen
		KU	9249	Gegenkonto zu Konten 9245–9247
		KU R	9250	Buchungssperre
		KU R	9255	Buchungssperre
		KU R	9259	Buchungssperre
		\multicolumn{3}{l}{Aufgliederung der Rückstellungen}
		KU	9260	Kurzfristige Rückstellungen
		KU	9262	Mittelfristige Rückstellungen
		KU	9264	Langfristige Rückstellung, außer Pensionen
		KU	9269	Gegenkonto zu Konten 9260–9268
		\multicolumn{3}{l}{Statistische Konten für in der Bilanz auszuweisende Haftungsverhältnisse}
		KU	9270	Gegenkonto zu Konten 9271–9279 (Soll-Buchung)

9 Vortrags-, Kapital- und statistische Konten

HGB-Posten nach § 266 u. § 275 HGB	E-Bilanz Taxonomie	SKR03 2015		
		Funktionen	Konto	Beschriftung
		KU	9271	Verbindlichkeiten aus der Begebung und Übertragung von Wechseln
		KU	9272	Verbindlichkeiten aus der Begebung und Übertragung von Wechseln gegenüber verbundenen Unternehmen
		KU	9273	Verbindlichkeiten aus Bürgschaften, Wechsel- und Scheckbürgschaften
		KU	9274	Verbindlichkeiten aus Bürgschaften, Wechsel- und Scheckbürgschaften gegenüber verbundenen Unternehmen
		KU	9275	Verbindlichkeiten aus Gewährleistungsverträgen
		KU	9276	Verbindlichkeiten aus Gewährleistungsverträgen gegenüber verbundenen Unternehmen
		KU	9277	Haftung aus der Bestellung von Sicherheiten für fremde Verbindlichkeiten
		KU	9278	Haftung aus der Bestellung von Sicherheiten für fremde Verbindlichkeiten gegenüber verbundenen Unternehmen
		KU	9279	Verpflichtungen aus Treuhandvermögen
				Statistische Konten für die im Anhang anzugebenden sonstigen finanziellen Verpflichtungen
		KU	9280	Gegenkonto zu 9281-9286
		KU	9281	Verpflichtungen aus Miet- und Leasingverträgen
		KU	9282	Verpflichtungen aus Miet- und Leasingverträgen gegenüber verbundenen Unternehmen
		KU	9283	Andere Verpflichtungen gem. § 285 Nr. 3a HGB
		KU	9284	Andere Verpflichtungen gem. § 285 Nr. 3a HGB gegenüber verbundenen Unternehmen
		KU	9285	Statistisches Konto für den oberen Grenzwert, ABC-Analyse
		KU	9286	Sstatistisches Konto für den unteren Grenzwert, ABC-Analyse
				Statistische Konten für § 4 Abs. 3 EStG
		KU	9287	Zinsen bei Buchungen über Debitoren bei § 4 Abs. 3 EStG
		KU	9288	Mahngebühren bei Buchungen über Debitoren bei § 4 Abs. 3 EStG
		KU	9289	Gegenkonto zu 9287 und 9288
		KU	9290	Statistisches Konto steuerfreie Auslagen
		KU	9291	Gegenkonto zu 9290
Verbindlichkeiten aus Lieferungen und Leistungen	Verbindlichkeiten aus Lieferungen und Leistungen	KU	9292	Statistisches Konto Fremdgeld
Sonstige Verbindlichkeiten	Übrige sonstige Verbindlichkeiten	KU	9293	Gegenkonto zu 9292
Einlagen stiller Gesellschafter	Einlagen stiller Gesellschafter	KU	9295	Einlagen stiller Gesellschafter
Steuerrechtlicher Ausgleichsposten		KU	9297	Steuerrechtlicher Ausgleichsposten

9 Vortrags-, Kapital- und statistische Konten

HGB-Posten nach § 266 u. § 275 HGB	E-Bilanz Taxonomie	SKR03 2015		
		Funktionen	Konto	Beschriftung
		KU F	9300 –9320	BWA-Formen mit statistischen Mengeneinheiten; Umrechnungssperre, Funktion 18000
		KU F	9326 –9343	BWA-Formen mit statistischen Mengeneinheiten; Umrechnungssperre, Funktion 18000
		KU F	9346 –9349	BWA-Formen mit statistischen Mengeneinheiten; Umrechnungssperre, Funktion 18000
		KU F	9357 –9364	BWA-Formen mit statistischen Mengeneinheiten; Umrechnungssperre, Funktion 18000
		KU F	9365 –9367	BWA-Formen mit statistischen Mengeneinheiten; Umrechnungssperre, Funktion 18000
		KU F	9371 –9372	BWA-Formen mit statistischen Mengeneinheiten; Umrechnungssperre, Funktion 18000
		KU	9390 –9394	BWA-Formen der Branchenlösung
		KU F	9395 –9399	BWA-Formen mit statistischen Mengeneinheiten; Umrechnungssperre, Funktion 18000
PrivatkontenKommanditisten (KapCo)	Kapitalanteil Kommanditisten (KapCo)	KU F	9400 –9409	Privat Teilhafter (für Verrechnung Gesellschafterdarlehen mit Eigenkapitalcharakter – Konto 9840–9849) Privatentnahmen allgemein
		KU F	9410 –9419	Privatsteuern
		KU F	9420 –9429	Sonderausgaben beschränkt abzugsfähig
		KU F	9430 –9439	Sonderausgaben unbeschränkt abzugsfähig
		KU F	9440 –9449	Zuwendungen, Spenden
		KU F	9450 –9459	Außergewöhnliche Belastungen
		KU F	9460 –9469	Grundstücksaufwand
		KU F	9470 –9479	Grundstücksertrag
		KU F	9480 –9489	Unentgeltliche Wertabgaben
		KU F	9490 –9499	Privateinlagen
Haftkapital		KU F KU F	9500 –9509	Statistische Konten für die Kapitalkontenentwicklung Anteil für Konto 0900-09 Teilhafter
Variables Kapital		KU F KU	9510 –9519	Anteil für Konto 0910-19 Teilhafter

DATEV Kontenrahmen SKR03

9 Vortrags-, Kapital- und statistische Konten

HGB-Posten nach § 266 u. § 275 HGB	E-Bilanz Taxonomie	SKR03 2015		
		Funktionen	Konto	Beschriftung
Verbindlichkeiten gegenüber Kommanditisten oder Forderungen gegen Kommanditisten und atypisch stille Gesellschafter	Verbindlichkeiten gegenüber Kommanditisten	KU F KU	9520 -9529	Anteil für Konto 0920-29 Teilhafter
Eingeforderte, noch ausstehende Einlagen	Eingeforderte noch ausstehende Kapitaleinlagen Kommanditisten	KU F KU	9530 -9539	Anteil für Konto 9950-59 Teilhafter
	Eingeforderte noch ausstehende Kapitaleinlagen persönlich haftenden Gesellschafter	KU F KU	9540 -9549	Anteil für Konto 9930-39 Teilhafter
Kapitalanteil persönlich haftende Gesellschafter (KapCo)	Kapitalanteile der persönlich haftenden Gesellschafter	KU F KU	9550 -9559	Anteil für Konto 9810-19 Vollhafter
		KU F KU	9560 -9569	Anteil für Konto 9820-29 Vollhafter
		KU F KU	9570 -9579	Anteil für Konto 0870-79 Vollhafter
		KU F KU	9580 -9589	Anteil für Konto 0880-89 Vollhafter
Verbindlichkeiten gegenüber persönlich haftenden Gesellschafter oder Forderungen gegen persönlich haftenden Gesellschafter	Verbindlichkeiten gegenüber persönlich haftenden Gesellschafter	KU F KU	9590 -9599	Anteil für Konto 0890-99 Vollhafter
Gutschrift auf Kapitalkonten	Gutschrift auf Kapitalkonten der Gesellschafter	**KU F** 	**9600** **-9609**	**Name des Gesellschafters** **Vollhafter**
		KU F 	9610 -9619	Tätigkeitsvergütung Vollhafter
		KU F 	9620 -9629	Tantieme Vollhafter
		KU F 	9630 -9639	Darlehensverzinsung Vollhafter
		KU F 	9640 -9649	Gebrauchsüberlassung Vollhafter
		KU F 	9650 -9689	Sonstige Vergütungen Vollhafter
		KU F 	9690 -9699	Restanteil Vollhafter
		KU F 	**9700** **-9709**	**Name des Gesellschafters** **Teilhafter**
		KU F 	9710 -9719	Tätigkeitsvergütung Teilhafter
		KU F 	9720 -9729	Tantieme Teilhafter
		KU F 	9730 -9739	Darlehensverzinsung Teilhafter
		KU F 	9740 -9749	Gebrauchsüberlassung Teilhafter
		KU F 	9750 -9779	Sonstige Vergütungen Teilhafter
Kapitalanteil Kommanditisten (KapCo)	Kapitalanteile der Kommanditisten	KU F KU F	9780 -9789	Anteil für Konto 9840–49 Teilhafter
Gutschrift auf Kapitalkonten	Gutschrift auf Kapitalkonten der Gesellschafter	KU F 	9790 -9799	Restanteil Teilhafter
		F 	**9800** **-9801**	**Abstimmsummenkonto für den Import** **von Buchungssätzen**

DATEV Kontenrahmen SKR03

9 Vortrags-, Kapital- und statistische Konten

HGB-Posten nach § 266 u. § 275 HGB	E-Bilanz Taxonomie	SKR03 2015		
		Funktionen	Konto	Beschriftung
				Rücklagen, Gewinn-, Verlustvortrag
	Rücklagen (gesamthänderisch gebunden)	NEU KU F	9802	Gesamthänderisch gebundene Rücklagen – andere Kapitalkontenanpassungen
		NEU KU F	9803	Gewinnvortrag/Verlustvortrag – andere Kapitalkontenanpassungen
	Rücklage (gesamthänderisch gebunden) Zuführungen/Minderungen lfd. Jahr	NEU KU F	9804	Gesamthänderisch gebundene Rücklagen – Umbuchungen
		NEU KU F	9805	Gewinnvortrag/Verlustvortrag – Umbuchungen
				Statistische Anteile an den Posten Jahresüberschuss/-fehlbetrag bzw. Bilanzgewinn/-verlust
		Neu KU F	9806	Zuzurechnender Anteil am Jahresüberschuss/Jahresfehlbetrag – je Gesellschafter
		Neu KU F	9807	Zuzurechnender Anteil am Bilanzgewinn/Bilanzverlust je Gesellschafter
		Neu KU F	9808	Gegenkonto für zuzurechnender Anteil am Jahresüberschuss/Jahresfehlbetrag
		Neu KU F	9809	Gegenkonto für zuzurechnender Anteil am Bilanzgewinn/Bilanzverlust
				Kapital Personenhandelsgesellschaft Vollhafter
Kapitalanteil persönlich haftende Gesellschafter (KapCo)	Kapitalanteile der persönlich haftenden Gesellschafter	KU F	9810 –9819	Kapitalkonto III
		KU F	9820 –9829	Verlust-/Vortragskonto
		KU F	9830 –9839	Verrechnungskonto für Einzahlungsverpflichtungen
				Kapital Personenhandelsgesellschaft Teilhafter
Kapitalanteil Kommanditisten (KapCo)	Kapitalanteile der Kommanditisten	KU F	9840 –9849	Kapitalkonto III
		KU F	9850 –9859	Verrechnungskonto für Einzahlungsverpflichtungen
				Einzahlungsverpflichtungen im Bereich der Forderungen
Einzahlungsverpflichtungen persönlich haftende Gesellschafter	Einzahlungsverpflichtungen persönlich haftende Gesellschafter	KU F	9860 –9869	Einzahlungsverpflichtungen persönlich haftender Gesellschafter
Einzahlungsverpflichtungen Kommanditisten	Einzahlungsverpflichtungen Kommanditisten	KU F	9870 –9879	Einzahlungsverpflichtungen Kommanditisten
				Ausgleichsposten für aktivierte Anteile Bilanzierungshilfen
Ausgleichsposten für aktivierte eigene Anteile	Sonstige Sonderposten	KU	9880	Ausgleichsposten für aktivierte eigene Anteile
Ausgleichsposten für aktivierte Bilanzierungshilfen	Ausgleichsposten für aktivierte Bilanzierungshilfen (Personenhandelsgesellschaften)	KU	9882	Ausgleichsposten für aktivierte Bilanzierungshilfen

DATEV Kontenrahmen SKR03

9 Vortrags-, Kapital- und statistische Konten

HGB-Posten nach § 266 u. § 275 HGB	E-Bilanz Taxonomie	SKR03 2015 Funktionen	Konto	Beschriftung
				Nicht durch Vermögenseinlagen gedeckte Entnahmen
Durch Entnahmen entstandenes negatives Kapital (KapCo)	Nicht durch Vermögenseinlagen gedeckter Verlustanteil der persönlich haftenden Gesellschafter [Aktivseite]	KU F	9883	Nicht durch Vermögenseinlagen gedeckte Entnahmen persönlich haftender Gesellschafter
Nicht durch Vermögenseinlagen gedeckte Entnahmen Kommanditisten	Nicht durch Vermögenseinlagen gedeckter Verlustanteil der Kommanditisten [Aktivseite]	KU F	9884	Nicht durch Vermögenseinlagen gedeckte Entnahmen Kommanditisten
				Verrechnungskonto für nicht durch Vermögenseinlagen gedeckte Entnahmen
Durch Verluste entstandenes negatives Kapital (KapCo)	Nicht durch Vermögenseinlagen gedeckter Verlustanteil der persönlich haftenden Gesellschafter [Aktivseite]	KU F	9885	Verrechnungskonto für nicht durch Vermögenseinlagen gedeckte Entnahmen persönlich haftender Gesellschafter
Durch Verluste entstandenes negatives Kapital (KapCo)	Nicht durch Vermögenseinlagen gedeckter Verlustanteil der Kommanditisten [Aktivseite]	KU F	9886	Verrechnungskonto für nicht durch Vermögenseinlagen gedeckte Entnahmen Kommanditisten
				Steueraufwand der Gesellschafter
		KU	9887	Steueraufwand der Gesellschafter
		KU	9889	Gegenkonto zu 9887
				Statistische Konten für Gewinnzuschlag
		KU	9890	Statistisches Konto für den Gewinnzuschlag nach §§ 6b, 6c und 7g a. F. EStG (Haben)
		KU	9891	Statistisches Konto für den Gewinnzuschlag nach §§ 6b, 6c und 7g a. F. EStG (Soll) – Gegenkonto zu 9890
				Vorsteuer-/Umsatzsteuerkonten zur Korrektur der Forderungen/ Verbindlichkeiten (EÜR)
		KU	9893	Umsatzsteuer in den Forderungen zum allgemeinen Umsatzsteuersatz (EÜR)
		KU	9894	Umsatzsteuer in den Forderungen zum ermäßigten Umsatzsteuersatz (EÜR)
		KU	9895	Gegenkonto 9893–9894 für die Aufteilung der Umsatzsteuer (EÜR)13
		KU	9896	Vorsteuer in den Verbindlichkeiten zum allgemeinen Umsatzsteuersatz (EÜR)
		KU	9897	Vorsteuer in den Verbindlichkeiten zum ermäßigten Umsatzsteuersatz (EÜR)
		KU	9899	Gegenkonto 9896–9897 für die Aufteilung der Vorsteuer (EÜR)13
				Statistische Konten zu § 4 (4a) EStG
		KU	9910	Gegenkonto zur Minderung der Entnahmen § 4 (4a) EStG
		KU	9911	Minderung der Entnahmen § 4 (4a) EStG (Haben)
		KU	9912	Erhöhung der Entnahmen § 4 (4a) EStG

9 Vortrags-, Kapital- und statistische Konten

HGB-Posten nach § 266 u. § 275 HGB	E-Bilanz Taxonomie	SKR03 2015 Funktionen	Konto	Beschriftung
		KU	9913	Gegenkonto zur Erhöhung der Entnahme § 4 (4a) EStG (Haben)
		KU R	9916 –9917	Buchungssperre
		KU	9918	Auswertungen mit Vorjahresvergleich
		KU	9919	Auswertungen mit Vorjahresvergleich
				Ausstehende Einlagen
Nicht eingeforderte ausstehende Einlagen – persönlich haftende Gesellschafter	Nicht eingeforderte ausstehende Einlagen – persönlich haftende Gesellschafter	KU F	9920 –9929	Ausstehende Einlagen auf das Komplementär-Kapital, nicht eingefordert
Eingeforderte noch ausstehende Einlagen	Eingeforderte noch ausstehende Kapitaleinlagen persönlich haftender Gesellschafter	KU F	9930 –9939	Ausstehende Einlagen auf das Komplementär-Kapital, eingefordert
Nicht eingeforderte ausstehende Einlagen – Kommanditisten	Nicht eingeforderte ausstehende Einlagen der Kommanditisten	KU F	9940 –9949	Ausstehende Einlagen auf das Kommandit-Kapital, nicht eingefordert
Eingeforderte noch ausstehende Einlagen	Eingeforderte noch ausstehende Kapitaleinlagen Kommanditisten	KU F	9950 –9959	Ausstehende Einlagen auf das Kommandit-Kapital, eingefordert
				Konten zu Bewertungskorrekturen
Forderungen aus Lieferungen und Leistungen	Forderungen aus Lieferungen und Leistungen		9960	Bewertungskorrektur zu Forderungen aus Lieferungen und Leistungen
Sonstige Verbindlichkeiten	Übrige sonstige Verbindlichkeiten		9961	Bewertungskorrektur zu sonstigen Verbindlichkeiten
Kassenbestand, Bundesbankguthaben, Guthaben bei Kreditinstituten und Schecks	Guthaben bei Kreditinstituten		9962	Bewertungskorrektur zu Guthaben bei Kreditinstituten
Verbindlichkeiten gegenüber Kreditinstituten	Verbindlichkeiten gegenüber Kreditinstituten		9963	Bewertungskorrektur zu Verbindlichkeiten gegenüber Kreditinstituten
Verbindlichkeiten aus Lieferungen und Leistungen	Verbindlichkeiten aus Lieferungen und Leistungen		9964	Bewertungskorrektur zu Verbindlichkeiten aus Lieferungen und Leistungen
Sonstige Vermögensgegenstände	Übrige sonstige Vermögensgegenstände/ nicht zuordnebare sonstige Vermögensgegenstände		9965	Bewertungskorrektur zu sonstigen Vermögensgegenständen
				Statistische Konten für den außerhalb der Bilanz zu berücksichtigenden Investitionsabzugsbetrag nach § 7g EStG
		KU	9970	Investitionsabzugsbetrag § 7g Abs. 1 EStG, außerbilanziell (Soll)
		KU	9971	Investitionsabzugsbetrag § 7g Abs. 1 EStG, außerbilanziell (Haben) – Gegenkonto zu 9970
		KU	9972	Hinzurechnung Investitionsabzugsbetrag § 7g Abs. 2 EStG, außerbilanziell (Haben)
		KU	9973	Hinzurechnung Investitionsabzugsbetrag § 7g Abs. 2 EStG, außerbilanziell (Soll) – Gegenkonto zu 9972
		KU	9974	Rückgängigmachung § 7g Abs. 3, 4 EStG und Erhöhung Investitionsabzugsbetrag im früheren Abzugsjahr

9 Vortrags-, Kapital- und statistische Konten

HGB-Posten nach § 266 u. § 275 HGB	E-Bilanz Taxonomie	SKR03 2015 Funktionen	Konto	Beschriftung
		KU	9975	Rückgängigmachung § 7g Abs. 3, 4 EStG und Erhöhung Investitionsabzugsbetrag im früheren Abzugsjahr – Gegenkonto zu 9974
				Statistische Konten für die Zinsschranke § 4h EStG/§ 8a KStG
		KU	9976	Nicht abzugsfähige Zinsaufwendungen gemäß § 4h EStG (Haben)
		KU	9977	Nicht abzugsfähige Zinsaufwendungen gemäß § 4h EStG (Soll) – Gegenkonto zu 9976
		KU	9978	Abziehbare Zinsaufwendungen aus Vorjahren gemäß § 4h EStG (Soll)
		KU	9979	Abziehbare Zinsaufwendungen aus Vorjahren gemäß § 4h EStG (Haben) – Gegenkonto zu 9978
				Statistische Konten für den GuV-Ausweis in „Gutschrift bzw. Belastung auf Verbindlichkeitskonten" bei den Zuordnungs-tabellen für PersHG nach KapCoRiLiG
Gutschrift auf Verbindlichkeitskonten	Gutschrift auf Kapitalkonten der Gesellschafter	KU	9980	Anteil Belastung auf Verbindlichkeitskonten
Gutschrift auf Kapitalkonten		KU	9981	Verrechnungskonto für Anteil Belastung auf Verbindlichkeitskonten
Gutschrift auf Verbindlichkeitskonten		KU	9982	Anteil Gutschrift auf Verbindlichkeitskonten
Gutschrift auf Kapitalkonten		KU	9983	Verrechnungskonto für Anteil Gutschrift auf Verbindlichkeitskonten
				Statistische Konten für die Gewinnkorrektur nach § 60 Abs. 2 EStDV
		KU	9984	Gewinnkorrektur nach § 60 Abs. 2 EStDV – Erhöhung handelsrechtliches Ergebnis durch Habenbuchung – Minderung handelsrechtliches Ergebnis durch Sollbuchung
		KU	9985	Gegenkonto zu 9984
				Statistische Konten für die Korrekturbuchung in der Überleitungsrechnung
		KU	9986	Ergebnisverteilung auf Fremdkapital
		KU	9987	Bilanzberichtigung
		KU	9989	Gegenkonto zu 9986–9988

10 Personenkonten

				Personenkonten
		KU	10000 –69999	Debitoren
		KU	70000 –99999	Kreditoren

DATEV-Kontenrahmen nach dem Bilanzrichtlinien-Gesetz Standardkontenrahmen (SKR) 04 – (Abschlussgliederungsprinzip) mit Positionen der HGB- und E-Bilanz Gültig ab 2015

Kontenfunktionen

Automatische Umsatzsteuerfunktionen

Vom DATEV-System sind bereits etliche Konten im SKR mit Automatikfunktionen zu Umsatzsteuerberechnungen ausgestattet. Wenn Sie den Kontenrahmen zur Hand nehmen, sehen Sie zu Beginn etlicher Kontenklassen eine Box mit Kontenbereichen, markiert durch KU, M oder V. Unmittelbar vor den einzelnen Kontennummern stehen die Buchstaben AM und AV.

Das Kürzel AV vor der Kontonummer bedeutet, dass die Vorsteuer aus dem auf diesem Konto gebuchten Bruttobetrag herausgerechnet und automatisch auf dem Vorsteuerkonto verbucht wird. Das Kürzel AM steht für die automatische Verbuchung der Mehrwertsteuer, wenn Sie die so gekennzeichneten Erlöskonten ansprechen.

Als weitere Kontenfunktionen, eingearbeitet in den DATEV-Kontenrahmen, sind hier zu erwähnen:
USt-Zusatzfunktionen:

        KU = Keine Umsatzsteuer
        V   = Nur Vorsteuerabzug/Korrektur möglich
        M   = Nur Mehrwertsteuer/Korrektur möglich

Eine Sonderrolle bilden die mit S gekennzeichneten Konten Verbindlichkeiten bzw. Forderungen aus Lieferungen und Leistungen. Da auf diesen Konten automatisch die Salden der Personenkonten erscheinen, können sie als einzige Sammelkonten nicht direkt bebucht werden. Dieser Schutz verhindert eventuelle Differenzen zwischen dem Sachkonto und den entsprechenden Personenkonten.

Ebenfalls nicht bebucht werden können die mit R reservierten Konten. Hier behält sich die DATEV vor, zukünftig Konten mit neuen Merkmalen festzulegen. Beispielsweise wurden viele Konten mit 15 % und 16 % USt für die Umsatzsteuererhöhung in 2007 gesperrt und neu belegt.

Konten mit dem Kürzel F machen auf spezielle Funktionen, z. B. die Abfrage und das Einsteuern in die USt-Voranmeldung oder die Zusammenfassende Meldung aufmerksam.

0 Anlagevermögenskonten

HGB-Posten nach § 266 u. § 275 HGB	E-Bilanz Taxonomie	SKR04 2015		
		Funktionen	Konto	Beschriftung
				Ausstehende Einlagen auf das gezeichnete Kapital
		R	0001	
		R	0040	
Nicht eingeforderte ausstehende Einlagen – persönlich haftende Gesellschafter	Nicht eingeforderte ausstehende Einlagen – persönlich haftende Gesellschafter	F	0050 −0059	Ausstehende Einlagen auf das Komplementär-Kapital, nicht eingefordert VH
Eingeforderte, noch ausstehende Einlagen	Eingeforderte noch ausstehende Kapitaleinlagen persönlich haftender Gesellschafter	F F	0060 −0069	Ausstehende Einlage auf das Komplementär-Kapital, eingefordert VH
Nicht eingeforderte ausstehende Einlagen – Kommanditisten	Nicht eingeforderte ausstehende Einlagen der Kommanditisten	F	0070 −0079	Ausstehende Einlage auf das Kommandit-Kapital, nicht eingefordert ZH
Eingeforderte, noch ausstehende Einlagen	Eingeforderte noch ausstehende Kapitaleinlagen der der Kommanditisten	F	0080 −0089	Ausstehende Einlage auf das Kommandit-Kapital, eingefordert TH
	Rückständige fällige Einzahlungen auf Geschäftsanteile		0090	Rückständige fällige Einzahlungen auf Geschäftsanteile
				Aufwendungen für die Ingangsetzung und Erweiterung des Geschäftsbetriebs
Aufwendungen für die Ingangsetzung und Erweiterung des Geschäftsbetriebs	Aufwendungen für die Ingangsetzung und Erweiterung des Geschäftsbetriebs		0095	Aufwendungen für die Ingangsetzung und Erweiterung des Geschäftsbetriebs
				Anlagevermögen Immaterielle Vemögensgegenstände
Entgeltlich erworbene Konzessionen, gewerbliche Schutzrechte und ähnliche Rechte und Werte sowie Lizenzen an solchen Rechten und Werten	Entgeltlich erworbene Konzessionen, gewerbliche Schutz- und ähnliche Rechte und Werte sowie Lizenzen an solchen Rechten und Werten		0100	Entgeltlich erworbene Konzessionen, gewerbliche Schutzrechte und ähnliche Rechte und Werte sowie Lizenzen an solchen Rechten und Werten
			0110	Konzessionen
			0120	Gewerbliche Schutzrechte
			0130	Ähnliche Rechte und Werte
			0135	EDV-Software
			0140	Lizenzen an gewerblichen Schutzrechten und ähnlichen Rechten und Werten
Selbst geschaffene gewerbliche Schutzrechte und ähnliche Rechte und Werte	Selbst geschaffene gewerbliche Schutzrechte und ähnliche Rechte und Werte		0143	Selbstgeschaffene immaterielle Vermögensgegenstände
			0144	EDV Software
			0145	Lizenzen und Franchiseverträge
			0146	Konzessionen und gewerbliche Schutzrechte
			0147	Rezepte, Verfahren, Prototypen
			0148	Immaterielle Vermögensgegenstände in Entwicklung
Geschäfts- oder Firmenwert	Geschäfts- oder Firmenwert		0150	Geschäfts- oder Firmenwert
			0160	Verschmelzungsmehrwert
Geleistete Anzahlungen	Geleistete Anzahlungen (immaterielle Vermögensgegenstände)		0170	Geleistete Anzahlungen auf immaterielle Vermögensgegenstände
			0179	Anzahlungen auf Geschäfts- oder Firmenwert

0 Anlagevermögenskonten

HGB-Posten nach § 266 u. § 275 HGB	E-Bilanz Taxonomie	SKR04 2015		
		Funktionen	Konto	Beschriftung
				Sachanlagen
Grundstücke, grundstücksgleiche Rechte und Bauten einschließlich der Bauten auf fremden Grundstücken	Übrige Grundstücke, nicht zuordenbar		0200	Grundstücke, grundstücksgleiche Rechte und Bauten einschließlich der Bauten auf fremden Grundstücken
	Grundstücksgleiche Rechte ohne Bauten		0210	Grundstücksgleiche Rechte ohne Bauten
	Unbebaute Grundstücke		0215	Unbebaute Grundstücke
	Grundstücksgleiche Rechte ohne Bauten		0220	Grundstücksgleiche Rechte (Erbbaurecht, Dauerwohnrecht)
	Unbebaute Grundstücke		0225	Grundstücke mit Substanzverzehr
	Bauten auf eigenen Grundstücken und grundstücksgleichen Rechten		0229	Grundstücksanteil häusliches Arbeitszimmer
			0230	Bauten auf eigenen Grundstücken und grundstücksgleichen Rechten
			0235	Grundstückswerte eigener bebauter Grundstücke
			0240	Geschäftsbauten
			0250	Fabrikbauten
			0260	Andere Bauten
			0270	Garagen
			0280	Außenanlagen für Geschäfts-, Fabrik- und andere Bauten
			0285	Hof- und Wegebefestigungen
			0290	Einrichtungen für Geschäfts-, Fabrik- und andere Bauten
			0300	Wohnbauten
			0305	Garagen
			0310	Außenanlagen
			0315	Hof- und Wegebefestigungen
			0320	Einrichtungen für Wohnbauten
			0329	Gebäudeteil häusliches Arbeitszimmer
	Bauten auf fremden Grundstücken		0330	Bauten auf fremden Grundstücken
			0340	Geschäftsbauten
			0350	Fabrikbauten
			0360	Wohnbauten
			0370	Andere Bauten
			0380	Garagen
			0390	Außenanlagen
			0395	Hof- und Wegebefestigungen
			0398	Einrichtungen für Geschäfts-, Fabrik-, Wohn- und andere Bauten
Technische Anlagen und Maschinen	Technische Anlagen und Maschinen		0400	Technische Anlagen und Maschinen
			0420	Technische Anlagen
			0440	Maschinen
			0450	Transportanlagen und Ähnliches
			0460	Maschinengebundene Werkzeuge
			0470	Betriebsvorrichtungen
Andere Anlagen, Betriebs- und Geschäftsausstattung	Andere Anlagen, Betriebs- und Geschäftsausstattung		0500	Andere Anlagen, Betriebs- und Geschäftsausstattung
			0510	Andere Anlagen
			0520	PKW
			0540	LKW
			0560	Sonstige Transportmittel
			0620	Werkzeuge

0 Anlagevermögenskonten

HGB-Posten nach § 266 u. § 275 HGB	E-Bilanz Taxonomie	SKR04 2015 Funktionen	Konto	Beschriftung
Andere Anlagen, Betriebs- und Geschäftsausstattung	Andere Anlagen, Betriebs- und Geschäftsausstattung		0630	Betriebsausstattung
			0635	Geschäftsausstattung
			0640	Ladeneinrichtung
			0650	Büroeinrichtung
			0660	Gerüst- und Schalungsmaterial
			0670	Geringwertige Wirtschaftsgüter
			0675	Wirtschaftsgüter größer 150 bis 1000 Euro (Sammelposten)
			0680	Einbauten in fremde Grundstücke
			0690	Sonstige Betriebs- und Geschäftsausstattung
Geleistete Anzahlungen und Anlagen im Bau	Geleistete Anzahlungen und Anlagen im Bau		**0700**	**Geleistete Anzahlungen und Anlagen im Bau**
			0705	Anzahlungen auf Grundstücke und grundstücksgleiche Rechte ohne Bauten
			0710	Geschäfts-, Fabrik- und andere Bauten im Bau auf eigenen Grundstücken
			0720	Anzahlungen auf Geschäfts-, Fabrik- und andere Bauten auf eigenen Grundstücken und grundstücksgleichen Rechten
			0725	Wohnbauten im Bau auf eigenen Grundstücken
			0735	Wohnbauten im Bau auf eigenen Grundstücken und grundstücksgleichen Rechten
			0740	Geschäfts-, Fabrik- und andere Bauten im Bau auf fremden Grundstücken
			0750	Anzahlungen auf Geschäfts-, Fabrik- und andere Bauten auf fremden Grundstücken
			0755	Wohnbauten im Bau auf fremden Grundstücken
			0765	Anzahlungen auf Wohnbauten auf fremden Grundstücken
			0770	Technische Anlagen und Maschinen im Bau
			0780	Anzahlungen auf technische Anlagen und Maschine
			0785	Andere Anlagen, Betriebs- und Geschäftsausstattung im Bau
			0795	Anzahlungen auf andere Anlagen, Betriebs- und Geschäftsausstattung
				Finanzanlagen
Anteile an verbundenen Unternehmen	Anteile an verbundenen Unternehmen, nach Rechtsform nicht zuordenbar		**0800**	**Anteile an verbundenen Unternehmen**
	Anteile an Personengesellschaften		0803	Anteile an verbundenen UN, PersG
	Anteile an Kapitalgesellschaften		0804	Anteile an verbundenen UN, KapG
	Anteile an Personengesellschaften		0805	Anteile an herrschender oder mehrheitlich beteiligter Gesellschaft, PersG
	Anteile an Kapitalgesellschaften		0808	Anteile an herrschender oder mehrheitlich beteiligter Gesellschaft, KapG
	Anteile an verbundenen Unternehmen, nach Rechtsform nicht zuordenbar		0809	Anteile an herrschender oder mit Mehrheit beteiligter Gesellschaft

0 Anlagevermögenskonten

HGB-Posten nach § 266 u. § 275 HGB	E-Bilanz Taxonomie	SKR04 2015 Funktionen	Konto	Beschriftung
Ausleihungen an verbundene UN	Ausleihungen an verbundene UN, nach Rechtsform nicht zuordenbar		0810	Ausleihungen an verbundene UN, PersG
	Ausleihungen an verbundene UN, soweit PersG		0813	Ausleihungen an verbundene UN, PersG
	Ausleihungen an verbundene UN, soweit KapG		0814	Ausleihungen an verbundene UN, KapG
	Ausleihungen an verbundene UN, soweit Einzelunternehmen		0815	Ausleihungen an verbundene UN, Einzelunternehmen
Beteiligungen	Sonstige Beteiligungen, nicht zuordenbar		0820	Beteiligungen
	Beteiligungen an Kapitalgesellschaften		0829	Beteiligung einer GmbH & Co. KG an einer Komplementär GmbH
	Typisch stille Beteiligungen		0830	Typisch stille Beteiligungen
	Atypische stille Beteiligungen		0840	Atypische stille Beteiligungen
	Beteiligungen an Kapitalgesellschaften		0850	Beteiligungen an Kapitalgesellschaften
	Beteiligungen an Personengesellschaften		0860	Beteiligungen an Personengesellschaften
Ausleihungen an UN, mit denen ein Beteiligungsverhältnis besteht	Ausleihungen an UN, mit denen ein Beteiligungsverhältnis besteht nicht nach Rechtsform zuordenbar		0880	Ausleihungen an UN, mit denen ein Beteiligungsverhältnis besteht
	Ausleihungen an Personengesellschaften		0883	Ausleihungen an UN mit denen ein Beteiligungsverhältnis, PersG
	Ausleihungen an Kapitalgesellschaften		0885	Ausleihungen an UN mit denen ein Beteiligungsverhältnis, KapG
Wertpapiere des Anlagevermögens	Wertpapiere des Anlagevermögens		0900	**Wertpapiere des Anlagevermögens**
			0910	Wertpapiere mit Gewinnbeteiligungsansprüchen, die dem Teileinkünfteverfahren unterliegen
			0920	Festverzinsliche Wertpapiere
Sonstige Ausleihungen	Sonstige Ausleihungen		0930	Sonstige Ausleihungen
			0940	Darlehen
	--- (aufzulösender Auffangposten lt. DATEV-E-Bilanz-Zuordnungstabelle): Ausleihungen an Gesellschafter		0960	Ausleihungen an Gesellschafter
	Ausleihungen an GmbH-Gesellschafter		0961	Ausleihungen an GmbH-Gesellschafter
	Ausleihungen an persönlich haftende Gesellschafter		0962	Ausleihungen an persönlich haftende Gesellschafter
	Ausleihungen an Kommanditisten		0963	Ausleihungen an Kommanditisten
	Ausleihungen an stille Gesellschafter		0964	Ausleihungen an stille Gesellschafter
	Ausleihungen an nahe stehende Personen		0970	Ausleihungen an nahe stehende Personen
Genossenschaftsanteile	Genossenschaftsanteile (langfristiger Verbleib)		0980	Genossenschaftsanteile zum langfristigen Verbleib
Rückdeckungsansprüche aus Lebensversicherungen zum langfristigen Verbleib	Rückdeckungsansprüche aus Lebensversicherungen zum langfristigen Verbleib		0990	Rückdeckungsansprüche aus Lebensversicherungen zum langfristigen Verbleib

1 Umlaufvermögenskonten

				Vorräte
Roh-, Hilfs- und Betriebsstoffe	Roh-, Hilfs- und Betriebsstoffe	KU	1000 –1039	Roh-, Hilfs- und Betriebsstoffe (Bestand)
Unfertige Erzeugnisse, unfertige Leistungen	Unfertige Erzeugnisse, unfertige Leistungen	KU	1040 –1049	Unfertige Erzeugnisse, unfertige Leistungen (Bestand)
		KU	1050 –1079	Unfertige Erzeugnisse
		KU	1080 –1089	Unfertige Leistungen

DATEV Kontenrahmen SKR04

1 Umlaufvermögenskonten

HGB-Posten nach § 266 u. § 275 HGB	E-Bilanz Taxonomie	SKR04 2015		
		Funktionen	Konto	Beschriftung
In Ausführung befindliche Bauaufträge	Unfertige Erzeugnisse, unfertige Leistungen	KU	1090 –1094	In Ausführung befindliche Bauaufträge
In Arbeit befindliche Aufträge		KU	1095 –1099	In Arbeit befindliche Aufträge
Fertige Erzeugnisse und Waren	Fertige Erzeugnisse und Waren	KU	1100 –1109	Fertige Erzeugnisse und Waren (Bestand)
		KU	1110 –1139	Fertige Erzeugnisse (Bestand)
		KU	1140 –1179	Waren (Bestand)
Geleistete Anzahlungen (Vorräte)	Geleistete Anzahlungen (Vorräte)	V	1180	Geleistete Anzahlungen auf Vorräte
		V AV	1181	Geleistete Anzahlungen 7 % Vorsteuer
		V R	1182 –1183	Buchungssperre
		V AV	1184	Geleistete Anzahlungen 16 % Vorsteuer
		V AV	1185	Geleistete Anzahlungen 15 % Vorsteuer
		V AV	1186	Geleistete Anzahlungen 19 % Vorsteuer
Erhaltene Anzahlungen auf Bestellungen (von Vorräten offen abgesetzt)	Erhaltene Anzahlungen auf Bestellungen (offen aktivisch abgesetzt)	M	1190	Erhaltene Anzahlungen auf Bestellungen (von Vorräten offen abgesetzt)
				Forderungen und sonstige Vermögensgegenstände
Forderungen aus Lieferungen und Leistungen oder Sonstige Verbindlichkeiten	Forderungen aus Lieferungen und Leistungen	KU S	1200	Forderungen aus Lieferungen und Leistungen
		KU R	1201 –1206	Forderungen aus Lieferungen und Leistungen
		KU F	1210 –1214	Forderungen aus Lieferungen und Leistungen ohne Kontokorrent
	EÜR – keine E-Bilanz	KU F	1215	Forderungen aus Lief. und Leist. – allgemeiner Steuersatz
		KU F	1216	– ermäßigter Steuersatz
		KU F	1217	Forderungen. aus steuerfreien, nicht steuerbaren L. + L.
		KU F	1218	Forderungen aus L. + L. gemäß § 24 UStG
		KU F	1219	Gegenkto Aufteilung der Forderungen L. + L.
		KU F	1220	Forderungen nach § 11 EStG für § 4/3 EStG
Forderungen aus Lieferungen und Leistungen	Forderungen aus Lieferungen und Leistungen	KU F	1221	Forderungen aus Lieferungen und Leistungen ohne Kontokorrent – Restlaufzeit bis 1 Jahr
		KU F	1225	– Restlaufzeit größer 1 Jahr
		KU F	1230	Wechsel aus Lieferungen u. Leistungen
		KU F	1231	– Restlaufzeit bis 1 Jahr
		KU F	1232	– Restlaufzeit größer 1 Jahr
		KU F	1235	– bundesbankfähig
		KU F	1240	Zweifelhafte Forderungen
		KU F	1241	– Restlaufzeit bis 1 Jahr
		KU F	1245	– Restlaufzeit größer 1 Jahr
		KU	1246	Einzelwertberichtigung auf Forderungen – Restlaufzeit bis zu 1 Jahr
		KU	1247	– Restlaufzeit mehr als 1 Jahr

1 Umlaufvermögenskonten

HGB-Posten nach § 266 u. § 275 HGB	E-Bilanz Taxonomie	SKR04 2015 Funktionen	Konto	Beschriftung
Forderungen aus Lieferungen und Leistungen	Forderungen aus Lieferungen und Leistungen	KU	1248	Pauschalwertberichtigung auf Forderungen
				– Restlaufzeit bis zu 1 Jahr
		KU	1249	– Restlaufzeit mehr als 1 Jahr
Forderungen aus Lieferungen und Leistungen oder Sonstige Verbindlichkeiten		KU F	1250	Forderungen aus Lieferungen und Leistungen gegen Gesellschafter
		KU F	1251	– Restlaufzeit bis 1 Jahr
		KU F	1255	– Restlaufzeit größer 1 Jahr
Forderungen aus Lieferungen und Leistungen		KU	1258	Gegenkonto sonstigen Vermögensgegenständen bei Buchungen über Debitorenkonto
Forderungen aus Lieferungen und Leistungen oder Sonstige Verbindlichkeiten		KU	1259	Gegenkonto 1221-1229,1240-1245, 1250-1257, 1270-1279, 1290-1297 bei Aufteilung Debitorenkonto
Forderungen gegen verbundene Unternehmen	Forderungen gegen verbundene Unternehmen	KU	1260	Forderungen gegen verbundene Unternehmen
		KU	1261	– Restlaufzeit bis 1 Jahr
		KU	1265	– Restlaufzeit größer 1 Jahr
		KU	1266	Besitzwechsel gegen verbundene Unternehmen
		KU	1267	– Restlaufzeit bis 1 Jahr
		KU	1268	– Restlaufzeit größer 1 Jahr
		KU	1269	– bundesbankfähig
		KU F	1270	Forderungen aus Lieferungen und Leistungen gegen verbundene Unternehmen
		KU F	1271	– Restlaufzeit bis 1 Jahr
		KU F	1275	– Restlaufzeit größer 1 Jahr
		KU	1276	Wertberichtigungen auf Forderungen gegen verbundene Unternehmen
				– Restlaufzeit bis zu 1 Jahr
		KU	1277	– Restlaufzeit mehr als 1 Jahr
Forderungen gegen Unternehmen, mit denen ein Beteiligungsverhältnis besteht	Forderungen gegen Unternehmen, mit denen ein Beteiligungsverhältnis besteht	KU	1280	Forderungen gegen Unternehmen, mit denen ein Beteiligungsverhältnis besteht
		KU	1281	– Restlaufzeit bis 1 Jahr
		KU	1285	– Restlaufzeit größer 1 Jahr
		KU	1286	Besitzwechsel gegen Unternehmen, mit denen ein Beteiligungsverhältnis besteht
		KU	1287	– Restlaufzeit bis 1 Jahr
		KU	1288	– Restlaufzeit größer 1 Jahr
		KU	1289	– bundesbankfähig
		KU F	1290	Forderungen aus Lieferungen und Leistungen gegen Unternehmen, mit denen ein Beteiligungsverhältnis besteht
		KU F	1291	– Restlaufzeit bis 1 Jahr
		KU F	1295	– Restlaufzeit größer 1 Jahr
		KU	1296	Wertberichtigungen auf Forderungen gegen Unternehmen, mit denen ein Beteiligungsverhältnis besteht
				– Restlaufzeit bis zu 1 Jahr
		KU	1297	– Restlaufzeit mehr als 1 Jahr

1 Umlaufvermögenskonten

HGB-Posten nach § 266 u. § 275 HGB	E-Bilanz Taxonomie	SKR04 2015		
		Funktionen	Konto	Beschriftung
Eingeforderte, noch ausstehende Kapitaleinlagen	Eingeforderte, noch ausstehende Kapitaleinlagen	KU	1298	Ausstehende Einlagen auf das gezeichnete Kapital, eingefordert (Forderungen, nicht eingeforderte ausstehende Einlagen s. Konto 2910)
Eingeforderte Nachschüsse	Übrige sonstige Vermögensgegenstände/ nicht zuordenbare sonstige Vermögensgegenstände	KU	1299	Nachschüsse (Gegenkonto 2929)
Sonstige Vermögensgegenstände		KU	1300	Sonstige Vermögensgegenstände
		KU	1301	– Restlaufzeit bis 1 Jahr
		KU	1305	– Restlaufzeit größer 1 Jahr
	Sonstige Vermögensgegenstände, gegenüber Gesellschafter	Ku	1307	Forderungen gegen GmbH-Gesellschafter
		KU	1308	– Restlaufzeit bis 1 Jahr
		Ku	1309	– Restlaufzeit größer 1 Jahr
	Forderungen und Darlehen an Organmitglieder	KU	1310	Forderungen gegen Vorstandsmitglieder und Geschäftsführer
		KU	1311	– Restlaufzeit bis 1 Jahr
		KU	1315	– Restlaufzeit größer 1 Jahr
		KU E	1317	Forderungen gegen persönlich haftende Gesellschafter
		KU	1318	– Restlaufzeit bis 1 Jahr
		KU	1319	– Restlaufzeit größer 1 Jahr
		KU	1320	Forderungen gegen Aufsichtsrats- und Beiratsmitglieder
		KU	1321	– Restlaufzeit bis 1 Jahr
		KU	1325	– Restlaufzeit größer 1 Jahr
		KU	1327	Forderungen gegen Kommanditist, atypisch stille Gesellschafter
		KU	1328	– Restlaufzeit bis 1 Jahr
		KU	1329	– Restlaufzeit größer 1 Jahr
	Sonstige Vermögensgegenstände gegenüber Gesellschafter	KU	1330	Forderungen gegen sonstige Gesellschafter
		KU	1331	– Restlaufzeit bis 1 Jahr
		KU	1335	– Restlaufzeit größer 1 Jahr
	Übrige sonstige Vermögensgegenstände/ nicht zuordenbare sonstige Vermögensgegenstände	KU E	1337	Forderungen gegen typisch stille Gesellschafter
		KU	1338	– Restlaufzeit bis 1 Jahr
		KU	1339	– Restlaufzeit größer 1 Jahr
	Forderungen und Darlehen an Mitarbeiter	KU	1340	Forderungen gegen Personal aus Lohn- Gehaltsabrechnung
		KU	1341	– Restlaufzeit bis 1 Jahr
		KU	1345	– Restlaufzeit größer 1 Jahr
	Übrige sonstige Vermögensgegenstände/ nicht zuordenbare sonstige Vermögens- Gegenstände	KU	1350	Kautionen
		KU	1351	– Restlaufzeit bis 1 Jahr
		KU	1355	– Restlaufzeit größer 1 Jahr
		KU	1360	Darlehen
		KU	1361	– Restlaufzeit bis 1 Jahr
		KU	1365	– Restlaufzeit größer 1 Jahr
		KU	1369	Forderungen gegenüber Krankenkassen Aufwendungsausgleichsgesetz
Sonstige Vermögensgegenstände oder Sonstige Verbindlichkeiten		KU	1370	Durchlaufende Posten
		KU	1374	Fremdgeld
Sonstige Vermögensgegenstände		KU	1375	Agenturwarenabrechnung
Sonstige Vermögensgegenstände oder Sonstige Verbindlichkeiten	Umsatzsteuerforderungen	KU F	1376	Nachträglich abziehbare Vorsteuer, § 15a Abs. 2 UStG

1 Umlaufvermögenskonten

HGB-Posten nach § 266 u. § 275 HGB	E-Bilanz Taxonomie	SKR04 2015 Funktionen	Konto	Beschriftung
Sonstige Verbindlichkeiten	Umsatzsteuerforderungen	KU F	1377	Zurückzuzahlende Vorsteuer, § 15a Abs. 2 UStG
Sonstige Vermögensgegenstände	Rückdeckungsansprüche aus Lebensversicherungen (kurzfristiger Verbleib)	KU	1378	Ansprüche a. Rückdeckungsversicherung
	Übrige sonstige Vermögensgegenstände/ nicht zuordenbare sonstige Vermögens-Gegenstände	KU	1380	VermG zur Erfüllung von Pensionsrückstellungen und ähnlichen Verpflichtungen zum langfristigen Verbleib
Aktiver Unterschiedsbetrag aus der Vermögensverrechnung oder Rückstellungen für Pensionen und ähnliche Verpflichtung.	Aktiver Unterschiedsbetrag aus der Vermögensverrechnung	KU	1381	VermG zur Saldierung mit Pensionsrückstellungen und ähnlichen Verpflichtungen zum langfristigen Verbleib nach § 246 Abs. 2 HGB
Sonstige Vermögensgegenstände	Übrige sonstige Vermögensgegenstände/ nicht zuordenbare sonstige Vermögens-Gegenstände	KU	1382	VermG z. Erfüllung von mit der Altersversorgung vergleichbaren langfristigen Verpflichtungen
Aktiver Unterschiedsbetrag aus der Vermögensverrechnung oder Sonstige Rückstellungen	Aktiver Unterschiedsbetrag aus der Vermögensverrechnung	KU	1383	VermG z. Saldierung mit der Altersversorgung vergleichbaren langfristigen Verpflichtungen
Sonstige Vermögensgegenstände	Übrige sonstige Vermögensgegenstände/ nicht zuordenbare sonstige Vermögens-Gegenstände	KU	1390	GmbH-Anteile zum kurzfristigen Verbleib
	Forderungen gg. Arbeitsgemeinschaften	KU	1391	Forderungen gg. Arbeitsgemeinschaften
	Genussrechte	KU	1393	Genussrechte
	Einzahlungsansprüche zu Nebenleistung. oder Zuzahlungen	KU	1394	Einzahlungsansprüche zu Nebenleistung. oder Zuzahlungen
	Genossenschaftsanteile (kurzfristiger Verbleib)	KU	1395	Genossenschaftsanteile z. kurzfristigen Verbleib
Sonstige Vermögensgegenstände oder Sonstige Verbindlichkeiten	Umsatzsteuerforderungen	KU F	1396	Nachträglich abziehbare Vorsteuer, § 15a Abs. 1 UStG, bewegliche Wirtschaftsgüter
		KU F	1397	Zurückzuzahlende Vorsteuer, § 15a Abs. 1 UStG, bewegliche Wirtschaftsgüter
		KU F	1398	Nachträglich abziehbare Vorsteuer, § 15a Abs. 1 UStG, unbewegliche Wirtschaftsgüter
		KU F	1399	Zurückzuzahlende Vorsteuer, § 15a Abs. 1 UStG, unbewegliche Wirtschaftsgüter
		KU S	1400	**Abziehbare Vorsteuer**
		KU S	1401	Abziehbare Vorsteuer 7 %
		KU S	1402	Abziehbare Vorsteuer aus innergemeinschaftlichem Erwerb
		KU R	1403	Buchungssperre
		KU S	1404	Abziehbare Vorsteuer aus innergemeinschaftlichem Erwerb 19 %
		KU R	1405	Buchungssperre
		KU S	1406	Abziehbare Vorsteuer 19 %
		KU S	1407	Abziehbare Vorsteuer § 13b UStG 19 %
		KU S	1408	Abziehbare Vorsteuer § 13b UStG
		KU R	1409	Buchungssperre
		KU S	1410	Aufzuteilende Vorsteuer
		KU S	1411	Aufzuteilende Vorsteuer 7 %
		KU S	1412	Aufzuteilende Vorsteuer aus innergemeinschaftlichem Erwerb

1 Umlaufvermögenskonten

HGB-Posten nach § 266 u. § 275 HGB	E-Bilanz Taxonomie	Funktionen	Konto	SKR04 2015 Beschriftung
Sonstige Vermögensgegenstände oder Sonstige Verbindlichkeiten	Umsatzsteuerforderungen	KU S	1413	Aufzuteilende Vorsteuer aus innergemeinschaftlichem Erwerb 19 %
		KU R	1414 –1415	Buchungssperre
		KU S	1416	Aufzuteilende Vorsteuer 19 %
		KU S	1417	Aufzuteilende Vorsteuer §§ 13a/13b UStG
		KU R	1418	Buchungssperre
		KU S	1419	Aufzuteilende Vorsteuer §§ 13a/13b UStG 19 %
Sonstige Vermögensgegenstände		KU	1420	USt-Forderungen
Sonstige Vermögensgegenstände oder Sonstige Verbindlichkeiten		KU	1421	USt-Forderungen laufendes Jahr
Sonstige Vermögensgegenstände		KU	1422	USt-Forderungen Vorjahr
		KU	1425	USt-Forderungen frühere Jahre
	Andere Forderungen gegen Finanzbehörden	KU	1427	Forderungen aus entrichteten Verbrauchsteuern
Sonstige Vermögensgegenstände oder Sonstige Verbindlichkeiten	Umsatzsteuerforderungen	KU S	1431	Abziehbare Vorsteuer, Auslagerung von Gegenständen aus USt-Lager
		KU S	1432	Vorsteuer EG-Erwerb neue Kfz ohne UStID Abziehbare Vorsteuer aus innergemeinschaftlichem Erwerb von Neufahrzeugen von Lieferanten ohne USt-IdNr.
		KU F	1433	Bezahlte Einfuhrumsatzsteuer
Sonstige Vermögensgegenstände		KU	1434	Vorsteuer im Folgejahr abziehbar
	Gewerbesteuerüberzahlung	KU	1435	Forderung aus Gewerbesteuerüberzahlung
Sonstige Vermögensgegenstände oder Sonstige Verbindlichkeiten	Umsatzsteuerforderungen	KU S	1436	Vorsteuer letzter Abnehmer Dreiecksgeschäft
Sonstige Vermögensgegenstände	Übrige sonstige Vermögensgegenstände/ nicht zuordenbare sonstige Vermögensgegenstände	KU	1440	Steuererstattungsansprüche gegenüber anderen Ländern
	Körperschaftsteuerüberzahlungen	KU	1450	Körperschaftsteuerrückforderung
	KSt-Guthaben § 37 KStG	KU	1452	KSt-Guthaben § 37 KStG, – Restlaufzeit bis 1 Jahr
		KU	1453	– Restlaufzeit größer 1 Jahr
	Andere Forderungen gegen Finanzbehörden	KU F	1456	Forderungen an FA aus abgeführtem Bauabzug
	Übrige sonstige Vermögensgegenstände/ nicht zuordenbare sonstige Vermögensgegenstände	KU	1457	Forderg. gegen Bundesagentur für Arbeit
Sonstige Vermögensgegenstände oder Sonstige Verbindlichkeiten		KU F	1460	Geldtransit
	EÜR – keine E-Bilanz	KU	1480	Gegenkonto Vorsteuer § 4 Abs. 3 EStG
		KU	1481	Auflösung Vorsteuer Vorjahr § 4 Abs. 3 EStG
		KU	1482	Vorsteuer aus Investition. § 4 Abs. 3 EStG
		KU	1483	Gegenkto. Vorsteuer Durchschnittssätze, § 4 Abs. 3 EStG
	Umsatzsteuerforderungen	KU F	1484	Vorsteuer nach allgemeinen Durchschnittssätzen, UStVA Kz. 63
	EÜR – keine E-Bilanz	KU F	1485	Gewinnermittl., § 4 Abs. 3 EStG, ergebniswirksam
		KU F	1486	Gewinnerm., § 4 Abs. 3 EStG, nicht ergebniswirksam
		V	1487	Wirtschaftsgüter Umlaufvermögen § 4 Abs. 3 EStG

1 Umlaufvermögenskonten

HGB-Posten nach § 266 u. § 275 HGB	E-Bilanz Taxonomie	SKR04 2015		
		Funktionen	Konto	Beschriftung
Sonstige Vermögensgegenstände oder Sonstige Verbindlichkeiten	Übrige sonstige Vermögensgegenstände/ nicht zuordenbare sonstige Vermögensgegenstände	KU F	1490	Verrechnung Ist-Versteuerung
Sonstige Verbindlichkeiten	Übrige sonstige Verbindlichkeiten	KU F	1495	Verrechnung erhaltene Anzahlungen bei Buchung über Debitorenkonto
Sonstige Vermögensgegenstände oder Sonstige Verbindlichkeiten	Übrige sonstige Vermögensgegenstände/ nicht zuordenbare sonstige Vermögens-Gegenstände	KU F	1498	Überleitung Kostenstellen
				Wertpapiere
Anteile an verbundenen Unternehmen	Anteile an verbundenen Unternehmen (Umlaufvermögen)	KU	1500	**Anteile an verbundenen Unternehmen (Umlaufvermögen)**
		KU	1504	Anteile an herrschender oder mit Mehrheit beteiligter Gesellschaft
		KU R	1505	Buchungssperre
Sonstige Wertpapiere	Sonstige/nicht zuordenbare Wertpapiere des Umlaufvermögens	KU	1510	Sonstige Wertpapiere
		KU	1520	Finanzwechsel
		KU	1525	Andere Wertpapiere mit unwesentlichen Wertschwankungen im Sinne Textziffer 18 DRS 2
		KU	1530	Wertpapieranlagen im Rahmen der kurzfristigen Finanzdisposition
				Kassenbestand, Bundesbankguthaben, Guthaben bei Kreditinstituten und Schecks
Kassenbestand, Bundesbankguthaben, Guthaben bei Kreditinstituten und Schecks	Schecks	KU F	1550	Schecks
	Kasse	KU F	1600	**Kasse**
		KU F	1610	Nebenkasse 1
		KU F	1620	Nebenkasse 2
Kassenbestand, Bundesbankguthaben, Guthaben bei Kreditinstituten und Schecks oder Verbindlichkeiten gegenüber Kreditinstituten	Guthaben bei Kreditinstituten	KU F	1700	**Postbank**
		KU F	1710	Postbank 1
		KU F	1720	Postbank 2
		KU F	1730	Postbank 3
	Bundesbankguthaben	KU F	1780	LZB-Guthaben
		KU F	1790	Bundesbankguthaben
	Guthaben bei Kreditinstituten	KU F	1800	**Bank**
		KU F	1810	Bank 1
		KU F	1820	Bank 2
		KU F	1830	Bank 3
		KU F	1840	Bank 4
		KU F	1850	Bank 5
		KU R	1889	Buchungssperre
		KU	1890	Finanzmittelanlagen im Rahmen kurzfristigen Finanzdisposition (nicht im Finanzmittelfonds enthalten)
Verbindlichkeiten gegenüber Kreditinstituten oder Kassenbestand, Bundesbankguthaben, Guthaben bei Kreditinstituten und Schecks	Verbindlichkeiten gegenüber Kreditinstituten	KU	1895	Verbindlichkeiten gegenüber (nicht im Finanzmittelfonds enthalten)

1 Umlaufvermögenskonten

HGB-Posten nach § 266 u. § 275 HGB	E-Bilanz Taxonomie	SKR04 2015		
		Funktionen	Konto	Beschriftung
				Abgrenzungsposten
Aktiver Rechnungsabgrenzungsposten	Aktive Rechnungsabgrenzungsposten		1900	**Aktive Rechnungsabgrenzung**
			1920	Als Aufwand berichtigte Zölle und Verbrauchsteuern auf Vorräte
			1930	Als Aufwand berücksichtigte Umsatzsteuer auf Anzahlungen
			1940	Damnum/Disagio
Aktive latente Steuern	Aktive latente Steuern		1950	**Aktive latente Steuern**

2 Eigenkapitalkonten/Fremdkapitalkonten

HGB-Posten nach § 266 u. § 275 HGB	E-Bilanz Taxonomie	Funktionen	Konto	Beschriftung
				Kapital Eigenkapital Vollhafter/Einzelunternehmer
Anfangskapital	Anfangskapital [Privatkonto, Passivseite] Kapitalanteile persönlich haftender Gesellschafter	KU F	2000 –2009	**Festkapital VH**
		KU F	2010 –2019	Variables Kapital VH
				Fremdkapital Vollhafter
Verbindlichkeiten gegenüber persönlich haftenden Gesellschaftern	Verbindlichkeiten gegenüber persönlich haftenden Gesellschaftern	KU F	2020 –2029	Gesellschafter-Darlehen VH
				Eigenkapital Einzelunternehmer
		KU	2030 –2049	(zur freien Verfügung)
				Eigenkapital Teilhafter
Kapitalanteil Kommanditisten (KapCo)	Kapitalanteile der Kommanditisten	KU F	2050 –2059	Kommandit-Kapital TH
		KU F	2060 –2069	Verlustausgleichskonto TH
				Fremdkapital Teilhafter
Verbindlichkeiten gegenüber Kommanditisten	Verbindlichkeiten gegenüber Kommanditisten	KU F	2070 –2079	Gesellschafter-Darlehen
				Eigenkapital Teilhafter (keine Abfrage)
		KU F	2080 –2099	(zur freien Verfügung)
				Privat (Eigenkapital) Vollhafter/Einzelunternehmer
Entnahmen	Entnahmen [Privatkonto, Passivseite] Kapitalanteile persönlich haftender Gesellschafter	KU F	2100 –2129	Privatentnahmen allgemein VH
		KU F	2130 –2149	Unentgeltliche Wertabgaben VH
		KU F	2150 –2179	Privatsteuern VH

DATEV Kontenrahmen SKR04

2 Eigenkapitalkonten/Fremdkapitalkonten

HGB-Posten nach § 266 u. § 275 HGB	E-Bilanz Taxonomie	SKR04 2015		
		Funktionen	Konto	Beschriftung
Entnahmen	Entnahmen [Privatkonto, Passivseite] Kapitalanteile persönlich haftender Gesellschafter	KU F	2180 –2199	Privateinlagen VH
		KU F	2200 –2229	Sonderausgaben beschränkt abzugsfähig VH
		KU F	2230 –2249	Sonderausgaben unbeschränkt abzugsfähig VH
		KU F	2250 –2279	Zuwendungen, Spenden VH
		KU F	2250 –2279	Zuwendungen, Spenden VH
		KU F	2280 –2299	Außergewöhnliche Belastungen VH
		KU F	2300 –2348	Grundstücksaufwand VH
		V	2349	Grundstücksaufwand (USt.-Schlüssel möglich)
Einlagen		KU F	2350 –2398	Grundstücksertrag
		M	2399	Grundstücksertrag (USt.-Schlüssel möglich)
				Privat (Fremdkapital) Teilhafter
Verbindlichkeiten gegenüber Kommanditisten	Verbindlichkeiten gegenüber Kommanditisten	KU F	2500 –2529	Privatentnahmen allgemein TH
		KU F	2530 –2549	Unentgeltliche Wertabgaben TH
		KU F	2550 –2579	Privatsteuern TH
		KU F	2580 –2599	Privateinlagen TH
		KU F	2600 –2629	Sonderausgaben, beschränkt abzugsfähig TH
		KU F	2630 –2649	Sonderausgaben, unbeschränkt abzugsfähig TH
		KU F	2650 –2679	Zuwendungen, Spenden TH
		KU F	2680 –2699	Außergewöhnliche Belastungen TH
		KU F	2700 –2749	Grundstücksaufwand TH
		KU F	2750 –2799	Grundstücksertrag TH
				Gezeichnetes Kapital
Gezeichnetes Kapital	Gezeichnetes Kapital (KapG)	KU	2900	Gezeichnetes Kapital
	Geschäftsguthaben der Genossen, davon Geschäftsguthaben der verbleibenden Mitglieder		2901	Geschäftsguthaben der verbleibenden Mitglieder
	Geschäftsguthaben der Genossen, davon Geschäftsguthaben der mit Ablauf des Geschäftsjahres ausgeschiedenen Mitglieder		2902	Geschäftsguthaben der ausscheidenden Mitglieder

2 Eigenkapitalkonten/Fremdkapitalkonten

HGB-Posten nach § 266 u. § 275 HGB	E-Bilanz Taxonomie	SKR04 2015 Funktionen	Konto	Beschriftung
Gezeichnetes Kapital	Geschäftsguthaben der Genossen, davon Geschäftsguthaben aus gekündigten Geschäftsanteilen		2903	Geschäftsguthaben aus gekündigten Geschäftsanteilen
	Geschäftsguthaben der Genossen, davon rückständige fällige Einzahlungen auf Geschäftsanteile, vermerkt		2906	Rückständige fällige Einzahlungen auf Geschäftsanteile, vermerkt
	Geschäftsguthaben, Zuführungen/ Minderungen		2907	Gegenkonto Rückständige fällige Einzahlungen auf Geschäftsanteile, vermerkt
		KU	2908	Kapitalerhöhung aus Gesellschaftsmittel
Eigene Anteile	Eigene Anteile – offen vom Gezeichneten Kapital abgesetzt	KU	2909	Erworbene eigene Anteile
Nicht eingeforderte ausstehend Einlagen	nicht eingeforderte ausstehende Einlagen (offen passivisch abgesetzt)	KU	2910	Ausstehende Einlage auf das gezeichnete Kapital, nicht eingefordert (Passivausweis, vom gezeichneten Kapital offen abgesetzt; eingeforderte ausstehende Einlagen s. Konten 1298)
				Kapitalrücklage
Kapitalrücklage	Kapitalrücklage	KU	2920	Kapitalrücklage
		KU	2925	Kapitalrücklage durch Ausgabe von Anteilen über Nennbetrag
		KU	2926	Kapitalrücklage durch Ausgabe von Schuldverschreibungen für Wandlungsrechte und Optionsrechte zum Erwerb von Anteilen
		KU	2927	Kapitalrücklage durch Zuzahlungen gegen Gewährung eines Vorzugs für Anteile
		KU	2928	Kapitalrücklage durch Zuzahlungen in das Eigenkapital
		KU	2929	Eingefordertes Nachschusskapital Gegenkonto 1299
				Gewinnrücklagen
Gesetzliche Rücklage	Gesetzliche Rücklage	KU	2930	Gesetzliche Rücklage
Rücklage für Anteile an einem herrschenden oder mehrheitlich beteiligten Unternehmen	Rücklage für Anteile an einem herrschenden oder mehrheitlich beteiligten Unternehmen	KU	2935	Rücklage für Anteile an einem herrschenden oder mehrheitlich beteiligten Unternehmen
	Andere Ergebnisrücklagen	K	2937	Andere Ergebnisrücklagen
Rücklagen für eigene Anteile	Rücklagen für eigene Anteile (nur Kapitalgesellschaften)	KU R	2940 –2949	Buchungssperre
Satzungsmäßige Rücklagen	Satzungsmäßige Rücklagen	KU	2950	Satzungsmäßige Rücklagen
	Rücklagen (gesamthänderisch gebunden)	F	2959	Gesamthänderisch gebundene Rücklagen (Kapitalkontenentwicklung)
Andere Gewinnrücklagen	Andere Gewinnrücklagen	KU	2960	Andere Gewinnrücklagen
			2961	Andere Gewinnrücklagen aus dem Erwerb eigener Anteile
		KU	2962	Eigenkapitalanteil von Wertaufholungen
		KU	2963	Gewinnrücklagen aus Übergangsvorschriften BilMoG
		KU	2964	Gewinnrücklagen aus Übergangsvorschriften BilMoG (Zuschreibung Sachanlagevermögen)

2 Eigenkapitalkonten/Fremdkapitalkonten

HGB-Posten nach § 266 u. § 275 HGB	E-Bilanz Taxonomie	SKR04 2015 Funktionen	Konto	Beschriftung
Andere Gewinnrücklagen	Andere Gewinnrücklagen	KU	2965	Gewinnrücklagen aus Übergangsvorschriften BilMoG (Zuschreibung Finanzanlagevermögen)
		KU	2966	Gewinnrücklagen aus Übergangsvorschriften BilMoG (Auflösung der Sonderposten mit Rücklageanteil)
		KU	2967	Latente Steuern (Gewinnrücklage Haben) aus erfolgsneutralen Verrechnungen
		KU	2968	Latente Steuern (Gewinnrücklage Soll) aus erfolgsneutralen Verrechnungen
		KU	2969	Rechnungsabgrenzungsposten (Gewinnrücklage Soll) aus erfolgsneutralen Verrechnungen
				Gewinnvortrag/Verlustvortrag vor Verwendung
Gewinn-/Verlustvortrag vor Verwendung	Gewinn-/Verlustvortrag – bei Kapitalgesellschaften	KU	2970	Gewinnvortrag vor Verwendung
		KU F	2975	Gewinnvortrag vor Verwendung (Kapitalkontenentwicklung)
		KU F	2977	Verlustvortrag vor Verwendung (Kapitalkontenentwicklung)
		KU	2978	Verlustvortrag vor Verwendung
Vortrag auf neue Rechnung	Bilanzgewinn/Bilanzverlust (Bilanz) – nur bei Kapitalgesellschaften	KU	2979	Vortrag auf neue Rechnung (Bilanz)
				Sonderposten mit Rücklageanteil
Sonderposten mit Rücklageanteil	Übrige steuerfreie Rücklagen/ nicht zuordenbare steuerfreie Rücklagen	KU	2980	Sonderposten mit Rücklageanteil, steuerfreie Rücklagen
	Rücklage für Veräußerungsgewinne	KU	2981	SoPo mit Rücklageanteil § 6b EStG
	Rücklage für Ersatzbeschaffung	KU	2982	SoPo mit Rücklageanteil EStR R 6.6
	Rücklage für Zuschüsse	KU	2988	Rücklage für Zuschüsse
		KU	2989	SoPo mit Rücklageanteil § 52 Abs.16 EStG
	Steuerrechtliche Sonderabschreibungen	KU	2990	SoPo mit Rücklageanteil, Sonderabschreibungen
		KU	2993	SoPo mit Rücklageanteil nach § 7g Abs. 2 EStG n. F.
	Andere Sonderposten	KU	2995	Ausgleichsposten bei Entnahmen § 4g EStG
	Steuerrechtliche Sonderabschreibungen	KU	2997	SoPo mit Rücklageanteil nach § 7g Abs. 1 EStG a. F./§ 7g Abs. 5 EStG n. F.
Sonderposten für Zuschüsse und Zulagen	Sonderposten für Investitionszulagen und für Zuschüsse Dritter	KU	2999	SoPo für Zuschüsse u. Zulagen

3 Fremdkapitalkonten

				Rückstellungen
Rückstellungen für Pensionen und ähnliche Verpflichtungen	Rückstellung für Direktzusage	**KU**	**3000**	**Rückstellungen für Pensionen und ähnliche Verpflichtungen**
		KU	3005	Rückstellungen für Pensionen und ähnliche Verpflichtungen gegenüber Gesellschaftern oder nahestehenden Personen (10% Beteiligung am Kapital)

3 Fremdkapitalkonten

HGB-Posten nach § 266 u. § 275 HGB	E-Bilanz Taxonomie	SKR04 2015		
		Funktionen	Konto	Beschriftung
Rückstellungen für Pensionen und ähnliche Verpflichtungen oder Aktiver Unterschiedsbetrag aus der Vermögensverrechnung	Rückstellung für Direktzusage	KU	3009	Rückstellungen für Pensionen und ähnliche Verpflichtungen zur Saldierung mit Vermögensgegenständen zum langfristigen Verbleib nach § 246 Abs.2 HGB
Rückstellungen für Pensionen und ähnliche Verpflichtungen	Rückstellungen für Zuschussverpflichtung für Pensionskassen und Lebensversicherungen (bei Unterdeckung oder Aufstockungen	KU	3010	Rückstellungen für Direktzusagen
		KU	3011	Rückstellungen für Zuschussverpflichtung für Pensionskasse und Lebensversicherungen
	Rückstellungen für Dierektzusagen	KU	3015	Pensionsähnliche Rückstellungen
Steuerrückstellungen	Steuerrückstellungen	KU	3020	Steuerrückstellungen
	Gewerbesteuerrückstellung	KU	3030	Gewerbesteuerrückstellung
		KU	3035	Gewerbesteuerrückstellung § 4 Abs. 5b EStG
	Körperschaftsteuerrückstellung	KU	3040	Körperschaftsteuerrückstellung
	Rückstellung für sonstige Steuern		3050	Steuerrückstellung aus Steuerstundung (BStBK)
Rückstellungen für latente Steuern	Rückstellungen für latente Steuern	KU	3060	Rückstellungen für latente Steuern
Passive latente Steuern	Passive latente Steuern	KU	3065	Passive latente Steuern
Sonstige Rückstellungen	Sonstige Rückstellungen		3070	Sonstige Rückstellungen
			3074	Rückstellungen für Personalkosten
			3075	Rückstellungen für unterlassene Aufwendungen für Instandhaltung, Nachholung in den ersten drei Monaten
			3076	Rückstell. langfristige Verpflichtung Rückstellungen für mit der Altersversorgung vergleichbaren langfristigen Verpflichtungen zum langfristigen Verbleib
Sonstige Rückstellungen oder Aktiver Unterschiedsbetrag aus der Vermögensverrechnung	Rückstellungen für Pensionen und ähnliche Verpflichtungen, davon verrechnete Vermögensgegenstände nach §246 Abs. 2 HGB		3077	Rückstellungen für mit der Altersversorgung vergleichbaren langfristigen Verpflichtungen zur Saldierung mit Vermögensgegenständen zum langfristigen Verbleib nach § 246 Abs. 2 HGB
Sonstige Rückstellungen	Sonstige Rückstellungen	NEU	3079	Urlaubsrückstellungen
		R	3080	Buchungssperre
			3085	Rückstellungen Abraum- und Abfallbeseitigung
			3090	Rückstellungen für Gewährleistungen, (Gegenkonto 6790)
			3092	Rückstellungen für drohende Verluste aus schwebenden Geschäften
			3095	Rückstellungen für Abschluss- u. Prüfungskosten
			3096	Rückstellungen für Aufbewahrungspflicht.
			3098	Aufwandsrückstellungen gemäß § 249 Abs. 2 HGB a. F.
			3099	Rückstellungen für Umweltschutz
				Verbindlichkeiten
Anleihen	Anleihen	KU	**3100**	**Anleihen, nicht konvertibel**
		KU	3101	– Restlaufzeit bis 1 Jahr
		KU	3105	– Restlaufzeit 1 bis 5 Jahre
		KU	3110	– Restlaufzeit größer 5 Jahre
		KU	3120	Anleihen konvertibel
		KU	3121	– Restlaufzeit bis 1 Jahr

3 Fremdkapitalkonten

HGB-Posten nach § 266 u. § 275 HGB	E-Bilanz Taxonomie	SKR04 2015		
		Funktionen	Konto	Beschriftung
Anleihen	Anleihen	KU	3125	– Restlaufzeit 1 bis 5 Jahre
		KU	3130	– Restlaufzeit größer 5 Jahre
Verbindlichkeiten gg. Kreditinstituten	Verbindlichkeiten gg. Kreditinstituten	**KU**	**3150**	**Verbindlichkeiten gg. Kreditinstituten**
		KU	3151	– Restlaufzeit bis 1 Jahr
		KU	3160	– Restlaufzeit 1–5 Jahre
		KU	3170	– Restlaufzeit größer 5 Jahre
		KU	3180	Verbindlichkeiten gg. Kreditinstituten aus Teilzahlungsverträgen
		KU	3181	– Restlaufzeit bis 1 Jahr
		KU	3190	– Restlaufzeit 1–5 Jahre
		KU	**3200**	**– Restlaufzeit größer 5 Jahre**
		KU	3210 –3248	(frei, in Bilanz kein Restlaufzeitvermerk)
		KU	3249	Gegenkonto 3150–3209 bei Aufteilung der Konten 3210–3248
Erhaltene Anzahlungen auf Bestellungen	Erhaltene Anzahlungen auf Bestellungen	M	3250	Erhaltene Anzahlungen auf Bestellungen
		M AM	3260	Erhaltene Anzahlungen 7 % USt
		M R	3261 –3264	Buchungssperre
		M AM	3270	Erhaltene, versteuerte Anzahlungen 16 % USt (Verbindlichkeiten)
		M AM	3271	Erhaltene, versteuerte Anzahlungen 15 % USt (Verbindlichkeiten)
		M AM	3272	Erhaltene, versteuerte Anzahlungen 19 % USt (Verbindlichkeiten)
		M R	3273 –3274	Buchungssperre
		M	3280	Erhaltene Anzahlungen – Restlaufzeit bis 1 Jahr
		M	3284	– Restlaufzeit 1–5 Jahre
		M	3285	– Restlaufzeit größer 5 Jahre
Verbindlichkeit. a. Lieferung. u. Leistung. oder Sonstige Vermögensgegenstände	Verbindlichkeiten aus Lieferungen u. Leistungen	**KU S**	**3300**	**Verbindlichkeiten aus Lieferungen u. Leistungen**
		KU R	3301 –3303	Verbindlichkeiten aus Lieferungen u. Leistungen
	EÜR – keine E-Bilanz	KU F	3305	Verbindlichkeiten aus Lieferungen u. Leistungen, allgem. Steuersatz (EÜR)
		KU F	3306	Verbindlichkeiten aus Lieferungen u. Leistungen, ermäßigter Steuersatz (EÜR)
		KU F	3307	Verbindlichkeiten aus Lieferungen u. Leistungen, ohne Vorsteuer (EÜR)
		KU F	3309	Gegenkto 3305–3307 bei Aufteilung der Verbindlichkeiten n. Steuersätzen (EÜR)
	Verbindlichkeiten aus Lieferungen u. Leistungen	KU F	3310 –3333	Verbindlichkeiten aus Lieferungen u. Leistungen ohne Kontokorrent
	EÜR – keine E-Bilanz	KU F	3334	Verbindlichkeiten aus Lieferungen u. Leistungen für Investitionen § 4/3 EStG
	Verbindlichkeiten aus Lieferungen u. Leistungen	KU F	3335	Verbindlichkeiten aus Lieferungen u. Leistungen ohne Kontokorrent – Restlaufzeit bis 1 Jahr
		KU F	3337	– Restlaufzeit 1 bis 5 Jahre
		KU F	3338	– Restlaufzeit größer 5 Jahre

3 Fremdkapitalkonten

HGB-Posten nach § 266 u. § 275 HGB	E-Bilanz Taxonomie	SKR04 2015		
		Funktionen	Konto	Beschriftung
Andere Verbindlichkeiten gegenüber Gesellschaftern oder andere Forderungen gegen Gesellschafter	Verbindlichkeiten gegenüber Gesellschaftern	KU F	3340	Verbindlichkeiten aus Lieferungen u. Leistungen gegenüber Gesellschaftern
		KU F	3341	– Restlaufzeit bis 1 Jahr
		KU F	3345	– Restlaufzeit 1 bis 5 Jahre
		KU F	3348	– Restlaufzeit größer 5 Jahre
		KU	3349	Gegenkonto 3335–3348, 3420–3449, 3470–3499 bei Aufteilung Kreditoren
Verbindlichkeiten aus der Annahme gezogener Wechsel und der Ausstellung eigener Wechsel	Verbindlichkeiten aus der Annahme gezogener Wechsel und der Ausstellung eigener Wechsel	KU F	3350	Wechselverbindlichkeiten Verbindlichkeiten aus der Annahme gezogener Wechsel und der Ausstellung eigener Wechsel
		KU F	3351	– Restlaufzeit bis 1 Jahr
		KU F	3380	– Restlaufzeit 1 bis 5 Jahre
		KU F	3390	– Restlaufzeit größer 5 Jahre
Verbindlichkeiten gegenüber verbundenen Unternehmen	Verbindlichkeiten gegenüber verbundenen Unternehmen	KU F	3400	Verbindlichkeiten gegenüber verbundenen Unternehmen
		KU	3401	– Restlaufzeit bis 1 Jahr
		KU	3405	– Restlaufzeit 1 bis 5 Jahre
		KU	3410	– Restlaufzeit größer 5 Jahre
		KU F	3420	Verbindlichkeiten aus Lieferungen u. Leistungen gegenüber verbundenen Unternehmen
		KU F	3421	– Restlaufzeit bis 1 Jahr
		KU F	3425	– Restlaufzeit 1 bis 5 Jahre
		KU F	3430	– Restlaufzeit größer 5 Jahre
Verbindlichkeiten gegenüber Unternehmen, mit denen ein Beteiligungsverhältnis besteht	Verbindlichkeiten gegenüber Unternehmen, mit denen ein Beteiligungsverhältnis besteht	KU	3450	Verbindlichkeiten gegenüber Unternehmen, mit denen ein Beteiligungsverhältnis besteht
		KU	3451	– Restlaufzeit bis 1 Jahr
		KU	3455	– Restlaufzeit 1 bis5 Jahre
		KU	3460	– Restlaufzeit größer 5 Jahre
		KU F	3470	Verbindlichkeiten aus Lieferungen und Leistungen gegenüber Unternehmen, mit denen ein Beteiligungsverhältnis besteht
		KU F	3471	– Restlaufzeit bis 1 Jahr
		KU F	3475	– Restlaufzeit 1 bis 5 Jahre
		KU F	3480	– Restlaufzeit größer 5 Jahre
Sonstige Verbindlichkeiten	Übrige sonstige Verbindlichkeiten	KU	3500	Sonstige Verbindlichkeiten
		KU	3501	– Restlaufzeit bis 1 Jahr
		KU	3504	– Restlaufzeit 1–5 Jahre
		KU	3507	– Restlaufzeit größer 5 Jahre
	EÜR – keine E-Bilanz	KU	3509	Sonstige Verbindlichkeiten z. B. nach § 11 Abs. 2 Satz 2 EStG für § 4/3 EStG (EÜR)
Verbindlichkeiten gg. Gesellschaftern	Verbindlichkeiten gg. Gesellschaftern	KU	3510	Verbindlichkeiten gg. Gesellschaftern
		KU	3511	– Restlaufzeit bis 1 Jahr
		KU	3514	– Restlaufzeit 1 bis 5 Jahre
		KU	3517	– Restlaufzeit größer 5 Jahre
		KU	3519	Verbindl. gg. Gesellschaftern für offene Ausschüttung
	Übrige sonstige Verbindlichkeiten	KU	3520	Darlehen typisch stiller Gesellschafter
		KU	3521	– Restlaufzeit bis 1 Jahr
		KU	3524	– Restlaufzeit 1 bis5 Jahre

DATEV Kontenrahmen SKR04

3 Fremdkapitalkonten

HGB-Posten nach § 266 u. § 275 HGB	E-Bilanz Taxonomie	Funktionen	Konto	SKR04 2015 Beschriftung
Verbindlichkeiten gg. Gesellschaftern	Übrige sonstige Verbindlichkeiten	KU	3527	– Restlaufzeit größer 5 Jahre
		KU	3530	Darlehen atypisch stiller Gesellschafter
		KU	3531	– Restlaufzeit bis 1 Jahr
		KU	3534	– Restlaufzeit 1 bis 5 Jahre
		KU	3537	– Restlaufzeit größer 5 Jahre
	Sonstige Verbindlichkeiten aus partiarischen Darlehen	KU	3540	Partiarische Darlehen
		KU	3541	– Restlaufzeit bis 1 Jahr
		KU	3544	– Restlaufzeit 1 bis 5 Jahre
		KU	3547	– Restlaufzeit größer 5 Jahre
	Übrige sonstige Verbindlichkeiten	KU	3550	Erhaltene Kautionen
		KU	3551	– Restlaufzeit bis 1 Jahr
		KU	3554	– Restlaufzeit 1 bis 5 Jahre
		KU	3557	– Restlaufzeit größer 5 Jahre
		KU	3560	Darlehen
		KU	3561	– Restlaufzeit bis 1 Jahr
		KU	3564	– Restlaufzeit 1 bis 5 Jahre
		KU	3567	– Restlaufzeit größer 5 Jahre
		KU	3570 –3598	Frei, in Bilanz kein Restlaufzeitvermerk
		KU	3599	Gegenkto. 3500–3569 und 3640-3658 bei Aufteilung der Konten 3570–3598
		KU	3600	Agenturwarenabrechnung
		KU	3610	Kreditkartenabrechnung
	Sonstige Verbindlichkeiten gegenüber Arbeitsgemeinschaften	KU	3611	Verbindlichkeiten gegenüber Arbeitsgemeinschaften
Sonstige Verbindlichkeiten oder Sonstige Vermögensgegenstände	Übrige sonstige Verbindlichkeiten	KU	3620	Gewinnverfügungskonto stille Gesellschafter
		KU	3630	Sonstige Verrechnung (Interimskonto)
	Sonstige Verbindlichkeiten aus genossenschaftlicher Rückvergütung	K	3635	Sonstige Verbindlichkeiten aus genossenschaftlicher Rückvergütung
Sonstige Verbindlichkeiten	Sonstige Verbindlichkeiten gegenüber Gesellschaftern	KU	3640	Verbindlichk. gg. GmbH-Gesellschaftern
		KU	3641	– Restlaufzeit bis 1 Jahr
		KU	3642	– Restlaufzeit 1–5 Jahre
		KU	3643	– Restlaufzeit größer 5 Jahre
Verbindlichkeiten gegenüber persönlich haftenden Gesellschaftern	Verbindlichkeiten gegenüber persönlich haftenden Gesellschaftern	KU	3645	Verbindlichkeiten gegenüber persönlich haftenden Gesellschaftern
		KU	3646	– Restlaufzeit bis 1 Jahr
		KU	3647	– Restlaufzeit 1 bis 5 Jahre
		KU	3648	– Restlaufzeit größer 5 Jahre
Verbindlichkeiten gg. Kommanditisten	Verbindlichkeiten gg. Kommanditisten	KU	3650	Verbindlichkeiten gg. Kommanditisten
		KU	3651	– Restlaufzeit bis 1 Jahr
		KU	3652	– Restlaufzeit 1 bis 5 Jahre
		KU	3653	– Restlaufzeit größer 5 Jahre
	Verbindlichkeit. gg. stillen Gesellschaftern	KU	3655	Verbindlichkeit. gg. stillen Gesellschaftern
		KU	3656	– Restlaufzeit bis 1 Jahr
		KU	3657	– Restlaufzeit 1–5 Jahre
		KU	3658	– Restlaufzeit größer 5 Jahre
Sonstige Vermögensgegenstände	Übrige sonstige Vermögensgegenstände/ nicht zuordenbare sonstige Vermögensgegenstände	KU	3695	Verrechnungskonto geleistete Anzahlung. bei Buchung über Kreditorenkonto
	Umsatzsteuerverbindlichkeiten	K	3660	Umsatzsteuerverbindlichkeiten
Sonstige Verbindlichkeiten	Sonstige Verbindlichkeiten aus Steuern	KU	3700	Verbindlichkeiten aus Steuern und Abgaben
		KU	3701	– Restlaufzeit bis 1 Jahr

DATEV Kontenrahmen SKR04

3 Fremdkapitalkonten

HGB-Posten nach § 266 u. § 275 HGB	E-Bilanz Taxonomie	SKR04 2015		
		Funktionen	Konto	Beschriftung
Sonstige Verbindlichkeiten	Sonstige Verbindlichkeiten aus Steuern	KU	3710	– Restlaufzeit 1 bis 5 Jahre
		KU	3715	– Restlaufzeit größer 5 Jahre
	Sonstige Verbindlichkeiten gegenüber Mitarbeitern	KU	3720	Verbindlichkeiten aus Lohn und Gehalt
		KU	3725	Verbindlichkeiten für Einbehaltung Arbeitnehmer
	Sonstige Verbindlichkeiten aus Steuern	KU	3726	Verbindlichkeiten an das Finanzamt aus abzuführendem Bauabzugsbetrag
		KU	3730	Verbindlichkeiten aus Lohn- und Kirchensteuer
	Sonstige Verbindlichkeiten im Rahmen der sozialen Sicherheit	KU	3740	Verbindlichkeiten, soziale Sicherheit
		KU	3741	– Restlaufzeit bis 1 Jahr
		KU	3750	– Restlaufzeit 1 bis 5 Jahre
		KU	3755	– Restlaufzeit größer 5 Jahre
		KU	3759	Voraussichtliche Beitragsschuld gegenüber den Sozialversicherungsträger
	Sonstige Verbindlichkeiten aus Steuern	KU	3760	Verbindlichkeiten aus Einbehaltungen (KapESt und Solz auf KapESt) für Ausschüttungen
		KU	3761	Verbindlichkeiten für Verbrauchsteuern
	Sonstige Verbindlichkeiten im Rahmen der sozialen Sicherheit	KU	3770	Verbindlichkeiten aus Vermögensbildung
		KU	3771	– Restlaufzeit bis 1 Jahr
		KU	3780	– Restlaufzeit 1 bis 5 Jahre
		KU	3785	– Restlaufzeit größer 5 Jahre
	Übrige sonstige Verbindlichkeiten	KU	3786	Ausgegebene Geschenkgutscheine
Sonstige Verbindlichkeiten oder Sonstige Vermögensgegenstände		KU	3790	Lohn- und Gehaltsverrechnungen
	EÜR – keine E-Bilanz	KU	3791	Lohn/Gehaltsverrechnung § 11/2 für § 4/3 EStG
		KU	3796	Verbindlichkeiten, im Rahmen der sozialen Sicherheit § 4/3 EStG
	Sonstige Verbindlichkeiten aus Steuern	KU S	3798	Umsatzsteuer aus im anderen EU-Land elektronischen Dienstleistungen
			3799	Umsatzsteuer aus im anderen EU-Land elektronischen Dienstleistungen, MOSS/KEA
		KU S	3800	Umsatzsteuer
		KU S	3801	Umsatzsteuer 7 %
		KU S	3802	Umsatzsteuer aus innergemeinschaftlichem Erwerb
		KU R	3803	Buchungssperre
		KU S	3804	Umsatzsteuer aus innergemeinschaftlichem Erwerb 19 %
		KU R	3805	Buchungssperre
		KU S	3806	Umsatzsteuer 19 %
		KU S	3807	Umsatzsteuer aus im Inland steuerpflichtigen EU-Lieferungen
		KU S	3808	Umsatzsteuer aus im Inland steuerpflichtigen EU-Lieferungen 19 %
		KU S	3809	Umsatzsteuer aus im Inland steuerpflichtigen EU-Lieferungen ohne Vorsteuerabzug
Rückstellungen für Steuern oder Sonstige Vermögensgegenstände	Steuerrückstellungen	KU S	3810	Umsatzsteuer nicht fällig
		KU S	3811	Umsatzsteuer nicht fällig 7 %
		KU S	3812	USt nicht fällig, aus im Inland steuerpflichtigen EU-Lieferungen

3 Fremdkapitalkonten

HGB-Posten nach § 266 u. § 275 HGB	E-Bilanz Taxonomie	SKR04 2015		
		Funktionen	Konto	Beschriftung
Rückstellungen für Steuern oder	Steuerrückstellungen	KU R	3813	Buchungssperre
Sonstige Vermögensgegenstände		KU S	3814	USt nicht fällig, aus im Inland steuerpflichtigen EU-Lieferungen 19 %
		KU R	3815	Buchungssperre
		KU S	3816	Umsatzsteuer nicht fällig 19 %
Sonstige Verbindlichkeiten	Sonstige Verbindlichkeiten aus Steuern	KU S	3817	Umsatzsteuer aus im anderen EU-Land steuerpflichtigen Lieferungen
		KU S	3818	Umsatzsteuer aus im anderen EU-Land steuerpflichtigen Lieferungen/Werkliefer.
Sonstige Verbindlichkeiten oder Sonstige Vermögensgegenstände		KU S	3819	USt. aus Erwerb als letzter Abnehmer innerhalb eines Dreiecksgeschäfts
		KU F	3820	Umsatzsteuervorauszahlungen
		KU F	3830	Umsatzsteuervorauszahlungen 1/11
		KU R	3831	Buchungssperre
Sonstige Verbindlichkeiten oder Sonstige Vermögensgegenstände	Sonstige Verbindlichkeiten aus Steuern	KU F	3832	Nachsteuer, UStVA Kz. 65
		KU R	3833	Buchungssperre
		KU S	3834	USt. aus innergemeinschaftlichen Erwerb von Neufahrzeugen von Lieferanten ohne Umsatzsteuer-Identifikationsnummer
		KU S	3835	Umsatzsteuer nach § 13b UStG
		KU R	3836	Buchungssperre
		KU S	3837	Umsatzsteuer nach § 13b UStG 19 %
		KU R	3838	Buchungssperre
		KU S	3839	USt. aus der Auslagerung von Gegenständen aus einem Umsatzsteuerlager
		KU	3840	Umsatzsteuer laufendes Jahr
		KU	3841	Umsatzsteuer Vorjahr
		KU	3845	Umsatzsteuer frühere Jahre
		KU	3850	Einfuhrumsatzsteuer aufgeschoben bis ...
		KU F	3851	In Rechnung unrichtig oder unberechtigt ausgewiesene Steuerbeträge, UStVA Kz. 69
Sonstige Verbindlichkeiten		KU	3854	Steuerzahlungen an andere Länder
Passive Rechnungsabgrenzungsposten	Passive Rechnungsabgrenzungsposten			Rechnungsabgrenzungsposten
			3900	**Passive Rechnungsabgrenzung**
			3950	Abgrenzung unterjährige pauschal gebuchter Abschreibungen für BWA

4 Betriebliche Erträge

					Umsatzerlöse
Umsatzerlöse	Umsatzerlöse ohne Zuordnung nach Umsatzsteuertatbeständen	M		4000 –4099	Umsatzerlöse (zur freien Verfügung)
	Steuerfreie Umsätze § 4 Nr. 8 ff. UStG	M	AM	4100	Steuerfreie Umsätze § 4 Nr. 8 ff. UStG
		M	AM	4105	Steuerfreie Umsätze § 4 Nr. 12 UStG (Vermietung und Verpachtung)
	Sonstige umsatzsteuerfreie Umsätze	M	AM	4110	Sonstige steuerfreie Umsätze, Inland
	Steuerfreie Umsätze nach § 4 Nr. 1a (Ausfuhr Drittland)	M	AM	4120	Steuerfreie Umsätze § 4 Nr. 1a UStG
	Steuerfreie EG-Lieferungen § 4 Nr. 1b UStG (Innergemeinschaftliche Lieferungen)	M	AM	4125	Steuerfreie innergemeinschaftliche Lieferungen § 4 Nr. 1b UStG

4 Betriebliche Erträge

HGB-Posten nach § 266 u. § 275 HGB	E-Bilanz Taxonomie	SKR04 2015		
		Funktionen	Konto	Beschriftung
Umsatzerlöse	Steuerfreie EG-Lieferungen § 4 Nr. 1b UStG (Innergemeinschaftliche Lieferungen)	M AM	4130	Lieferungen des ersten Abnehmers bei innergemeinschaftlichen Dreiecksgeschäften § 25b Abs. 2 UStG
		M AM	4135	Steuerfreie Innergemeinschaftliche von Neufahrzeugen am Abnehmer ohne Umsatzsteuer-Identifikationsnummer
	Umsatzerlöse nach § 25 und § 25a UStG	M AM	4136	Umsatzerlöse §§ 25 und 25a UStG 19 % USt
		KU R	4137	Buchungssperre
		KU	4138	Umsatzerlöse §§ 25 u. 25a UStG ohne USt
		M AM	4139	Umsatzerlöse aus Reiseleistungen § 25 Abs. 2 UStG, steuerfrei
	Sonstige umsatzsteuerfreie Umsätze	M AM	4140	Steuerfreie Umsätze Offshore etc.
	Umsatzerlöse nach § 25 und § 25a UStG	KU	4138	Umsatzerlöse §§ 25 u. 25a UStG ohne USt
		M AM	4139	Umsatzerlöse aus Reiseleistungen § 25 Abs. 2 UStG, steuerfrei
	Sonstige umsatzsteuerfreie Umsätze	M AM	4140	Steuerfreie Umsätze Offshore etc.
	Steuerfreie Umsätze § 4 Nr. 2–7 UStG	M AM	4150	Sonstige steuerfreie Umsätze (z. B. § 4 Nr. 2-7 UStG)
	Sonstige umsatzsteuerfreie Umsätze	M AM	4160	Steuerfreie Umsätze ohne Vorsteuerabzug zum Gesamtumsatz gehörend §4 UStG
		M AM	4165	Steuerfreie Umsätze ohne Vorsteuerabzug zum Gesamtumsatz gehörend
	Umsatzerlöse sonstige Umsatzsteuersätze	M	4180	Erlöse, die mit den Durchschnittssätzen des § 24 UStG versteuert werden
		M R	4182 –4183	Buchungssperre
	Sonstige umsatzsteuerfreie Umsätze	M	4185	Erlöse Kleinunternehmer i. S. d. § 19 Abs. 1 UStG
	Umsatzerlöse Regelsteuersatz	M AM	4186	Erlöse Geldspielautomaten 19 % USt
		M R	4187 –4188	Buchungssperre
	Umsatzerlöse ohne Zuordnung nach Umsatzsteuertatbeständen	M	4200	Erlöse
	Umsatzerlöse ermäßigter Steuersatz	M AM	4300 –4309	Erlöse 7 % USt
		M AM	4310 –4314	Erlöse aus im Inland steuerpflichtigen EU-Lieferungen 7 % USt
	Umsatzerlöse Regelsteuersatz	M AM	4315 –4319	Erlöse aus im Inland steuerpflichtigen EU-Lieferungen 19 % USt
	Sonstige Umsatzerlöse, nicht steuerbar	M	4320 –4329	Erlöse aus im anderen EU-Land steuerpflichtigen Lieferungen
	Umsatzerlöse sonstige Umsatzsteuersätze	M AM	4330	Erlöse aus im Inland steuerpflichtigen EU-Lieferungen 16 % USt
	Sonstige Umsatzerlöse, nicht steuerbar	M	4331	Erlöse aus im anderen EG-Land stpfl. elektronischen Dienstleistungen
		M R	4332 –4334	Buchungssperre
	Erlöse aus Leistungen nach § 13b UStG	M AM	4335	Erlöse aus Lieferungen von Mobilfunkgeräten/Schaltkreisen/Tablets/Konsolen für die der Leistungsempfänger die Umsatzsteuer nach § 13b UStG schuldet

4 Betriebliche Erträge

HGB-Posten nach § 266 u. § 275 HGB	E-Bilanz Taxonomie	SKR04 2015		
		Funktionen	Konto	Beschriftung
Umsatzerlöse	Sonstige Umsatzerlöse, nicht steuerbar	M AM	4336	Erlöse aus im anderen EU-Land steuerpflichtigen sonstigen Leistungen, für die der Leisungsempfänger die Umsatzsteuer schuldet
	Erlöse aus Leistungen nach § 13b UStG	M AM	4337	Erlöse aus Leistungen, für die der Leistungsempfänger die Umsatzsteuer nach § 13b UStG schuldet
	Sonstige Umsatzerlöse, nicht steuerbar	M AM	4338	Erlöse aus im Drittland steuerbaren Leistungen, im Inland nicht steuerbare Umsätze
		M AM	4339	Erlöse aus im anderen EU-Land steuerbaren Leistungen, im Inland nicht steuerbare Umsätze
	Umsatzerlöse sonstige Umsatzsteuersätze	M AM	4340 –4349	Erlöse 16 % USt
		M AM	4400 –4409	Erlöse 19 % USt
		M AM	4410	Erlöse 19 % USt
	Umsatzerlöse Regelsteuersatz	M R	4411 –4449	Buchungssperre
		M R	4507	Buchungssperre
		M R	4509	Buchungssperre
	Umsatzerlöse ohne Zuordnung nach Umsatzsteuertatbeständen	M	4510	Erlöse Abfallverwertung
		M	4520	Erlöse Leergut
		M	4560	Provisionsumsätze
		M R	4561 –4563	Buchungssperre
	Steuerfreie Umsätze nach § 4 Nr. 8 ff. UStG	M AM	4564	Provisionsumsätze, steuerfrei § 4 Nr. 8 ff. UStG
	Steuerfreie Umsätze nach § 4 Nr. 2–7 UStG	M AM	4565	Provisionsumsätze, steuerfrei § 4 Nr. 5 UStG
	Umsatzerlöse ermäßigter Steuersatz	M AM	4566	Provisionsumsätze 7 % USt
		M R	4567 –4568	Buchungssperre
	Umsatzerlöse Regelsteuersatz	M AM	4569	Provisionsumsätze 19 % USt
Sonstige betriebliche Erträge	Nebenerlöse aus Provisionen, Lizenzen und Patenten	M	4570	Sonstige Erträge aus Provisionen, Lizenzen und Patenten
		M R	4571 –4573	Buchungssperre
		M AM	4574	Sonstige Erträge aus Provisionen, Lizenzen und Patenten, steuerfrei
		M AM	4575	Provision, sonst. Erträge steuerfrei § 4 Nr. § 4 Nr. 8 ff. UStG
		M AM	4576	Sonstige Erträge aus Provisionen, Lizenzen und Patenten 7% USt
		M R	4577 –4578	Buchungssperre
		M AM	4579	Sonstige Erträge aus Provisionen, Lizenzen und Patenten 19% USt
				Statistische Konten EÜR
Umsatzerlöse	EÜR – keine E-Bilanz	M	4580	Statistisches Konto Erlöse zum allgemein. Umsatzsteuersatz (EÜR)

4 Betriebliche Erträge

HGB-Posten nach § 266 u. § 275 HGB	E-Bilanz Taxonomie	SKR04 2015		
		Funktionen	Konto	Beschriftung
Umsatzerlöse	EÜR – keine E-Bilanz	M	4581	Statistisches Konto Erlöse zum ermäßigt. Umsatzsteuersatz (EÜR)
		M	4582	Statistisches Konto Erlöse steuerfrei und nicht steuerbar (EÜR)
		M	4589	Gegenkto 4580–4582, bei Aufteilung der Erlöse nach Steuersätzen (EÜR)
	Umsatzerlöse ohne Zuordnung nach Umsatzsteuertatbeständen	M	4600	Unentgeltliche Wertabgaben
	Steuerfreie Umsätze nach § 4 Nr. 8 ff.	KU	4605	Entnahme von Gegenständen ohne USt
		M R	4608 –4609	Buchungssperre
	Umsatzerlöse ermäßigter Steuersatz	M AM	4610 –4616	Entnahme durch Unternehmer für Zwecke außerhalb des Unternehmens (Waren) 7 % USt
		M R	4617 –4618	Buchungssperre
	Steuerfreie Umsätze nach § 4 Nr. 8 ff. UStG	KU	4619	Entnahme durch Unternehmer für Zwecke außerhalb des Unternehmens (Waren) ohne USt
	Umsatzerlöse Regelsteuersatz	M AM	4620 –4626	Entnahme durch Unternehmer für Zwecke außerhalb des Unternehmens (Waren) 19 % USt
		M R	4627 –4629	Buchungssperre
Sonstige betriebliche Erträge	Sonstige Sach-, Nutzungs- und Leistungsentnahmen	M AM	4630 –4636	Verwendung von Gegenständen für Zwecke außerhalb des Unternehmens 7 % USt
		KU	4637	Verwendung von Gegenständen für Zwecke außerhalb des Unternehmens ohne USt
		KU	4638	Verwendung von Gegenständen für Zwecke außerhalb des Unternehmens ohne USt (Telefon-Nutzung)
	Private KFZ-Nutzung (nicht Kapitalgesellschaften)	KU	4639	Verwendung von Gegenständen für Zwecke außerhalb des Unternehmens ohne USt (Kfz-Nutzung)
	Sonstige Sach-, Nutzungs- und Leistungsentnahmen	M AM	4640 –4644	Verwendung von Gegenständen für Zwecke außerhalb des Unternehmens 19 % USt
	Private KFZ-Nutzung (nicht Kapitalgesellschaften)	M AM	4645	Verwendung von Gegenständen für Zwecke außerhalb des Unternehmens 19 % USt (Kfz-Nutzung)
	Sonstige Sach-, Nutzungs- und Leistungsentnahmen	M AM	4646	Verwendung von Gegenständen für Zwecke außerhalb des Unternehmens 19 % USt (Telefon-Nutzung)
		M R	4647 –4649	Buchungssperre
		M AM	4650 –4656	Unentgeltliche Erbringung einer sonstig. Leistung 7 % USt
		M R	4657 –4658	Buchungssperre
		KU	4659	Unentgeltliche Erbringung einer sonstig. Leistung ohne USt
		M AM	4660 –4666	Unentgeltliche Erbringung einer sonstig. Leistung 19 % USt

4 Betriebliche Erträge

HGB-Posten nach § 266 u. § 275 HGB	E-Bilanz Taxonomie	SKR04 2015 Funktionen	Konto	Beschriftung
Sonstige betriebliche Erträge	Sonstige Sach-, Nutzungs- und Leistungsentnahmen	M R	4667 –4669	Buchungssperre
	Umsatzerlöse ermäßigter Steuersatz	M AM	4670 –4676	Unentgeltliche Zuwendung von Waren 7 % USt
		M R	4677 –4678	Buchungssperre
	Steuerfreie Umsätze nach § 4 Nr. 8 ff.	KU	4679	Unentgeltliche Zuwendung von Waren ohne USt
	Umsatzerlöse Regelsteuersatz	M AM	4680 –4684	Unentgeltliche Zuwendung von Waren 19 % USt
		M R	4685	Buchungssperre
	Sonstige Sach-, Nutzungs- und Leistungsentnahmen	M AM	4686 –4687	Unentgeltliche Zuwendung, Gegenstände 19 % USt
		M R	4688	Buchungssperre
Sonstige betriebliche Erträge	Sonstige Sach-, Nutzungs- und Leistungsentnahmen	KU	4689	Unentgeltliche Zuwendung, Gegenstände ohne USt
Umsatzerlöse	Sonstige Umsatzerlöse, nicht steuerbar	KU	4690	Nicht steuerbare Umsätze
	Umsatzerlöse sonstige Umsatzsteuersätze	KU	4695	Umsatzsteuer-Vergütungen, z. B. nach § 24 UStG
	In Umsatzerlöse (GKV) verrechnete Erlösschmälerungen	M	4700	Erlösschmälerungen
		M AM	4705	Erlösschmälerungen aus steuerfreien Umsätzen § 4 Nr. 1a UStG
		M AM	4710 –4711	Erlösschmälerungen 7 % USt
		M R	4712 –4719	Buchungssperre
		M AM	4720 –4721	Erlösschmälerungen 19 % USt
		M R	4722	Buchungssperre
		M AM	4723	Erlösschmälerungen 16 % USt
		M AM	4724	Erlösschmälerungen aus steuerfreien innergemeinschaftlichen Lieferungen
		M AM	4725	Erlösschmälerungen aus im Inland steuerpflichtigen EU-Lieferungen 7 % USt
		M AM	4726	Erlösschmälerungen aus im Inland steuerpflichtigen EU-Lieferungen 19 % USt
		M	4727	Erlösschmälerungen aus im anderen EU-Land steuerpflichtigen Lieferungen
		M R	4728	Buchungssperre
		M AM	4729	Erlösschmälerungen aus im Inland steuerpflichtigen EU-Lieferungen 16 % USt
		M S	4730	Gewährte Skonti
		M S/AM	4731	Gewährte Skonti 7 % USt
		M R	4732 –4735	Buchungssperre
		M S/AM	4736	Gewährte Skonti 19 % USt
		M R	4737	Buchungssperre
		M S/AM	4738	Gewährte Skonti aus Lieferungen von Mobilfunkgeräten/Schaltkreisen, für die der Leistungsempfänger die Umsatzsteuer nach § 13b UStG schuldet
		M S/AM	4741	Gewährte Skonti aus Leistungen, für die der Leistungsempfänger die Umsatzsteuer nach § 13b UStG schuldet

4 Betriebliche Erträge

HGB-Posten nach § 266 u. § 275 HGB	E-Bilanz Taxonomie	SKR04 2015		
		Funktionen	Konto	Beschriftung
Umsatzerlöse	In Umsatzerlöse (GKV) verrechnete Erlösschmälerungen	M S/AM	4742	Gewährte Skonti aus Erlöse aus im anderen EU-Land steuerpflichtigen sonstigen Leistungen, für die der Leistungsempfänger die Umsatzsteuer schuldet
		M S/AM	4743	Gewährte Skonti aus steuerfreien innergemeinschaftlichen Lieferungen § 4 Nr. 1b UStG
		M R	4744	Buchungssperre
		M S	4745	Gewährte Skonti aus im Inland steuerpflichtigen EU-Lieferungen
		M S/AM	4746	Gewährte Skonti aus im Inland steuerpflichtigen EU-Lieferungen 7 % USt
		M R	4747	Buchungssperre
		M S/AM	4748	Gewährte Skonti aus im Inland steuerpflichtigen EU-Lieferungen 19 % USt
		M R	4749	Buchungssperre
		M AM	4750 –4751	Gewährte Boni 7 % USt
		M R	4752 –4759	Buchungssperre
		M AM	4760 –4761	Gewährte Boni 19 % USt
		M R	4762 –4768	Buchungssperre
		M	4769	Gewährte Boni
		M	4770	Gewährte Rabatte
		M AM	4780 –4781	Gewährte Rabatte 7 % USt
		M R	4782 –4789	Buchungssperre
		M AM	4790 –4791	Gewährte Rabatte 19 % USt
		KU R	4792 –4799	Buchungssperre
				Erhöhung oder Verminderung des Bestands an fertigen und unfertigen Erzeugnissen
Erhöhung oder Verminderung des Bestandes an fertigen und unfertigen Erzeugnissen	Erhöhung oder Verminderung des Bestandes an fertigen und unfertigen Erzeugnissen (GKV)	KU	4800	**Bestandsveränderung – fertige Erzeugnisse**
		KU	4810	– unfertige Erzeugnisse
		KU	4815	– unfertige Leistung
Bestandsveränderungen in Ausführung befindlicher Bauaufträge		KU	4816	– Bauaufträge in Ausführung befindliche Bauaufträge
Erhöhung oder Verminderung des Bestands in Arbeit befindlicher Aufträge		KU	4818	– Aufträge in Arbeit befindliche Aufträge
				Andere aktivierte Eigenleistungen
Andere aktivierte Eigenleistungen	Andere aktivierte Eigenleistungen (GfK)	KU	4820	Andere aktivierte Eigenleistungen
		KU	4825	Aktivierte Eigenleistungen zur Erstellung von selbst geschaffenen immateriellen Vermögensgegenstände

4 Betriebliche Erträge

HGB-Posten nach § 266 u. § 275 HGB	E-Bilanz Taxonomie	Funktionen	SKR04 2015 Konto	Beschriftung
				Sonstige betriebliche Erträge
Sonstige betriebliche Erträge	Andere sonstige betriebliche Erträge (GKV), nicht zuordenbar	M	4830	Sonstige betriebliche Erträge
		M	4832	Sonstige betriebliche Erträge von verbundenen Unternehmen
	Andere Nebenerlöse	M	4833	Andere Nebenerlöse
	Andere sonstige betriebliche Erträge (GKV), nicht zuordenbar	M AM	4834	Sonstige Erträge betrieblich und regelmäßig 16 % USt
		M	4835	Sonstige Erträge betrieblich und regelmäßig
		M AM	4836	Sonstige Erträge betrieblich und regelmäßig 19 % USt
		M	4837	Sonstige Erträge betriebsfremd und regelmäßig
		KU	4838	Erstattete Vorsteuer anderer Länder
		M	4839	Sonstige Erträge unregelmäßig
	Kurs-/Währungsgewinne	KU	4840	Erträge aus Währungsumrechnung
	Andere sonstige betriebliche Erträge (GKV), nicht zuordenbar	M AM	4841	Sonstige Erträge betrieblich und regelmäßig, steuerfrei § 4 Nr. 8 ff. UStG
		M AM	4842	Sonstige Erträge betrieblich und regelmäßig, steuerfrei § 4 Nr. 2–7 USt
	Kurs-/Währungsgewinne	KU	4843	Erträge aus Bewertung Finanzmittelfonds
	Erträge aus Abgängen des Anlagevermögens	M AM	4844	Erlöse aus Verkäufen Sachanlagevermögen steuerfrei § 4 Nr. 1a UStG (bei Buchgewinn)
		M AM	4845	Erlöse aus Verkäufen Sachanlagevermögen 19 % USt (bei Buchgewinn)
		M R	4846	Buchungssperre
	Kurs-/Währungsgewinne	M	4847	Erträge aus der Währungsumrechnung (nicht § 256a HGB)
	Erträge aus Abgängen des Anlagevermögens	M AM	4848	Erlöse aus Verkäufen Sachanlagevermögen steuerfrei § 4 Nr. 1b UStG (bei Buchgewinn)
		M	4849	Erlöse aus Verkäufen Sachanlagevermögen (bei Buchgewinn)
		M	4850	Erlöse aus Verkäufen immaterieller Vermögensgegenstände (bei Buchgewinn)
		M	4851	Erlöse aus Verkäufen Finanzanlage (bei Buchgewinn)
		M	4852	Erlöse aus Verkäufen Finanzanlagen § 3 Nr. 40 EStG/§ 8b Abs. 2 KStG (inländische Kap.Ges.) (bei Buchgewinn)
		M	4855	Anlagenabgänge Sachanlagen (Restbuchwert bei Buchgewinn)
		M	4856	Anlagenabgänge immaterielle Vermögensgegenstände (Restbuchwert bei Buchgewinn)
		M	4857	Anlagenabgänge Finanzanlagen (Restbuchwert bei Buchgewinn)
		M	4858	Anlagenabgänge Finanzanlagen § 3 Nr. 40 EStG/§ 8b Abs. 2 KStG (inländische Kap.Ges.) (Restbuchwert bei Buchgewinn)

4 Betriebliche Erträge

HGB-Posten nach § 266 u. § 275 HGB	E-Bilanz Taxonomie	SKR04 2015		
		Funktionen	Konto	Beschriftung
Sonstige betriebliche Erträge	Nebenerlöse aus Vermietung und Verpachtung	M	4860	Grundstückserträge
		M AM	4861	Erlöse aus Vermietung und Verpachtung, umsatzsteuerfrei § 4 Nr. 12 UStG
		M AM	4862	Erlöse aus Vermietung und Verpachtung 19% USt
		M	4863 –4864	Buchungssperre
	EÜR – keine E-Bilanz	M AM	4865	Erlöse, Verkäufe von Wirtschaftsgütern des Umlaufvermögens – 19 % USt für § 4/3 EStG
		M AM	4866	– umsatzsteuerfrei § 4 Nr. 8 ff. UStG i. V. m. § 4 Abs. 3 Satz 4 EStG
		M AM	4867	– umsatzsteuerfrei § 4 Nr. 8 ff. UStG i. V. m. § 4 Abs. 3 Satz 4 EStG, § 3 Nr. 40 EStG/§ 8b KStG (inländische Kap.Ges.)
		M	4869	– i. V. m. § 4 Abs. 3 Satz 4 EStG
	Erträge aus Abgängen des Anlagevermögens	**M**	**4900**	**Erträge aus dem Abgang von Gegenständen des Anlagevermögens**
		M	4901	Erträge aus der Veräußerung von Anteilen an Kapitalgesellschaften (Finanzlagevermögen) § 3 Nr. 40 EStG/ § 8b Abs. 2 KStG (inländ. Kap.Ges.)
	Erträge aus Abgängen des Umlaufvermögens	M	4905	Erträge aus dem Abgang von Gegenständen des Umlaufvermögens außer Vorräte
		M	4906	Erträge aus dem Abgang von Gegenständen des Umlaufvermögens (außer Vorräte) § 3 Nr. 40 EStG/§ 8b KStG (inländische Kap.Ges.)
	Erträge aus Zuschreibungen des Anlagevermögens	M	4910	Erträge aus Zuschreibungen des Sachanlagevermögens
		M	4911	Erträge aus Zuschreibungen des immateriellen Anlagevermögens
		M	4912	Erträge aus Zuschreibungen des Finanzanlagevermögens
		M	4913	Erträge aus Zuschreibungen des Finanzanlagevermögens § 3 Nr. 40 EStG/ § 8b KStG (inländische Kap.Ges.)
			4914	Erträge aus Zuschreibungen § 3 Nr. 40 EStG/§ 8b KStG (inländische Kap.Ges.)
	Erträge aus Zuschreibungen des Umlaufvermögens	M	4915	Erträge aus Zuschreibungen des Umlaufvermögens außer Vorräte
		M	4916	Erträge aus Zuschreibungen des Umlaufvermögens § 3 Nr. 40 EStG/§ 8b Abs. 3 Satz 8 KStG (inländ. Kap.Ges.)
	Pauschalwertberichtigungen	M	4920	Erträge a. d. Herabsetzung d. Pauschalwertberichtigung auf Forderungen
	Einzelwertberichtigungen	M	4923	Erträge aus der Herabsetzung Einzelwertberichtigung auf Forderungen
	Zahlungseingänge auf in früheren Perioden abgeschriebene Forderungen § 6b Abs. 3 EStG	M	4925	Erträge aus abgeschriebenen Forderungen
		KU	4927	Erträge aus der Auflösung einer steuer. Rücklage, nach § 6b Abs. 3 EStG

4 Betriebliche Erträge

HGB-Posten nach § 266 u. § 275 HGB	E-Bilanz Taxonomie	SKR04 2015		
		Funktionen	Konto	Beschriftung
Sonstige betriebliche Erträge	§ 6b Abs. 10 EStG	KU	4928	Erträge aus der Auflösung einer steuer. Rücklage, nach § 6b Abs. 10 EStG
	Rücklage für Ersatzbeschaffung, R 6.6 EStR	KU	4929	Erträge aus der Auflösung der Rücklage für Ersatzbeschaffung R 6.6 EStR1
	Erträge aus der Auflösung von Rückstellungen	KU	4930	Erträge, Auflösung von Rückstellungen
	Erträge aus der Herabsetzung von Verbindlichkeiten	V	4932	Erträge aus der Herabsetzung von Verbindlichkeiten
		R	4933	Buchungssperre
	§ 7g Abs. 7 EStG	KU	4934	Erträge aus der Auflösung einer steuerl. Rücklage nach § 7g Abs. 7 EStG a. F. (Existenzgründerrücklage)
	Sonstige/nicht zuordenbare Erträge aus Auflösung eines Sonderpostens mit Rücklageanteil	KU	4935	Erträge aus der Auflösung einer steuerlichen Rücklage
		KU	4936	Erträge aus der Auflösung von steuerl. Rücklagen (Ansparabschreibungen nach § 7g Abs. 3 EStG a. F./ § 7g Abs. 2 EStG n. F
		KU	4937	Erträge aus der Auflösung steuerrechtl. Sonderabschreibungen
	§ 4g EStG	KU	4938	Erträge aus der Auflösung einer steuerl. Rücklage nach § 4g EStG
	Sonstige/nicht zuordenbare Erträge aus Auflösung eines Sonderpostens mit Rücklageanteil	KU	4939	Erträge aus der Auflösung von steuerl. Rücklagen nach § 52 Abs. 16 EStG
	Sonstige Sachbezüge	M	4940	Verrechnete sonstige Sachbezüge (keine Waren)
		M AM	4941	Sachbezüge 7 % USt (Waren)
		M R	4942 –4944	Buchungssperre
		M AM	4945	Sachbezüge 19 % USt (Waren)
		M	4946	Verrechnete sonstige Sachbezüge
	Sachbezüge KFZ	M AM	4947	Verrechnete sonstige Sachbezüge aus Kfz-Gestellung 19 % USt
	Sonstige Sachbezüge	M AM	4948	Verrechn. sonstige Sachbezüge 19 % USt
		KU	4949	Verrechn. sonstige Sachbezüge ohne USt
	Andere sonstige betriebliche Erträge (GKV), nicht zuordenbar		4960	Periodenfremde Erträge (soweit nicht außerordentlich)
	Versicherungsentschädigungen und Schadenersatzleistungen		4970	Versicherungsentschädigungen und Schadenersatzleistungen
			4972	Erstattungen Aufwendungsausgleichsgesetz
	Zuschüsse und Zulagen		4975	Investitionszuschüsse (steuerpflichtig)
			4980	Investitionszulage (steuerfrei)
	Sonstige/nicht zuordenbare Erträge aus Auflösung eines Sonderpostens mit Rücklageanteil		4981	Steuerfreie Erträge aus der Auflösung von steuerlichen Rücklagen
	Andere sonstige betriebliche Erträge (GKV), nicht zuordenbar		4982	Sonstige steuerfreie Betriebseinnahmen
	Erträge aus der Aktivierung unentgeltlich erworbener Vermögensgegenstände		4987	Erträge aus der Aktivierung unentgeltlich erworbener Vermögensgegenstände
	Kostenerstattungen, Rückvergütungen und Gutschriften für frühere Jahre		4989	Kostenerstattungen, Rückvergütungen und Gutschriften für frühere Jahre
	Erträge aus Verwaltungskostenumlagen		4992	Erträge aus Verwaltungskostenumlagen

5 Betriebliche Aufwendungen

HGB-Posten nach § 266 u. § 275 HGB	E-Bilanz Taxonomie	Funktionen	SKR04 2015 Konto	Beschriftung
				Material- und Stoffverbrauch
Aufwendungen für Roh-, Hilfs- und Betriebsstoffe und für bezogene Waren	--- (aufzulösender Auffangposten lt. DATEV-E-Bilanz-Zuordnungstabelle)	V	5000 –5099	Aufwendungen für Roh-, Hilfs- und Betriebsstoffe und für bezogene Waren
				Materialaufwand
Aufwendungen für Roh-, Hilfs- und Betriebsstoffe und für bezogene Waren	Aufwendungen ohne Zuordnung nach Umsatzsteuertatbeständen	V	5100	Einkauf Roh-, Hilfs- und Betriebsstoffe
	Aufwand zum ermäßigten Steuersatz	V AV	5110	Einkauf Roh-, Hilfs- und Betriebsstoffe
		V	–5119	7 % Vorsteuer
		V R	5120 –5129	Buchungssperre
	Aufwand zum Regelsteuersatz	V AV	5130 –5139	Einkauf Roh-, Hilfs- und Betriebsstoffe 19 % Vorsteuer
		V R	5140 –5159	Buchungssperre
	Innergemeinschaftliche Erwerbe	V AV	5160	Einkauf Roh-, Hilfs- und Betriebsstoffe innergemeinschaftlicher Erwerb
		V R	5161	7 % Vorsteuer und 7 % Umsatzsteuer
		V AV	5162 –5163	Einkauf Roh-, Hilfs- und Betriebsstoffe innergemeinschaftlicher Erwerb 19 % Vorsteuer und 19 % Umsatzsteuer
		V R	5164 –5165	Buchungssperre
		V AV	5166	Einkauf Roh-, Hilfs- und Betriebsstoffe innergemeinschaftlicher Erwerb ohne Vorsteuer und 7 % Umsatzsteuer
		V AV	5167	Einkauf Roh-, Hilfs- und Betriebsstoffe innergemeinschaftlicher Erwerb ohne Vorsteuer und 19 % Umsatzsteuer
		V R	5168 –5169	Buchungssperre
	Aufwendungen ohne Zuordnung nach Umsatzsteuertatbeständen	V AV	5170	Einkauf Roh-, Hilfs- und Betriebsstoffe 5,5 % Vorsteuer
		V AV	5171	Einkauf Roh-, Hilfs- und Betriebsstoffe 10,7 % Vorsteuer
		V R	5172 –5174	Buchungssperre
	Aufwand zum ermäßigten Steuersatz	V AV	5175	Einkauf Roh-, Hilfs- und Betriebsstoffe aus einem USt-Lager § 13a UStG 7 % Vorsteuer und 7 % Umsatzsteuer
	Aufwand zum Regelsteuersatz	V AV	5176	Einkauf Roh-, Hilfs- und Betriebsstoffe aus einem USt-Lager § 13a UStG 19 % Vorsteuer und 19 % Umsatzsteuer
		V R	5177 –5188	Buchungssperre
	Innergemeinschaftliche Erwerbe	V AV	5189	Erwerb Roh-, Hilfs- und Betriebsstoffe als letzter Abnehmer innerhalb Dreiecks-Dreiecksgeschäft 19 % VSt./19 % USt
	Aufwendungen ohne Zuordnung nach Umsatzsteuertatbeständen	V	5190	Energiestoffe (Fertigung)
	Aufwand zum ermäßigten Steuersatz	V AV	5191	Energiestoffe (Fertigung) 7 % Vorsteuer
	Aufwand zum Regelsteuersatz	V AV	5192	Energiestoffe (Fertigung) 19 % Vorsteuer

5 Betriebliche Aufwendungen

HGB-Posten nach § 266 u. § 275 HGB	E-Bilanz Taxonomie	SKR04 2015		
		Funktionen	Konto	Beschriftung
Aufwendungen für Roh-, Hilfs- und Betriebsstoffe und für bezogene Waren	Aufwand zum Regelsteuersatz	V R	5193 –5198	Buchungssperre
	Wareneinkauf ohne Zuordnung nach Umsatzsteuertatbeständen	V	5200	Wareneingang
	Wareneinkauf zum ermäßigten Steuersatz	V AV	5300 –5309	Wareneingang 7 % Vorsteuer
		V R	5310 –5349	Buchungssperre
	Wareneinkauf zum Regelsteuersatz	V AV	5400 –5409	Wareneingang 19 % Vorsteuer
		V R	5410 –5419	Buchungssperre
	Innergemeinschaftliche Erwerbe	V AV	5420 –5424	Innergemeinschaftlicher Erwerb 7 % Vorsteuer und 7 % Umsatzsteuer
		V AV	5425 –5429	Innergemeinschaftlicher Erwerb 19 % Vorsteuer und 19 % Umsatzsteuer
		V AV	5430	Innergemeinschaftlicher Erwerb ohne Vorsteuer und 7 % Umsatzsteuer
		V R	5431 –5434	Buchungssperre
		V AV	5435	Innergemeinschaftlicher Erwerb ohne Vorsteuer und 7 % Umsatzsteuer
		V R	5436 –5439	Buchungssperre
		V AV	5440	Innergemeinschaftlicher Erwerb von Neufahrzeugen von Lieferanten ohne Umsatzsteuer-Identifikationsnummer 19 % Vorsteuer und 19 % Umsatzsteuer
		V R	5441 –5449	Buchungssperre
		V R	5500 –5504	Buchungssperre
	Wareneinkauf ohne Zuordnung nach Umsatzsteuertatbeständen	V AV	5505 –5509	Wareneingang 5,5 % Vorsteuer
		V R	5510 –5539	Buchungssperre
		V AV	5540 –5549	Wareneingang 10,7 % Vorsteuer
	Innergemeinschaftliche Erwerbe	V AV	5550	Steuerfreier Innergemeinschaftlicher Erwerb
	Wareneinkauf ohne Zuordnung nach Umsatzsteuertatbeständen	V	5551	Wareneingang im Drittland steuerbar
	Innergemeinschaftliche Erwerbe	V	5552	Erwerb 1. Abnehmer innerhalb eines Dreiecksgeschäftes
		V AV	5553	Erwerb Waren als letzter Abnehmer innerhalb Dreiecksgeschäft
		R	5554 –5557	Buchungssperre
	Wareneinkauf ohne Zuordnung nach Umsatzsteuertatbeständen	V	5558	Wareneingang im anderen EU-Land steuerbar
		V	5559	Steuerfreie Einfuhren
	Wareneinkauf zum ermäßigten Steuersatz	V AV	5560	Waren aus einem Umsatzsteuerlager, § 13a UStG 7 % VSt und 7 % USt

5 Betriebliche Aufwendungen

HGB-Posten nach § 266 u. § 275 HGB	E-Bilanz Taxonomie	SKR04 2015		
		Funktionen	Konto	Beschriftung
Aufwendungen für Roh-, Hilfs- und Betriebsstoffe und für bezogene Waren	Wareneinkauf zum ermäßigten Steuersatz	V	R	5561 Buchungssperre
				−5564
	Wareneinkauf zum Regelsteuersatz	V	AV	5565 Waren aus einem Umsatzsteuerlager, § 13a UStG 19 % VSt und 19 % USt
		V	R	5566 Buchungssperre
				−5569
	--- (aufzulösender Auffangposten lt. DATEV-E-Bilanz-Zuordnungstabelle)			5600 Nicht abziehbare Vorsteuer
				−5609
				5610 Nicht abziehbare Vorsteuer 7 %
				−5619
	--- (aufzulösender Auffangposten lt. DATEV-E-Bilanz-Zuordnungstabelle)		R	5650 Buchungssperre
				−5659
				5660 Nicht abziehbare Vorsteuer 19 %
				−5669
	Wareneinkauf ohne Zuordnung nach Umsatzsteuertatbeständen	V		5700 Nachlässe
	Aufwendungen ohne Zuordnung nach Umsatzsteuertatbeständen	V		5701 Nachlässe aus Einkauf Roh-, Hilfs- und Betriebsstoffe
	Wareneinkauf zum ermäßigten Steuersatz	V	AV	5710 Nachlässe 7 % Vorsteuer
				−5711
		V	R	5712 Buchungssperre
				−5713
	Aufwand zum ermäßigten Steuersatz	V	AV/E	5714 Nachlässe aus Einkauf Roh-, Hilfs- und Betriebsstoffe 7% Vorsteuer
	Aufwand zum Regelsteuersatz	V	AV	5715 Nachlässe aus Einkauf Roh-, Hilfs- und Betriebsstoffe 7% Vorsteuer
		V	R	5716 Buchungssperre
	Innergemeinschaftliche Erwerbe	V	AV	5717 Nachlässe aus Einkauf Roh-, Hilfs- und Betriebsstoffe innergemeinschaftl. 7 % Vorsteuer und 7 % Umsatzsteuer
		V	AV/E	5718 Nachlässe aus Einkauf Roh-, Hilfs- und Betriebsstoffe innergemeinschaftl. 19 % Vorsteuer und 19 % Umsatzsteuer
		V	R	5719 Buchungssperre
	Wareneinkauf zum Regelsteuersatz	V	AV	5720 Nachlässe 19 % Vorsteuer
				−5721
	Wareneinkauf ohne Zuordnung nach Umsatzsteuertatbeständen	V	AV	5722 Nachlässe 16 % Vorsteuer
		V	AV	5723 Nachlässe 15 % Vorsteuer
	Innergemeinschaftliche Erwerbe	V	AV	5724 Nachlässe aus innergemeinschaftlichem Erwerb 7 % VSt und 7 % USt
		V	AV	5725 Nachlässe aus innergemeinschaftlichem Erwerb 19 % VSt und 19 % USt
		V	AV	5726 Nachlässe aus innergemeinschaftlichem Erwerb 16 % VSt und 16 % USt
		V	AV	5727 Nachlässe aus innergemeinschaftlichem Erwerb 15 % VSt und 15 % USt
		V	R	5728 Buchungssperre
				−5729
	Wareneinkauf ohne Zuordnung nach Umsatzsteuertatbeständen	V	S	5730 Erhaltene Skonti
	Wareneinkauf zum ermäßigten Steuersatz	V	S/AV	5731 Erhaltene Skonti 7 % Vorsteuer
		V	R	5732 Buchungssperre
	Aufwendungen ohne Zuordnung nach Umsatzsteuertatbeständen	V	S	5733 Erhaltene Skonti aus Einkauf Roh-, Hilfs- und Betriebsstoffe

5 Betriebliche Aufwendungen

HGB-Posten nach § 266 u. § 275 HGB	E-Bilanz Taxonomie	SKR04 2015		
		Funktionen	Konto	Beschriftung
Aufwendungen für Roh-, Hilfs- und Betriebsstoffe und für bezogene Waren	Aufwand zum ermäßigten Steuersatz	V	S/AV	5734 Erhaltene Skonti aus Einkauf Roh-, Hilfs- und Betriebsstoffe 7 % Vorsteuer
		V	R	5735 Buchungssperre
	Wareneinkauf zum Regelsteuersatz	V	S/AV	5736 Erhaltene Skonti 19 % Vorsteuer
		V	R	5737 Buchungssperre
	Aufwand zum Regelsteuersatz	V	S/AV	5738 Erhaltene Skonti aus Einkauf Roh-, Hilfs- und Betriebsstoffe 19 % Vorsteuer
		V	R	5739 Buchungssperre
				–5740
	Innergemeinschaftliche Erwerbe	V	S/AV	5741 Erhaltene Skonti aus Einkauf Roh-, Hilfs- und Betriebsstoffe aus steuerpflichtigem innergemeinschaftlichem Erwerb 19 % Vorsteuer und 19 % Umsatzsteuer
			R	5742 Buchungssperre
		V	S/AV	5743 Erhaltene Skonti aus Einkauf Roh-, Hilfs- und Betriebsstoffe aus steuerpflichtigem innergemeinschaftlichem Erwerb 7 % Vorsteuer und 7 % Umsatzsteuer
		V	S	5744 Erhaltene Skonti aus Einkauf Roh-, Hilfs- und Betriebsstoffe aus steuerpflichtigem innergemeinschaftlichem Erwerb
		V	S	5745 Erhaltene Skonti aus steuerpflichtigem innergemeinschaftlichem Erwerb
		V	S/AV	5746 Erhaltene Skonti aus steuerpflichtigem innergemeinschaftlichem Erwerb 7 % Vorsteuer und 7 % Umsatzsteuer
		V	R	5747 Buchungssperre
		V	S/AV	5748 Erhaltene Skonti aus steuerpflichtigem innergemeinschaftlichem Erwerb 19 % Vorsteuer und 19 % Umsatzsteuer
		V	R	5749 Buchungssperre
	Wareneinkauf zum ermäßigten Steuersatz	V	AV	5750 Erhaltene Boni 7 % Vorsteuer
				–5751
		V	R	5752 Buchungssperre
				5753 Erhaltene Boni aus Einkauf Roh-, Hilfs- und Betriebsstoffe 7 % Vorsteuer
	Aufwand zum ermäßigten Steuersatz	V	AV	5754 Erhaltene Boni aus Einkauf Roh-, Hilfs- und Betriebsstoffe
	Aufwand zum Regelsteuersatz	V	AV	5755 Erhaltene Boni aus Einkauf Roh-, Hilfs- und Betriebsstoffe 19 % Vorsteuer
		V	R	5756 Buchungssperre
				–5759
	Wareneinkauf zum Regelsteuersatz	V	AV	5760 Erhaltene Boni 19 % Vorsteuer
				–5761
		V	R	5762 Buchungssperre
				–5768
	Wareneinkauf ohne Zuordnung nach Umsatzsteuertatbeständen	V		5769 Erhaltene Boni
		V		5770 Erhaltene Rabatte
	Wareneinkauf zum ermäßigten Steuersatz	V	AV	5780 Erhaltene Rabatte 7 % Vorsteuer
				–5781
		V	R	5782 Buchungssperre
	Aufwendungen ohne Zuordnung nach Umsatzsteuertatbeständen	V		5783 Erhaltene Rabatte aus Einkauf Roh-, Hilfs- und Betriebsstoffe

5 Betriebliche Aufwendungen

HGB-Posten nach § 266 u. § 275 HGB	E-Bilanz Taxonomie	SKR04 2015		
		Funktionen	Konto	Beschriftung
Aufwendungen für Roh-, Hilfs- und Betriebsstoffe und für bezogene Waren	Aufwand zum ermäßigten Steuersatz	V AV	5784	Erhaltene Rabatte aus Einkauf Roh-, Hilfs- und Betriebsstoffe 7 % Vorsteuer
	Aufwand zum Regelsteuersatz	V AV	5785	Erhaltene Rabatte aus Einkauf Roh-, Hilfs- und Betriebsstoffe 19 % Vorsteuer
		V R	5786 –5787	Buchungssperre
	Wareneinkauf zum ermäßigten Steuersatz	V S/AV	5788	Erhaltene Skonti aus Einkauf Roh-, Hilfs- und Betriebsstoffe 10,7 % Vorsteuer
	Aufwand zum Regelsteuersatz	V R	5789	Buchungssperre
	Wareneinkauf zum Regelsteuersatz	V AV	5790 –5791	Erhaltene Rabatte 19 % Vorsteuer
	Innergemeinschaftliche Erwerbe	V AV	5792	Erhaltene Skonti aus Erwerb Roh-, Hilfs- und Betriebsstoffe als letzter Abnehmer innerhalb Dreiecksgeschäft 19% Vorsteuer und 19% Umsatzsteuer
		V AV	5793	Erhaltene Skonti aus Erwerb Waren als letzter Abnehmer innerhalb Dreiecksgeschäft 19 % VSt und 19 % USt
	Wareneinkauf zum ermäßigten Steuersatz	V S/AV	5794	Erhaltene Skonti 5,5 % Vorsteuer
		V R	5795	Buchungssperre
		V S/AV	5796	Erhaltene Skonti 10.7 % Vorsteuer
		V R	5797	Buchungssperre
		V S/AV	5798	Erhaltene Skonti aus Einkauf Roh-, Hilfs- und Betriebsstoffe 5,5 % Vorsteuer
		V R	5799	Buchungssperre
	Anschaffungsnebenkosten	V	5800	Bezugsnebenkosten
		V	5820	Leergut
		V	5840	Zölle und Einfuhrabgaben
	Wareneinkauf ohne Zuordnung nach Umsatzsteuertatbeständen	KU	5860	Verrechnete Stoffkosten (Gegenkonto 5000-99)
	--- (aufzulösender Auffangposten lt. DATEV-E-Bilanz-Zuordnungstabelle)	KU	5880	Bestandsveränderungen Roh-, Hilfs- und Betriebsstoffe/Waren
	Bestandsveränderungen	KU	5881	Bestandsveränderung Waren
		KU	5885	Bestandsveränderung RHB
				Aufwendungen für bezogene Leistungen
Aufwendungen für bezogene Leistungen	Übrige Leistungen ohne Zuordnung nach Umsatzsteuertatbeständen	V	5900	Fremdleistungen
	Übrige Leistungen mit Vorsteuerabzug	V AV	5906	Fremdleistungen 19 % Vorsteuer
		KU R	5907	Buchungssperre
		KU AV	5908	Fremdleistungen 7 % Vorsteuer
	Übrige Leistungen ohne Vorsteuerabzug	KU	5909	Fremdleistungen ohne Vorsteuer
				Umsätze, für die als Leistungsempfänger die Steuer nach § 13b Abs. 2 UStG geschuldet wird
Aufwendungen für bezogene Leistungen	Leistungen nach § 13b UStG mit Vorsteuerabzug	V AV	5910	Bauleistungen eines im Inland ansässigen Unternehmers 7 % VSt und 7 % USt
		V R	5911 –5912	Buchungssperre
		V AV	5913	Sonstige Leistungen eines im anderen EU-Land ansässigen Unternehmers 7 % Vorsteuer und 7 % Umsatzsteuer

5 Betriebliche Aufwendungen

HGB-Posten nach § 266 u. § 275 HGB	E-Bilanz Taxonomie	SKR04 2015		
		Funktionen	Konto	Beschriftung
Aufwendungen für bezogene Leistungen	Leistungen nach § 13b UStG mit Vorsteuerabzug	V R	5914	Buchungssperre
		V AV	5915	Leistungen eines im Ausland ansässigen Unternehmers 7 % VSt und 7 % USt
		V R	5916 –5919	Buchungssperre
		V AV	5920 –5921	Bauleistungen eines im Inland ansässigen Unternehmers 19 % VSt und 19 % USt
		V R	5922	Buchungssperre
		V AV	5923	Sonstige Leistungen eines im anderen EU-Land ansässigen Unternehmers 19 % Vorsteuer und 19 % Umsatzsteuer
		V R	5924	Buchungssperre
		V AV	5925 –5926	Leistungen eines im Ausland ansässigen Unternehmers 19 % VSt und 19 % USt
		V R	5927 –5929	Buchungssperre
	Leistungen nach § 13b UStG ohne Vorsteuerabzug	V AV	5930	Bauleistungen eines im Inland ansässigen Unternehmers ohne VSt und 7 % USt
		V R	5931 –5932	Buchungssperre
		V AV	5933	Sonstige Leistungen eines im anderen EU-Land ansässigen Unternehmers ohne Vorsteuer und 7 % Umsatzsteuer
		V R	5934	Buchungssperre
		V AV	5935	Leistungen eines im Ausland ansässigen Unternehmers ohne VSt und 7 % USt
		V R	5936 –5939	Buchungssperre
		V AV	5940 –5941	Leistungen eines im Ausland ansässigen Unternehmers ohne VSt und 19 % USt
		V R	5942	Buchungssperre
		V AV	5943	Sonstige Leistungen eines im anderen EU-Land ansässigen Unternehmers ohne Vorsteuer und 19 % Umsatzsteuer
		V R	5944	Buchungssperre
		V AV	5945 –5946	Leistungen eines im Ausland ansässigen Unternehmers ohne VSt und 19 % USt
		V R	5947 –5949	Buchungssperre
	Leistungen nach § 13b UStG mit Vorsteuerabzug	V S	5950	Erhaltene Skonti aus Leistungen, für die als Leistungsempfänger die Steuer nach § 13b UStG geschuldet wird
		V S/AV	5951	Erhaltene Skonti aus Leistungen, für die als Leistungsempfänger die Steuer nach § 13b UStG geschuldet wird 19 % Vorsteuer und 19 % Umsatzsteuer
		V R	5952	Buchungssperre
	Leistungen nach § 13b UStG ohne Vorsteuerabzug	V S	5953	Erhaltene Skonti aus Leistungen, für die als Leistungsempfänger die Steuer nach § 13b UStG geschuldet wird ohne Vorsteuer aber mit Umsatzsteuer

5 Betriebliche Aufwendungen

HGB-Posten nach § 266 u. § 275 HGB	E-Bilanz Taxonomie	SKR04 2015		
		Funktionen	Konto	Beschriftung
Aufwendungen für bezogene Leistungen	Leistungen nach § 13b UStG ohne Vorsteuerabzug	V S	5954	Erhaltene Skonti aus Leistungen, für die als Leistungsempfänger die Steuer nach § 13b UStG geschuldet wird ohne Vorsteuer, mit 19 % Umsatzsteuer
		V R	5955–5959	Buchungssperre
	Leistungen nach § 13b UStG mit Vorsteuerabzug	V	5960	Leistungen § 13b UStG mit Vorsteuerabzug
	Leistungen nach § 13b UStG ohne Vorsteuerabzug	V	5965	Leistungen § 13b ohne Vorsteuer-

6 Betriebliche Aufwendungen

HGB-Posten	E-Bilanz Taxonomie	Konto	Beschriftung
			Personalaufwand
Löhne und Gehälter	Übrige Löhne und Gehälter	**6000**	**Löhne und Gehälter**
		6010	Löhne
		6020	Gehälter
	Vergütungen an Gesellschafter-Geschäftsführer	6024	Geschäftsführergehälter der GmbH-Gesellsschafter
		6026	Tantiemen Gesellschafter-Geschäftsführer
	Übrige Löhne und Gehälter	6027	Geschäftsführergehälter
	Vergütungen an angestellte Mitunternehmer § 15 EStG	6028	Vergütungen an angestellte Mitunternehmer § 15 EStG
	Übrige Löhne und Gehälter	6029	Tantiemen Arbeitnehmer
		6030	Aushilfslöhne
	Löhne für Minijobs	6035	Löhne für Minijobs
		6036	Pauschale Steuern für Minijobber
	Vergütungen an Gesellschafter-Geschäftsführer	6037	Pauschale Steuern für Gesellschafter-Geschäftsführer
	Vergütungen an angestellte Mitunternehmer § 15 EStG	6038	Pauschale Steuern für Mitunternehmer § 15 EStG
	Übrige Löhne und Gehälter	6039	Pauschale Steuern und Abgaben für Arbeitnehmer
		6040	Pauschale Steuer für Aushilfen
		6045	Bedienungsgelder
		6050	Ehegattengehalt
		6060	Freiwillige soziale Aufwend., lohnsteuerpflichtig
	Löhne für Minijobs	6066	Freiwillige Zuwendungen an Minijobber
	Vergütungen an Gesellschafter-Geschäftsführer	6067	Freiwillige Zuwendungen an Gesellschafter-Geschäftsführer
	Vergütungen an angestellte Mitunternehmer § 15 EStG	6068	Freiwillige Zuwendungen an Mitunternehmer § 15 EStG
	Übrige Löhne und Gehälter	6069	Pauschale Steuer auf sonstige Bezüge (z. B. Fahrtkostenzuschüsse)
		6070	Krankengeldzuschüsse
	Löhne für Minijobs	6071	Sachzuwendungen und Dienstleistungen an Minijobber
	Übrige Löhne und Gehälter	6072	Sachzuwendungen und Dienstleistungen an Arbeitnehmer

6 Betriebliche Aufwendungen

HGB-Posten nach § 266 u. § 275 HGB	E-Bilanz Taxonomie	Funktionen	Konto	Beschriftung (SKR04 2015)
Löhne und Gehälter	Vergütungen an Gesellschafter-Geschäftsführer		6073	Sachzuwendungen und Dienstleistungen an Gesellschafter-Geschäftsführer
	Vergütungen an angestellte Mitunternehmer § 15 EStG		6074	Sachzuwendungen und Dienstleistungen an Mitunternehmer § 15 EStG
	Übrige Löhne und Gehälter		6075	Zuschüsse Agenturen für Arbeit (Haben)
			6076	Aufwendungen für Urlaubsrückstellungen
	Vergütungen an Gesellschafter-Geschäftsführer		6077	Aufwendungen für Urlaubsrückstellungen an Gesellschafter- Geschäftsführer
	Vergütungen an angestellte Mitunternehmer § 15 EStG		6078	Aufwendungen für Urlaubsrückstellungen an angestellte Mitunternehmer § 15 EStG
	Löhne für Minijobs		6079	Aufwendungen für Urlaubsrückstellungen an Minijobber
	Gehälter		6080	Vermögenswirksame Leistungen
			6090	Fahrtkostenerstattung, Whg./Arbeitsstätte
Soziale Abgaben und Aufwendungen für für Altersversorgung und Unterstützung	Soziale Abgaben und Aufwendungen für für Altersversorgung und Unterstützung, nicht zuordenbar		6100	Soziale Abgaben, Altersversorgung
	Soziale Abgaben		6110	Gesetzliche soziale Aufwendungen
	davon soziale Abgaben für angestellte Mitunternehmer § 15 EStG		6118	Gesetzliche soziale Aufwendungen für Mitunternehmer § 15 EStG
	Soziale Abgaben		6120	Beiträge zur Berufsgenossenschaft
Soziale Abgaben und Aufwendungen für für Altersversorgung und Unterstützung,	Soziale Abgaben		6130	Freiwillige soziale Aufwendungen, LSt-frei
	Aufwendungen für Altersversorgung		6140	Aufwendungen für Altersversorgung
			6147	Pauschale Steuer auf sonstige Bezüge (z. B. Direktsicherungen)
			6148	Aufwendungen für Altersversorgung für Mitunternehmer § 15 EStG
			6149	Aufwendungen für Altersversorgung für Gesellschafter-Geschäftsführer
			6150	Versorgungskassen
	Aufwendungen für Unterstützung		6160	Aufwendungen für Unterstützung
	Soziale Abgaben		6170	Sonstige soziale Abgaben
			6171	Soziale Abgaben für Minijobber
				Abschreibungen auf immaterielle Vermögensgegenstände des Anlagevermögens und Sachanlagen
Abschreibungen auf immaterielle Vermögensgegenstände des Anlage-vermögens und Sachanlagen	Abschreibungen auf andere immaterielle Vermögensgegenstände		6200	Abschreibungen, immaterielle VermG
			6201	Abschreibungen auf selbst geschaffene immaterielle Vermögensgegenstände
	Auf Geschäfts-, Firmen- oder Praxiswert		6205	Abschreibungen auf den Geschäfts- oder Firmenwert
	Außerplanmäßige Abschreibungen auf Geschäfts-, Firmen- oder Praxiswert		6209	Außerplanmäßige Abschreibungen auf den Geschäfts- oder Firmenwert
	Außerplanmäßige Abschreibungen auf andere immaterielle Vermögensgegen-stände		6210	Außerplanmäßige Abschreibungen auf immaterielle Vermögensgegenstände
			6211	Außerplanmäßige Abschreibungen auf selbst geschaffene immaterielle VermG
	Auf Sachanlagen		6220	Abschreibungen auf Sachanlagen (ohne AfA auf Kfz und Gebäude)
			6221	Abschreibungen auf Gebäude
			6222	Abschreibungen auf Kfz
			6223	Abschreibung Arbeitszimmer

6 Betriebliche Aufwendungen

HGB-Posten nach § 266 u. § 275 HGB	E-Bilanz Taxonomie	SKR04 2015		
		Funktionen	Konto	Beschriftung
Abschreibungen auf immaterielle Vermögensgegenstände des Anlagevermögens und Sachanlagen	Außerplanmäßige Abschreibungen auf Sachanlagen		6230	Außerplanmäßige Abschreibungen auf Sachanlagen
			6231	Absetzung für außergewöhnliche techn. und wirtschaftl. Abnutzung der Gebäude
			6232	Absetzung für außergewöhnliche techn. und wirtschaftl. Abnutzung des Kfz
			6233	Absetzung für außergewöhnliche techn. und wirtschaftl. Abnutzung sonstiger Wirtschaftsgüter
	Sonderabschreibungen		6240	Abschreibungen auf Sachanlagen auf Grund steuerlicher Sondervorschriften
			6241	Sonderabschreibungen nach § 7g Abs. 1 und 2 EStG a. F./§ 7g Abs. 5 EStG n. F. § g Abs. 5 EStG n. F. (ohne Kfz)
			6242	Sonderabschreibungen nach § 7g Abs. 1 und 2 EStG a. F./§ 7g Abs. 5 EStG n. F. § g Abs. 5 EStG n. F. (für Kfz)
			6243	Kürzung der Anschaffungs- oder Herstellungskosten gemäß § g Abs. 2 EStG n. F. (ohne Kfz)
			6244	Kürzung der Anschaffungs- oder Herstellungskosten gemäß § g Abs. 2 EStG n. F. (für Kfz)
	Auf Sachanlagen		6250	Kaufleasing
			6260	Sofortabschreibung geringwertiger Wirtschaftsgüter
			6262	Abschreibungen auf aktivierte, geringwertige Wirtschaftsgüter
			6264	Abschreibungen auf den Sammelposten geringwertige Wirtschaftsgüter
	Außerplanmäßige Abschreibungen auf Sachanlagen		6266	Außerplanmäßige Abschreibungen auf aktivierte, geringwertige Wirtschaftsgüter
	Auf Ingangsetzungsaufwendungen		6268	Abschreibungen auf Aufwendungen für die Ingangsetzung und Erweiterung des Geschäftsbetriebs
Abschreibungen auf Vermögensgegenstände des Umlaufvermögens, soweit diese die in der Kapitalgesellschaft üblichen Abschreibungen überschreiten	Abschreibungen auf Forderungen und sonstige Vermögensgegenstände		6270	Abschreibungen auf Vermögensgegenstände des Umlaufvermögens, soweit diese die in der Kapitalgesellschaft üblichen Abschreibungen überschreiten Abschreibungen auf sonstige Vermögensgegenstände des Umlaufvermögens (soweit unüblich hoch)
			6272	Abschreibungen auf Umlaufvermögen, steuerrechtlich bedingt (soweit unüblich hoch)
		R	6275	Buchungssperre
	Abschreibungen auf Vorräte		6278	Abschreibungen auf Roh-, Hilfs- und Betriebsstoffe /Waren (soweit unüblich hoch)
			6279	Abschreibungen auf fertige und unfertige Erzeugnisse (soweit unüblich hoch)
	Abschreibungen auf Forderungen und sonstige Vermögensgegenstände	M	6280	Forderungsverluste (soweit unüblich hoch)

6 Betriebliche Aufwendungen

HGB-Posten nach § 266 u. § 275 HGB	E-Bilanz Taxonomie	SKR04 2015		
		Funktionen	Konto	Beschriftung
Abschreibungen auf Vermögensgegenstände des Umlaufvermögens, soweit diese die in der Kapitalgesellschaft üblichen Abschreibungen überschreiten	Abschreibungen auf Forderungen und sonstige Vermögensgegenstände	M AM	6281	Forderungsverluste 7 % USt (soweit unüblich hoch)
		M R	6282 −6284	Buchungssperre
		M AM	6285	Forderungsverluste 16 % USt (soweit unüblich hoch)
		M AM	6286	Forderungsverluste 19 % USt
		M AM	6287	Forderungsverluste 15 % USt (soweit unüblich hoch)
		M R	6288	Buchungssperre
			6290	Abschreibungen auf Forderungen gegenüber Kapitalgesellschaften, an denen eine Beteiligung besteht (soweit unüblich hoch), § 3c EStG/§ 8b Abs. 3 KStG
			6291	Abschreibungen auf Forderungen gegenüber Gesellschaftern und nahe stehenden Personen (soweit unüblich hoch), § 8b Abs. 3 KStG
				Sonstige betriebliche Aufwendungen
Sonstige betriebliche Aufwendungen	Andere ordentliche sonstige betriebliche Aufwendungen	V	6300	Sonstige betriebliche Aufwendungen
		V	6302	Interimskonto für Aufwendungen in einem anderen Land, bei denen eine Vorsteuervergütung möglich ist
		V	6303	Fremdleistungen/Fremdarbeiten
		V	6304	Sonstige Aufwendungen betrieblich und regelmäßig
		V	6305	Raumkosten
	Übrige/nicht zuordenbare Miete und Pacht für unbewegliche Wirtschaftsgüter	V	6310	Miete (unbewegliche Wirtschaftsgüter)
		V	6312	Miete/Aufwendungen für doppelte Haushaltsführung
	Miete und Pacht für unbewegliche Wirtschaftsgüter an Gesellschafter	V E	6313	Vergütungen an Gesellschafter für die miet- oder pachtweise Überlassung ihrer unbeweglichen Wirtschaftsgüter
	Miete und Pacht für unbewegliche Wirtschaftsgüter an Mitunternehmer § 15 EStG	V E	6314	Vergütungen an Mitunternehmer für die mietweise Überlassung ihrer unbewegl. Wirtschaftsgüter § 15 EStG
	Übrige/nicht zuordenbare Miete und Pacht für unbewegliche Wirtschaftsgüter	V	6315	Pacht (unbewegliche Wirtschaftsgüter)
	Übrige Leasingaufwendungen	V	6316	Leasing (unbewegliche Wirtschaftsgüter)
	Übrige/nicht zuordenbare Miete und Pacht für unbewegliche Wirtschaftsgüter	V	6317	Aufwendungen für gemietete oder gepachtete unbewegl. Wirtschaftgüter, die gewerbesteuerl. hinzuzurechnen sind
		V	6318	Miet- und Pachtnebenkosten (gewerbesteuerlich nicht zu berücksichtigen)
	Miete und Pacht für unbewegliche Wirtschaftsgüter an Mitunternehmer § 15 EStG	V	6319	Vergütungen an Mitunternehmer für die pachtweise Überlassung ihrer unbewegl. Wirtschaftsgüter § 15 EStG
	Aufwendungen für Energie	V	6320	Heizung
		V	6325	Gas, Strom, Wasser
	Andere ordentliche sonstige betriebliche Aufwendungen	V	6330	Reinigung
	Aufwand für Fremdreparaturen u. Instandhaltung für Grundstücke u. Gebäude	V	6335	Instandhaltung betrieblicher Räume

6 Betriebliche Aufwendungen

HGB-Posten nach § 266 u. § 275 HGB	E-Bilanz Taxonomie	SKR04 2015		
		Funktionen	Konto	Beschriftung
Sonstige betriebliche Aufwendungen	Andere ordentliche sonstige betriebliche Aufwendungen	V	6340	Abgaben für betrieblich genutzten Grundbesitz
		V	6345	Sonstige Raumkosten
	Sonstige beschränkt abziehbare Betriebsausgaben	V	6348	Aufwendungen für ein häusliches Arbeitszimmer (abziehbarer Anteil)
		V	6349	Aufwendungen für ein häusliches Arbeitszimmer (nicht abziehbarer Anteil)
	Aufwand für Fremdreparaturen u. Instandhaltung für Grundstücke u. Gebäude	V	6350	Grundstücksaufwendungen, betrieblich
	Andere sonstige betriebliche Aufwendungen (GKV)	V	6352	Grundstücksaufwendungen, sonstige (neutral)
	Sonstige beschränkt abziehbare Betriebsausgaben		6390	Zuwendungen, Spenden, steuerlich nicht abziehbar
			6391	Zuwendungen, Spenden für wissenschaftliche und kulturelle Zwecke
			6392	Zuwendungen, Spenden für mildtätige Zwecke
			6393	Zuwendungen, Spenden für kirchliche, religiöse und gemeinnützige Zwecke
			6394	Zuwendungen, Spenden an politische Parteien
			6395	Zuwendungen, Spenden an Stiftungen für gemeinnützige Zwecke i. S. d. § 52 Abs. 2 Nr. 1-3 AO
			6396	Zuwendungen, Spenden an Stiftungen für gemeinnützige Zwecke i. S. d. § 52 Abs. 2 Nr. 4 AO
			6397	Zuwendungen, Spenden an Stiftungen für kirchliche, religiöse und gemeinnützige Zwecke
			6398	Zuwendungen, Spenden an Stiftungen für wissenschaftliche, mildtätige und kulturelle Zwecke
	Versicherungsprämien, Gebühren und Beiträge		6400	Versicherungen
			6405	Versicherung für Gebäude
			6410	Netto-Prämie für Rückdeckung künftiger Versorgungsleistungen
			6420	Beiträge
			6430	Sonstige Abgaben
	Sonstige beschränkt abziehbare Betriebsausgaben		6436	Steuerlich abzugsfähige Verspätungszuschläge und Zwangsgelder
			6437	Steuerlich nicht abzugsfähige Verspätungszuschläge und Zwangsgelder
	Versicherungsprämien, Gebühren und Beiträge		6440	Ausgleichsabgabe i. S. d. Schwerbehindertengesetzes
	Aufwand für Fremdreparaturen u. Instandhaltung für Grundstücke u. Gebäude	V	6450	Reparaturen und Instandhaltung von Bauten
	Aufwand für Fremdreparaturen u. Instandhaltung (ohne Grundstücke)	V	6460	Reparaturen und Instandhaltung von technischen Anlagen und Maschinen
		V	6470	Reparaturen und Instandhaltung von anderen Anlagen und Betriebs- und Geschäftsausstattung
	Zuführung zu Aufwandsrückstellungen	V	6475	Zuführung zu Aufwandsrückstellungen

6 Betriebliche Aufwendungen

HGB-Posten nach § 266 u. § 275 HGB	E-Bilanz Taxonomie	SKR04 2015		
		Funktionen	Konto	Beschriftung
Sonstige betriebliche Aufwendungen	Aufwand für Fremdreparaturen u. Instandhaltung (ohne Grundstücke)	V	6485	Reparaturen und Instandhaltung von anderen Anlagen
		V	6490	Sonstige Reparaturen/Instandhaltung
		V	6495	Wartungskosten für Hard- und Software
	Leasing für bewegliche Wirtschaftsgüter	V	6498	Mietleasing (bewegliche Wirtschaftsgüter)
	Aufwendungen für den Fuhrpark	V	6500	Fahrzeugkosten
		V	6520	Kfz-Versicherungen
		V	6530	Laufende Kfz-Betriebskosten
		V	6540	Kfz-Reparaturen
		V	6550	Garagenmieten
	Leasing für bewegliche Wirtschaftsgüter	V	6560	Mietleasing Kfz
	Aufwendungen für den Fuhrpark	V	6570	Sonstige Kfz-Kosten
		V	6580	Mautgebühren
		V	6590	Kfz-Kosten für betrieblich genutzte zum Privatvermögen gehörende Kraftfahrzeug.
		V	6595	Fremdfahrzeugkosten
	Werbeaufwand	V	6600	Werbekosten
		V	6605	Streuartikel
	Geschenke abziehbar	V	6610	Geschenke abzugsfähig ohne § 37b EStG
		V	6611	Geschenke abzugsfähig mit § 37b EStG
		V	6612	Pauschale Steuern für Geschenke und Zugaben abzugsfähig
	Geschenke nicht abziehbar	V	6620	Geschenke nicht abzugsfähig ohne § 37b EStG
		V	6621	Geschenke nicht abzugsfähig mit § 37b EStG
		V	6622	Pauschale Steuern für Geschenke und Zuwendungen nicht abzugsfähig
	Geschenke abziehbar	V	6625	Geschenke, ausschließlich betrieblich genutzt
	Werbeaufwand	V	6629	Zugaben mit § 37b EStG
	Andere ordentliche sonstige betriebliche Aufwendungen	V	6630	Repräsentationskosten
	Bewirtungskosten (gesamt)	V	6640	Bewirtungskosten
	Sonstige beschränkt abziehbare Betriebsausgaben	V	6641	Sonstige eingeschränkt abziehbare Betriebsausgaben (abziehbarer Anteil)
		V	6642	Sonstige eingeschränkt abziehbare Betriebsausgaben (nicht abziehbarer Anteil)
	Werbeaufwand	V	6643	Aufmerksamkeiten
	Bewirtungskosten (gesamt)	V	6644	Nicht abzugsfähige Bewirtungskosten
	Sonstige beschränkt abziehbare Betriebsausgaben	V	6645	Nicht abzugsfähige Betriebsausgaben aus Werbe- und Repräsentationskosten
	Reisekosten Arbeitnehmer I	V	6650	Reisekosten Arbeitnehmer
		V R	6652	Buchungssperre
		V	6660	Reisekosten Arbeitnehmer Übernachtungsaufwand
		V	6663	Reisekosten Arbeitnehmer Fahrtkosten
		V	6664	Reisekosten Arbeitnehmer Verpflegungsmehraufwand
		V R	6665	Buchungssperre
		V	6668	Kilometergelderstattung Arbeitnehmer
	Reisekosten Unternehmer	V	6670	Reisekosten Unternehmer

6 Betriebliche Aufwendungen

HGB-Posten nach § 266 u. § 275 HGB	E-Bilanz Taxonomie	SKR04 2015		
		Funktionen	Konto	Beschriftung
Sonstige betriebliche Aufwendungen	Reisekosten Unternehmer	V	6672	Reisekosten Unternehmer (nicht abziehbarer Anteil)
		V	6673	Reisekosten Unternehmer, Fahrtkosten
		V	6674	Reisekosten Unternehmer, Verpflegungsmehraufwand
		V	6680	Reisekosten Unternehmer, Übernachtungsaufwand
		V R	6685 –6686	Buchungssperre
	Sonstige beschränkt abziehbare Betriebsausgaben	V	6688	Fahrten zwischen Wohnung und Betriebsstätte und Familienheimfahrten (abziehbarer Anteil)
		V	6689	Fahrten zwischen Wohnung und Betriebsstätte und Familienheimfahrten (nicht abziehbarer Anteil)
		V	6690	Fahrten zwischen Wohnung und Betriebsstätte und Familienheimfahrten (Haben)
		V	6691	Verpflegungsmehraufwendungen im Rahmen der doppelten Haushaltsführung (abziehbarer Anteil)
	Frachten/Verpackung	V	6700	Kosten der Warenabgabe
		V	6710	Verpackungsmaterial
		V	6740	Ausgangsfrachten
		V	6760	Transportversicherungen
	Provisionen	V	6770	Verkaufsprovisionen
	Andere ordentliche sonstige betriebliche Aufwendungen	V	6780	Fremdarbeiten (Vertrieb)
		V	6790	Aufwand für Gewährleistung
	Aufwendungen für Kommunikation	V	6800	Porto
		V	6805	Telefon
		V	6810	Telefax und Internetkosten
	Andere ordentliche sonstige betriebliche Aufwendungen	V	6815	Bürobedarf
	Fortbildungskosten	V	6820	Zeitschriften, Bücher
		V	6821	Fortbildungskosten
	Sonstige Aufwendungen für Personal	V	6822	Freiwillige Sozialleistungen
	Andere ordentliche sonstige betriebliche Aufwendungen	V	6823	Vergütungen an Mitunternehmer § 15 EStG
	Haftungsvergütung an Mitunternehmer § 15 EStG	V	6824	Haftungsvergütung an Mitunternehmer § 15 EStG
	Rechts- und Beratungskosten	V	6825	Rechts- und Beratungskosten
		V	6827	Abschluss- und Prüfungskosten
		V	6830	Buchführungskosten
	Miete und Pacht für bewegliche Wirtschaftsgüter an Gesellschafter	V	6833	Vergütungen an Gesellschafter für die miet- oder pachtweise Überlassung ihrer beweglichen Wirtschaftsgüter
	Miete und Pacht für bewegliche Wirtschaftsgüter an Mitunternehmer	V	6834	Vergütungen an Mitunternehmer für die miet- oder pachtweise Überlassung ihrer beweglichen Wirtschaftsgüter § 15 EStG
	Übrige/nicht zuordenbare Miete und Pacht für bewegliche Wirtschaftsgüter	V	6835	Mieten für Einrichtungen (bewegliche Wirtschaftsgüter)
		V	6836	Pacht (bewegliche Wirtschaftsgüter)

6 Betriebliche Aufwendungen

HGB-Posten nach § 266 u. § 275 HGB	E-Bilanz Taxonomie	SKR04 2015		
		Funktionen	Konto	Beschriftung
Sonstige betriebliche Aufwendungen	Aufwendungen für Konzessionen und Lizenzen	V	6837	Aufwendungen für die zeitlich befristete Überlassung von Rechten (Lizenzen, Konzessionen)
	Übrige/nicht zuordenbare Miete und Pacht für bewegliche Wirtschaftsgüter	V	6838	Aufwendungen für gemietete oder gepachtete bewegliche Wirtschaftsgüter, die gewerbesteuerl. hinzuzurechnen sind
	Leasing für bewegliche Wirtschaftsgüter	V	6840	Mietleasing (bewegliche Wirtschaftsgüter)
	Andere ordentliche sonstige betriebliche Aufwendungen	V	6845	Werkzeuge und Kleingeräte
		V	6850	Sonstiger Betriebsbedarf
	Genossenschaftliche Rückvergütung an Mitglieder		6854	Genossenschaftliche Rückvergütung an Mitglieder
	Andere ordentliche sonstige betriebliche Aufwendungen	V	6855	Nebenkosten des Geldverkehrs
		V	6856	Aufwendungen aus Anteilen an Kapitalgesellschaften §§ 3 Nr. 40, 3c EStG/ § 8b Abs. 1 KStG (inländ. Kap.Ges.)
	Andere sonstige betriebliche Aufwendungen (GKV)	V	6857	Veräußerungskosten § 3 Nr. 40 EStG/ § 8b Abs. 2 KStG (inländ. Kap.Ges.)
	Andere ordentliche sonstige betriebliche Aufwendungen	V	6859	Aufwendungen für Abraum- und Abfallbeseitigung
	Sonstige Steuern, soweit in den sonstigen Aufwendungen ausgewiesen		6860	Nicht abziehbare Vorsteuer
			6865	Nicht abziehbare Vorsteuer 7 %
			6871	Nicht abziehbare Vorsteuer 19 %
	Sonstige beschränkt abziehbare Betriebsausgaben		6875	Nicht abziehbare Hälfte der Aufsichtsratsvergütungen
			6876	Abziehbare Aufsichtsratsvergütung
	Kurs-/Währungsverluste		6880	Aufwendungen aus der Währungsumrechnung
			6883	Aufwendungen aus Bewertung Finanzmittelfonds
	Verluste aus dem Abgang von Vermögensgegenständen des Anlagevermögens	M AM	6884	Erlöse aus Verkäufen Sachanlagevermögen steuerfrei § 4 Nr. 1a UStG (bei Buchverlust)
		M AM	6885	Erlöse aus Verkäufen Sachanlagevermögen 19 % USt (bei Buchverlust)
		M R	6886 –6887	Buchungssperre
		M AM	6888	Erlöse aus Verkäufen Sachanlagevermögen steuerfrei § 4 Nr. 1b UStG (bei Buchverlust)
		M	6889	Erlöse aus Verkäufen Sachanlagevermögen (bei Buchverlust)
		M	6890	Erlöse aus Verkäufen immaterieller Vermögensgegenstände (bei Buchverlust)
		M	6891	Erlöse aus Verkäufen Finanzanlagen (bei Buchverlust)
		M	6892	Erlöse aus Verkäufen Finanzanlagen § 3 Nr. 40 EStG/§ 8b Abs. 3 KStG (inländ. Kap.Ges., bei Buchverlust)
		M	6895	Anlagenabgänge Sachanlagen (Restbuchwert bei Buchverlust)
		M	6896	Anlagenabgänge immaterielle Vermögensgegenstände (Restbuchwert bei Buchverlust)

6 Betriebliche Aufwendungen

HGB-Posten nach § 266 u. § 275 HGB	E-Bilanz Taxonomie	SKR04 2015		
		Funktionen	Konto	Beschriftung
Sonstige betriebliche Aufwendungen	Verluste aus dem Abgang von Vermögensgegenständen des Anlagevermögens	M	6897	Anlagenabgänge Finanzanlagen (Restbuchwert bei Buchverlust)
		M	6898	Anlagenabgänge Finanzanlagen § 3 Nr. 40 EStG/§ 8b Abs. 3 KStG (inländ. Kap.Ges, Restbuchwert bei Buchverlust)
			6900	Verluste aus dem Abgang von Gegenständen des Anlagevermögens
			6903	Verluste aus der Veräußerung von Anteilen an Kapitalgesellschaften (Finanzanlagevermögen) § 3 Nr. 40 EStG/ § 8b Abs. 3 KStG (inländ. Kap.Ges.)
	Verluste aus dem Abgang von Vermögensgegenständen des Umlaufvermögens		6905	Verluste aus dem Abgang von Gegenständen des Umlaufvermögens außer Vorräte
			6906	Verluste aus dem Abgang von Gegenständen des Umlaufvermögens (außer Vorräte) § 3 Nr. 40 EStG/ § 8b Abs. 3 KStG (inländ. Kap.Ges.)
	EÜR – keine E-Bilanz		6907	Abgang von Wirtschaftsgütern d. Umlaufvermögens nach § 4 Abs. 3 Satz 4 EStG
			6908	Abgang von Wirtschaftsgütern des Umlaufvermögens § 3 Nr. 40 EStG/ § 8b Abs. 3 KStG (inländ. Kap.Ges.) nach § 4 Abs. 3 Satz 4 EStG
	Übliche Abschreibungen auf Forderungen		6910	Abschreibungen auf Umlaufvermögen außer Vorräte und Wertpapieren des Umlaufvermögens (übliche Höhe)
			6912	Abschreibungen auf Umlaufvermögen außer Vorräte und Wertpapieren des Umlaufvermögens , steuerrecht. bedingt (übliche Höhe)
		R	6915 -6917	Buchungssperre
	Andere sonstige betriebliche Aufwendungen (GKV)		6918	Aufwendungen aus dem Erwerb eigener Anteile
	Pauschalwertberichtigungen des lfd. Jahres § 6b Abs. 3 EStG		6920	Einstellung in die Pauschalwertberichtigung auf Forderungen
		E	6922	Einstellungen in die steuerliche Rücklage nach § 6b Abs. 3 EStG
	Einzelwertberichtigungen des lfd. Jahres		6923	Einstellung in die Einzelwertberichtigung auf Forderungen
			6924	Einstellungen in die steuerliche Rücklage nach § 6b Abs. 10 EStG
		R	6925 -6926	Buchungssperre
	Übrige/nicht zuordenbare Einstellung in steuerliche Rücklagen		6927	Einstellungen in steuerliche Rücklage
	Rücklage für Ersatzbeschaffung, R 6.6 EStR		6928	Einstellungen in die Rücklage für Ersatzbeschaffung nach R 6.6. EStR
	§ 4g EStG		6929	Einstellungen in die steuerliche Rücklage nach § 4g EStG
	Übliche Abschreibungen auf Forderungen	M	6930	Forderungsverluste (übliche Höhe)
		M AM	6931	Forderungsverluste 7 % USt (übliche Höhe)

DATEV Kontenrahmen SKR04

6 Betriebliche Aufwendungen

HGB-Posten nach § 266 u. § 275 HGB	E-Bilanz Taxonomie	SKR04 2015		
		Funktionen	Konto	Beschriftung
Sonstige betriebliche Aufwendungen	Übliche Abschreibungen auf Forderungen	M AM	6932	Forderungsverluste aus steuerfreien EU-Lieferungen (übliche Höhe)
		M AM	6933	Forderungsverluste aus im Inland steuerpflichtigen EU-Lieferungen 7 % USt (übliche Höhe)
		M AM	6934	Forderungsverluste aus im Inland steuerpflichtigen EU-Lieferungen 16 % USt (übliche Höhe)
		M AM	6935	Forderungsverluste 16 % USt (übliche Höhe)
		M AM	6936	Forderungsverluste 19 % USt (übliche Höhe)
		M AM	6937	Forderungsverluste 15 % USt (übliche Höhe)
		M AM	6938	Forderungsverluste aus im Inland steuerpflichtigen EU-Lieferungen 19 % USt (übliche Höhe)
		M AM	6939	Forderungsverluste aus im Inland steuerpflichtigen EU-Lieferungen 15 % USt (übliche Höhe)
	Andere sonstige betriebliche Aufwendungen (GKV)		6960	Periodenfremde Aufwendungen soweit nicht außerordentlich
			6967	Sonstige Aufwendungen betriebsfremd und regelmäßig
			6968	Sonstige Aufwendungen betriebsfremd und unregelmäßig
			6969	Sonstige Aufwendungen unregelmäßig
				Kalkulatorische Kosten
Sonstige betriebliche Aufwendungen	Kalkulatorische Kosten – Keine E-Bilanz Taxonomie		6970	Kalkulatorischer Unternehmerlohn
			6972	Kalkulatorische Miete und Pacht
			6974	Kalkulatorische Zinsen
			6976	Kalkulatorische Abschreibungen
			6978	Kalkulatorische Wagnisse
			6979	Kalkulatorischer Lohn für unentgeltliche Arbeitnehmer
			6980	Verrechneter kalkulatorischer Unternehmerlohn
			6982	Verrechnete kalkulatorische Miete und Pacht
			6984	Verrechnete kalkulatorische Zinsen
			6986	Verrechnete kalkulatorische Abschreibungen
			6988	Verrechnete kalkulatorische Wagnisse
			6989	Verrechneter kalkulatorischer Lohn für unentgeltliche Arbeitnehmer
				Kosten bei Anwendung des Umsatzkostenverfahrens
Sonstige betriebliche Aufwendungen	Andere ordentliche sonstige betriebliche Aufwendungen		6990	Herstellungskosten
			6992	Verwaltungskosten
			6994	Vertriebskosten
			6999	Gegenkonto zu 6990 bis 6998

7 Weitere Erträge und Aufwendungen

HGB-Posten nach § 266 u. § 275 HGB	E-Bilanz Taxonomie	SKR04 2015 Funktionen	Konto	Beschriftung
Erträge aus Beteiligungen				Erträge aus Beteiligungen
	Erträge aus Beteiligungen, nach Rechtsform der Beteiligung nicht zuordenbar		7000	Erträge aus Beteiligungen
	Erträge aus Beteiligungen an Personenlgesellschaften		7004	Erträge aus Beteiligungen an Personengesellschaften (verbundene Unternehmen) § 9 GewStG
	Erträge aus Beteiligungen an Kapitalgesellschaften		7005	Erträge aus Anteilen an Kapitalgesellschaften (Beteiligung) § 3 Nr. 40 EStG/ § 8b KStG (inländ. Kap.Ges)
			7006	Erträge aus Anteilen an Kapitalgesellschaften (verbundene Unternehmen) § 3 Nr. 40 EStG/§ 8b KStG (inländ. Kap.Ges)
			7007	Sonstige gewerbesteuerfreie Gewinne aus Anteilen an einer Kapitalgesellschaft (Kürzung gemäß § 9 Nr. 2a GewStG)
Erträge aus Beteiligungen	Erträge aus Beteiligungen an Personenlgesellschaften		7008	Gewinnanteile aus Mitunternehmerschaft § 9 GewStG
	Erträge aus Beteiligungen, nach Rechtsform der Beteiligung nicht zuordenbar		7009	Erträge a. Beteiligung an verbundenen UN
				Erträge aus anderen Wertpapieren und Ausleihungen des Finanzanlagevermögens
Erträge aus anderen Wertpapieren und Ausleihungen d. Finanzanlagevermögens	Erträge aus Ausleihungen an Gesellschaften und Gesellschafter [KapG/ Mitunternehmer (PersG)]		7010	Erträge aus anderen Wertpapieren und Ausleihungen d. Finanzanlagevermögens
			7011	Erträge aus Ausleihungen des Finanzanlagevermögens
			7012	Erträge aus Ausleihungen des Finanzanlagevermögens an verbundenen Unternehmen
	Erträge aus Beteiligungen an Personengesellschaften		7013	Erträge aus Anteilen an Personengesellschaften (Finanzanlagevermögen)
	Erträge aus Beteiligungen an Kapitalgesellschaften		7014	Erträge aus Anteilen an Kapitalgesellschaften (Finanzanlagevermögen) § 3 Nr. 40 EStG/§ 8b Abs. 1 KStG (inländ. Kap.Ges)
			7015	Erträge aus Anteilen an Kapitalgesellschaften (verbundene Unternehmen) § 3 Nr. 40 EStG/§ 8b Abs. 1 KStG (inländ. Kap.Ges)
	Erträge aus Beteiligungen an Personengesellschaften		7016	Erträge aus Anteilen des Finanzlagevermögens an Personengesellschaften (verbund. Unternehmen)
	Erträge aus Beteiligungen an Kapitalgesellschaften		7017	Erträge aus anderen Wertpapieren des Finanzanlagevermögens an Kapitalgesellschaften (verbundene Unternehmen)
	Erträge aus Beteiligungen an Personengesellschaften		7018	Erträge aus anderen Wertpapieren des Finanzanlagevermögens an Personengesellschaften (verbund. Unternehmen)
	Erträge aus Ausleihungen an Gesellschaften und Gesellschafter [KapG/ Mitunternehmer (PersG)]		7019	Erträge aus anderen Wertpapieren und Ausleihungen d. Finanzanlagevermögens aus verbundenen Unternehmen

7 Weitere Erträge und Aufwendungen

HGB-Posten nach § 266 u. § 275 HGB	E-Bilanz Taxonomie	SKR04 2015		
		Funktionen	Konto	Beschriftung
Erträge aus anderen Wertpapieren und Ausleihungen d. Finanzanlagevermögens	Zins- und Dividendenerträge		7020	Zins- und Dividendenerträge
	Erhaltene Ausgleichszahlungen (als außenstehender Aktionär)		7030	Erhaltene Ausgleichszahlungen (als außenstehender Aktionär)
				Sonstige Zinsen und ähnliche Erträge
Sonstige Zinsen und ähnliche Erträge	Zinsen auf Einlagen bei Kreditinstituten und auf Forderungen an Dritte		7100	Sonstige Zinsen und ähnliche Erträge
			7102	Steuerfreie Aufzinsung des Körperschaftsteuerguthabens nach § 37 KStG
	Zins- und Dividendenerträge aus Wertpapieren des Umlaufvermögens		7103	Erträge aus Anteilen an Kapitalgesellschaften (Umlaufvermögen) § 3 Nr. 40 EStG/§ 8b Abs. 1 KStG (inländ. Kap.Ges)
			7104	Erträge aus Anteilen an Kapitalgesellschaften (verbundene Unternehmen) § 3 Nr. 40 EStG/§ 8b Abs. 1 KStG (inländ. Kap.Ges)
	Zinsen auf Einlagen bei Kreditinstituten und auf Forderungen an Dritte		7105	Zinserträge § 233a AO, steuerpflichtig
			7106	Zinserträge § 233a AO, steuerfrei, (Anlage A KSt)
			7107	Zinserträge § 233a AO, § 4 Abs. 5b EStG, steuerfrei
			7109	Sonstige Zinsen und ähnliche Erträge aus verbundenen Unternehmen
			7110	Sonstiger Zinsertrag
	Zins- und Dividendenerträge aus Wertpapieren des Umlaufvermögens		7115	Erträge aus anderen Wertpapieren und Ausleihungen des Umlaufvermögens
	Zinsen auf Einlagen bei Kreditinstituten und auf Forderungen an Dritte		7119	Sonstige Zinserträge aus verbundenen Unternehmen
			7120	Zinsähnliche Erträge
	Sonstige Zinsen und ähnliche Erträge aus Abzinsung		7128	Zinsertrag aus vorzeitiger Rückzahlung des Körperschaftsteuer-Erhöhungsbetrag § 38 KStG
	Zinsen auf Einlagen bei Kreditinstituten und auf Forderungen an Dritte		7129	Zinsähnliche Erträge aus verbundenen Unternehmen
	Diskonterträge		7130	Diskonterträge
			7139	Diskonterträge verbundene Unternehmen
	Sonstige Zinsen und ähnliche Erträge aus Abzinsung		7140	Steuerfreie Zinserträge aus der Abzinsung von Rückstellungen
			7141	Zinserträge aus der Abzinsung von Verbindlichkeiten
			7142	Zinserträge aus der Abzinsung von Rückstellungen
			7143	Zinserträge aus der Abzinsung von Pensionsrückstellungen und ähnlichen/ vergleichbaren Verpflichtungen
Sonstige Zinsen und ähnliche Erträge oder Zinsen und ähnliche Aufwendungen	Sonstige Zinsen u. ähnliche Erträge im Zusammenhang mit Vermögensverrechnung		7144	Zinserträge aus der Abzinsung von Pensionsrückstellungen und ähnlichen/ vergleichbaren Verpflichtungen zur Verrechnungen nach § 246 Abs. 2 HGB
			7145	Erträge aus Vermögensgegenständen zur Verrechnung nach § 246 Abs. 2 HGB

7 Weitere Erträge und Aufwendungen

HGB-Posten nach § 266 u. § 275 HGB	E-Bilanz Taxonomie	SKR04 2015 Funktionen	Konto	Beschriftung
				Erträge aus Verlustübernahme und aufgrund eines Gewinn- oder Teilgewinnabführungsvertrags erhaltene Gewinne
Erträge aus Verlustübernahme	Erträge aus Verlustübernahme		7190	Erträge aus Verlustübernahme
Auf Grund einer Gewinngemeinschaft, eines Gewinn- o. Teilgewinnabführungsvertrags abgeführte Gewinne	Auf Grund einer Gewinngemeinschaft, eines Gewinn- o. Teilgewinnabführungsvertrags abgeführte Gewinne (Mutter)		7192	Erhaltene Gewinne auf Grund einer Gewinngemeinschaft
			7194	Erhaltene Gewinne auf Grund eines Gewinn- o. Teilgewinnabführungsvertrags
				Abschreibungen auf Finanzanlagen und auf Wertpapiere des Umlaufvermögens
Abschreibungen auf Finanzanlagen und auf Wertpapiere des Umlaufvermögens	Abschreibungen auf Finanzanlagen		7200	Abschreibungen auf Finanzanlagen (dauerhaft)
	Außerplanmäßige Abschreibungen auf Finanzanlagen		7201	Abschreibungen auf Finanzanlagen (nicht dauerhaft)
	Abschreibungen auf Finanzanlagen		7204	Abschreibungen auf Finanzanlagen § 3 Nr. 40 EStG/§ 8b Abs. 3 KStG (inländ. Kap.Ges) (dauerhaft)
			7207	Abschreibungen auf Finanzanlagen – verbundene Unternehmen
	Aufwendungen aufgrund von Verlustanteilen an Mitunternehmerschaften		7208	Aufwendungen auf Grund von Verlustanteilen an Mitunternehmerschaften § 8 GewStG
	Übliche und unübliche Abschreibungen auf Wertpapiere des Umlaufvermögens		7210	Abschreibungen auf Wertpapieren des Umlaufvermögens
			7214	Abschreibungen auf Wertpapiere des Umlaufvermögens § 3 Nr. 40 EStG / § 8b Abs. 3KStG (inländ. Kap.Ges.)
			7217	Abschreibungen auf Wertpapiere des Umlaufvermögens – verbundene Unternehmen
	Abschreibungen auf Finanzanlagen		7250	Abschreibungen auf Finanzanlagen § 6b EStG-Rücklage
			7255	Abschreibungen auf Finanzanlagen auf Grund § 6b EStG-Rücklage, § 3 Nr. 40 EStG/§ 8b Abs. 3 KStG (inländische Kap.Ges.)
		R	7260	Buchungssperre
				Zinsen und ähnliche Aufwendungen
Zinsen und ähnliche Aufwendungen	Zinsen		7303	Zinsen und ähnliche Aufwendungen
			7302	Steuerlich nicht abzugsfähige andere Nebenleistungen zu Steuern § 4 Abs.5 EStG
			7303	Steuerlich abzugsfähige, andere Nebenleistungen zu Steuern
			7304	Steuerlich nicht abzugsfähige, andere Nebenleistungen zu Steuern
			7305	Zinsaufwendungen § 233a AO betriebliche Steuern
			7306	Zinsaufwendungen §§ 233a bis 237 AO Personensteuern

7 Weitere Erträge und Aufwendungen

HGB-Posten nach § 266 u. § 275 HGB	E-Bilanz Taxonomie	SKR04 2015		
		Funktionen	Konto	Beschriftung
Zinsen und ähnliche Aufwendungen	Sonstige Zinsen und ähnliche Aufwendungen aus Abzinsung		7306	Zinsen aus Abzinsung d. KSt-Erhöhungsbetrags § 38 KStG
	Zinsen		7308	Zinsaufwendungen § 233a AO, § 4 Abs. 5b EStG
			7309	Zinsen und ähnliche Aufwendungen an verbundene Unternehmen
			7310	Zinsaufwendungen für kurzfristige Verbindlichkeiten
			7313	Nicht abzugsfähige Schuldzinsen gemäß § 4 Abs. 4a EStG (Hinzurechnungsbetrag)
			7316	Zinsen für Gesellschafterdarlehen
			7317	Zinsen an Gesellschafter mit einer Beteiligung von mehr als 25 % bzw. diesen nahe stehenden Personen
			7318	Zinsen auf Kontokorrentkonten
			7319	Zinsaufwendungen für kurzfristige Verbindlichkeiten an verbund. Unternehmen
			7320	Zinsaufwendungen für langfristige Verbindlichkeiten
	Abschreibungen auf ein Agio, Disagio oder Damnum		7323	Abschreibung auf Disagio zur Finanzierung
			7324	Abschreibung auf Disagio zur Finanzierung des Anlagevermögens
			7325	Zinsaufwendungen für Gebäude, die zum Betriebsvermögen gehören
			7326	Zinsen zur Finanzierung des Anlagevermögens
			7327	Renten und dauernde Lasten
			7328	Zinsaufwendungen an Mitunternehmer für die Hingabe von Kapital § 15 EStG
			7329	Zinsaufwendungen für langfristige Verbindlichkeiten an verbund. Unternehmen
	Übrige nicht zuordenbare sonstige Zinsen und ähnliche Aufwendungen		7330	Zinsähnliche Aufwendungen
			7339	Zinsähnliche Aufwendungen Verbindlichkeiten an verbundene Unternehmen
	Diskontaufwendungen		7340	Diskontaufwendungen
			7349	Diskontaufwendungen Verbindlichkeiten an verbundene Unternehmen
	Zinsen		7350	Zinsen und ähnliche Aufwendungen §§ 3 Nr. 40, 3c EStG/§ 8b Abs. 1 KStG (inländ. Kap.Ges.)
			7351	Diskontaufwendungen Verbindlichkeiten an verbundene Unternehmen §§ 3 Nr. 40, 3c EStG/§ 8b Abs. 1 KStG (inländ. Kap.Ges.)
	Kreditprovisionen und Verwaltungskostenbeiträge		7355	Kreditprovision und Verwaltungskostenbeiträge
	Zinsanteil der Zuführungen zu Pensionsrückstellung		7360	Zinsanteil der Zuführungen zu Pensionsrückstellung
	Sonstige Zinsen und ähnliche Aufwendungen aus Abzinsung		7361	Zinsaufwendungen aus der Abzinsung von Verbindlichkeiten
			7362	Zinsaufwendungen aus der Abzinsung von Rückstellungen

7 Weitere Erträge und Aufwendungen

HGB-Posten nach § 266 u. § 275 HGB	E-Bilanz Taxonomie	Funktionen	SKR04 2015 Konto	Beschriftung
Zinsen und ähnliche Aufwendungen	Sonstige Zinsen und ähnliche Aufwendungen aus Abzinsung		7363	Zinsaufwendungen aus der Abzinsung Pensionsrückstellungen und ähnlichen/ vergleichbaren Verpflichtungen
Zinsen und ähnliche Aufwendungen oder Sonstige Zinsen und ähnliche Erträge			7364	Zinsaufwendungen aus der Abzinsung Pensionsrückstellungen und ähnlichen/ vergleichbaren Verpflichtungen nach § 246 Abs. 2 HGB
			7365	Aufwendungen aus Vermögensgegenständen zur Verrechnung nach § 246 Abs. 2 HGB
				Aufwendungen aus Verlustübernahme und auf Grund einer Gewinngemeinschaft, eines Gewinn- oder Teilgewinnabführungsvertrags abgeführte Gewinne
Aufwendungen aus Verlustübernahme	Aufwendungen aus Verlustübernahmen (Mutter)		7390	Aufwendungen aus Verlustübernahme
Gewinnabführung	Auf Grund einer Gewinngemeinschaft, eines Gewinnabführungs- o. Teilgewinnabführungsvertrags abgeführte Gewinne		7392	Abgeführte Gewinne auf Grund einer Gewinngemeinschaft
			7394	Abgeführte Gewinne auf Grund eines Gewinnabführungs- o. Teilgewinnvertrags
			7399	Abgeführte Gewinne an stille Gesellschafter § 8 GewStG
				Außerordentliche Erträge
Außerordentliche Erträge	Andere außerordentliche Erträge		7400	Außerordentliche Erträge
			7401	Außerordentliche Erträge, finanzwirksam
			7450	Außerordentliche Erträge, nicht finanzwirksam
	Erträge durch Verschmelzung und Umwandlung		7451	Erträge durch Verschmelzung und Umwandlung
	Erträge durch den Verkauf von bedeutenden Beteiligungen		7452	Erträge durch den Verkauf von bedeutenden Beteiligungen
	Erträge durch den Verkauf von bedeutenden Grundstücken		7453	Erträge durch den Verkauf von bedeutenden Grundstücken
			7454	Gewinn aus der Veräußerung oder der Aufgabe von Geschäftsaktivitäten nach Steuern
				Außerordentliche Erträge aus der Anwendung der Übergangsvorschriften i. S. d. BilMoG
Außerordentliche Erträge	Außerordentliche Erträge aus der Anwendung des EGHGB		7460	Außerordentliche Erträge aus der Anwendung von Übergangsvorschriften
			7461	Außerordentliche Erträge aus der Anwendung von Übergangsvorschriften (Zuschreibung für Sachanlagevermögen)
			7462	Außerordentliche Erträge aus der Anwendung von Übergangsvorschriften (Zuschreibung für Finanzanlagevermögen)

7 Weitere Erträge und Aufwendungen

HGB-Posten nach § 266 u. § 275 HGB	E-Bilanz Taxonomie	SKR04 2015		
		Funktionen	Konto	Beschriftung
Außerordentliche Erträge	Außerordentliche Erträge aus der Anwendung des EGHGB		7463	Außerordentliche Erträge aus der Anwendung von Übergangsvorschriften (Wertpapiere Umlaufvermögen)
			7464	Außerordentliche Erträge aus der Anwendung von Übergangsvorschriften (latente Steuern)
				Außerordentliche Aufwendungen
Außerordentliche Aufwendungen	Andere außerordentliche Aufwendungen, nicht zuordenbar		7500	Außerordentliche Aufwendungen
			7501	Außerordentliche Aufwendungen, finanzwirksam
			7550	Außerordentliche Aufwendungen, nicht finanzwirksam
	Verluste durch Verschmelzung und Umwandlung		7551	Verluste durch Verschmelzung und Umwandlung
	Verluste durch außergewöhnliche Schadensfälle		7552	Verluste durch außergewöhnliche Schadensfälle
	Aufwendungen für Restrukturierungs- und Sanierungsmaßnahmen		7553	Aufwendungen für Restrukturierungs- und Sanierungsmaßnahmen
Außerordentliche Aufwendungen	Verluste durch Stilllegung von Betriebsteilen		7554	Verluste aus der Veräußerung oder der Aufgabe von Geschäftsaktivitäten nach Steuern
				Außerordentliche Aufwendungen aus der Anwendung der Übergangsvor- schriften i. S. d. BilMoG
Außerordentliche Aufwendungen	Außerordentliche Erträge aus der Anwendung des EGHGB		7560	Außerordentliche Aufwendungen aus der Anwendung von Übergangsvorschriften
			7561	Außerordentliche Aufwendungen aus der Anwendung von Übergangsvorschriften (Pensionsrückstellungen)
			7562	Außerordentliche Aufwendungen aus der Anwendung von Übergangsvorschriften (Bilanzierungshilfen)
			7563	Außerordentliche Aufwendungen aus der Anwendung von Übergangsvorschriften (latente Steuern)
				Steuern vom Einkommen und Ertrag
Steuern vom Einkommen und Ertrag	Steuern vom Einkommen und Ertrag		7600	Körperschaftsteuer
			7603	Körperschaftsteuer für Vorjahre
			7604	Körperschaftsteuererstattung für Vorjahre
			7607	Solidaritätszuschlagerstattung für Vorjahre
			7608	Solidaritätszuschlag
			7609	Solidaritätszuschlag für Vorjahre
			7610	Gewerbesteuer
			7630	Kapitalertragsteuer 25 %
		R	7632	Buchungssperre
			7633	Anrechenbarer Solidaritätszuschlag auf Kapitalertragsteuer 25 %
			7639	Anzurechnende ausländische Quellen- steuer
			7640	Gewerbesteuernachzahlungen, Vorjahre

7 Weitere Erträge und Aufwendungen

HGB-Posten nach § 266 u. § 275 HGB	E-Bilanz Taxonomie	SKR04 2015		
		Funktionen	Konto	Beschriftung
Steuern vom Einkommen und Ertrag	Steuern vom Einkommen und Ertrag		7641	Gewerbesteuernachzahlungen und Gewerbesteuererstattungen für Vorjahre, § 4 Abs. 5b EStG
			7642	GewSt-Erstattung Vorjahre
			7643	Erträge aus der Auflösung von Gewerbesteuerrückstellungen, § 4 Abs. 5b EStG
			7644	Erträge aus der Auflösung von Gewerbesteuerrückstellungen
			7645	Aufwendungen aus der Zuführung und Auflösung von latenten Steuern
			7649	Aufwendungen aus der Zuführung zu Steuerrückstellungen für Steuerstundung (BStK)
				Sonstige Steuern
Sonstige Steuern	Sonstige Steuern		7650	Sonstige Steuern
			7675	Verbrauchsteuer
			7678	Ökosteuer
			7680	Grundsteuer
Sonstige Steuern	Sonstige Steuern		7685	Kfz-Steuern
			7690	Steuernachzahlungen Vorjahre für sonstige Steuern
			7692	Steuererstattungen Vorjahre für sonstige Steuern
			7694	Erträge aus der Auflösung von Rückstellungen für sonstige Steuern
Gewinn-/Verlustvortrag aus dem Vorjahr	Gewinnvortrag aus dem Vorjahr		7700	**Gewinnvortrag nach Verwendung**
		F	7705	Gewinnvortrag nach Verwendung (Kapitalkontenentwicklung)
			7720	**Verlustvortrag nach Verwendung**
		F	7725	Verlustvortrag nach Verwendung (Kapitalkontenentwicklung)
Entnahmen aus Kapitalrücklage	Entnahmen aus Kapitalrücklage		7730	Entnahmen aus Kapitalrücklage
				Entnahmen aus Gewinnrücklagen
Entnahmen aus der gesetzlichen Rücklage	Entnahmen aus der gesetzlichen Rücklage		7735	Entnahmen aus der gesetzlichen Rücklage
Entnahmen aus der Rücklage für eigene Anteile	Entnahmen aus der Rücklage für eigene Anteile		7740	Entnahmen aus der Rücklage für eigene Anteile
Entnahmen aus der Rücklage für Anteile an einem herrschenden oder mehrheitlich beteiligten Unternehmen	Entnahmen aus der Rücklage für Anteile an einem herrschenden oder mehrheitlich beteiligten Unternehmen		7743	Entnahmen aus der Rücklage für Anteile an einem herrschenden oder mehrheitlich beteiligten Unternehmen
	Entnahmen aus anderen Gewinnrücklagen		7744	Entnahmen aus anderen Ergebnisrücklagen
Entnahmen aus satzungsmäßige Rücklagen	Entnahmen aus satzungsmäßige Rücklagen		7745	Entnahmen aus satzungsmäßige Rücklagen
Entnahmen aus andere Gewinnrücklagen	Entnahmen aus andere Gewinnrücklagen		7750	Entnahmen aus andere Gewinnrücklagen
	Rücklage (gesamthänderisch gebunden) Zuführungen/Minderungen lfd. Jahr	F	7751	Entnahmen aus gesamthänderischen Rücklagen (Kapitalkonten)
Erträge aus Kapitalherabsetzung	Erträge aus Kapitalherabsetzung		7755	Erträge aus Kapitalherabsetzung
Einstellungen in die Kapitalrücklage nach den Vorschriften über die vereinfachte Kapitalherabsetzung	Einstellungen in die Kapitalrücklage nach den Vorschriften über die vereinfachte Kapitalherabsetzung		7760	Einstellungen in die Kapitalrücklage nach den Vorschriften über die vereinfachte Kapitalherabsetzung

7 Weitere Erträge und Aufwendungen

HGB-Posten nach § 266 u. § 275 HGB	E-Bilanz Taxonomie	Funktionen	SKR04 2015 Konto	Beschriftung
				Einstellungen in Gewinnrücklagen
Einstellungen in die gesetzliche Rücklage	Einstellungen in die gesetzliche Rücklage		7765	Einstellungen gesetzliche Rücklage
Einstellungen in die Rücklage für eigene Anteile	Einstellungen in die Rücklage für eigene Anteile		7770	Einstellungen in die Rücklage für eigene Anteile
Einstellungen in die Rücklage für Anteile an einem herrschenden oder mehrheitlich beteiligten Unternehmen	Einstellungen in die Rücklage für Anteile an einem herrschenden oder mehrheitlich beteiligten Unternehmen		7773	Einstellungen in die Rücklage für Anteile an einem herrschenden oder mehrheitlich beteiligten Unternehmen
Einstellungen in satzungsmäßige Rücklagen	Einstellungen in satzungsmäßige Rücklagen		7775	Einstellungen in satzungsmäßige Rücklagen
Einstellungen andere Gewinnrücklagen	Einstellungen in andere Gewinnrücklagen		7780	Einstellungen andere Gewinnrücklagen
	Rücklage (gesamthänderisch gebunden)	F	7781	Einstellung in gesamthänderische Rücklagen
	Einstellungen in andere Gewinnrücklagen		7785	Einstellung in andere Ergebnisrücklagen
Ausschüttung	Vorabausschüttung/beschlossene Ausschüttung Geschäftsjahr		7790	Vorabausschüttung
Vortrag auf neue Rechnung	Gewinnvortrag auf neue Rechnung (soweit nicht Aktiengesellschaft)		7795	Vortrag auf neue Rechnung (GuV)
		V	7800	Zur freien Verfügung
		V	−7899	
Sonstige betriebliche Aufwendungen	Andere ordentliche sonstige betriebliche Aufwendungen	R	7900	Reserviertes Konto

8 Sonstige betriebliche Aufwendungen

				Sonstige betriebliche Aufwendungen
Sonstige betriebliche Aufwendungen	Andere ordentliche sonstige betriebliche Aufwendungen		8000 −8999	Zur freien Verfügung

9 Vortrags-, Kapital- und Statistische

				Vortragskonten
Statistische Konten	Statistische Konten	KU S	9000	Saldenvorträge Sachkonten
		KU F	9001 −9007	Saldenvorträge Sachkonten
		KU F	9008	Saldenvorträge Debitoren
		KU S	9009	Saldenvorträge Kreditoren
		KU F	9060	Offene Posten aus 1990
		KU F	9069	Offene Posten aus 1999
		KU F	9070	Offene Posten aus 2000
		KU F	9071	Offene Posten aus 2001
		KU F	9072	Offene Posten aus 2002
		KU F	9073	Offene Posten aus 2003
		KU F	9074	Offene Posten aus 2004
		KU F	9075	Offene Posten aus 2005
		KU F	9076	Offene Posten aus 2006
		KU F	9077	Offene Posten aus 2007
		KU F	9078	Offene Posten aus 2008
		KU F	9078	Offene Posten aus 2008
		KU F	9079	Offene Posten aus 2009
		KU F	9080	Offene Posten aus 2010
		KU F	9081	Offene Posten aus 2011
		KU F	9082	Offene Posten aus 2012
		KU F	9083	Offene Posten aus 2013
		KU F	9084	Offene Posten aus 2014

9 Vortrags-, Kapital- und Statistische Konten

HGB-Posten nach § 266 u. § 275 HGB	E-Bilanz Taxonomie	SKR04 2015		
		Funktionen	Konto	Beschriftung
Statistische Konten	Statistische Konten	KU F	9085	Offene Posten aus 2015
		KU F	9090	Summenvortrag
		KU F	9091	Offene Posten aus 1991
		KU F	9092	Offene Posten aus 1992
		KU F	9093	Offene Posten aus 1993
		KU F	9094	Offene Posten aus 1994
		KU F	9095	Offene Posten aus 1995
		KU F	9096	Offene Posten aus 1996
		KU F	9097	Offene Posten aus 1997
		KU F	9098	Offene Posten aus 1998
				Statistische Konten für Betriebs- wirtschaftliche Auswertungen (BWA)
		KU F	9101	Verkaufstage
		KU F	9102	Anzahl der Barkunden
		KU F	9103	Beschäftigte Personen
		KU F	9104	Unbezahlte Personen
		KU F	9105	Verkaufskräfte
		KU F	9106	Geschäftsraum qm
		KU F	9107	Verkaufsraum qm
		KU F	9116	Anzahl Rechnungen
		KU F	9117	Anzahl Kreditkunden monatlich
		KU F	9118	Anzahl Kreditkunden aufgelaufen
		KU	9120	Erweiterungsinvestitionen
		KU F	9130	BWA-Formen mit statist. Mengeneinheiten
			–9131	Umrechnungssperre, Funktion 18000
		KU	9135	Auftragseingang im Geschäftsjahr
		KU	9140	Auftragsbestand
				Variables Kapital TH
		KU F	9141	Variables Kapital - Anteil für Teilhafter
		KU F	9142	Variables Kapital - Anteil für Teilhafter
		KU R	9143	Buchungssperre
			–9145	
				Kapitaländerungen durch Übertragung einer § 6b EStG Rücklage
		KU F	9146	Variables Kapital – Übertragung einer § 6b EStG-Rücklage VH
		KU F	9147	Variables Kapital – Übertragung einer § 6b EStG-Rücklage VH
		KU R	9148	Buchungssperre
			–9149	
				Andere Kapitalkontenanpassungen: Vollhafter
		KU F	9150	Festkapital - andere Kapitalkontenanpassungen VH
		KU F	9151	Variables Kapital – andere Kapitalkontenanpassungen VH
		KU F	9152	Verlust-/Vortragskonto – andere Kapitalkontenanpassungen VH
		KU F	9153	Kapitalkonto III – andere Kapitalkontenanpassungen VH

9 Vortrags-, Kapital- und Statistische Konten

HGB-Posten nach § 266 u. § 275 HGB	E-Bilanz Taxonomie	SKR04 2015		
		Funktionen	Konto	Beschriftung
Statistische Konten	Statistische Konten	KU F	9154	Ausstehende Einlagen auf das Komplementär-Kapital, nicht eingefordert – andere Kapitalkontenanpassungen VH
		KU F	9155	Verrechnungskonto für Einzahlungsverpflichtungen – andere Kapitalkontenanpassungen VH
		KU R	9156 –9159	Buchungssperre
				Andere Kapitalkontenanpassungen: Teilhafter
		KU F	9160	Kommandit-Kapital – andere Kapitalkontenanpassungen TH
		KU F	9161	Variables Kapital – andere Kapitalkontenanpassungen TH
		KU F	9162	Verlustausgleichskonto – andere Kapitalkontenanpassungen TH
		KU F	9163	Kapitalkonto III – andere Kapitalkontenanpassungen TH
		KU F	9164	Ausstehende Einlagen auf das Kommandit-Kapital, nicht eingefordert – andere Kapitalkontenanpassungen TH
		KU F	9165	Verrechnungskonto für Einzahlungsverpflichtungen – andere Kapitalkontenanpassungen TH
		KU R	9166 –9169	Buchungssperre
				Umbuchungen auf andere Kapitalkonten: Vollhafter
		KU F	9170	Festkapital - Umbuchungen VH
		KU F	9171	Variables Kapital - Umbuchungen VH
		KU F	9172	Verlust-/Vortragskonto - Umbuchungen VH
		KU F	9173	Kapitalkonto III - Umbuchungen VH
		KU F	9174	Ausstehende Einlagen auf das Komplementär-Kapital, nicht eingefordert – Umbuchungen VH
		KU F	9175	Verrechnungskonto für Einzahlungsverpflichtungen – Umbuchungen VH
		KU R	9176 –9177	Buchungssperre
				Umbuchungen auf andere Kapitalkonten: Teilhafter
		KU F	9180	Kommandit-Kapital – Umbuchungen TH
		KU F	9181	Variables Kapital – Umbuchungen TH
		KU F	9182	Verlustausgleichskonto – Umbuchungen TH
		KU F	9183	Kapitalkonto III – Umbuchungen TH
		KU F	9184	Ausstehende Einlagen auf das Kommandit-Kapital, nicht eingefordert – Umbuchungen TH

9 Vortrags-, Kapital- und Statistische Konten

HGB-Posten nach § 266 u. § 275 HGB	E-Bilanz Taxonomie	SKR04 2015		
		Funktionen	Konto	Beschriftung
Statistische Konten	Statistische Konten	KU F	9185	Verrechnungskonto für Einzahlungsverpflichtungen – Umbuchungen TH
		KU R	9186 –9188	Buchungssperre
		KU	9189	Verrechnungskonto für Umbuchungen zwischen Gesellschafter-Eigenkapitalkonten
		KU F	9190	Gegenkonto für statist. Mengeneinheiten Konten 9101–9107 und 9116–9118
		KU	9199	Gegenkonto zu Konten 9120, 9135–9140
				Statistische Konten für den Kennziffernteil der Bilanz
		KU F	9200	Beschäftigte Personen
		KU F	9201 –9208	BWA-Formen mit statist. Mengeneinheiten Umrechnungssperre, Funktion 18000
		KU F	9209	Gegenkonto zu 9200
		KU	9210	Produktive Löhne
		KU	9219	Gegenkonto zu 9210
				Statistische Konten zur informativen Angabe des gezeichneten Kapitals in anderer Währung
		KU F	9220	Gezeichnetes Kapital in DM (Art. 42/3/1 EGHGB)
		KU F	9221	Gezeichnetes Kapital in Euro (Art. 42/3/2 EGHGB)
		KU F	9229	Gegenkonto zu Konten 9220–9221
				Passive Rechnungsabgrenzung
		KU	9230	Baukostenzuschüsse
		KU	9232	Investitionszulagen
		KU	9234	Investitionszuschüsse
		KU	9239	Gegenkonto zu Konten 9230–9238
		KU	9240	Investitionsverbindlichkeiten bei den Leistungsverbindlichkeiten
		KU	9241	Investitionsverbindlichkeiten aus Sachanlagekäufen bei Leistungsverbindlichkeiten
		KU	9242	Investitionsverbindlichkeiten aus Käufen von immateriellen Vermögensgegenständen bei Leistungsverbindlichkeiten
		KU	9243	Investitionsverbindlichkeiten aus Käufen von Finanzanlagen bei Leistungsverbindlichkeiten
		KU	9244	Gegenkonto zu Konten 9240– 43
		KU	9245	Forderungen aus Sachanlageverkäufen bei sonstigen Vermögensgegenständen
		KU	9246	Forderungen aus Verkäufen immaterieller Vermögensgegenstände bei sonstigen Vermögensgegenständen
		KU	9247	Forderungen aus Verkäufen von Finanzanlagen bei sonstigen Vermögensgegenständen

9 Vortrags-, Kapital- und Statistische Konten

HGB-Posten nach § 266 u. § 275 HGB	E-Bilanz Taxonomie	Funktionen	Konto	SKR04 2015 Beschriftung
Statistische Konten	Statistische Konten	KU	9249	Gegenkonto zu Konten 9245– 47
		R	9250	Buchungssperre
		R	9255	Buchungssperre
		R	9259	Buchungssperre
				Aufgliederung der Rückstellungen
		KU	9260	Kurzfristige Rückstellungen
		KU	9262	Mittelfristige Rückstellungen
		KU	9264	Langfristige Rückstellung, außer Pensionen
		KU	9269	Gegenkonto zu Konten 9260–9268
				Statistische Konten für in der Bilanz auszuweisende Haftungsverhältnisse
		KU	9270	Gegenkonto zu Konten 9271–9279 (Soll-Buchung)
		KU	9271	Verbindlichkeiten aus der Begebung und Übertragung von Wechseln
		KU	9272	Verbindlichkeiten aus der Begebung und Übertragung von Wechseln gegenüber verbundenen Unternehmen
		KU	9273	Verbindlichkeiten aus Bürgschaften, Wechsel- und Scheckbürgschaften
		KU	9274	Verbindlichkeiten aus Bürgschaften, Wechsel- und Scheckbürgschaften gegenüber verbundenen Unternehmen
		KU	9275	Verbindlichkeiten aus Gewährleistungsverträgen
		KU	9276	Verbindlichkeiten aus Gewährleistungsverträgen gg. verbundenen Unternehmen
		KU	9277	Haftung aus der Bestellung von Sicherheiten für fremde Verbindlichkeiten
		KU	9278	Haftung aus der Bestellung von Sicherheiten für fremde Verbindlichkeiten gegenüber verbundenen Unternehmen
		KU	9279	Verpflichtungen aus Treuhandvermögen
				Statistische Konten für die im Anhang anzugebenden sonstigen finanziellen Verpflichtungen
		KU	9280	Gegenkonto zu Konten 9281–9286
		KU	9281	Verpflichtungen aus Leasing- u. Mietverträgen
		KU	9282	Verpflichtungen aus Leasing- u. Mietverträgen gegenüber verbundenen Unternehmen
		KU	9283	Andere Verpflichtungen gemäß § 285 Nr. 3 HGB
		KU	9284	Andere Verpflichtungen gemäß § 285 Nr. 3 HGB gegenüber verbundenen Unternehmen
		KU	9285	(statistisches Konto für den oberen Grenzwert)

9 Vortrags-, Kapital- und Statistische Konten

HGB-Posten nach § 266 u. § 275 HGB	E-Bilanz Taxonomie	SKR04 2015		
		Funktionen	Konto	Beschriftung
Statistische Konten	Statistische Konten	KU	9286	(statistisches Konto für den unteren Grenzwert)
				Statistische Konten für § 4 Abs. 3 EStG
Statistische Konten	Statistische Konten	KU	9287	Zinsen bei Buchung über Debitoren bei § 4/3 EStG
		KU	9288	Mahngebühr bei Buchung über Debitoren bei § 4/3 EStG
		KU	9289	Gegenkonto zu Konto 9287 und 9288
		KU	9290	Statistisches Konto, steuerfreie Auslagen
		KU	9291	Gegenkonto zu 9290
Verbindlichkeiten aus Lieferungen und Leistungen	Verbindlichkeiten aus Lieferungen und Leistungen	KU	9292	Statistisches Konto, Fremdgeld
Sonstige Verbindlichkeiten Einlagen stiller Gesellschafter	Übrige sonstige Verbindlichkeiten Einlagen stiller Gesellschafter	KU	9293	Gegenkonto zu 9292
Steuerrechtlicher Ausgleichsposten	Steuerrechtlicher Ausgleichsposten z. B. nach Betriebsprüfung	KU	9297	Steuerrechtlicher Ausgleichsposten
		KU F	9300 -9320	BWA-Formen mit statist. Mengeneinheiten Umrechnungssperre, Funktion 18000
		KU F	9326 -9343	BWA-Formen mit statist. Mengeneinheiten Umrechnungssperre, Funktion 18000
		KU F	9346 -9349	BWA-Formen mit statist. Mengeneinheiten Umrechnungssperre, Funktion 18000
		KU F	9357 -9360	BWA-Formen mit statist. Mengeneinheiten Umrechnungssperre, Funktion 18000
		KU F	9365 -9367	BWA-Formen mit statist. Mengeneinheiten Umrechnungssperre, Funktion 18000
		KU F	9371 -9372	BWA-Formen mit statist. Mengeneinheiten Umrechnungssperre, Funktion 18000
		KU F	9390 -9394	BWA-Formen der Branchenlösung
		KU F F	9395 -9399	BWA-Formen mit statist. Mengeneinheiten Umrechnungssperre, Funktion 18000
				Privat Teilhafter (für Verrechnung Gesellschafterdarlehen mit Eigenkapitalcharakter Konto 9840–9849)
Statistische Konten	Kapitalanteile der Kommanditisten	KU F	9400 -9409	Privatentnahmen allgemein
		KU F	9410 -9419	Privatsteuern
		KU F	9420 -9429	Sonderausgaben beschränkt abzugsfähig
		KU F	9430 -9439	Sonderausgaben unbeschränkt abzugsfähig
		KU F	9440 -9449	Zuwendungen, Spenden
		KU F	9450 -9459	Außergewöhnliche Belastungen
		KU F	9460 -9469	Grundstücksaufwand
		KU F	9470 -9479	Grundstücksertrag

9 Vortrags-, Kapital- und Statistische Konten

HGB-Posten nach § 266 u. § 275 HGB	E-Bilanz Taxonomie	SKR04 2015		
		Funktionen	Konto	Beschriftung
Statistische Konten	Kapitalanteile der Kommanditisten	KU F	9480 –9489	Unentgeltliche Wertabgaben
		KU F	9490 –9499	Privateinlagen
				Statistische Konten für die Kapitalkontenentwicklung
Statistische Konten	Kapitalanteile der persönlich haftenden Gesellschafter	KU F	9500 –9509	Anteil für Konto 2000–09, Vollhafter
		KU F	9501 –9519	Anteil für Konto 2010–19, Vollhafter
	Verbindlichkeiten gegenüber der persönlich haftenden Gesellschafter	KU F	9520 –9529	Anteil für Konto 2020–29, Vollhafter
	Kapitalanteile der persönlich haftenden Gesellschafter	KU F	9530 –9539	Anteil für Konto 9810–19, Vollhafter
	Eingeforderte noch ausstehende Kapitalanteile der persönlich haftenden Gesellschafter	KU F	9540 –9549	Anteil für Konto 0060–69, Vollhafter
	Kapitalanteile der Kommanditisten	KU F	9550 –9559	Anteil für Konto 2050–59, Teilhafter
		KU F	9560 –9569	Anteil für Konto 2060–69, Teilhafter
	Verbindlichkeiten gegenüber Kommanditisten	KU F	9570 –9579	Anteil für Konto 2070–79, Teilhafter
		KU F	9580 –9589	Anteil für Konto 9820–29, Vollhafter
	Eingeforderte noch ausstehende Kapitalanteile der Kommanditisten	KU F	9590 –9599	Anteil für Konto 0080–89, Teilhafter
		KU F	9600 –9609	Name des Gesellschafters, Vollhafter
		KU F	9610 –9619	Tätigkeitsvergütung, Vollhafter
		KU F	9620 –9629	Tantieme, Vollhafter
		KU F	9630 –9639	Darlehensverzinsung, Vollhafter
		KU F	9640 –9649	Gebrauchsüberlassung, Vollhafter
		KU F	9650 –9689	Sonstige Vergütungen, Vollhafter
		KU F	9690 –9699	Restanteil, Vollhafter
		KU F	9700 –9709	Name des Gesellschafter, Teilhafter
		KU F	9710 –9719	Tätigkeitsvergütung, Teilhafter
		KU F	9720 –9729	Tantieme, Teilhafter
		KU F	9730 –9739	Darlehensverzinsung, Teilhafter
		KU F	9740 –9749	Gebrauchsüberlassung, Teilhafter
		KU F	9750 –9779	Sonstige Vergütungen, Teilhafter

9 Vortrags-, Kapital- und Statistische Konten

HGB-Posten nach § 266 u. § 275 HGB	E-Bilanz Taxonomie	SKR04 2015 Funktionen	Konto	Beschriftung
Statistische Konten	Kapitalanteile der Kommanditisten	KU F	9780 –9789	Anteil für Konto 9840–49, Teilhafter
		KU F	9790 –9799	Restanteil, Teilhafter
		KU F	9800	Abstimmsummenkonto für den Import von Buchungssätzen
				Rücklagen, Gewinn-, Verlustvortrag
Statistische Konten	Rücklagen (gesamthänderisch gebunden)	KU F	9802	Gesamthänderisch gebundene Rücklagen – andere Kapitalkontenanpassungen
		KU F	9803	Gewinnvortrag/Verlustvortrag – andere Kapitalkontenanpassungen
	Rücklage (gesamthänderisch gebunden) Zuführungen/Minderungen lfd. Jahr	KU F	9804	Gesamthänderisch gebundene Rücklagen – Umbuchungen
		KU F	9805	Gewinnvortrag/Verlustvortrag – Umbuchungen
		KU F	9806	Zuzurechnender Anteil am Jahresüberschuss/Jahresfehlbetrag – je Gesellschafter
		KU F	9807	Zuzurechnender Anteil am Bilanzgewinn/Bilanzverlust je Gesellschafter
		KU F	9808	Gegenkonto für zuzurechnender Anteil am Jahresüberschuss/Jahresfehlbetrag
		KU F	9809	Gegenkonto für zuzurechnender Anteil am Bilanzgewinn/Bilanzverlust
				Kapital Personenhandelsgesellschaft Vollhafter
Statistische Konten	Kapitalanteile der persönlich haftenden Gesellschafter	KU F	9810 –9819	Kapitalkonto III
		KU F	9820 –9829	Verlust-/Vortragskonto
		KU F	9830 –9839	Verrechnungskonto für Einzahlungsverpflichtungen
				Kapital Personenhandelsgesellschaft Teilhafter
Statistische Konten	Kapitalanteile der Kommanditisten	KU F	9840 –9849	Kapitalkonto III
		KU F	9850 –9859	Verrechnungskonto für Einzahlungsverpflichtungen
				Einzahlungsverpflichtungen im Bereich der Forderungen
Statistische Konten	Einzahlungsverpflichtungen persönlich haftenden Gesellschafter	KU F	9860 –9869	Einzahlungsverpflichtungen persönlich haftender Gesellschafter
	Einzahlungsverpflichtungen Kommanditisten	KU F	9870 –9879	Einzahlungsverpflichtungen Kommanditisten
				Ausgleichsposten für aktivierte eigene Anteile und Bilanzierungshilfen
Statistische Konten	Sonstige Sonderposten	KU	9880	Ausgleichsposten für aktivierte eigene Anteile

9 Vortrags-, Kapital- und Statistische Konten

HGB-Posten nach § 266 u. § 275 HGB	E-Bilanz Taxonomie	SKR04 2015		
		Funktionen	Konto	Beschriftung
Statistische Konten	Ausgleichsposten für aktivierte Bilanzierungshilfen	KU	9882	Ausgleichsposten für aktivierte Bilanzierungshilfen
				Nicht durch Vermögenseinlagen gedeckte Entnahmen
Statistische Konten	Nicht durch Vermögenseinlagen gedeckte Entnahmen der persönlich haftenden Gesellschafter	KU F	9883	Nicht durch Vermögenseinlagen gedeckte Entnahmen persönlich haftender Gesellschafter
	Nicht durch Vermögenseinlagen gedeckte Entnahmen Kommanditisten	KU F	9884	Nicht durch Vermögenseinlagen gedeckte Entnahmen Kommanditisten
				Verrechnungskonto für nicht durch Vermögenseinlagen gedeckte Entnahmen
Statistische Konten	Nicht durch Vermögenseinlagen gedeckte Entnahmen der persönlich haftenden Gesellschafter	KU F	9885	Verrechnungskonto für nicht durch Vermögenseinlagen gedeckte Entnahmen persönlich haftender Gesellschafter
	Nicht durch Vermögenseinlagen gedeckte Entnahmen Kommanditisten	KU F	9886	Verrechnungskonto für nicht durch Vermögenseinlagen gedeckte Entnahmen Kommanditisten
				Steueraufwand der Gesellschafter
Statistische Konten	Statistische Konten	KU	9887	Steueraufwand der Gesellschafter
		KU	9889	Gegenkonto zu 9887
				Statistische Konten für Gewinnzuschlag
Statistische Konten	Statistische Konten	KU	9890	Statistisches Konto für d. Gewinnzuschlag nach §§ 6b, 6c, 7g a. F. EStG (Haben)
		KU	9891	Statistisches Konto für d. Gewinnzuschlag nach §§ 6b, 6c, 7g EStG a. F. (Soll) – Gegenkonto zu 9890
				Vorsteuer-/Umsatzsteuerkonten zur Korrektur der Forderungen/verbindlichkeiten (EÜR)
Statistische Konten	Statistische Konten	KU	9893	Umsatzsteuer in den Forderungen zum allgemeinen Umsatzsteuersatz (EÜR)
		KU	9894	Umsatzsteuer in den Forderungen zum ermäßigten Umsatzsteuersatz (EÜR)
		KU	9895	Gegenkonto 9893-9894 für die Aufteilung der Umsatzsteuer (EÜR)
		KU	9896	Vorsteuer in den Verbindlichkeiten zum allgemeinen Umsatzsteuersatz (EÜR)
		KU	9897	Vorsteuer in den Verbindlichkeiten zum ermäßigten Umsatzsteuersatz (EÜR)
		KU	9899	Gegenkonto 9896-9897 für die Aufteilung der Vorsteuer (EÜR)
				Statistische Konten zu § 4 (4a) EStG
Statistische Konten	Statistische Konten	KU	9910	Gegenkonto zur Minderung der Entnahmen § 4 (4a) EStG
		KU	9911	Minderung der Entnahmen § 4 (4a) EStG (Haben)

9 Vortrags-, Kapital- und Statistische Konten

HGB-Posten nach § 266 u. § 275 HGB	E-Bilanz Taxonomie	SKR04 2015		
		Funktionen	Konto	Beschriftung
Statistische Konten	Statistische Konten	KU	9912	Erhöhung der Entnahmen § 4 (4a) EStG
		KU	9913	Gegenkonto zur Erhöhung der Entnahmen § 4 (4a) EStG (Haben)
		KU R	9916 –9917	Buchungssperre
		KU	9918	Auswertungen mit Vorjahresvergleich
		KU	9919	Auswertungen mit Vorjahresvergleich
				Konten zur Bewertungskorrektur
Forderungen aus Lieferungen und Leistungen	Forderungen aus Lieferungen und Leistungen	KU	9960	Bewertungskorrektur zu Forderungen aus Lieferungen und Leistungen
Sonstige Verbindlichkeiten	Übrige Sonstige Verbindlichkeiten	KU	9961	Bewertungskorrektur zu sonstigen Verbindlichkeiten
Kassenbestand, Bundesbankguthaben, Guthaben bei Kreditinstituten und Schecks	Guthaben bei Kreditinstituten	KU	9962	Bewertungskorrektur zu Guthaben bei Kreditinstituten
Verbindlichkeiten gegenüber Kreditinstituten	Verbindlichkeiten gegenüber Kreditinstituten	KU	9963	Bewertungskorrektur zu Verbindlichkeiten gegenüber Kreditinstituten
Verbindlichkeiten aus Lieferungen und Leistungen	Verbindlichkeiten aus Lieferungen und Leistungen	KU	9964	Bewertungskorrektur zu Verbindlichkeiten aus Lieferungen und Leistungen
Sonstige Vermögensgegenstände	Übrige sonstige Vermögensgegenstände/ nicht zuordnenbare sonstige Vermögensgegenstände	KU	9965	Bewertungskorrektur zu sonstigen Vermögensgegenständen
				Statistische Konten für den außerhalb der Bilanz zu berücksichtigenden Investitionsabzugsbetrag nach § 7g EStG
Statistische Konten	Statistische Konten	KU	9970	Investitionsabzugsbetrag § 7g Abs. 1 EStG außerbilanziell (Soll)
		KU	9971	Investitionsabzugsbetrag § 7g Abs. 1 EStG außerbilanziell (Haben) – Gegenkonto zu 9970
		KU	9972	Hinzurechnung Investitionsabzugsbetrag § 7g Abs. 2 EStG außerbilanziell (Haben)
		KU	9973	Hinzurechnung Investitionsabzugsbetrag § 7g Abs. 2 EStG außerbilanziell (Soll) – Gegenkonto zu 9972
		KU	9974	Rückgängigmachung § 7g Abs. 3, 4 EStG und Erhöhung Investitionsabzugsbetrag im früheren Abzugsjahr
		KU	9975	Rückgängigmachung § 7g Abs. 3, 4 EStG u. Erhöhung Investitionsabzugsbetrag im früher. Abzugsjahr – Gegenkonto zu 9974
				Statistische Konten für die Zinsschranke § 4h EStG/§ 8a KStG
Statistische Konten	Statistische Konten	KU	9976	Nicht abzugsfähige Zinsaufwendungen aus Vorjahren gemäß § 4h EStG (Haben)
		KU	9977	Nicht abzugsfähige Zinsaufwendungen aus Vorjahren gemäß § 4h EStG (Soll) – Gegenkonto zu 9976
		KU	9978	Abziehbare Zinsaufwendungen aus Vorjahren gemäß § 4h EStG, (Soll)

9 Vortrags-, Kapital- und Statistische Konten

HGB-Posten nach § 266 u. § 275 HGB	E-Bilanz Taxonomie	SKR04 2015		
		Funktionen	Konto	Beschriftung
Statistische Konten	Statistische Konten	KU	9979	Abziehbare Zinsaufwendungen aus Vorjahren gemäß § 4h EStG, (Haben) – Gegenkonto zu 9978
				Statistische Konten für den GuV-Ausweis in „Gutschrift bzw. Belastung auf Verbindlichkeitskonten" bei den Zuordnungstabellen für PersHG nach KapCoRiLiG
		KU	9980	Anteil Belastung auf Verbindlichkeitskonten
		KU	9981	Verrechnungskonto für Anteil Belastung auf Verbindlichkeitskonten
		KU	9982	Anteil Gutschrift auf Verbindlichkeitskonten
		KU	9983	Verrechnungskonto für Anteil Gutschrift auf Verbindlichkeitskonten
				Statistische Konten für die Gewinnkorrrektur nach § 60 Abs. 2 EStDV
		KU	9984	Gewinnkorrektur nach § 60 Abs. 2 EStDV – Erhöhung handelsrechtliches Ergebnis durch Habenbuchung – Minderung handelsrechtliches Ergebnis durch Sollbuchung
		KU	9985	Gegenkonto zu 9984
				Statistische Konten für die Korrekturbuchungen in der Überleitungsrechnung
		KU	9986	Ergebnisverteilung auf Fremdkapital
		KU	9987	Bilanzberichtigung
		KU	9989	Gegenkonto zu 9986-9988

10 Personenkonten

				Personenkonten
			10000 –69999	= Debitoren
			70000 –99999	= Kreditoren

Stichwortverzeichnis

A

Abfallverwertung 24
Abgaben 35, 36
Abziehbare Vorsteuer 86
Andere Bauten 65
Anlagen im Bau 67, 188, 189
Anlagevermögen 10, 61, 64, 177, 188, 190, 193, 202
Anschaffungskosten 61, 62, 63, 64, 66, 67, 69, 168, 193, 197, 206
Anschaffungsnebenkosten 83
Anteile 68, 140, 155
Anzahlungen 64, 67, 74, 78, 141, 142, 143, 145, 188, 189, 193
Aufbewahrungsfristen 144
Aufmerksamkeit 50
Aufzeichnungspflichten 28, 47, 49, 145, 239
Aushilfslöhne 18, 19, 31, 45, 46, 160
Ausleihungen 68, 140, 155
 an Gesellschafter 68
 an nahestehende Personen 68
Außenanlagen 65
Außendienstmitarbeiter 48
Automatikkonten 21, 22, 23, 86

B

Bankspesen 55
Bauleistungen 44
Beiträge 36, 47, 52
Belege 9, 44, 49, 53, 132, 144, 145, 148, 149, 151, 152, 194, 199, 225
Berichtigungsschlüssel 135, 153, 155
Berufsgenossenschaft 36, 47

Bestandsveränderungen 138, 161, 237
Beteiligungen 68, 140, 155, 204, 240
betrieblichen Rohertrag 99
Betriebsbedarf 60
Betriebswirtschaftliche Auswertungen 90, 95, 114
Bewegungsbilanz 105
Bewirtung 49, 50, 51, 150
Blumen 235
Boni 183, 211, 214
Bruttolohnverbuchung 46, 156, 157
Bücher 24, 31, 54, 73, 160, 224
Buchführungspflicht 73, 160, 191
Buchhaltungstechnik 15, 161, 191
Buchungsliste 13, 15, 17, 18, 28, 37, 44, 67, 216
Buchungssätze 9, 24, 90, 133, 135
Buchungszeile 128, 129, 133, 134, 155, 162
Bürobedarf 23, 31, 54, 150, 162
Büroeinrichtung 65, 222

C

Computer 21, 22, 70, 71, 148, 152, 173, 210

D

Damnum 85
Darlehen typisch stiller Gesellschafter 87
Darlehensgutschrift 57
DATEV-Kontenrahmen SKR 03 243
Debitorenkonten 73, 74, 163, 164
Differenzbesteuerung 27, 168, 169, 170, 196

Stichwortverzeichnis

Disagio 85
Drucker 66

E

Eigenverbrauch 145, 173, 174
Einfuhrumsatzsteuer 77
Einlagen 29, 191
Einstellungen 129
Energiestoffe 82
Entnahmen 31, 223
Erhaltene Boni 84
Erhaltene Kautionen 76, 77
Erhaltene Rabatte 84
Erhaltene Skonti 84
Erlösschmälerungen 74, 75, 183, 195
Eröffnungsbilanzkonto 161, 176, 191
EU-Umsatzsteuer 178
EU-Umsatzsteuerschlüssel 187

F

Fabrikbauten 65, 67
Fachliteratur 54
Fahrtkosten 53
Fahrzeugkosten 36, 37
Fehlbuchungen 49, 135, 154
Festverzinsliche Wertpapiere 68
Finanzanlagen 68
Forderungen 10, 72, 73, 74, 76, 77, 94, 140, 141, 148, 155, 164, 165, 167, 168, 177, 194, 211, 212
   gegen Geschäftsführer 76
   gegen Gesellschafter 76
   gegen Personal 76
Forderungen gegen Personal 76
Forderungsverluste 193
Fortbildungskosten 29, 54
Freie Mitarbeiter 47, 48
Fremdarbeiten 48

G

Garagen, eigene Grundstücke 65
Geldtransit 16, 17, 19, 28, 31, 32, 33, 93, 187, 188
Genossenschaftsanteile 68
Geringwertige Wirtschaftsgüter 150
Geschäftsausstattung 65, 66, 70, 177, 189, 201
Geschäftsvorfälle 12, 20, 146, 148, 149, 161, 162, 176, 189, 190, 191, 194, 198, 201, 210
Geschenke 49, 50, 150, 173
Gewerbesteuer 51, 58
Gewinnermittlung 160, 177, 191, 192
Grundsätze ordnungsmäßiger Buchführung 194
Grundstücke 35, 36, 64, 66, 177, 189, 193
   eigene 65
   grundstücksgleiche Rechte und Bauten 65
Guthabenzinsen 56
Gutschriften 14, 34, 74, 75, 84, 194, 195

H

Handelsspanne 80, 81, 238
Hof- und Wegebefestigungen 65

I

Immaterielle Anlagegüter 64
Innergemeinschaftlicher Erwerb 184, 187
Inzahlungnahme 70, 170, 196, 197, 198
Istversteuerung 72

J

Jahresübernahme 136, 137

K

Kassenbuch 13, 146, 151, 198, 199, 200
Kautionen 76
Kommissionsgeschäfte 211, 212
Kontenbeschriftung 126, 129
Kontenblätter 11, 15, 94, 144
Kontenplan 14, 21, 26, 30, 125, 201, 209
Kontierung 9, 15, 19, 20, 63, 151, 152, 162, 201
Konzessionen 64
Kostenstatistik II 115
Kreditkartenabrechnung 88, 89
Kreditorenkonten 78, 147, 203, 209

L

Ladeneinrichtung 65
Leistungsempfänger als Steuerschuldner 219
Leistungsentnahmen 175
Lieferung an Unternehmer ohne USt-IdNr. 181
Liquidität 78, 203, 214, 221
LKW 65
Löhne und Gehälter 44, 45, 150

M

Mahnwesen 73, 125, 211
Materialeinsatz 35, 81, 82, 83, 206, 207, 208
Mietereinbauten 66
Mini-One-Stop-Shop (MOSS) 184

N

Nachlässe 84, 187
Nebenkosten 35, 36, 50, 53, 55, 56, 62, 83
Nettolohnverbuchung 45
neutralen Ertrag 99
Nicht steuerbare Umsätze 217

P

Personalkosten 46, 47, 117, 156, 193
PKW 62, 65, 69, 172, 196
Porto 18, 19, 31, 54
Privateinlage 30
Privatentnahmen 16, 17, 18, 19, 27, 28, 29, 30, 31, 32, 33, 44, 57, 190, 191, 192
Privatkonten 29, 30, 58, 202
Provisionserlöse 211

R

Raumnebenkosten 35
Rechnungswesen 11, 15, 90, 119, 120, 122, 127, 131, 139
Reisekosten 53, 54, 151
  Arbeitnehmer 53
  Unternehmer 53
  Vorsteuerabzug 53
Renovierungen 66
Reparaturen 37, 66
Reparaturen und Instandhaltung 66
Repräsentationskosten 23, 24, 31
Richtsätze 171, 172
Roh-, Hilfs- und Betriebsstoffe 61, 82, 83, 206

S

Sachanlagen 64
Sachbezüge 47, 145, 213, 214
Sachkonten 15, 16, 21, 22, 72, 126, 148, 161, 163, 178, 201
Saldenübernahme 137
Skonto 74, 84, 205, 214, 215, 216
Sollversteuerung 73
Sollzinsen 55, 56, 58
Sonstige Ausleihungen 68
Sonstige betriebliche Aufwendungen 60
Sonstige Forderungen 76

Stichwortverzeichnis

Sonstige Transportmittel 65
Sonstige Verbindlichkeiten 87
Sonstige Vermögensgegenstände 76
Sozialversicherung 45
Spenden 51, 52
Stammdaten 124, 136
Statische Liquidität 90
Steuerbefreite Umsätze 216, 224
Steuerforderungen 77
Steuerfreie Umsätze 216, 217
Steuern 30, 55, 58, 59, 193
Streuartikel 50
Subunternehmer 48

T

Technische Anlagen und Maschinen 65, 189
Telefon 54, 222
Telekommunikation 54

U

Umlaufvermögen 177, 202
Umsatzerlöse 26, 27, 31, 73, 75, 190, 195, 197
Umsatzsteuer frühere Jahre 87
Umsatzsteuer Vorjahr 87
Umsatzsteuerschlüssel 21, 22, 24, 26, 86, 153
Umsatzsteuervoranmeldung 21, 74, 86, 91, 178, 179, 224
Umsatzsteuervorauszahlungen 86, 226, 228
1/11 86, 226
Unentgeltliche Wertabgabe 173, 175
USt-Forderungen 77
USt-pflichtiger Erwerb ohne Vorsteuerabzug 186

V

Verbindlichkeiten 10, 56, 57, 77, 78, 85, 87, 88, 94, 140, 148, 156, 177, 190, 203, 204, 212, 239
Verbindlichkeiten gegen Kreditinstituten 85
Verbrauch von Roh-, Hilfs- und Betriebsstoffen 81
Verbundenen Unternehmen 68, 140, 155, 204, 240
Vergleichsrechnungen 110
Verkaufsprovisionen 48
Vermögensgegenstände 76, 194
Verpackungsmaterial 31, 52
Verrechnete Stoffkosten 207, 236
Versandhandel 181
Versicherungen 29, 36
Vertriebskosten 52, 66
Vorjahreswerten 116
Vorlauf 127, 128
vorläufige monatliche Ergebnis 99
Vorräte 141, 193
Vorsteuer nach Durchschnittssätzen 235
Vorsteuerabzug 21, 22, 24, 26, 48, 53, 78, 79, 142, 151, 154, 169, 173, 174, 184, 186, 197, 198, 203, 205, 217, 234
Vorsteuerbeträge 23, 35, 54, 66, 91, 212, 223, 225

W

Wareneinsatz 80, 81, 116, 117, 236, 237, 238
Warenverkäufe 23, 26
Wartungsarbeiten 48, 66
Wechsel 147, 238, 239, 240
Werbung 52
Wertabgaben 173
Wertpapiere 68, 212

Stichwortverzeichnis

Wertpapiere des Anlagevermögens 68

Z

Zeitschriften 24, 26, 31, 54, 224

Zinsen 56, 57, 214
Zugaben bei der Warenabgabe 50
Zusammenfassende Meldung 178

Iris Thomsen

Schwierige Geschäftsvorfälle richtig buchen

10. Auflage

Inklusive Arbeitshilfen online

ca. 420 Seiten
Buch: € 39,95 [D]
eBook: € 35,99 [D]

Typische Buchungsfehler vermeiden

Anhand zahlreicher Beispiele erklärt das Buch, wie Sie bereits unterjährig mit Blick auf den Jahresabschluss buchen und – falls nötig – umbuchen. Buchungen mit bildlichen Darstellungen zeigen Ihnen die konkreten Auswirkungen auf GuV und Bilanz.

Jetzt bestellen!
www.haufe.de/fachbuch (Bestellung versandkostenfrei),
0800/50 50 445 (Anruf kostenlos) oder in Ihrer Buchhandlung

HAUFE.

Franziska Lochmann / Gerhard Lochmann

Praxiswissen Forderungseinzug und Inkasso

Außenstände einziehen – Schuldnertricks abwehren

Inklusive Arbeitshilfen online

256 Seiten
Buch: € 34,95
eBook: € 29,99

So vermeiden Sie Zahlungsausfälle

Das Buch ist der praktische Leitfaden für ein effizientes Mahnwesen, das zählbare Ergebnisse bringt. Sie erfahren, wie Sie säumige Kunden schriftlich oder telefonisch zum Zahlen bewegen und Ihre Forderungen durchsetzen, ohne Ihre Kunden zu vergraulen.

Jetzt bestellen!
www.haufe.de/fachbuch (Bestellung versandkostenfrei),
0800/50 50 445 (Anruf kostenlos) oder in Ihrer Buchhandlung

HAUFE.